COLLECTION
ROLF HEYNE

Barbara Rias-Bucher

KRÄUTER

Der Guide für Feinschmecker

Mit Fotos von Bodo A. Schieren

WILHELM HEYNE VERLAG
MÜNCHEN

Bildnachweis: AKG, Berlin 6,10, 204;
Sammer 12, 15, 16, 21, 214, 217, 218.
Alle anderen Fotos Bodo A. Schieren.

Umschlaggestaltung: Christian Diener
unter Verwendung eines Fotos von Manuel Schnell
Layout und Satz: Michael Bauer
Druck und Bindung: Presse-Druck Augsburg
Printed in Germany

ISBN 3-453-12353-0

INHALT

Ein mächtiger Terrakottatopf mit Basilikum auf einer der 206 Miniaturen aus dem »Hausbuch der Cerruti«. Die Prunkhandschrift aus dem 14. Jahrhundert, angefertigt vermutlich für die Familie Cerruti aus Verona, ist ein umfassendes Werk zu gesunder Lebensführung. Ein Teil der Abbildungen bezieht sich auf Kräuter und Gewürze, stellt deren Wirkung im menschlichen Organismus dar, gibt Tips für Anbau und Verwendung. Der Verfasser, Ibn Botlan, stammte aus Bagdad und war einer der berühmtesten Ärzte seiner Zeit.

VORWORT

Kräuter und Gewürze führen in die Weite des Raums und in die Tiefe der Zeit: Diese allgemeine Lektion wurde mir bei der Arbeit am Guide zur persönlichen Erfahrung. Ein Buch über Kräuter zur Pharaonenzeit hatte ich im Londoner British Museum gefunden. Damit begann ich meine Lektüre. Sie führte mich mit den Kräuterkundigen durch Antike, Mittelalter und Renaissance, mit Rationalisten und Naturwissenschaftlern durch das 17. und 18. Jahrhundert, bis ich schließlich in der Moderne angelangt war. Im Lauf der Zeit hatte sich auch das Verständnis vom Nutzen gewandelt: Heute sind Kräuter und Gewürze den meisten von uns vorwiegend als Würze in der Küche bekannt. Noch vor hundert Jahren war das ganz anders, und in den Kochbüchern unserer Großeltern und Eltern können Sie lesen, wie man Kräuter in der Hausapotheke einsetzte. Jahrhundertelang war die vernünftige Ernährung ein wesentliches Gebiet der Medizin. Ein prominentes Beispiel dafür ist Johann Jacob Wecker, der Straßburger Arzt, der so viel Wert auf richtige Ernährung legte, daß seine Witwe Anna – der Historiker Manfred Lemmer bezeichnet sie zutreffend als des Doktors »Diätassistentin« – zur ersten deutschen Kochbuchautorin wurde. Bis zur Industrialisierung von Medizin und Pharmazie gehörten Kräuter und Gewürze in die Küche und die Apotheke – wo man sie übrigens auch heute noch findet, wenn man sie sonst nirgendwo bekommt.

Die praktische Erfahrung mit Kräutern führte mich weiter in die Natur: Wildkräuter muß man sammeln, sonst kann man sie nicht bestimmen und kann auch niemandem erklären, wie sie zu erkennen sind. Die nahe Umgebung reichte dazu nicht aus; deshalb bin ich mit meinen Bestimmungsbüchern durch Deutschland gewandert und habe mich in Italien und England kundig gemacht. Dort informierte ich mich über Nutzgärten. In England gibt es berühmte Gärten: In den Midlands gehören zu den meisten Häusern außerhalb der Städte sogenannte »kitchen gardens« – größere bei den »Manors«, kleinere bei den »Cot-

tages«. Ich mußte mir also auch die Küchenkräuter buchstäblich »erwandern«, zumal ich nur über einen ziemlich kleinen und reichlich verwilderten Garten verfüge, in dem eine eigene Kräuterabteilung keinen Platz hat. Trotzdem mußte ich natürlich in Erfahrung bringen, wo man sie für Küche, Garten und Balkonkasten erwerben konnte, wie man sie anbaut, pflegt und erntet. Die Suche führte mich zu Gärtnern und Kräuterhändlern, alternativen Anbauern und in die modernen Pflanzen-Supermärkte, die es inzwischen fast überall in Deutschland gibt.
Die Gewürze führten mich dann noch viel weiter in die Ferne – zuerst in meiner Erinnerung, später im Gespräch: Den Kenntnissen ausländischer Bekannter und Freunde verdanke ich eine Fülle von Informationen. Von Sombat Kaewchum lernte ich vieles über die außergewöhnlich exakte Würzkunst der thailändischen Küche, von Michiyo Ernst den Umgang mit Ingwer in Japan. Zhang Xiaoyan rückte einige falsche Vorstellungen über heilendes Essen in China zurecht, Jutta Kogel berichtete mir über Heilkräuter der nordamerikanischen Indianer. Arun Das Gupta erzählte mir von Würzmischungen im heutigen Indien, mit Maryam Rahnama sprach ich über die Küche ihrer persischen Heimat. Joëlle Ribas vermittelte mir ihr Wissen über Kräuter der Provence, Çoskun Büyükgüçlü erschloß mir die türkischen Mezze, Kleinigkeiten, die durch Einfachheit bestechen und durch ausgewogene Würze zum kulinarischen Erlebnis werden. Llermi Schröder zeigte mir die Chillies, die man in Mexiko verwendet, Györgyi Stenger ließ mich ungarische Gewürzpaprikaschoten kosten, die man bei uns leider noch nicht erhält.
Die Auswahl der Kräuter und Gewürze hat sich durch die Suche und meine vielen Fragen ergeben. Selbstverständlich ist sie subjektiv: Ich habe Wildkräuter ausgewählt, die mir besonders gut schmecken, die man in unseren Breiten leicht findet und die vor allem so häufig vorkommen, daß Sammeln nicht den Bestand gefährdet. Dann habe ich Küchenkräuter und Gewürze ausgewählt, die jeder kennt, über die man aber oft nicht sehr viel weiß. Außerdem nahm ich exotische Kräuter und Gewürze aus, die ich selbst auf Reisen, in Restaurants oder bei ausländischen Köchen und Köchinnen kennengelernt habe. Diese Menschen sind keine Kochprofis, und den meisten von ihnen ist unser Begriff »Gourmet« nicht vertraut. Doch sie wissen Bescheid über Praxis und Produkte ihrer Küche – und sie können wunderbar kochen.
Bei den Exoten bin ich nach dem Grundsatz eines Guides vorgegangen: nur das beschreiben, was verfügbar ist. Deshalb bekommen Sie alle Kräuter und Gewürze in der Bundesrepublik, in größeren Städten sogar auf dem Markt. Die Präsenz der inter-

nationalen Küche – sowohl durch Restaurants als auch durch die Kochkunst unserer ausländischen Kollegen, Bekannten und Freunde – macht es uns immer leichter, noch besser zu kochen. Mit einem Problem wurde ich bald konfrontiert: Die Beschreibung von Geruch und Geschmack ist bei Kräutern und Gewürzen ziemlich heikel. Denn Aromadefinitionen bei Lebensmitteln leiten sich unter anderem von Kräutern und Gewürzen her. So sprechen wir zum Beispiel von einem Wein mit Zimtduft, von Olivenöl mit Kräuteraroma. Und jeder weiß, was gemeint ist. Ich habe also gar nicht erst versucht, andere Begriffe zu finden, sondern die praktischen Küchentips bei jedem Kraut und Gewürz erweitert. Dieser Guide enthält deshalb detaillierte Zubereitungsvorschläge.
Zwei Produkte finden Sie in diesem Buch nicht: erstens Salz, denn es ist nicht nur Gewürz, sondern auch Lebensmittel. Ohne Salz können wir nicht existieren. Und als einzig anorganische Substanz kommt es in Pflanzen nur vor. Alle anderen Kräuter und Gewürze sind Pflanzen.
Zweitens habe ich auf Zucker verzichtet. Eine Beschreibung der drei wichtigsten Zuckerquellen – Palmen, Rohr und Rüben – hätte unverhältnismäßig viel Platz beansprucht.

Ich möchte denjenigen danken, die mir bei diesem Buch geholfen haben. Allen voran Monika Jocham, deren Recherchen und Anregungen mir den Einstieg in die botanische und pharmazeutische Dimension des Themas erleichtert haben.
Renate Weinberger klärte mich über Spezialliteratur und Internetsuche auf. Von meinen Kolleginnen Rotraud Degner und Elisabeth Lange durfte ich wieder profitieren, denn alle ihre Veröffentlichungen garantieren journalistische Zuverlässigkeit.
Dr. Ehrentraud Bayer vom Botanischen Garten München half Bodo Schieren und mir beim Erkennen und Bestimmen von Kräutern, stellte Fotomaterial zur Verfügung. Gleiches gilt für Robert Kreutzer, dort zuständig für tropische Nutzpflanzen.
Luise Herrmann sprach mit vielen ausländischen Lebensmittelhändlern und Gärtnern. Natascha Afanassjew unterstützte mich bei der Fertigstellung des Buches.
Bei all meinen Recherchen wurde mir eines klar: Mit der Sorgfalt steigt der Zweifel. Kräuter und Gewürze sind ein Themenfeld, das kaum zu bestellen ist. Ich bin also für Kritik dankbar, denn nur sie ermöglicht mir, noch mehr zu lernen.

Das Geschäft mit Kräutern und Gewürzen blühte über Jahrhunderte, machte die großen Kaufleute zu reichen »Pfeffersäcken« und garantierte den kleinen fliegenden Händlern ein schönes Auskommen. Noch bis vor etwa dreißig Jahren boten in Bayern »Kräuterweiblein« ihre Ware an der Haustür feil – genau wie es die Radierung »Der Lorbeerblätter-Krämer und das Kräuterweib in Wien« von 1810 zeigt.

KRÄUTER – ANBAU, ERNTE UND SAMMELN

Detaillierte Anleitungen für die Kräuterzucht, die Anlage eines Kräutergartens und die Verarbeitung der Ernte im großen Stil würden den Rahmen dieses Buches sprengen. Im Guide für Feinschmecker steht das Kulinarische im Vordergrund, und die meisten von Ihnen wollen gewiß mehr Zeit in der Küche als im Kräutergarten verbringen. Deshalb habe ich mir auch das Besorgen, Pflanzen und Ernten der Kräuter im besten Sinne des Wortes »einfach« gemacht: ich habe nach Samen und Pflänzchen in großen Gartencentern gesucht und dabei nahezu alles gefunden – auch verschiedene Sorten desselben Krauts, wie zum Beispiel von Minze oder Basilikum. Besorgen Sie die Kräuter im Frühling oder Herbst; im Sommer ist das Angebot sehr gering. Ich habe getestet, wie die Pflanzen in Töpfen, Blumenkästen oder Gartenbeeten wachsen. Ob es funktioniert, wenn man Samen einfach in die Erde steckt, oder ob man sie vorher besser in Aufzuchtbehälter sät. Wo was am besten wächst, finden Sie beim einzelnen Kraut vermerkt. Die Frage von Aufzuchtbehälter oder nicht hängt offenbar mit der Qualität der Samen zusammen; die besten Erfahrungen habe ich mit Saatgut aus ökologisch kontrolliertem Anbau gemacht.

Geerntet habe ich nur frisch – also immer dann, wenn ich das Kraut in der Küche brauchte. Gewiß schmecken Kräuter frühmorgens am intensivsten, doch das nützt wenig, wenn sie dann einige Stunden liegen bleiben, bevor sie mittags unter den Salat gemischt werden. Nur Kräuter zum Trocknen erntet man am Vormittag, wenn der Morgentau abgetrocknet ist.

Beim Abschneiden müssen Sie darauf achten, daß der untere Teil der Pflanze erhalten bleibt, damit sich neue Triebe bilden können. Den meisten Kräutern schadet es zwar nicht, wenn Sie einzelne Blätter abpflücken, doch wenn Sie den ganzen Zweig abschneiden, treibt die Pflanze wieder neu aus. Dieses langsame Wachstum kommt dem Aroma zugute. Küchenkräuter ernte ich das ganze Jahr über, manche – wie Salbei – sogar in milden Wintern.

Bei Wildkräutern hingegen ist die Jahreszeit wichtig, denn nur die jungen Triebe schmecken wirklich gut; die älteren Pflanzenteile sind gewöhnlich zu herb. Beim Sammeln müssen Sie unbedingt einige Punkte beachten:

- Nur Pflanzen nehmen, die Sie zweifelsfrei kennen. Wenn Sie noch nicht so erfahren sind, besorgen Sie sich ein Bestimmungsbuch (siehe Literaturverzeichnis, Seite 238), beobachten Sie die verschiedenen Wachstumsstadien und die Blüte.
- An ungedüngten Orten, entfernt von Straßen, befahrenen Forstwegen, Schuttplätzen, Bahndämmen, Hundespazierwegen und anderen schadstoffreichen Regionen sammeln. Für klärschlammgedüngte Felder und Wiesen kann Klatschmohn ein Indikator sein: Die Samen sind so widerstandsfähig, daß sie in der Kläranlage nicht zerstört werden.
- Sammeln Sie nur Pflanzen, die weder geschützt noch im Bestand gefährdet sind. Und schneiden Sie auch Wildkräuter so vorsichtig ab, daß die Pflanze neu austreiben kann. Nehmen Sie nur so viel, wie Sie wirklich benötigen – kurz: Lassen Sie Ihr Umweltbewußtsein walten.
- Zum Sammeln eignen sich am besten Körbe. In Papiertüten oder Stoffbeuteln werden die Pflanzen leicht gequetscht, in Plastikbeuteln bildet sich zuviel Feuchtigkeit.

Große Mengen von Kräutern sammelt man in einem Korb.

Anis

Das fein behaarte Kraut mit den elfenbeinweißen bis zartrosa Blütenschirmchen können Sie nur selten kaufen. Es gedeiht aber im Garten oder Topf. Die Blumentöpfe müssen tief sein, denn Anis bildet lange Pfahlwurzeln. Entweder Pflanzen kaufen oder die kleinen, halbmondförmigen Samen nach dem letzten Frost in humusreichen Boden stecken. Wenn Sie außer dem Kraut auch die Samen ernten wollen: im Herbst die Zweige abschneiden, bevor die Samen ganz reif sind, bündeln und an einem halbschattigen Platz trocknen. Dann erst aus den Dolden schütteln und in verschließbare Gläser füllen.

Basilikum

Als Samen erhalten Sie zwar verschiedene Sorten, doch das Kraut so zu ziehen, verlangt den berühmten grünen Daumen. Die Pflanzen aus Supermärkten und vielen Gartencentern sind meist schwächlich, weil es den Züchtern nur auf schnelles Wachstum ankommt. Kaufen Sie lieber bei einem guten Gärtner einige Pflänzchen und setzen Sie sie in lockere, nährstoffreiche Erde – am besten in große Blumentöpfe, denn im Kräuterbeet ist Basilikum die Leibspeise aller Schnecken. Die Töpfe an einen sonnigen Platz auf Terrasse oder Balkon stellen. Fleißig gießen und beim Ernten ganze Blatttriebe pflücken. So wird das Kraut schön buschig. Basilikumpflanzen, die von Blattläusen befallen sind, unter fließendem Wasser gründlich abspülen; dabei die Pflanze geneigt halten, damit die Blumenerde nicht zu naß wird. Die »Wäsche« jeden Tag und so lange wiederholen, bis die Läuse verschwunden sind.

Beifuß

Er wächst überall, wo es genügend Stickstoff gibt: an Wald- und Straßenrändern, im Gebüsch und am Bach, an Bahndämmen und Schuttplätzen. Weil reichlich Stickstoff auch reichlich Schadstoffe bedeuten kann, gräbt man die jungen Pflänzchen dort lieber nicht aus, sondern kauft sie beim Gärtner. Beifuß braucht viel Platz, damit er wie Unkraut zur stattlichen Höhe von 1,5 m wachsen kann. Zum Ernten die Zweige vor der Blüte im Juli abschneiden und trocknen. Die Triebe und Knospen nur im oberen Drittel der Zweige abstreifen.

Bockshornklee

Das Kraut aus der Familie der Hülsenfrüchte können Sie bei uns nicht kaufen; nur die Samen gibt es in asiatischen Läden und Feinkostgeschäften. Doch Anbauen ist einfach und tut den anderen Pflanzen gut: Wie alle Hülsenfrüchte düngt Bockshornklee die Erde, weil er bestimmte Bakterien bindet, die den Stickstoff aus der Luft aufnehmen und dem Boden zuführen. Die Samen mit etwa 20 cm Abstand in die Erde stecken – für Bockshornklee als Gewürz reicht ein großer Blumentopf. Wer das Kraut als Gemüse essen will, sät es in Reihen mit genügend Abstand ins Gartenbeet. Die Pflanzen mit den kleeähnlichen Blättern blühen von April bis Juli. Aus den weißen, gelblichen oder auch violetten Blüten bilden sich etwa 10 cm lange, säbelartig gebogene Hülsen. Darin liegen 10 bis 20 kantige, hellbraune oder gelbliche Samen, etwa halb so groß wie Pfefferkörner. Diese Samen schüttelt man aus den Hülsen und trocknet sie.

Bohnenkraut

Es gibt einjähriges, zartes Bohnenkraut und winterhartes, kräftiges Bergbohnenkraut. Beides ist ideal für Balkon und Dachterrasse: In großen Töpfen wächst es zu einem üppigen kleinen Busch heran und blüht den ganzen Sommer über. Der würzige Duft kommt vom Flaum auf den langen, schmalen Blättchen: Es sind winzige Drüsen, die das ätherische Öl ausscheiden. Besonders unkompliziert ist der Anbau mit Setzlingen vom Gärtner. Preiswerter zieht man Bohnenkraut aus Samen, die im zeitigen Frühjahr ausgesät werden. Sobald die jungen Pflanzen erscheinen, muß man sie so auszupfen, daß sie jeweils etwa 15 cm Abstand haben. Außer lockerer, nährstoffreicher Erde braucht Bohnenkraut sehr viel Sonne. Zum Ernten die Blätter und Triebe kurz vor der Blüte pflücken.

Borretsch

Er braucht einen hellen Platz im Kräuterbeet: Die großen schwarzen Samen mit reichlich Abstand in kalkhaltige oder sandige Erde stecken. Für den Blumentopf eignet er sich wegen seiner langen Pfahlwurzeln nicht. Die Pflanzen sind nach etwa drei Wochen reif zum Ernten. Im Herbst sterben sie ab, doch weil Borretsch Samen bildet, wachsen im Frühjahr die neuen Pflänzchen von selbst.

Brunnenkresse

Die Samen gibt es in Gartencentern. Brunnenkresse sät man in Erde und hält sie ständig sehr feucht.

Dill

Dillsamen können Sie an ausgewachsenen Pflanzen auch selber ernten: Sobald die anfangs leuchtendgelben Blüten braun werden, sind die Samen reif. Die Stengel nun abschneiden und gebündelt zum Trocknen aufhängen. Die Samen fallen dann aus

Pfefferminze, das kühl-erfrischende Sommerkraut, wuchert üppig.

den Dolden und kommen im nächsten Jahr von April bis Mai ins Kräuterbeet; im Blumenkasten oder -topf gedeiht Dill nicht. Er braucht einen sonnigen, windgeschützten Platz und viel Wasser. Nach vier bis sechs Wochen sind die Pflänzchen reif für die Küche. Falls Sie viel Dill essen: Nachsäen ist bis in den Hochsommer möglich.

Estragon
Er braucht Pflege, einen sonnigen Platz und durchlässigen, eher trockenen Boden. Besorgen Sie sich Setzlinge, die Sie ab Mai in etwa 60 cm Abstand pflanzen: Die Wurzeln brauchen Platz, weil sie waagerechte Ausläufer bilden. Im Herbst muß man die Pflanzen zurückschneiden und wie Rosen mit Stroh oder Tannenzweigen abdecken. Diese »Decke« sollte man erst nach dem letzten Frost wieder entfernen. Damit Estragon sein Aroma lange hält, wird er alle zwei Jahre geteilt und an eine andere Stelle im Kräuterbeet gepflanzt – oder im Blumentopf mit frischer Erde versehen.

Gartenkresse
Nur aus kulinarischen Gründen lohnt der Anbau nicht, denn Kresse gibt es in guter Qualität zu kaufen. Wer Küche oder Bal-

kon mit dem frischen Grün schmücken möchte, besorgt sich einen »Kresse-Igel« aus Keramik. Darin wachsen die Samen auch hygienischer als auf feuchten Tüchern oder nasser Watte. Kresse muß man fleißig gießen. Wichtig für die Ernte: Je höher die Pflänzchen – sie können bis zu 60 cm hoch werden –, desto schärfer schmecken sie.

Giersch
Wenn Sie ihn noch nicht im Garten haben und Wert auf Ordnung im Beet legen, empfehle ich Ihnen nicht, ihn anzupflanzen. Denn Sie werden ihn nicht mehr los. Alle, die naturnahe oder verwilderte Gärten mögen, kennen ihn ohnehin.

Kapuzinerkresse
Sie wächst auf sandigem Boden überall, wo es sonnig ist, bildet selbst im Blumenkasten oder in großen Kübeln wunderschöne Kissen mit sattgrünen Blättern und gelben, roten und orangefarbenen Blüten. Es gibt rankende (Glanzhybride) und niedrig wachsende Kapuzinerkresse (Zwergkapuzinerkresse oder Persische Juwelen). Beide Sorten werden im Frühjahr einfach ausgesät, fleißig gegossen und nach Bedarf geerntet. Früchte zum Einlegen in Essig müssen Sie alle paar Tage pflücken, sonst werden sie zu hart.

Kerbel
Er braucht Halbschatten und normale Feuchtigkeit, dann wächst er von Frühjahr bis Herbst. Die sichere und preiswerte Methode wird von Gartenexperten empfohlen: Die Samen ab März bis zum Frühsommer in Reihen von 15–20 cm Abstand säen. Ich habe im Gartencenter Pflänzchen gekauft, einen Balkonkasten und einen großen Blumentopf damit bepflanzt und hatte eine reiche Ernte. Die Pflanzen können bis zu 30 cm hoch werden, danach verlieren sie an Aroma. Essen Sie nur das Kraut, die Wurzeln gelten als giftig.

Knoblauchsrauke
Wer oft ernten will, gräbt eine wildwachsende Knoblauchsrauke aus und setzt sie in lockere, nähr- und stickstoffreiche Erde an einen schattigen Platz im Garten.

Koriander
Er wächst im Blumenkasten oder -topf: Säen Sie die Samen direkt in lockere, leichte Erde, denn Verpflanzen verträgt Koriander nicht. Er braucht Sonne und nicht zuviel Wasser. Ernten können Sie, sobald die Blättchen etwa daumenhoch sind.

Kümmel

Ähnlich wie Koriander braucht er lockeren Boden und Sonne. Sie können ihn im Herbst oder Frühjahr aussäen und von einigen Pflänzchen nur das Kraut ernten. Die anderen wachsen lassen, bis die Samenkapseln braun sind, doch bevor sie aufspringen. Nun die Pflanzen abschneiden, zusammenbinden und mit den Samenkapseln nach unten zum Trocknen aufhängen. Legen Sie ein Tuch darunter, damit die Samen aufgefangen werden und noch nachtrocknen können.

Lavendel

Ziehen Sie ihn aus guten Samen, oder setzen Sie gleich ein junges Pflänzchen in einen großen Kübel ein. Lavendel ist sehr unkompliziert, braucht viel Sonne, sollte nicht in kaltem Wind stehen und im Herbst zurückgeschnitten werden. Im Winter schützt man ihn mit Tannenzweigen vor Frost. Im Garten an einem sonnigen, windgeschützten Platz kann er zu einem breiten, bis zu 50 cm hohen Busch wachsen. Neben die Rosen gepflanzt, soll Lavendel Ameisen und damit auch Läuse fernhalten, die von den fleißigen Tierchen »gezüchtet« werden. Diese Wirkung kann ich nicht bestätigen, die von Lavendelöl (aus Drogerie oder Naturkostladen) schon: Es vertreibt Ameisen, wenn sie gerade dabei sind, eine Straße über die Terrasse zu bauen oder sich ein Plätzchen im Wintergarten einzurichten.

Viele Kräuter kann man wie Blumen im Balkonkasten ziehen.

Liebstöckel
Das Kraut braucht durchlässigen Lehmboden und einen sonnigen Platz, wo es sich gut ausbreiten kann. Ein einziges Pflänzchen vom Gärtner oder aus dem Gartencenter reicht übrigens völlig aus, denn Liebstöckel wächst rasch und hoch. Im Kräuterbeet müssen Sie ihn zwei- bis dreimal pro Sommer kräftig zurückschneiden, sonst verdrängt er die anderen Pflanzen. Ernten können Sie das ganze Jahr über, doch am besten schmecken die Blätter während der Blüte im Juli und August.

Löffelkraut
Sie können es das ganze Jahr über ernten, doch es gedeiht nur an einem feuchten Platz im Garten. Löffelkraut müssen Sie regelmäßig gießen – nicht nur im Sommer übrigens, sondern auch im Winter, vor allem wenn er lang dauert, kalt und trocken ist.

Lorbeer
Der immergrüne, buschige Baum, der in wärmeren Gebieten bis zu 9 m hoch wird, läßt sich nur schwer aus Samen ziehen. Man nimmt deshalb lieber Setzlinge und pflanzt sie in große Kübel, die man gut transportieren kann – Lorbeer muß in einem kühlen Raum überwintern. Im Sommer braucht die dekorative Pflanze mit den glänzend dunkelgrünen Blättern und den flokkenartig blaßgelben oder grünlichen Blüten einen windgeschützten, sonnigen Platz.

Majoran
Er braucht einen sonnigen, windgeschützten Platz im Garten oder auf dem Balkon, leichte, humusreiche Erde und viel Feuchtigkeit. Ins Freie säen kann man ihn erst Ende April; Setzlinge dürfen sogar erst im Mai nach dem letzten Frost ins Beet, in einen großen Topf oder geräumigen Balkonkasten. Wichtig ist sorgfältiges Jäten – mit Wildkräutern, also Unkraut, verträgt Majoran sich nicht. Geerntet wird im Sommer, wenn die Blüten sich gebildet, aber noch nicht geöffnet haben. Allerdings kann Majoran während der kurzen Vegetationsperiode keine Samen bilden; im nächsten Frühjahr muß man ihn also wieder aussäen.

Meerrettich
Die braungelben Wurzeln pflanzt man im Frühjahr etwa 30 cm tief mit jeweils 25 cm Abstand. Meerrettich braucht viel Sonne im Garten, nährstoffreichen, lockeren Boden und so viel Platz nach unten, daß die Wurzeln gerade wachsen können. Blumentöpfe und -kästen sind meist zu klein. Zum Ernten zieht man

die Staude wie Möhren aus der Erde. Meerrettich ist winterhart; was man nicht gleich braucht, läßt man einfach im Beet stehen. Die Wurzeln schmecken besser, wenn es kalt ist. Deshalb erst im Winter ausgraben.

Minze und Pfefferminze
Anbau der jungen Pflanzen lohnt sich, denn nur dadurch bekommen Sie auch Sorten, die Sie gewöhnlich nur beim Gemüsehändler kaufen können: Orangenminze und Apfelminze zum Beispiel. Minze braucht feuchten Boden mit Humus – Kompost im Herbst tut ihr sehr gut. Die Frage ist dann nicht, wie man Minze und Pfefferminze hegt und pflegt, sondern wie man sie im Zaum hält, damit sie nicht zu sehr wuchert.

Oregano
Setzen Sie ein paar kräftige Pflänzchen an einen sonnigen Platz im Garten, und Sie können schon nach einigen Wochen richtig ernten. Im Lauf der Jahre wächst Oregano dann zu einem schönen großen Teppich heran, der weder bei Läusen noch bei Schnecken sonderlich beliebt ist – vielleicht wegen seines stark würzigen Geruchs.

Petersilie
Samen – es gibt krausblättrige und glattblättrige Petersilie – über Nacht in warmem Wasser einweichen und in lockerem, nährstoffreichem Boden aussäen. Die Keimzeit beträgt mindestens sechs Wochen. Im ersten Jahr bildet Petersilie nur eine Blattrosette am Boden, im zweiten Jahr wächst sie zu einem mehr als einen Meter hohen Kraut heran. Wurzelpetersilie ist eine andere Sorte mit blaßgelben, möhrenähnlich schlanken Wurzeln und glatten Blättern, die man genau wie Blattpetersilie verwendet.

Pimpinelle
Setzen Sie gleich mehrere Pflänzchen ein, und düngen Sie im Herbst mit Kompost, denn Pimpinelle braucht lockere Erde. Im Blumentopf war mir kein Erfolg beschieden.

Portulak
Winterportulak sät man im August und September für die Herbst- und Winterernte ins Beet oder in große Balkonkästen, die nicht den Winterstürmen ausgesetzt sind. Sommerportulaksamen kommen im März in die Erde. Wer Pflänzchen kaufen will, muß sie sich ebenfalls im Frühjahr besorgen, denn später wird nur noch das Portulakröschen angeboten. Gießen ist wichtig – im Winter wie im Sommer.

Rauke
Sie können sie einfach säen – in Topf, Blumenkasten oder in den Garten. In den ersten beiden Jahren dachte ich, Rauke sei den Schnecken zu würzig. Das war ein Irrtum – offenbar gewöhnen sich die gefräßigen Tiere nach einigen Generationen an jedes Grünzeug. Trotzdem bleibt genug für die Küche übrig, denn Rauke wächst schnell, üppig und kann immer nachgesät werden. Ernten Sie vor der Blüte, sonst sind die Blättchen zu scharf.

Rosmarin
Bis jetzt ist es mir nur einmal gelungen, eine Rosmarinpflanze im Topf durch den Winter zu bringen. Im Garten gehen die meisten der wärmeliebenden Pflanzen ohnehin ein. Deshalb: Freuen Sie sich einen Sommer lang am Rosmarin, und besorgen Sie sich im nächsten Frühjahr ein neues Pflänzchen.

Salbei
Im Topf überdauert er höchstens zwei Winter, doch im Garten hält er es gewöhnlich länger aus: Die Pflanze an einen windgeschützten, sehr sonnigen Platz setzen – am besten an eine weiße Hausmauer, die nach Südosten oder Südwesten weist. In milden Wintern können Sie sogar ernten – zwar trägt er dann keine allzu aromatischen Blätter, doch ein wenig Salbeiaroma an Kalbfleisch und Pasta schafft ein bißchen Sommerillusion.

Sauerampfer
Säen Sie ihn ab April in die Wiese, und vergessen Sie nicht, das Gras bis zur ersten Mahd im Juni wachsen zu lassen. Sauerampfer braucht einen eher schattigen Platz und feuchten Boden mit genügend Humus.

Schnittknoblauch
Pflanzen und Samen gibt es in Gärtnereien und Gartencentern. Schnittknoblauch ist so leicht zu ziehen wie Schnittlauch.

Schnittlauch
Am besten gedeiht er so: Eine Pflanze beim Gärtner kaufen und den Sommer über im Topf halten, im Winter nach draußen stellen, richtig durchfrieren lassen, dabei aber hin und wieder gießen. Im Frühjahr in den Garten setzen. Nur im Topf bleiben die Pflanzen schwächlich und bekommen Läuse.

Schnittsellerie
Die Pflänzchen sind viel unkomplizierter als Petersilie und werden von Schnecken gemieden.

Dekorativ und platzsparend: großer Topf mit Pflanzöffnungen.

Thymian

Sie können beim Selberanpflanzen meist zwischen verschiedenen Arten wählen. Kaufen Sie die ersten Pflänzchen beim Gärtner, und geben Sie ihnen einen kargen Platz in der prallen Sonne. Thymian braucht Platz, denn er breitet sich über die Ästchen aus, die dicht am Boden kriechen. Deshalb die Wildkräuter bzw. das Unkraut fernhalten. Im Blumentopf bleibt Thymian klein.

Tripmadam

Sie ist die Pflanze sonniger Steingärten und braucht Erde mit Sand vermischt. Sobald die Pflanze angewachsen ist, muß man nicht mehr gießen, denn in den dicken, saftigen Blättern speichert sie genügend Feuchtigkeit.

Vogelmiere
Graben Sie auf Waldwiesen ein paar Pflänzchen aus, und geben Sie ihnen im Garten einen halbschattigen Platz mit nährstoffreicher Erde. Wenn Sie nach einigen Wochen sehen, daß die Vogelmiere gedeiht, müssen Sie regelmäßig ernten oder jäten, sonst vermehrt sie sich unkontrolliert.

Wacholder
Am besten kauft man Setzlinge und pflanzt sie in große Kübel oder an einen trockenen Platz im Garten. Als Heidepflanze braucht Wacholder viel Sonne, sandigen, nährstoffarmen Boden und wenig Gießwasser.
Die kugelrunden, blauschwarzen Früchte, die wie Beeren aussehen, botanisch aber Zapfen sind, brauchen zwei bis drei Jahre zum Reifen. Damit man sich beim Pflücken nicht an den spitzen, harten Blättern sticht, breitet man ein Tuch um den Busch und klopft die reifen Beeren mit einem Stock vorsichtig ab.

Ysop
Im Blumentopf bleibt er klein und zierlich, im Garten kann er zu einem richtigen kleinen Strauch heranwachsen. Wichtig sind leichte, lockere Erde und ein freier Platz. Andere Sträucher in der unmittelbaren Nachbarschaft verträgt er nicht; im Kräuterbeet setzt man ihn deshalb ganz an den Rand.

Zitronengras
Man pflanzt es einfach in den Blumentopf und stellt es am besten in den Wintergarten. Zitronengras braucht Sonne, Wärme und Wasser, muß hell und kühl, aber frostfrei überwintern.

Zitronenmelisse
Für sie gilt dasselbe wie für Oregano: Aus einem kräftigen Pflänzchen wächst ein wunderschöner Busch, den Sie regelmäßig und jahrelang ernten können. Zitronenmelisse braucht Sonne oder Halbschatten, und im Blumentopf müssen Sie ihr jedes Jahr neue Erde geben.

DER GUIDE ZU 90 KRÄUTERN UND GEWÜRZEN

Anis

Anis-Bibernelle, Änis, Arnis, Brotsame, süßer Kümmel, Taubenanis
Pimpinella anisum
Familie der *Apiaceae* – Doldenblütler

Früher haben die Frauen in Bayern nach der Geburt ihres Babys »Kindbettlaiberl« bekommen. Da war alles drin, was kräftigt: viele Eier, reichlich Zucker und Anissamen. Das fein-süße, lakritzähnliche Gewürz sollte die junge Mutter wieder auf die Beine bringen und die Milchsekretion anregen. Auch bei der Verdauung hilft Anis: Aniskuchen wurde im Rom der Antike zum Abschluß eines opulenten Festmahles serviert. Heute gehört Anis zu Weihnachtsplätzchen wie Schwäbischen Springerle, zu berühmten Aperitifs und Digestifs wie Pastis, Raki und Ouzo.

Anis in der Küche
Sie können frische Blätter und getrocknete Samen verwenden; Blätter würzen milder als Samen.

- Anisblätter schmecken nur roh in kalten und warmen Gerichten, also erst zum Schluß zugeben und nicht mitkochen. Sie passen zu
  - grünen Salaten, Rote-Bete-Salat, Möhren-, Kohlrabi- und Zucchinirohkost, eingelegten Gurken, Paprikaschoten und Kürbis;
  - Erbsen-, Gurken-, Rotkohl- und Kartoffelgemüse;
  - Fischsuppen;
  - indischen Currys mit Hülsenfrüchten oder Kartoffeln;
  - Obstsalat und Konfitüren.

- Anissamen kann man kochen, schmoren und backen. Ganz oder im Mörser zerrieben passen sie zu
  - Tomatensauce, geschmortem Grünkohl und Rotkohl, Kürbis- und Rote-Bete-Gemüse;
  - Pasteten und Terrinen mit Lachs, Geflügel und Schwein;
  - Chutneys, eingelegten Gurken und süß-saurem Kürbis;
  - Konfitüre mit Erdbeeren, Pfirsichen, Zwetschen und Maronen, zu Pflaumenmus und Apfelgelee;
  - Ausbackteig für Apfelbeignets, Kirschen, Dörrpflaumen;
  - Brot, Brötchen und Käsegebäck;
  - Weihnachtsplätzchen, Früchtebrot und Kuchen mit Trockenobst und Nüssen;
  - Bratäpfeln und Punsch.

Einkaufstip
Nehmen Sie ganze Samen – kühl, trocken und gut verschlossen aufbewahrt, halten sie sich etwa acht Monate. Gemahlen verlieren sie rasch an Würzkraft. Frisches Aniskraut können Sie nur selbst anbauen und ernten (siehe Seite 13). Die Samen gibt es in Gartencentern, Pflänzchen sind schwer zu bekommen.

Extratip
Anistee mit Honig ist ein guter Schlaftrunk.

Bärlauch

Hexenzwiebel, Waldknoblauch, Wurmlauch
Allium ursinum
Familie der *Liliaceae* – Liliengewächse

Wenn Ihnen beim Frühlingsspaziergang im Wald oder Park eine Duftwolke von Knoblauch und Zwiebel entgegenkommt, sind Sie auf den Verwandten des Knoblauchs gestoßen. Manche lassen sich vom – tatsächlich penetranten! – Geruch abschrecken und haben deshalb noch nie ein sahniges Kartoffelgratin mit Bärlauch gekostet. Wildkräuter-Fans dagegen nutzen die kurze Bärlauchzeit zum Sammeln. Anders als die meisten Wildkräuter kann man Bärlauch im Mai und Juni sogar kaufen – was jeder tun sollte, der ihn nicht ganz genau kennt. Denn er hat giftige Doppelgänger.

Bärlauch erkennen und sammeln
Bärlauch wächst in Wäldern und Parkanlagen unter hohen Bäumen an feuchten Stellen. Jede Pflanze hat nur zwei hellgrüne Blätter, die an Maiglöckchen erinnern. An der Spitze des bis zu 25 Zentimeter langen Stengels sitzen die kleinen, weißen Blütensternchen wie in einer Dolde.

Achtung!
Verwechslung mit den giftigen Maiglöckchen und den tödlich giftigen Herbstzeitlosen ist möglich. Wer sammelt, muß also ganz sicher sein: Nur Bärlauchblätter riechen beim Zerreiben intensiv nach Knoblauch.

Bärlauch in der Küche
Bärlauch muß man vor der Blüte im Mai und Juni sammeln, frisch verwenden und mit einem scharfen Messer fein schneiden.

- Bärlauchblätter ißt man roh, gedünstet oder gebacken. Sie passen zu
  - Salatsaucen, Frühlingssalaten, Rohkost mit Rettich, Radieschen, Möhren und Kohlrabi, zu Kräuterquark, eingelegtem Schafs- oder Ziegenkäse, Rindercarpaccio;
  - Kräuter- und Gemüsecremesuppen, Kartoffelsuppe mit Frühlingsgemüse und Butter- oder Grießklößchen, Eierstich in klarer Brühe;
  - Champignons in Sahnesauce, gebratenen Austernpilzen, Kartoffelgratin, Schalottengemüse;

- Käsesoufflé, Kräuteromelett, Nudeln mit Sahnesauce, Risotto mit Frühlingsgemüse und/oder Meeresfrüchten;
- Fischsuppen, pochiertem Lachs oder Steinbutt, Seezungenröllchen und gebratenen Langostinos;
- Putenrouladen oder gebratener Hähnchenbrust mit kalten oder warmen Kräutersaucen, geschmorten Täubchen;
- gebratenem Kaninchenfilet, Kalbs- und Lammgeschnetzeltem.

Einkaufstip
Im Frühjahr gibt es die frischen Blätter auf großen, gut sortierten Märkten, zum Beispiel auf dem Münchner Viktualienmarkt. Sie halten sich einen Tag im Kühlschrank.

Basilikum

Basilienkraut, Königskraut, Suppenbasil
Ocinum basilicum (Ocinum minimum)
Familie der *Lamiaceae* – Lippenblütler

Vermutlich kommt Basilikum aus Südindien. Jedenfalls stammt es aus einer heißen Gegend, denn nur in der Sonne entwickelt sich das Aroma nach Minze und Nelken, der leicht süße Geschmack. Basilikum gehört zur provenzalischen Kräutermischung, zu Mozzarella mit Tomaten und Aceto Balsamico, zu Pesto genovese und Pistou provençale. Italienische Hausfrauen ziehen meist mehrere Sorten für verschiedene Gerichte.

Basilikum in der Küche
Man kann Blüten, Blätter und Stiele verwenden. Wenn möglich, kauft man verschiedene Sorten – je nach Gericht: Zitronenbasilikum eignet sich für Salate, wildes Basilikum für Pizza und Tartes, Anisbasilikum für Obstsalate und süße Gerichte aus der orientalischen Küche, rotes Tulsi für Thai-Gerichte. Kräftiges Kampferbasilikum kann man mit anderen Kräutern mischen. Wichtig für den Geschmack: Je kleiner die Blätter, desto aromatischer das Kraut. Gegart schmeckt Basilikum intensiver als roh.

- Die Blüten schmecken nur frisch und passen zu
  - Blatt- oder Tomatensalat.

- Frische oder tiefgefrorene Blätter passen roh und gegart zu
  - Kartoffelsalat, mariniertem Gemüse, eingelegtem Schafs- oder Ziegenkäse, Dips und kalten Saucen;
  - Toskanischer Bauernsuppe *(aqua cotta)*, Suppen und Eintöpfen mit Tomaten, Kohlrabi, Schmorgurken, Zucchini und Hülsenfrüchten;
  - Auberginenauflauf *(Parmigiana di melanzane)*, gebratenen Auberginen, Zucchini und Pilzen, gedünsteten Erbsen, Zuckerschoten und Tomaten;
  - pochierten oder wachsweichen Eiern, Nudeln und Risotto mit Sahne- oder Tomatensauce;
  - Fisch, Muscheln und Krustentieren in Sahne-, Butter- oder Tomatensauce;
  - Hühnerfrikassee, Hackbraten, Frikadellen, Kalbsrollbraten, Lammgeschnetzeltem.

- Frische Basilikumzweige und Stiele passen zu
  - Grillmarinaden, Würzessig oder -öl.

- Getrocknete Blätter sollte man nur gegart verwenden. Sie passen zu
  - Wintersuppen und Eintöpfen mit Erbsen, Linsen, Kohl und Rindfleisch.

Einkaufstip
Von den vielen Basilikumsorten können Sie in Supermärkten gewöhnlich nur die großblättrige kaufen. Andere erhalten Sie als Bundware bei Kräuterhändlern, in asiatischen, mexikanischen oder lateinamerikanischen Lebensmittelgeschäften. Oft gehen die Bezeichnungen etwas durcheinander: Grünes Tulsi habe ich auch als Thai-Basilikum oder »Scharfes Basilikum« gekauft; man nimmt es für Currys. »Sweet Basilikum«, eine milde Sorte, gehört zur thailändischen Küche. »Mexikanisches Gewürzbasilikum« oder »Heiliges Basilikum« gibt es als Samen in Gartencentern. Es schmeckt süß und wird für Suppen und Gemüse verwendet. Zitronenbasilikum, rotes Basilikum und besonders niedriges Basilikum, das sich gut für Blumentöpfe und Balkonkästen eignet, bekommen Sie ebenfalls als Samen in Gartencentern.

Extratip
In heißem Dampf wird frisches Basilikum braun. Deshalb die Speisen nach dem Garnieren nicht mehr zugedeckt warm halten, sondern gleich servieren.

Beifuß

Gänsekraut, Jungfernkraut, Sonnwendgürtel, Wilder Wermut
Artemisia vulgaris
Familie der *Asteraceae* = *Compositae* – Korbblütler

So unscheinbar er aussieht, so gewaltig ist sein Ruf: Beifuß soll den Teufel fernhalten, verhexte Milch entzaubern, vor Blitzschlag schützen und die Liebeslust fördern. Auch ganz praktische Wirkungen sind überliefert: Mit Beifuß hat man Bier bitter und haltbar gemacht, Krankenzimmer ausgeräuchert und Motten vertrieben. In Cornwall war Beifußtee um die Jahrhundertwende billiger Ersatz für schwarzen Tee; heute ist er überall nur noch Medizin.

Beifuß in der Küche
Am besten schmecken frische Triebspitzen und Blütenknospen. Pflücken Sie ihn rechtzeitig vor der Blüte, die im Juli beginnt, denn die Knospen müssen noch fest geschlossen sein; bereits geöffnete Blüten sind zu bitter. Beifuß gehört aber auch zu den Kräutern, die sich zum Trocknen eignen. Die Hoch-Zeit für Beifuß ist ohnehin im Herbst, wenn Deftiges auf den Tisch kommt: Gänse- und Schweinebraten, Schmalz und Linsensuppe. Denn genau wie beim verwandten Wermut fördern seine bitteren Gerbstoffe die Fettverdauung.

- Beifuß schmeckt nur gegart wirklich gut, weil er dann seine ganze Würzkraft entfaltet. Sie können das Kraut also kochen, schmoren und braten. Damit sich das Aroma entwickelt, zerreibt man getrockneten Beifuß zwischen den Fingern, bevor man damit würzt. Am besten verträgt er sich übrigens mit Zwiebeln, Knoblauch und Pfeffer. Für andere Gewürze und Kräuter ist er zu intensiv. Er paßt zu
  - Eintöpfen mit Hülsenfrüchten, Steckrüben, Sauerkraut mit Ananas;
  - Zwiebelgemüse mit Äpfeln und Kastanien; Rotkohl mit Gänseschmalz und Backpflaumen;
  - Sud für Aal grün;
  - Füllung und Schmorsud für Gänse- und Entenbraten, gerollten Schweinebraten, Kalbs- und Lammbrust;
  - geschmortem und gebratenem Wildgeflügel, Wildschwein, Hirsch, Schwein, Lamm oder Rind;
  - ausgebratenem Gänse- und Schweinefett als Brotaufstrich.

Einkaufstip
Getrockneten Beifuß gibt es im Supermarkt. Er haftet wie Klümpchen aneinander. Das kommt von den feinen Härchen an den Blättern und hat nichts mit Insektenbefall zu tun. Beifußsamen bekommen Sie in Gartencentern.

Extratip
Nicht klassisch, aber delikat: Kohlrouladen mit Hack, Schweinebauchrouladen, Pichelsteiner Fleisch, Tiroler Geröstel und Elsässer Bäckerofen mit einer Spur Beifuß würzen.

Bockshornklee

Fenugräk, Gelblicher Schabziegerklee, Griechisches Heu, Kuhhornklee, Stundenkraut
Trigonella foenumgraecum
Familie der *Fabaceae = Leguminosen* – Schmetterlingsblütler

Bockshornklee gehört zu den ältesten Nutzpflanzen. Die Samen hat man im Grab des schönen, jungen Tutanchamun gefunden. Allerdings haben die Ägypter Blätter und Samen vermutlich nicht gegessen, sondern nur medizinisch verwendet. Heute würzt das getrocknete Kraut den Schweizer Schabziger – kleine harte Kräuterkäse, die man fein gerieben auf Butterbrot streut. Die Samen sind Brotgewürz im Orient und Bestandteil des indischen Garam Masala. Die frischen Blätter gehören als Würzkraut und als Gemüse vor allem zur iranischen Küche.

Bockshornklee in der Küche
In der modernen europäischen Küche wird Bockshornklee nur noch von traditionsbewußten Köchen verwendet: Der Schweizer Peter Bührer empfiehlt ein altes Bauernessen aus dem Kanton Glarus: Heiße Hörnchennudeln und Kartoffeln werden mit getrocknetem, fein zerriebenem Bockshornkleekraut in eine tiefe Platte geschichtet und mit Paniermehl und geschmolzener Butter überzogen.
Wer indisch kochen will, nimmt getrocknete Samen mit ihrem charakteristischen Geruch nach gebranntem Zucker und dem leicht bitteren Geschmack. Am besten zerreibt man sie im Mörser, denn gemahlen muß man sie so vorsichtig wie Muskatnuß dosieren: die Penetranz der meisten fertig gekauften Currypulver kommt von der reichlichen Beimischung gemahlener Bockshornkleesamen. Für orientalische Gerichte verwendet man auch frische Blätter: Egal, ob Samen oder Kraut – das Aroma entwickelt sich erst beim Garen.

- Die frischen oder getrockneten Blätter passen zu
  - Zwiebelsuppe, Reis mit Krabben aus dem Iran, schwarzen Bohnen mit Lamm;
  - Omeletts und Rühreiern, eventuell mit gebratenen Kartoffelscheiben wie spanische Tortilla;
  - gebratenen Langostinos mit Kräutersauce aus Bockshornklee und Korianderblättern, Tamarinde, Knoblauch und Tomatenmark, Füllung für Fisch mit Frühlingszwiebeln und Knoblauch.

- Ganze Samen passen zu
  - Schmortöpfen mit Hülsenfrüchten, indischen Gemüse- und Kartoffelcurrys;
  - geschmortem Lamm, Rind und Schwein, indischen Fleischcurrys.

- Im Mörser zerriebene Samen passen zu
  - Zwiebelsuppe, Bohnensuppe, Linsen-, Kürbis- und Zwiebelgemüse, Hefeteigpfannkuchen zu geschmortem Gemüse;
  - kräftigen Fischsuppen mit südlichen Kräutern, Knoblauch und Tomaten;
  - Hackfleischfüllungen für Teigtäschchen;
  - Fladenbrot und herzhaften Kartoffelbrötchen.

Einkaufstip
In Reformhäusern, Naturkostläden und asiatischen Lebensmittelgeschäften bekommen Sie nur ganze oder gemahlene Samen. Für frische Blätter müssen Sie Bockshornklee selbst anbauen (siehe Seite 13). Die Samen nach der Ernte nicht zu anderen Lebensmitteln legen; frisch übertragen sie den Geruch am stärksten. Auch getrocknete Blätter und Samen muß man getrennt in gut verschlossenen Gefäßen kühl und dunkel aufbewahren.

Bohnenkraut

Pfefferkraut, Saturei
Satureia hortensis
Familie der *Lamiaceae* – Lippenblütler

Die Entdeckung der Neuen Welt hat das Bohnenkraut seiner kulinarischen Vielfalt beraubt. Römische Rezepte der Antike empfehlen es noch in Spargelomelett, Trüffelsalat und Dattelsauce zu Fleisch. Kurz bevor Kolumbus nach Amerika aufbrach, hat man außer Hülsenfrüchten auch Kräutersaucen damit gewürzt, und hundert Jahre danach nimmt Anna Wecker, die erste deutsche Kochbuchautorin, zu Bohnen keineswegs das Kraut, sondern noch Kümmel und Safran. Erst als die grünen Bohnen in der Alten Welt so heimisch waren wie in der Neuen, schon seit etwa 7500 Jahren, gehören Bohnenkraut und grüne Bohnen zusammen – vielleicht, weil man es bei den schwerer verdaulichen Dicken Bohnen so gewohnt war.

Bohnenkraut in der Küche

Das würzige, leicht scharfe Kraut mit dem ausgeprägten Geruch nach grünen Bohnen schmeckt frisch besonders harmonisch, getrocknet sehr intensiv. Zartes Sommerbohnenkraut würzt sanfter als kräftiges Bergbohnenkraut. Die blauen, hellroten oder weißen Blüten, die wie winzige Stiefmütterchen aussehen, sind Schmuck für Sommersalate.

- Frische und tiefgefrorene Blätter kann man roh und gegart verwenden. Sie passen zu
  - Blattsalaten und kräftigen Salaten mit Bohnen, Tomaten, Kartoffeln, Gurken, Eiern, Käse, Fleisch und Wurst, eingelegtem Gemüse, eingelegtem Schafs- oder Ziegenkäse;
  - Pasteten und Terrinen mit Geflügel;
  - klaren Suppen und Cremesuppen mit Blumenkohl, Bohnen, Kohlrabi, Kartoffeln, Möhren, Pilzen, Zucchini, Zwiebeln, zu Sahnesaucen für alle diese Gemüse;
  - kräftigen Suppen mit Hülsenfrüchten und Kartoffeln, Geflügel, Rindfleisch und Lamm;
  - Gemüse von Hülsenfrüchten und grünen Bohnen;
  - geschmortem oder gebratenem Gemüse wie Auberginen, Gurken, Sauerkraut, Tomaten oder Zwiebeln;
  - vegetarischen Frikadellen mit Grünkern, Tofu, Kartoffeln oder Hülsenfrüchten;
  - Schmorsud und Saucen zu Huhn, Pute und Lamm;
  - Lamm-, Kalbs- und Rinderragout;
  - Marinaden für Grillfleisch.

- Getrocknete Blätter schmecken nur gegart und passen zu
  - Kartoffelpuffern, Bratkartoffeln, Zwiebelkuchen und Käsegebäck;
  - ausgebratenem Gänse- und Schweinefett als Brotaufstrich.

Aufbewahrungstip

Frische Bohnenkrautzweige kann man in Essig einlegen und für Salate oder Marinaden verwenden.

Extratip

Frisches Bohnenkraut paßt hervorragend zu Fisch und Meerestieren vom Grill: Forellen und Kalmar mit ein paar Zweigen füllen, Fischkoteletts oder Filets mit gehacktem Kraut, Zitronensaft und Öl marinieren.

Borretsch

Borgel, Gurkenkraut
Borago officinalis
Familie der *Boraginaceae* – Rauhblattgewächse

Borretsch hat viele Freunde: Bienen und Hummeln umschwärmen ihn, weil er voll des süßen Nektars steckt. Kochästheten schätzen das strahlende Blau seiner Blütensternchen, weil sie sommerliche Drinks und Salate schmücken. Die Fans der leichten Sommerküche lieben das wundervoll erfrischende Gurkenaroma seiner Blätter. Und all die Genußmenschen, die im Kräuterbeet lieber ernten als arbeiten, mögen ihn so gern, weil er sich Jahr für Jahr selbst aussät.

Borretsch in der Küche

Man nimmt die frischen Blätter für kalte und warme Gerichte, die frisch gepflückten Blüten nur für Kaltes. Wichtig für den Geschmack: Die Blätter entweder sehr jung ernten oder ganz fein schneiden, damit die rauhen Härchen darauf nicht stören.

- Borretschblüten passen zu
  - sommerlichen Drinks mit und ohne Alkohol;
  - Sorbet mit Melone, Kiwi oder Apfel;
  - Blattsalaten, kalten Suppen und Saucen;
  - Obstsülzen, Grützen und Obstsalaten, Kaltschalen mit Milch und Joghurt, Zitronencreme.

- Ganz junge, zarte Blätter schmecken
  - unzerkleinert mit Schalotten als Gemüse gedünstet oder wie Salatblätter mit Dressing.

- Größere, fein zerkleinerte Blätter schmecken
  - in gemischtem Salat, Gurkensalat, Kartoffelsalat, Vinaigrette, Kräuterquark, Kräuterbutter, kalten Saucen, Avocadodip und anderen Dips mit Joghurt, süßer und saurer Sahne zu Gemüse, Fisch, Geflügel, Rindfleisch;
  - an Rindfleisch- und Lachscarpaccio, vegetarischem Carpaccio mit Gurken, Zucchini oder Champignons;
  - in Cremesuppen und gedünstetem Gemüse wie Blumenkohl, Broccoli, Erbsen, Gurken, Kartoffeln, Kohlrabi, Möhren, Porree, Zucchini;
  - in Sahnesaucen zu Eiern und Fisch;
  - mit gehackten Walnüssen oder Pistazien und saurer Sahne vermischt als Brotbelag.

Einkaufstip

Im Frühjahr gibt es Borretsch beim Gemüsehändler und auf Märkten im Kräuterbündel zu kaufen. Allerdings machen die Blätter innerhalb weniger Stunden schlapp. Deshalb erntet man ihn möglichst frisch oder friert ihn fein gehackt ein.

Extratip

Borretschblüten erst zum Schluß über den Salat streuen. Wenn sie mit dem Essig oder Zitronensaft des Dressings in Berührung kommen, bilden sich rötliche Flecken.

Bouquet garni

Kräutermischung

Frankreichs gemischtes Kräutersträußchen für alles, was sanft sieden und lange schmoren soll, können Sie selbst binden: Ein klassisches Bouquet garni besteht aus drei Stengeln Petersilie, einem Zweiglein Thymian und einem frischen Lorbeerblatt. Doch daran muß man sich nicht halten. Wichtig ist nur, daß Sie die Zutaten harmonisch kombinieren und auf das Gericht abstimmen. So paßt zusätzlich ein Stückchen frische unbehandelte Zitronenschale gut zu Fisch- und Geflügelbrühen, eine Zimtstange zu Wildsaucen und ein Stengelchen Basilikum zu Schmortöpfen mit reichlich Sommergemüse. Getrocknetes Bouquet garni aus zerkleinerten Kräutern gibt es zu kaufen.

Bouquet garni in der Küche
Je nach gewünschter Würzkraft nehmen Sie den frischen Kräuterstrauß oder die getrocknete Mischung: Die frischen Zweige können Sie genau dosieren und exakt auf das Gericht abstimmen, indem Sie ein paar Zutaten mehr oder weniger nehmen – Beispiele finden Sie weiter unten. Getrocknete Kräuter eignen sich besser für robuste Brühen, die man zu Eintöpfen mit Wintergemüse und Hülsenfrüchten braucht. Frische Kräuter bindet man mit Küchengarn zusammen, getrocknete gibt man in einen Teefilterbeutel, den man ebenfalls mit Küchengarn verschnürt.

- Klassisches Bouquet garni paßt zu
  - Fischfond und Fischbrühen für Forelle und Karpfen blau, Kabeljau und Schellfisch aus dem Wurzelsud, Fischfond als Saucenbasis für Kräutersauce;
  - Suppen und Eintöpfen mit Huhn und Kalb, Brühen als Saucenbasis für Hühnerfrikassee und Kalbsragout.

- Bouquet garni mit Zitronenschale und Estragon ergänzt paßt zu
  - Coq au vin und geschmortem Kalbsherz.

- Bouquet garni mit Orangenschale und Zimtstange ergänzt paßt zu
  - Rinderrouladen, Bœuf Bourguignon und Wildschwein.

- Mit Rosmarin und Knoblauch ergänzt paßt es zu
  - Lammragout, Schweinebraten italienische Art und provenzalischer Ratatouille.

- Mit Schnittsellerie und Lauch ergänzt paßt es zu
  - Linsen- und Bohnensuppe;
  - Rinderschmorbraten, Schweineragout mit Gemüse oder Hülsenfrüchten.

- Bouquet garni mit je einem Zweig Zitronenthymian, Bohnenkraut, Majoran und Basilikum paßt zu
  - Saucenbasis für Aal- und Karpfenragout
  - geschmorter Kalbshaxe, Bœuf à la mode, Schweineragout mit Äpfeln.

Extratip
Bouquet garni wird immer mitgegart. Man entfernt es vor dem Sieben der Brühe, dem Reduzieren des Schmorfonds und natürlich vor dem Servieren.

Brennessel

Donnernessel, Große Brennessel, Nessel, Saunessel, Senznettel
Urtica dioica
Familie der *Urticaceae* – Nesselgewächse

Die Menschen haben die Pflanze immer genutzt: Die Frauen kochten Brennesselspinat und Gründonnerstagssuppe aus den jungen Trieben, die Frommen haben den nackten Rücken mit Brennesselzweigen malträtiert, um für ihre Sünden zu büßen. Bauern wollten mit Brennesselbüscheln die Saatkrähen vom frisch bestellten Feld fernhalten. Homöopathen verordnen noch

heute Brennesseltee gegen Rheuma und Gicht. Manche Tiere brauchen die Pflanze zum Leben: Die Raupen von Tagpfauenauge und Kleinem Fuchs ernähren sich ausschließlich von Brennesselblättern, und wo es sie nicht mehr gibt, sterben auch die Schmetterlinge aus. Eine »Brennesselecke« im Garten ist aktiver Umweltschutz.

Brennesseln sammeln

Die jungen Blätter schmecken im Frühjahr und Frühsommer am besten, dann sind sie zart bitter und etwas herber als Spinat. Beim Sammeln zieht man Handschuhe an, denn Brennesseln brennen überall: Stengel und Blätter sind mit kleinen Härchen versehen. Die Spitze der Härchen bricht bei Berührung ab, und der untere Teil wirkt wie eine Injektionsnadel mit dem – noch unbekannten – Nesselgift. Dieses Gift und der darin enthaltene Eiweißstoff Histamin verursachen die Quaddeln auf der Haut.

Brennesseln in der Küche

Die Blätter werden blanchiert und ganz fein geschnitten in kalte und warme Gerichte gemischt. Blanchiert kann man sie wie Spinat auch einfrieren. Brennesseln lassen sich mit sehr aromatischen Zutaten kombinieren: Zwiebeln und Knoblauch, Löwenzahn und Liebstöckel, Speck und würzigem Käse. Sie passen zu

- grünen Salaten, Kartoffelsalat, Kräuterquark, Dips und Vinaigrette;
- Kräuter- und Gemüsesuppen;
- Pastasaucen mit Ricotta und Schinken, Erbsen und Speck oder Sahne, Butter und Pecorino;
- Füllungen für Tortellini, Ravioli und Maultaschen;
- gedünstetem Spargel und Spinat, Kartoffelgulasch, Zuckerschoten- und Zucchinigemüse;
- Eierkuchen mit Speck, Rühreiern, Omelett und pochierten Eiern in Sahnesauce;
- pochiertem Lachs in Sahnesauce;
- Hühnerfrikassee, Putengulasch, Kalbs- und Lammgeschnetzeltem.

Extratip

Brennesseln enthalten – wie alle Wildkräuter – wesentlich mehr Mineralstoffe, Vitamine und Eiweiß als kultivierte Kräuter. Wem reines Brennesselgemüse zu streng schmeckt, mischt es mit Spinat, ganz frischen Radieschenblättern und Crème double. Muskatblüte und Zitronensaft geben ein feines, edles Aroma.

Brunnenkresse

Bachbitterkraut, Bitterkresse, Wasserkresse, Wassersenf
Nasturtium officinale und *Rorippa nasturtium-aquaticum*
Familie der *Brassicaceae* = *Cruciferae* – Kreuzblütler

Brunnenkresse sollte man nicht selbst sammeln: In der Nähe von Schafweiden kann sie von Parasiten befallen sein, die auf den Menschen übertragbar sind. Ihr giftiger Doppelgänger, der Knotenblättrige Sellerie, wächst ebenfalls an Bachrändern. Außerdem ist Brunnenkresse inzwischen so selten geworden wie die sauberen Gewässer, die sie zum Gedeihen braucht. Schon aus Gründen des Umweltschutzes sollte man sie also dort stehenlassen, wo sie wild wächst: im seichten Wasser von Quellen und Bächen, Teichen und nassen Gräben.

Brunnenkresse in der Küche

Die größeren, reifen Blätter schmecken am besten: Sie sind aromatisch scharf und fein herb; die kleinen Blättchen sind noch nicht so würzig. Beim Vorbereiten entfernt man nur die dicken, hohlen Stengel; die zarten Stiele kann man mitessen. Damit Brunnenkresse im Salat schön knackig bleibt, mischt man sie erst unmittelbar vor dem Servieren mit den anderen Zutaten und dem Dressing.

- Die Blätter ißt man roh oder kurz erhitzt. Sie passen zu
  - Wildkräuter- und Blattsalat, Kartoffel- und Tomatensalat, Eier-, Fisch- und Geflügelsalat;
  - Quark mit Pellkartoffeln, Kräutermayonnaise mit gegrillten Fischkoteletts und Kräuterbutter zu Rindersteaks;
  - Cremesuppe, eventuell mit anderen Kräutern, mit Spargel, Kohlrabi oder Zuckerschoten;
  - Gemüse mit Fenchel, Lauch, Pastinaken, Petersilienwurzeln und Stangensellerie;
  - Sahnesaucen zu Lachs, Langustenschwänzen, Steinbutt und Seezungenröllchen;
  - Geschnetzeltem von Huhn, Kalb, Rind oder Lamm.

Einkaufstip

Seit knapp zweihundert Jahren wird die Pflanze auch kultiviert – bedeutend sind das Dreibrunnenfeld in Thüringen und die Picardie in Frankreich. Im Süden und Westen Englands baut man vor allem die verwandte Winterkresse mit braunen bis bronzefarbenen Blättern *(Rorippa nasturtium-aquaticum)* an, die man das ganze Jahr über ernten kann. In Deutschland wird von September bis Mai, in Frankreich von November bis März geerntet. Die Mengen sind klein, und das Marktangebot unregelmäßig. Deshalb am besten beim Gemüsehändler und auf dem Markt vorbestellen. Brunnenkresse kann man nicht aufbewahren, denn sie hält sich nur wenige Tage – und die sind meist schon durch den Transport vergangen. Samen zum Selberziehen gibt es in Gartencentern.

Extratip

Die Samen von Brunnenkresse schmecken ähnlich wie Senfsaat – scharf und sehr aromatisch. Im Mörser zerrieben, würzen sie sahnige Saucen zu pochiertem Fisch und indische Currygerichte. Man bekommt die Samen zum Anbauen von Brunnenkresse in Gartencentern.

Chillies

Chilischoten, Roter Pfeffer, Kolumbianischer Pfeffer, Kirschpaprika
Capsicum frutescens
Familie der *Solanaceae* – Nachtschattengewächse

Chilischoten gehören zur selben Familie wie Kartoffeln und Tomaten und stammen vermutlich aus Mexiko. Die Spanier brachten sie nach Europa, die Portugiesen nach Afrika, Asien und Südamerika, europäische Auswanderer schließlich nach Nordamerika. Im Laufe von etwa vierhundert Jahren haben sich Chillies schließlich über die ganze Welt verbreitet und in den meisten Küchen etabliert; sie gehören zu den am häufigsten verwendeten Gewürzen. Hauptanbauländer sind heute Mexiko und Indien.

Wie die Pflanze aussieht
Der buschige, bis zu zwei Meter hohe Strauch ist ein Verwandter des Gewürzpaprikas. Allerdings enthalten seine Schoten etwa zwanzigmal mehr scharfes Capsaicin als Paprika. Durch Auslese und Kreuzung gibt es diese Schoten in höchst unterschiedlichen Größen, Formen und Farben: Sie können zwischen 2 und 15 Zentimeter lang, kegelförmig, rund oder lang, weiß, rot, grün, gelb oder orange sein. Form oder Farbe der Schoten sagt nichts über den Schärfegrad aus, der von mild bis unerträglich scharf reicht. Doch gibt es eine Faustregel: orangefarbene Chillies schmecken mild. Rote, reife Schoten sind schärfer als unreife, grüne. Je kleiner die Schote, desto brennender auf der Zunge. Das sind Anhaltspunkte; ganz verlassen kann man sich aber auch darauf nicht.

Chillies in der Küche
Sie passen zu allem, was scharf sein soll: in Lateinamerika, Spanien, Indien und vielen anderen asiatischen Ländern sind sie Gewürz für kalte und warme Gerichte, für Würzpasten, eingelegtes Gemüse und Pickles. Essen Sie Chillies, wozu Sie mögen – egal ob herzhaft oder süß: selbst Erdbeerkonfitüre mit Chillies ist eine feine Kombination.

Die Schärfe dosieren
Das scharfe Capsaicin konzentriert sich in den weißen Trennwänden mit den anhängenden Samen. Die Menge der Samen und die Dauer der Garzeit spielen eine Rolle für die Schärfe des Essens:

- Milder schmeckt das Gericht, wenn Sie aus der frischen oder getrockneten Schote alle weißen Scheidewände und Kerne entfernen und die Schote vor dem Servieren herausfischen.
- Kurz gebratene Chilischoten würzen relativ zahm.
- Mittelscharf wird das Essen mit der zerkleinerten Schote ohne Scheidewände und Kerne.
- Sehr scharf schmeckt das Essen, wenn Sie die Schote mit Scheidewänden und Kernen verwenden und lange garen.
- Es spielt kaum eine Rolle, ob Sie frische oder getrocknete Schoten verwenden, vorausgesetzt, Sie können aus den getrockneten die Samen herausbröseln.

Chillies kaufen
Die Auswahl ist sehr groß: Es gibt frische, getrocknete und eingelegte Schoten, Cayennepfeffer aus gemahlenen roten Chillies und Chilipulver (siehe Seite 46), viele verschiedene Würzpasten und -saucen aus allen möglichen Ländern.

Extratip
Nach dem Vorbereiten der frischen oder getrockneten Schoten müssen Sie alle Arbeitsgeräte säubern und sich dabei gründlich die Hände waschen: Capsaicin haftet an der Haut und es schmerzt höllisch, wenn man versehentlich Nase oder gar Augen berührt. Empfindliche sollten beim Putzen und Zerkleinern von Chilischoten Gummihandschuhe tragen.

Achtung!
Chili – egal, in welcher Form – müssen Sie von Kindern fernhalten; sie sollten ihn auch nicht essen.

Pulver, Pasten, Öl und Saucen aus Chilischoten

Getrocknete oder frische Chilischoten sind in vielen Ländern Basis von flüssigen und festen Würzmischungen – die bekannteste ist Currypulver. Im Vergleich zu den ganzen Schoten läßt sich die Schärfe der Chiliprodukte gut abschätzen und dosieren.

- Cayennepfeffer besteht aus roten Chilischoten: Die Früchte werden getrocknet, gemahlen und kommen ohne weiteren Zusatz in den Handel. Man verwendet ihn genau wie normalen Pfeffer oder Paprikapulver.
- Für Chiliöl aus der ostasiatischen Küche wird Erdnuß- oder Sesamöl mit getrockneten Schoten erhitzt (siehe Extratip).
- Chilipulver aus dem Gewürzhandel sind gemahlene Chilischoten mit oder ohne Beimischung anderer Gewürze:
  - reines Chilipulver kann grobkörnig oder fein gemahlen, aus hellen oder dunklen Schoten, extrem scharf oder mild sein. Die Schärfe ist auf der Packung vermerkt;
  - Chilipulver aus mexikanischen Anchochillies mit Gewürzen ist milder. Kreuzkümmel, Knoblauch, Oregano, Zwiebeln, Piment, Salz und andere Gewürze können enthalten sein. Die Zusammensetzung steht auf der Verpackung.
- Chili-con-carne-Gewürz für das mexikanische Bohnengericht mit Fleisch besteht aus gemahlenen roten Chillies, Knoblauch, Koriander, Kümmel und Oregano.
- Chilisauce ist eine brennend scharfe Sauce aus Chillies, Tomatenmark, Ingwer, Zwiebeln, Zimt, Essig Salz und Zucker. Man nimmt sie in der Chinaküche, für kurzgebratenes Fleisch und zum Grillen.
- Harissa ist typisch für die nordafrikanische Küche, wird auch in Israel und den arabischen Ländern verwendet. Es ist eine Paste aus getrockneten roten Chillies, Knoblauch, Kreuzkümmel, Koriandersamen und Salz, manchmal auch Zitrone oder Minze. Sie bekommen es in Tuben oder Gläsern.
- Nam Prik aus Thailand besteht aus scharfen roten Chillies, Knoblauch, Schalotten, Krabbenpaste, Öl, Zucker und Limettensaft.
- Rote Bohnenpaste oder Sojabohnenpaste ist eine wichtige Zutat der chinesischen Küche. Sie wird aus Dicken Bohnen oder Sojabohnen, Chillies und mehr oder weniger Salz hergestellt. Es gibt sehr scharfe und eher milde Sorten.

- Sambals gehören zur indonesischen Küche. Man ißt sie nicht nur zur Reistafel, wie es oft heißt, sondern verwendet sie als Küchen- und Tischgewürz für Fleisch, Eier und Fisch, Gemüse und Kartoffeln, Hülsenfrüchte und Tofu. Scharfes Sambal Oelek ist Grundlage und die bekannteste dieser vielen Würzpasten. Sie enthält außer roten Chillies auch braunen Zucker und Salz.
  - Mittelscharfes Sambal Ketjab besteht aus Chillies, süßer Sojasauce, Zitronensaft, Knoblauch und Schalotten;
  - Sambal Kelapa ist eine scharfe Mischung aus Kokosraspeln, Knoblauch, Tamarinde, Chillies, Zwiebeln und Salz;
  - scharfes Sambal Terasi besteht aus grünen Chillies, Schalotten, Knoblauch und Limettensaft;
  - scharfes Sambal Trassi ist Sambal Oelek mit Krabbenpaste;
  - Sambal Terong enthält Auberginen, Tomaten, Zwiebeln, Knoblauch, Chillies, braunen Zucker, Salz und Öl.
- Tabasco ist »flüssiger«, mit Salz und Essig vergorener Cayennepfeffer aus der Schote »Chile tabasco«, die im Süden der USA kultiviert wird.

Extratip
Beim Selbermachen läßt sich die Schärfe etwas dosieren: Chilischoten trocknen, Kerne ganz oder teilweise herausbröseln und die Schoten im Mixer fein mahlen. Für Chiliöl werden getrocknete Schoten – mit oder ohne Kerne – in gutem Öl leicht geröstet. Je länger die Schoten im Öl ziehen, desto schärfer wird es.

Curryblätter

Murraya koenigii
Familie der *Rutaceae* – Rautengewächse

Vor vielen Jahren habe ich Curryblätter auf einem Markt in der alten ceylonesischen Königsstadt Kandy kennengelernt. Weil man sie damals in Deutschland noch nicht kaufen konnte, brachte ich mir einige Zweige mit. Ich experimentierte ein wenig damit und lud dann meine Freunde zu einem Sri-Lanka-Abend ein – ganz ohne Dias, aber mit vielen verschiedenen Currys. Curryblätter sind Grundlage des echten Currypulvers, spielen in fast allen Küchen Indiens eine große Rolle und werden in den Ländern verwendet, die von der indischen Küche profitiert haben – in Ceylon und Pakistan, Indonesien und auf den pazifischen Inseln.

Wie Curryblätter wachsen
Sie stammen von einem kleinen Baum aus den Subtropen und Tropen Ostasiens, werden etwa 2 Zentimeter breit, bis zu 5 Zentimeter lang und fühlen sich wie frische Lorbeerblätter an. Currybäume baut man heute in Indien und Afrika an.

Curryblätter in der Küche
Sie riechen und schmecken aromatisch nach wirklich feinem Currypulver. Frisch zupft man sie vom Zweig, brät sie in Öl an, gart sie dann mit und nimmt sie erst vor dem Servieren wieder heraus. Getrocknete Curryblätter müssen Sie fein zerkleinern, sonst ist die Würzkraft zu gering. Die Menge richtet sich nach der Personenzahl: Pro Person nimmt man ein bis eineinhalb frische oder drei getrocknete Blätter.

- Curryblätter passen zu
  - Kichererbsenpüree, Currygerichten mit Auberginen, Erbsen, Hülsenfrüchten, Kartoffeln oder Ananas;
  - gebratenen Austernpilzen oder Champignons;
  - Schmorgurken oder Kürbisgemüse in Kokosmilch, gewürzt mit Zitronensaft;
  - Dosai, indischen »Crêpes«, die mit herzhaften Füllungen aus Gemüse, Kartoffeln oder Hülsenfrüchten angerichtet werden;
  - indischen Pilaus, Reisgerichten mit Nüssen, Hülsenfrüchten, oft auch Trockenfrüchten – wahlweise vegetarisch oder mit Geflügel und Fleisch;
  - Chutneys und Sambals mit Gemüse und Obst;
  - Fischsuppen, Fisch- und Meeresfrüchtecurry;
  - Currys mit Huhn, Rind und Lamm;
  - gebratenen Hackfleischbällchen in Kokosnußsauce.

Tips zu Kauf und Aufbewahrung

Getrocknete Blätter bekommen Sie in den Asienläden, die sich auf Lebensmittel für die indische, indonesische und pazifische Küche spezialisiert haben. Frische Blätter gibt es – oft nur auf Bestellung – in Asienläden, die Gemüse, Obst und Kräuter importieren. Frische Blätter verbraucht man möglichst rasch oder friert sie an den Zweigen ein. Getrocknete Blätter kann man gut verschlossen kühl und dunkel aufbewahren.

Currypulver

Gewürzmischung

Wir verdanken den Engländern, daß dieses indische Masala schnell international berühmt und industriell vorgefertigt worden ist: Kolonialbeamte lernten durch ihre einheimischen Köche die indische Küche kennen und schätzen. Während der langen Schiffsreise nach Hause und erst recht im kühlen England standen die Gewürze nicht zur Verfügung. So kam ein findiger Mensch auf die Idee, das südindische »Kari« in ein Pulver zu verwandeln – streufähig wie Salz, leicht zu dosieren und immer fertig gemixt. Heute ist Curry-Powder auf den europäischen Geschmack abgestimmt und kann bis zu fünfzehn verschiedene Gewürze enthalten. Meist besteht es aus Koriander, Kreuzkümmel, Piment, Paprika, Ingwer, Pfeffer, Kardamom, Nelken, Bockshornkleesamen, Muskatblüte, Zimt und Cayennepfeffer. Gelbes Kurkuma für die schöne Farbe ist immer dabei, weißer Mohn zum Andicken kann enthalten sein.

Currypulver in der Küche

Wer authentisch indisch kochen will, mischt sich das Masala gewöhnlich selbst, weil jedes Gericht spezielle Gewürze braucht. Fertiges Currypulver aber ist praktisch und delikat, wenn Sie europäisches Essen ein bißchen exotisch aufpeppen wollen: Man röstet es bei schwacher Hitze in Butter, Butterschmalz oder Öl etwa fünf Minuten an – entweder solo oder mit den anderen Zutaten –, bevor man die Flüssigkeit zugießt. Es harmoniert gut mit Kokoscreme, Sahne und Crème fraîche und schmeckt zu

- dicken Suppen mit Gemüse und Kartoffeln, Hülsenfrüchten und Äpfeln;
- Blumenkohl, Chinakohl, Erbsen, Fenchel, Kürbis, Möhren, Lauch, roten Beten, Weißkohl, Wirsing und Zucchini;
- Kartoffeln und Hülsenfrüchten mit Kokoscreme, Sahne oder Crème fraîche und Tomaten oder Spinat;
- Reis mit Gemüse, Krabben oder Fleisch und eventuell Obst, asiatischen Nudeln mit Gemüse und/oder Hackfleisch, Bulgur oder Couscous mit Gemüse in der Pfanne geröstet;
- hart gekochten Eiern in Kokossauce zu Reis oder Brot;
- festfleischigem Seefisch oder Langostinos in Sauce;
- geschmortem Huhn mit Tomaten und Zwiebeln;
- Hackfleischpfanne mit Gemüse, fritierten Lammbällchen mit Nüssen und/oder Rosinen;
- Brot und Quiches mit Gemüse oder Hülsenfrüchten.

Einkaufstip

Bei industriell gefertigtem Currypulver können Sie zwei Variationen wählen – benannt nach den Regionen, die durch ihr Spezial-»Kari« berühmt geworden sind: mild-aromatischer oder scharfer »Madras-Curry« und würzig-scharfer »Bombay-Curry«.

Extratip

Zwei kulinarische Sünden der Fast-food-Generation haben die frühen Curryfans vermutlich nicht begangen: das Pulver als Ersatz für selbstgemixtes oder im guten Indienladen gekauftes Garam Masala (siehe Seite 66) betrachtet. Denn wer authentisch indisch kochen will, muß auf Currypulver verzichten. Und: Currypulver schmeckt roh überhaupt nicht – die Penetranz diverser Party- und Imbißsalate liefert den überzeugenden Beweis dafür.

Dill

Gurkenkräutel
Anethum graveolens
Familie der *Apiaceae = Umbelliferae* – Doldengewächse

Dem Dill ist es in den letzten beiden Jahrzehnten ebenso ergangen wie Petersilie und Schnittlauch: Man hat ihm die kulinarische Seele geraubt. Deshalb liegt er Tag für Tag traurig in den Regalen der Supermärkte – auch im Winter, wenn es ihn eigentlich gar nicht geben dürfte. Dill gehört zum späten Frühjahr und zum ganzen Sommer wie Kräuterquark und Gurkensalat, weil er am besten schmeckt, wenn er blüht – von Juni bis September. Feinschmeckern bleibt also nur eines: Dillsamen säen. Dann können sie in Dill schwelgen, wie es auch Skandinavier, Russen und Ungarn tun.

Dill in der Küche

Alle Teile der Pflanze enthalten ein ätherisches Öl, das den typischen Dillgeschmack ausmacht: süßlich, leicht scharf, sehr würzig und ein bißchen an Fenchel erinnernd. Die Samen schmekken strenger und fast wie Kümmel. Dill sollte möglichst frisch geerntet werden. Für eine relativ gute Alternative halte ich nur tiefgefrorenen Dill. Falls Sie getrockneten Dill verwenden: kräftig dosieren und zwischen den Fingern zerreiben, bevor Sie ihn ans Essen geben.

- Frische Triebe und Blättchen verwendet man roh oder kurz erhitzt. Sie passen zu
  - Blattsalat, Gurkensalat, Kartoffelsalat, Rettich- und Kohlrabirohkost, Eiersalat, Salaten mit Fisch, Krusten- und Schaltieren;
  - Kräuterquark, Dips, Dressings, kalten und warmen Saucen zu Pellkartoffeln, rohem, gebackenem und geschmortem Gemüse, Räucherlachs, frischen Matjes, kaltem Roastbeef und Kalbsbraten;
  - Reisfüllung für Paprikaschoten, Tomaten, Weinblätter;
  - Schmorgurken, Kartoffeln, Blumenkohl in Cremesauce, Erbsen-, Kürbis-, Schalotten- oder Zucchinigemüse;
  - Ei im Glas, Omelett und Rührei, Sahnesauce für pochierte und wachsweiche Eier;
  - Suppen mit Fisch, Krusten- und Schaltieren, Hühnersuppe, klarer Gemüsesuppe;
  - Graved Lachs, Fisch- oder Muschelrisotto, Aal grün, pochiertem Fisch in Sahne- oder leichter Senfsauce.

- Dillsamen und Stengel nimmt man für
  - Fischbrühen, gedünstete Miesmuscheln, Krebse im Sud, eingelegte Eier und Gurken, Würzessig und -öl.

- Dillsamen, ganz oder im Mörser zerkleinert, schmecken in
  - Suppen und Gemüse mit Hülsenfrüchten und Kohl;
  - Schmortöpfen mit Lamm und Rind;
  - Zwiebelkuchen und herzhaften Quiches (statt Kümmel)
  - selbstgebackenem Brot.

Extratip

Dillsamen kauen sorgt für reinen Atem.

Estragon

Bertram, Dragon, Kaiserkraut, Schlangenkraut
Artemisia dracunculus var. *sativa* und var. *inodora*
Familie der *Compositae* = *Asteraceae* – Körbchenblütler

Es gibt zwei Sorten: den sensiblen Französischen oder Deutschen – den »echten« – Estragon mit bittersüßem, leicht pfeffrigem Geschmack, der etwas an Anis erinnert, und die robuste Varietät »inodora«, russischen Estragon, mit seinem derberen Aroma, dem man die Verwandtschaft mit bitterem Wermut anmerkt. Der echte Estragon ist Kraut der französischen Küche – obwohl er aus den Weiten Sibiriens und der Mongolei stammt. Die Deutschen und ihre Köche hatten offenbar kein inniges Verhältnis zu diesem edlen Kraut: Es taucht nämlich kaum in alten Kochbüchern auf, kein Märchen nennt ihn und auch das Handwörterbuch des deutschen Aberglaubens, in dem man wahre und erfundene Geschichten zu allen möglichen Pflanzen finden kann, verschweigt ihn ganz.

Estragon in der Küche
Das Kraut schmeckt frisch am besten, entfaltet sein intensives Aroma aber erst beim Kochen: Denken Sie an Sauce béarnaise, die mit einem Sud aus Estragonblättchen zubereitet wird. Wer sanft, aber delikat würzen will, verwendet die frischen Blättchen nur roh. Zum Aufbewahren ist Einfrieren am besten, denn beim Trocknen verliert Estragon den größten Teil seiner Würzkraft.

- Fein gehackt paßt Estragon zu
  - Blattsalaten, Kartoffelsalat und Käsesalat;
  - Kräuterbutter und -quark, Remoulade zu kaltem Fleisch, kalten und warmen Saucen mit Butter, Crème fraîche oder Sahne, Grillmarinaden, Kräutersenf, Vinaigrette für Artischocken;
  - geschmorten Tomaten, gebratenen oder marinierten Champignons, gedünsteten Bohnen, Erbsen, Kohlrabi, Schalotten, Zwiebeln und Zucchini;
  - Eierkuchen, Omeletts, Rühreiern und pochierten Eiern mit Tomatensauce;
  - gebratenem Aal und Lachsforelle, Lachsteaks und Langostinos vom Grill oder in Sahnesauce;
  - geschmortem Hühnchen, Kaninchen, Lamm und Kalb.

- Ganze Zweige nimmt man für
  - Kräuteressig, eingelegtes Gemüse.

Einkaufstip
Echten Estragon erkennt man an den dunkelgrünen, ganz glatten Blättern; beim russischen Estragon sind sie blasser und leicht behaart. Frisch bekommen Sie das Kraut beim Kräuterhändler und im Feinkostladen, getrocknet im Supermarkt.

Extratip
Fertig gemischte Estragonbutter können Sie portionsweise einfrieren. Sie schmeckt als Beilage zu gebratenem Fisch, Rindersteaks oder gebackenen Kartoffeln. Außerdem verleiht sie ganz normaler weißer Sauce einen Hauch von edler Béarnaise.

Fenchel

Foeniculum vulgare
Familie der *Umbelliferae = Apiaceae* – Doldengewächse

Zuerst galt er als Zauberkraut. Unwahrscheinlich, daß ihm seine angeblich aphrodisiakische Wirkung diesen Ruf verpaßt hat, eher vielleicht der Brauch, bei antiken Mysterien Fenchelkränze zu tragen. Auch andere hocharomatische Kräuter wie Dill oder Kümmel haben vermutlich schon die Griechen als »Anti-Dämonika« verwendet. Später nutzte man dann auch die Würzkraft des Fenchelkrauts: Im Rezeptteil finden Sie ein Sardinengericht aus dem islamischen Spanien des Mittelalters. Noch heute gehört zur südlichen, besonders zur sizilianischen Küche das Kraut, zur nördlichen zählen eher der Samen. Gemüsefenchel stand dann am Ende der Entwicklung: Wie nahezu alle Gemüse, die wir heute kennen, ist er durch lange Züchtung aus dem Wilden Fenchel und verwandten Arten entstanden.

Fenchel in der Küche
Das Kraut sieht aus wie Dill und schmeckt ein bißchen nach Anis, ein bißchen nach Hustenbonbon. Frisch oder tiefgefroren verwendet man es roh oder kurz erhitzt, die Samen können Sie kochen und backen.

- Fenchelkraut paßt zu
  - grünen Salaten, Gurken- und Möhrensalat, Kartoffelsalat, Fisch- und Fleischsalat, marinierten Artischocken, Hülsenfrüchten und Pilzen;
  - Räucherlachs, Fischterrine, Carpaccio von Fisch und Gemüse wie Kohlrabi, roter Bete oder Zucchini;
  - Fisch- und Muschelsuppe, Hühnersuppe, legierter und klarer Gemüse- und Kartoffelsuppe, kalten Gemüsesuppen;
  - Blumenkohl, Kohlrabi, Kürbis und Kohl, Kartoffelgemüse und Bratkartoffeln;
  - Risotto mit Fisch oder Shrimps, sizilianischer Sardinensauce zu Pasta, geschmortem Getreide mit Tomaten oder Getreidefrikadellen;
  - Brühen, Fonds und Marinaden für Fisch und Meeresfrüchte, Fischfrikadellen und -klößchen, Fisch mit Orangensauce;
  - Hühnerbrühe, Fond und Marinade, geschmortem Huhn, Kalb und Lamm mit Sommergemüse;
  - eingelegten Gurken, Tomaten und Pilzen;
  - Sommerdrinks mit Joghurt oder Buttermilch, Gemüse- und Obstsäften.

- Fenchelsamen schmecken zu
  - gebratenen Auberginenscheiben mit geschmorten Tomaten aus Indien, europäischer Kohl-, Kartoffel- und Lauchsuppe, Fischsuppe;
  - Sauerkraut und Kartoffeln (statt Kümmel);
  - Brühen, Fonds und Marinaden für Fisch und Meeresfrüchte, Fischfüllungen und Fisch in Salzkruste;
  - Füllungen für Ente und Kalbsbrust, Schweinebraten, gerösteter Blutwurst mit Zwiebeln zu Roggenbrot;
  - Weizen- und Roggenbrot, Kartoffelbrötchen, Quiche mit Käse und Speck, Hackfleischkuchen, englischer Apfelpie mit Schweinefleisch, Käsegebäck;
  - eingelegtem Gemüse, Erdbeerkonfitüre, Stachelbeer- und Apfelgelee.

Einkaufstip
Die Pflänzchen gibt es im Frühjahr in manchen Gartencentern. Da die Nachfrage gering ist, muß man sie manchmal eigens bestellen. Samen sind leicht erhältlich.

Fines herbes

Gewürzmischung

Die Mischung der »feinen Kräuter« stammt aus der klassischen französischen Küche. Ein Standardwerk zur Kochkunst nennt als Grundlage Schalotten, Zwiebeln und Petersilie – das scheint mir etwas zu simpel. Die beiden großen Köche der ersten Hälfte unseres Jahrhunderts, der Franzose Henri-Paul Pellaprat und der Deutsche Alfred Walterspiel, nehmen für die »Sauce aux fines herbes« Petersilie, Kerbel, Estragon und Schnittlauch zu gleichen Teilen. Dem italienischen Charakter unserer »Post-Nouvelle-Cuisine« trägt ein modernes Lebensmittellexikon Rechnung und empfiehlt je nach Gericht noch Basilikum und Bohnenkraut oder Salbei, Oregano, Rosmarin und Thymian.

Fines herbes in der Küche
Man verwendet sie frisch oder als Essenz.

- Die klassische Mischung paßt fein gehackt, roh oder kurz erhitzt zu
  - grünem Salat, Kartoffel-, Eier- oder Krabbensalat;
  - zu Kräuterbutter, Quark, Frischkäse;
  - Omeletts, Rühreiern und Eiern im Glas;
  - Cremesuppen mit Gurken, Kohlrabi, Pilzen, Spargel und Zucchini;
  - Gemüse und Kartoffeln in Bechamelsauce.

- Die italienische Mischung können Sie mitgaren. Sie paßt zu
  - Gemüseeintöpfen mit Auberginen, Tomaten, Zucchini;
  - Mittelmeerfischen aus dem Backofen wie Lotte, Rotbarben oder Sardinen mit Gemüse, geschmortem Tintenfisch mit Tomaten;
  - Osso buco milanese, geschmortem Schwein und Lamm.

- Die Essenz macht man so: Etwa drei Viertel der frischen Kräuter hacken. Mit einer gehackten Schalotte in aufgekochtem, heißem Weißwein etwa 20 Minuten ziehen lassen und durch ein feines Sieb geben. Der Rest der Kräuter ist zum Fertigstellen des jeweiligen Gerichts bestimmt.

- Die Essenz ist
  - Basis für Kräutersauce: mit Fond, Sahne oder Crème fraîche dick einkochen, mit den restlichen gehackten Kräutern mischen und zu geschmortem Gemüse, gebakkenen Kartoffeln, pochiertem Fisch, Krustentieren aus dem Sud, Kalbsschnitzel oder geschnetzeltem Rinderfilet servieren;
  - Würzzutat für Sahne- und Cremesuppen mit/aus Kräutern, Kartoffeln, Gemüse, Fisch und Krustentieren;
  - Würzzutat für Schmorgerichte mit Huhn, Pute, Tauben, Lammfleisch, Kalb, Kaninchen.

Extratip
Wenn Sie das Kräuterbund nicht ganz verbrauchen, mischen Sie den Rest mit Butter, Zitronensaft und einer Spur Knoblauch. Die Kräuterbutter portionsweise einfrieren und wie die Essenz verwenden oder zu kurzgebratenem Fleisch servieren.

Fünf-Gewürze

Gewürzmischung

Eine verbindliche Rezeptur dafür gibt es nicht, denn die Zusammensetzung variiert je nach Region. In der Küche Chinas besteht eine mögliche Mischung aus Sternanis, Pfeffer, Zimt oder Kassia, Gewürznelken und Fenchel oder Mandarinenschale. Diese Mischung verwendet man auch für die vietnamesischen Gerichte, die von China beeinflußt sind. Die indische Variante – Panch Phoron – ist das typische »Masala« der bengalischen Küchen, gemischt aus Anis, Bockshornklee, Kreuzkümmel, Schwarzkümmel und Senfsamen. Viele kulinarische Experten, die sich um Vermittlung authentischer Rezepte ihrer Heimat bemühen, mischen die Gewürze übrigens selber; eine Chinesin aus Peking, von der ich sehr viel über die chinesische Küche gelernt habe, lehnt die Fünf-Gewürze – wie alle fertigen Mischungen überhaupt – ab.

Fünf-Gewürze in der Küche

Die Anleitungen für die Verwendung sind ebenfalls unverbindlich: Manche empfehlen die Mischung nur für Marinaden, andere auch für Schmorgerichte mit Fleisch und als Speisewürze bei Tisch. Indisches Panch Phoron wird genau wie europäisches Currypulver oder bengalisches Garam in Öl, Ghee oder Butterschmalz sanft geschmort und niemals roh über die Speisen gestreut. Meine Anregungen für die Küchenpraxis umfassen auch die euro-asiatische Küche. Manches habe ich von anderen gekostet und dann nachgekocht, anderes schien mir beim eigenen Experimentieren mit den Gewürzmischungen so gut, daß ich es Ihnen hier vorschlage.

- Fünf-Gewürze-Mischung aus China paßt zu
  - klarer Brühe mit Tongku-(Shiitake-)Pilzen und Krabben oder Fleischstreifen;
  - in Stifte geschnittenen und gerösteten Kartoffeln, mariniertem und gebratenem Tofu;
  - Omelettstreifen auf Glasnudelsalat mit Gemüse und/oder Krabben;
  - Marinade für Lachsforelle vom Grill, Panade für Rotbarsch, in Erdnußöl sautierten Langostinos mit süßscharfer Sauce;
  - gebratener Entenbrust auf Blattsalat;
  - Ochsenschwanzragout mit leichtem Rotwein, Marinade für Spareribs, geröstetem Hackfleisch mit Zwiebeln, Paprikaschoten, Möhren und Sojasauce, gebratenen Lammstreifen mit Frühlingszwiebeln.

- Panch Phoron aus Indien paßt zu
  - Linsensuppe mit Chilischoten und frischen Pfirsichen oder getrockneten Aprikosen;
  - geschmorten Auberginen, Blumenkohl, Kohlrabi, Kartoffeln, Zucchini und Hülsenfrüchten;
  - Frikadellen aus pürierten Linsen oder Kichererbsen;
  - Schmorhähnchen mit Chillies und Tomaten;
  - Rinder- und Lammcurry mit Kokosmilch.

Tips zu Kauf und Zubereitung

Chinesische Fünf-Gewürze-Mischung bekommen Sie in Asienläden, Supermärkten und Kaufhäusern mit einer Asien- und/oder Feinkostabteilung. Das indische Panch Phoron mischen Sie aus den angegebenen Gewürzen zu gleichen Teilen.

Galgant

Laos, Siam-Ingwer, Thai-Ingwer
Alpinia officinarium (Echter Galgant)
Alpinia galanga (Großer Galgant)
Familie der *Zingiberaceae* – Ingwergewächse

Galgant kam vermutlich im 14./15. Jahrhundert durch die Araber nach Europa und lag wegen seines ingwerähnlichen Geschmacks im Trend der würzfreudigen Renaissance-Küche. Als das Essen milder wurde, haben die Köche ihn vergessen. Unserer Vorliebe für die südostasiatische Küche verdankt er nun sein Comeback.

Galgant in der Küche
Er besitzt Würze mit ausgewogener Schärfe und einen zarten Duft nach Rosen; die großartige thailändische Küche zieht ihn dem Ingwer vor. Echter oder Kleiner Galgant – wichtige Zutat auch in der südchinesischen Küche – ist aromatischer und schärfer als Großer Galgant. Wer besonders intensiv würzen will, nimmt – so habe ich von einer Indonesierin erfahren – die langen »Finger«. Sanfter würzt der »Kopf«, die Knolle am Ende der »Finger«. Beide Galgantsorten werden geschält oder geschabt und in Scheiben geschnitten oder geraspelt. Falls Sie nur getrockneten oder Galgantpulver bekommen können, ersetzen Sie ihn lieber durch frischen Ingwer. Galgant läßt sich gut mit Chilischoten, Koriander, Kreuzkümmel, Zitronenblättern, Zitronengras, Sojasauce, Reiswein und Kokoscreme kombinieren.

- Galgant wird immer gegart und paßt zu
  - Kokossuppe mit Pilzen, Fleisch oder Krabben, süß-saurer Gemüsesuppe mit Möhren, Kohlrabi, verschiedenen Bohnen und Erdnüssen;
  - indonesischem gebratenen Gemüse mit gerösteten Kokosraspeln, geschmorten Kartoffeln mit Kokoscreme und Chili, Tofufrikadellen;
  - gebratenem Reis aus Indonesien *(Nasi Goreng)*, gebratenen Nudeln mit Gemüse und Fleisch oder Ei;
  - fritierten Eiern in Currysauce;
  - gebratenen Krabben oder Fischfilet in Kokossauce;
  - Hühnercurry mit Kokoscreme, Hähnchengeschnetzeltem aus dem Wok mit Frühlingszwiebeln und Austernpilzen;
  - mild oder scharf gewürztem Rindfleisch aus dem Wok, geschmortem Schweinefleisch mit Kokoscreme.

Galgant kaufen und aufbewahren
Den Großen Galgant bekommen Sie leicht in allen Asienläden, den Echten meist nur in Spezialgeschäften für indonesische Lebensmittel. Galgant wird manchmal mit einem anderen Ingwergewächs, der Gewürzlilie *(Kaempferia galanga)*, verwechselt, das Sie ebenfalls in Asienläden als »Kentjoer« bekommen und wie Galgant verwenden können.

Extratip
Mir ist kein anderes Gewürz begegnet, das unter so vielen Namen verkauft wird – je nachdem, ob Sie in einem Geschäft für thailändische oder indonesische Lebenmittel, einem Feinkostladen oder beim Gemüsehändler nachfragen. Hinzu kommen oft Sprachschwierigkeiten – es kann passieren, daß man Ihnen als Großen Galgant oder Echten (Kleinen) Galgant einfach ein größeres bzw. kleineres Stück geben will. Deshalb sollten Sie entweder das Foto zeigen oder die Namen der Sorten kennen:

Echter Galgant *(Alpina officinarium)* heißt in
- Indonesien: Buah Kunci
- Thailand: Kachai.

Großer Galgant *(Alpina galanga)* heißt in
- China: liang-tiang
- Indonesien: Kencur
- Malaysia: Lengkuas
- Thailand: Galangal, Kha.

Gänseblümchen

Augenblümchen, Himmelsblume, Maiblümchen,
Marienblümchen, Maßliebchen, Tausendschön
Bellis perennis
Familie der *Compositae = Asteraceae* – Korbblütler

Für Ovid waren sie neben Myrte und Rose die Blumen der Venus, denn sie blühen im Frühling, zur Jahreszeit der Liebesgöttin. Mit dieser schönsten aller Göttinnen steht vermutlich der Beziehungstest für Verliebte (»Er/sie liebt mich, liebt mich nicht ...«) in Verbindung. Später heißt es dann, Gänseblümchen seien aus den Tränen der Jungfrau Maria gewachsen, als die Heilige Familie vor Herodes nach Ägypten fliehen mußte. Rot angehaucht sollen manche Blüten sein, weil der kleine Jesus sie geküßt hat. Es gibt auch noch eine andere finstere Deutung: Jesus oder Maria haben sich an Dornen geritzt. Die Kränze aus Gänseblümchen, die kleine Mädchen flechten, galten früher als Hausmittel gegen Krämpfe: Man hat sie Kindern unters Kopfkissen gelegt. Und während Poeten die Blümchen mit der Sonne verglichen haben – das englische »daisy« ist abgeleitet von »the day's eye« –, entdeckten viele von uns den kulinarischen Nutzen bereits im Sandkasten: Erinnern Sie sich an »Spiegeleier auf Spinat«, sprich: Gänseblümchen auf Löwenzahnblättern?

Gänseblümchen sammeln
Gänseblümchen sammelt man auf Wiesen, an Wegrändern und Waldlichtungen. Oder man sät sie im Garten aus. Sie mögen lehmige Böden.

Gänseblümchen in der Küche
Die weißen Blüten mit der leuchtendgelben Mitte dekorieren bunte Salate und kalte Saucen. Die zarten, leicht herben Blätter und die Knospen schmecken im Juni am besten; man ißt sie möglichst frisch gepflückt roh oder kurz erhitzt. Besonders gut harmonieren sie mit Bärlauch (siehe Seite 26) oder Schnittlauch.

- Knospen und Blüten passen zu
  - grünen, gemischten und Wildkräutersalaten mit Vinaigrette oder Saure-Sahne-Dressing, Rohkost mit Möhren, Kohlrabi, Rettich, Radieschen.

- Die jungen Blätter passen zu
  - Kartoffelsalat und Feldsalat;
  - Kräuterquark, Dips und Saucen zu Spargel, Pellkartoffeln, Eiern, Fondue und kaltem Braten;
  - Kräutersuppen und Spinatgemüse.

Gänseblümchen aufbewahren
Für einige Stunden kann man sie in einem Folienbeutel packen und ins Gemüsefach des Kühlschranks legen.

Extratip
Getrocknete Gänseblümchenblüten und -blätter schmecken mit Honig als Tee.

Garam Masala

Gewürzmischung

Es ist eine der drei typischen Würzmischungen des indischen Subkontinents: Garam Masala gehört zur nordindischen Küche, wie »Panch Phoron« zur bengalischen Küche des Ostens und »Kari«, von dem unser Currypulver abstammt, in den Süden Indiens. Übersetzt heißt Garam Masala »heiße Gewürze«; es ist eine Mischung aus acht bis dreizehn aromatischen Gewürzen, die den Körper von innen wärmen und deshalb im Herbst und Winter verwendet werden.

Garam Masala in der Küche

In der traditionsbewußten Küche Indiens bereitet man Garam Masala frisch zu: Die Gewürze werden etwa zehn Minuten sanft geröstet, bis sie duften, und nach dem Abkühlen im Mörser oder in einer Gewürzmühle fein zerrieben. Heute jedoch verwendet man auch in Indien die Mischungen, die es fertig gemixt für verschiedene Gerichte gibt.

- Einfaches Garam Masala, die klassische Mischung mit Kreuzkümmel-, Koriander- und Kardamomsamen, ganzem Zimt und Nelken, schwarzem Pfeffer, Lorbeerblättern und Muskatblüte nimmt man für
  - Kichererbsenteig für ausgebackenes Gemüse;
  - Blumenkohl mit Tomaten und Zwiebeln, Fisch in Tomaten- oder Joghurtsauce;
  - indischen Reis mit Gemüse;
  - Marinade für Grillfleisch, Fleischklößchen am Spieß und geschmortes Lamm.

- Scharfes Garam Masala enthält zusätzlich grüne oder rote Chilischoten, eventuell auch Fenchel- und Sesamsamen. Man nimmt es für
  - Eintöpfe mit Gemüse und Hülsenfrüchten wie Weißkohl mit Erbsen oder süß-sauer abgeschmeckte Kichererbsen;
  - hartgekochte Eier in Sahnesauce mit Ingwer, Zitronensaft und Tomatenmark;
  - geschmortes Huhn mit Hülsenfrüchten;
  - geschmortes Hackfleisch mit Erbsen.

- Garam Masala, speziell für die Küche des indischen Staats Maharashtra, empfiehlt die Kochbuchautorin Julie Sahni zu geschmortem Gemüse. Es besteht aus den Samen von Koriander, Kreuzkümmel, Bockshornklee und Kardamom, Lorbeerblättern, Nelken, Chillies und Kokosflocken.

Garam Masala kaufen und aufbewahren

Selbstgemischtes, geröstetes und gemahlenes Garam Masala behält sein Aroma in einem fest verschlossenen Schraubglas, kühl und dunkel aufbewahrt, etwa drei Monate. Fertiges Garam Masala gibt es in Indien-Shops. Beste Qualität bekommen Sie da, wo man die Gewürze je nach Gericht für Sie zusammenstellt und frisch mahlt.

Gartenkresse

Lepidium sativum
Familie der *Brassicaceae* = *Cruciferae* – Kreuzblütler

Für die meisten Kinder ist Kresse die erste – und leider oft einzige – Pflanze, die sie beim Keimen, Wachsen und Reifen beobachten können. Und das geht sehr rasch: Die Samen brechen bereits nach zwei Tagen auf, nach spätestens zehn Tagen ist die Kresse reif zum Ernten. Läßt man sie weiter wachsen, kommen die kleinen weiß-rosa Blüten und schließlich die Schötchen mit den Samen. Die kann man ernten und wieder aussäen.

Gartenkresse in der Küche

Man ißt gewöhnlich nur die Keimblätter, denn je höher die Kresse wächst, desto schärfer wird sie. Die zarten Blättchen schmecken würzig und erfrischend, erinnern etwas an Senf und Meerrettich. Sie schmecken roh und kurz erhitzt.

- Roh passen Kresseblättchen zu
  - Salaten mit Tomaten, Gurken, Wildkräutern, grünen Blattsalaten, auch kombiniert mit Orangen oder Äpfeln;
  - kräftigen Salaten mit Kartoffeln, Eiern, Käse;
  - Butterbrot und belegten Broten, Kräuterquark, Dips für Gemüse, Kräuterbutter für Fisch und Fleisch aus der Pfanne oder vom Grill, Vinaigrette und Mayonnaise;
  - kalten Saucen zu Pellkartoffeln, gebratenem oder ausgebackenem Gemüse, gebackenem Fisch, Räucherlachs mit Kartoffelpuffern oder Blinis, kaltem Braten.

- Ganz zum Schluß gibt man sie zu
  - Croques und Toasts, heißen Sardellenbrötchen, Knoblauchbroten und Crostini mit Thunfisch- oder Lebermousse;
  - Cremesuppen mit Gemüse, Hülsenfrüchten und anderen Kräutern, legierten Fisch-, Geflügel- und Getreidesuppen;
  - Butter- und Sahnesaucen für Champignons, Blumenkohl, Kohlrabi, Kartoffeln, Spargel und Zucchini, Fisch, Geflügel und Kalbfleisch;
  - neuen Kartoffeln in Butter, Salzkartoffeln, Bratkartoffeln, Bechamelkartoffeln, Kartoffelpüree;
  - Omelett, Rühreiern, Eiern im Glas.

Einkaufstip

Pappschächtelchen mit Kresse gibt es rund ums Jahr überall zu kaufen; sie hält sich darin etwa drei Tage, wenn man sie leicht, aber regelmäßig gießt. Schnittware aus dem Freiland kommt von März bis September auf den Markt. Diese zarten Blättchen sollten Sie noch am selben Tag verbrauchen.

Extratip

Kresse speichert Nitrat. Deshalb sollte man sie möglichst aus kontrolliert-ökologischem Anbau kaufen oder beim Essen mit Zitronen- oder Orangensaft kombinieren. Denn Vitamin C vermindert die Bildung von schädlichem Nitrit.

Giersch

Geißfuß
Aegopodium podagraria
Familie der *Umbelliferae = Apiaceae* – Doldengewächse

Giersch weckt den Zorn der Gartenbesitzer – und das seit Generationen: »Er wächst ganz von selbst, ohne daß man ihn einpflanzt oder sät. Jedes Jahr nimmt er mehr Platz ein und verdrängt dabei die wertvolleren Kräuter«, heißt es in einem englischen Text des 16. Jahrhunderts. Tatsächlich gibt es nur wenige Pflanzen, die sich so hartnäckig dem Ausrupfen widersetzen. Denn er vermehrt sich durch Wurzelausläufer, die ein immer dichteres Geflecht bilden. Am besten verbinden Sie das regelmäßige Jäten mit dem kulinarischen Genuß: Giersch ist vitaminreiches Wildkraut und Gemüse. Seine Samen kann man wie Kümmel verwenden.

Giersch in der Küche
Die Blätter schmecken ein wenig nach Sellerie, ein wenig nach Petersilie, angenehm säuerlich und ein bißchen herb. Nehmen Sie nur die jungen, die von April bis Juni ständig nachwachsen; sobald Giersch blüht, wird er zu herb. Er harmoniert am besten mit Sauerampfer und Sauerklee, Schnittlauch, Zwiebeln, Schalotten und Knoblauch, Thymian, Kümmel, Pfeffer und Zitrusfrüchten.

- Gierschblätter sollten frisch gepflückt sein. Roh oder kurz gedünstet passen sie zu
  - grünen Blattsalaten, Löwenzahnsalat mit Specksauce, Kartoffelsalaten, mariniertem Fisch, Fleisch- und Wurstsalat, Gemüsesalat mit Mayonnaise;
  - Frischkäsecreme und Kräuterquark auf Brot oder zu Pellkartoffeln; Dips für rohes Gemüse und zu Fleischfondue, Kräutermayonnaise und Kräuterbutter zu Gegrilltem und Kurzgebratenem;
  - legierter Gemüsesuppe mit Brokkoli, Blumenkohl, Champignons, Kohlrabi, Möhren, Lauch, Zucchini, Kartoffel- und Zwiebelsuppe, Fischsuppe und Geflügelcremesuppe;
  - Brennesselgemüse, Schmorgurken, Spinat in Olivenöl mit Knoblauch und Rosinen, Tomaten und Weißkohl;
  - Risotto mit Schinken und Parmesan, Fleisch- oder Käsefüllungen für Ravioli, Lasagne oder Cannelloni, wie Risotto geschmorten Getreidekörnern;

- Eierkuchen mit Pilz- oder Fleischfüllung (Rezept Seite 219);
- Fisch und Meeresfrüchten mit Fenchelstreifen und Tomaten in Sahnesauce, Füllungen oder Schmorsud von Hecht oder Kabeljau im Speckmantel;
- Putenrouladen, Geschnetzeltem mit Pute oder Hähnchen;
- Ragout mit Rind, Kalb, Schwein und Lamm;
- Belag für Quiche und Füllung für Teigtaschen.

Achtung!
Wie Giersch gehört auch der giftige Gefleckte Schierling zu den weiß blühenden Doldengewächsen. Die Verwechslungsgefahr ist gering: Zerriebene Gierschblätter riechen angenehm würzig nach Petersilie mit einem Hauch Sellerie, Schierlingsblätter ekelhaft scharf nach Mäuseharn. Die Stengel von Giersch sind einfarbig grün, die von Schierling auffällig rotbraun gefleckt.

Grüne-Sauce-Kräuter

Kräutermischung

Es gibt viele grüne Kräutermischungen für berühmte Saucen, doch meist ist die klassische Mischung für Frankfurter Grüne Sauce gemeint. Die typischen Kräuter dafür schmecken im Frühjahr am besten: Petersilie und Pimpinelle, Brunnenkresse und Kerbel, Schnittlauch, Borretsch und Sauerampfer. Für die Grüne Sauce gibt es eine ganze Menge von Rezepten. Doch die Kräutermischung bleibt gleich: »Als einzige Variante«, so die Koch- und Kochbuchexpertin Rotraut Degner, »fand ich hin und wieder die Brunnenkresse durch Dill ausgetauscht«.

Grüne-Sauce-Kräuter in der Küche

- Für Frankfurter Grüne Sauce wird die Spezialmischung roh gehackt, mit einer selbst gerührten Mayonnaise aus gekochtem Eigelb und mit süßer Sahne vermischt, mit Senf, Zitronensaft, Salz und Pfeffer abgeschmeckt. Sie paßt zu
  - Pellkartoffeln;
  - pochiertem Fisch;
  - gekochtem Rindfleisch, gepökelter Ochsenbrust, pochiertem Rinderfilet und gebratener Lammkeule.

- Eine Variante mit allen Frühlingskräutern, die Sie bekommen können, gemischt mit Crème fraîche und/oder Joghurt schmeckt zu
  - vegetarischen Kohlrouladen mit Getreide- oder Kartoffelfüllung, gebratenen Austernpilzen oder Paprikaschoten, Reis- oder Gemüsefrikadellen, gebackenen Kartoffeln und kaltem Braten.

- Für italienischen Pesto werden reichlich frisches Basilikum, Pinienkerne, Knoblauch und Parmesan im Mörser fein zerrieben oder püriert und mit Olivenöl vermischt. Pesto wird mit Nudeln vermischt. Ein typisches Essen aus der Toskana sind Nudeln, grüne Bohnen, Kartoffeln und Pesto.

- Für Salsa verde aus Italien püriert man Petersilie und Basilikum, Knoblauch und Pinienkerne, Sardellenfilets und Kapern. Diese grüne Sauce ist typische Beilage zu Bollito misto, gekochtem Rindfleisch, Huhn und Rinderzunge mit Kartoffeln und Gemüse.

Grüne-Sauce-Kräuter kaufen und aufbewahren
Noch vor einigen Jahren gab es die Kräutermischung für die Grüne Sauce nur in und um Frankfurt, heute gehört sie als Bundware zum Frühlingssortiment der meisten Gemüsehändler. Die Kräuter sollten Sie noch am selben Tag verwenden, denn nur frisch schmecken sie wirklich gut, und zwischen Ernte und Verkauf ist gewöhnlich schon einige Zeit vergangen.

Extratip
Ob heidnische Fruchtbarkeitsriten für unsere Lieblingsfrühlingsfarbe verantwortlich sind, bleibt Spekulation. Sicher dagegen ist die Verbindung zum Christentum: »Grün« ist ein altes Wort für »sündenfrei« – wer »grün hinter den Ohren« ist, gehört zur Kategorie der Unschuldslämmer. Am Gründonnerstag wurde den Sündern verziehen, die Kirche nahm sie wieder in den Kreis der Gläubigen auf. Und weil man früher viel mehr in Bildern gedacht hat als heute, kam Grünes auf den Tisch. Im Laufe der Zeit sind Grüne Sauce, Kerbelsuppe und Grünkernfrikadellen dann zu typischen Frühjahrsspeisen geworden.

Achtung!
Das siebte Kraut der Grünen Sauce, den Sauerampfer, sollte man nur im Frühjahr essen, weil er jung noch wenig Oxalsäure enthält.

Gundermann

Blauhuder, Donnerrebe, Erdefeu, Gundelrebe, Zickelskräutlein
Glechoma hederacea
Familie der *Lamiaceae = Labiatae* – Lippenblütler

Einige Namen des Wildkrauts lassen sich erklären: Erdefeu heißt er, weil er wie echter Efeu auch im Winter grün bleibt, Gundelrebe – vermutlich vom altdeutschen »gruntreba« –, weil die langen Ausläufer am Boden entlangkriechen. »Alehoof« nennt man ihn in Nordengland, weil er zum Bierbrauen verwendet wurde, bis der Hopfen ihn im 16. Jahrhundert ersetzte. Donnerrebe soll auf seine »germanische Vergangenheit« hinweisen; angeblich war er dem Donnergott Thor oder Donar heilig. Donar trug bäuerliche Züge, schützte die Ernte und bewahrte vor allerlei Unheil. Gundermannkränze holten den Gott quasi ins Haus: Sie gaben den Kühen mehr Milch und den Menschen die Fähigkeit, Hexen zu erkennen, woraus dann wiederum eine Menge Unheil erwuchs. Vom Mittelalter bis heute ist Gundermann Heilpflanze, und Londoner Straßenhändler haben noch im letzten Jahrhundert Gundermanntee als Mittel gegen Husten und Heiserkeit verkauft.

Gundermann erkennen und sammeln

Er wächst an schattigen Plätzen, bildet über einen Meter lange Triebe, von denen sich nur die Stiele mit den lila oder violetten Blüten aufrichten. Gundermannblätter sind nieren- bis herzförmig, mit Flaum bedeckt und bleiben auch im Winter grün.

Gundermann in der Küche

Die Blättchen und jungen Triebe pflückt man noch vor der Blüte von März bis Juni. Sie riechen leicht nach Minze, schmecken angenehm scharf und einen Hauch bitter. Gundermann müssen Sie mit einem scharfen Messer fein schneiden; püriert oder in der Kräutermühle zerkleinert, würzt er zu streng. Wenn Sie ihn mit anderen Kräutern kombinieren, brauchen Sie ein »süßes« oder erfrischendes Pendant wie Minze und Zitronenmelisse, Borretsch oder Sauerklee. Auch Knoblauch, Schnittlauch, Zwiebeln und Pfeffer passen zu Gundermann.

- Frisch gepflückte Blüten nimmt man zum Garnieren von
  - Salaten, Käse- und Quarkmischungen;
  - kalten Gemüse- und Obstsuppen;
  - Fisch und Meeresfrüchten in hellen Sahnesaucen;
  - Milchkaltschalen, Cremes, Flammeris, Eis, Sahnetorten.

- Frische Blätter passen roh und kurz gegart zu
  - grünem Salat mit Sahnedressing, Blattsalat mit Möhren, Pilzen und Tomaten, Gurkensalat, Kartoffelsalat;
  - Kräuterfrischkäse und -quark als Beilage zu neuen Kartoffeln; Butter mit Zwiebelchen und Kapern, zu gebratenem Fisch, Steaks oder als Brotaufstrich;
  - grüner Kräutersuppe, Kohlrabicremesuppe, Kartoffelsuppe mit Lauch oder Möhren und Speck;
  - Kartoffelgemüse, Reis mit Butter und Kräutern zu Geschnetzeltem in Sahnesauce;
  - dünnen Eierkuchen mit Pilz- oder Fleischfüllung, dicken Eierkuchen mit Zimtzucker und Erdbeeren;
  - marinierten Heringen mit Kräutern;
  - Geflügel (auch Brühen, Fonds und Marinaden);
  - gebratener Kalbsleber statt Salbei.

Ingwer

Ingber, Immerwurzel
Zingiber officinale
Familie der *Zingiberaceae* = Ingwergewächse

Ingwer gehört zu den ältesten Gewürzen, die Menschen verwenden: Seit etwa 4000 Jahren baut man ihn an – zuerst in seiner Heimat Südostasien, später in Indien und Ostafrika. Heute wächst er vom tropischen Asien bis nach Nordaustralien – allein in Indien werden knapp dreißig verschiedene Sorten kultiviert. Anbaugebiet und Alter bestimmen Geschmack und Qualität: Jamaika- und Indien-Ingwer mit Zitronenaroma gelten als die besten, westafrikanischer Ingwer würzt am schärfsten.

Wie Ingwer wächst
Die Tropenpflanze wird bis zu einem Meter hoch, ihre Blätter sehen aus wie Schilf, ihre Blüten wie Iris: gelb mit purpurfarbenen Lippen und höchst dekorativ. Gegessen wird nur, was unter der Erde wächst. Dieses »Rhizom« ist keine Wurzel, sondern ein horizontaler Sproß, der weitere Sprossen nach oben bildet.

Ingwer in der Küche
Es kommt auf das Alter und die Frische der Stücke an: Junger Ingwer ist fruchtig, zart und saftig, älterer scharf und grobfaserig. Frischer Ingwer schmeckt milder und ist gesünder, als es getrocknete Stücke oder Ingwerpulver sind. Für Ingwerpulver gibt es zwei Regeln: Nur notfalls zum Kochen oder Backen nehmen und vorsichtig dosieren.

- Frischer, fein zerkleinerter Ingwer paßt zu
  - Auberginen, Blumenkohl, Kartoffeln, Kohlrabi, Kürbis, Spinat, Wirsing, Zucchini, Gemüsecurrys, Champagner- oder Weinsauerkraut mit Ananas;
  - Fisch-, Fleisch- oder Gemüsefüllungen für Frühlingsrollen und Wan-Tans;
  - Saucen mit Hagebutten, Orangen oder Preiselbeeren zu Wild und Wildgeflügel;
  - Füllungen für Gänse- und Entenbraten, geschnetzelter Geflügel- oder Kalbsleber, Geschnetzeltem auf China-Art mit Gemüse, Huhn, Ente, Lamm, Rind oder Schwein;
  - Chutneys und Pickles mit Gemüse und/oder Obst.

- Frische oder getrocknete Ingwerstücke nimmt man zum
  - Marinieren und Schmoren von Geflügel, Kaninchen, Rind und Schwein.

- Ingwersaft paßt zu
  - Gemüse-Obst-Salaten als Vorspeise;
  - Suppen und Saucen mit/zu Fisch und Krustentieren, Fischcurry;
  - Marinaden für Huhn, Lamm und Schweinefleisch;
  - Obstsalat, Kompott, Obsttörtchen.

- Kandierten Ingwer nimmt man für
  - eingelegte Birnen, Apfelgratin, Ingwerpudding;
  - Apfeltaschen, Pflaumenkuchen, Quittentorte;
  - Konfitüren und Gelees mit Pfirsichen, Birnen, Äpfeln, Quitten, Zwetschen, Bananen, Orangen und Ananas.

- Ingwerpulver eignet sich für
  - Kuchen, Kekse und süßes Brot
  - Kompott und Bratäpfel.

Tips zu Kauf und Aufbewahrung
Getrocknete Ingwerstücke bekommen Sie im Supermarkt, gutes Ingwerpulver in Asienläden. Dort und in Feinkostgeschäften gibt es auch kandierten oder wie Mixed Pickles eingelegten Ingwer zu kaufen. Eingelegter – durch den Essig rötlich gefärbter – Ingwer heißt in Japan »Gari« und wird nur zu Sushi gegessen. Frischen Ingwer gibt es beim Gemüsehändler, in Asienläden, Feinkostläden und manchen Supermärkten. Die Knollen müssen gleichmäßig weißlich oder gelb-braun und prall sein. Das Alter der Knolle erkennen Sie nur beim Aufschneiden: je älter, desto faseriger das Fleisch. Zum Aufbewahren wickelt man frischen Ingwer zuerst in Küchenpapier, dann fest in einen Folienbeutel und legt das ganze ins Gemüsefach des Kühlschranks.

Kaper

Capparis spinosa
Familie der *Capparidaceae* – Kaperngewächse

Lange waren Kapern so kostbar, daß man sie fälschte. »Bei Kapern sehe man auf die natürliche grüne Farbe. Fruchtknospen von allerhand Pflanzen, die zur Fälschung dienen, sind nicht grün und werden mit Kupfer gefärbt. Man prüfe bei Verdacht mit einer Stricknadel, die man einige Minuten in die Kapern steckt und auf die sich vorhandenes Kupfer niederschlägt«, steht noch in einem Buch, das 1904 erschienen ist.

Wie Kapern wachsen
Der kleine Busch mit den bis zu vier Meter langen Zweigen kommt aus dem Mittelmeerraum und wächst wild sogar noch in der Sahara. Dort stellt er seine dicken, harten Blätter senkrecht zur Sonne, damit ihm die Hitze nicht zuviel Feuchtigkeit entzieht. Die wunderschönen zarten Blüten – etwa so groß wie eine wilde Rosenblüte – öffnen sich morgens und sind nachmittags bereits welk. Auf sie kommt es kulinarisch an: als Knospen gepflückt, liefern sie uns die herb-würzigen Kapern, zu Früchten gereift gibt es sie als »Cornichons de caprier«.

Kapern in der Küche
Die kleinsten, etwa pfefferkorngroßen Kapernknospen sind die besten. Bei Kapernfrüchten spielt die Größe keine Rolle. Alle schmecken kalt und heiß. Nur kochen darf man sie nicht, dabei werden sie weich und matschig.

- Ganze Kapern passen zu
  - Vinaigrette für Blattsalate, Kräuterquark, Remouladen;
  - kalten und warmen Saucen zu Fischfrikadellen, pochiertem und gebackenem Fisch;
  - Thunfischsauce für Vitello tonnato, Béchamelsauce für Königsberger Klopse, Tomatensauce für Tofuklößchen, Sahnesauce für Hühnerfrikassee und pochierte Eier;
  - Schmorgurken, Tomaten-, Porree- und Kartoffelgemüse, Blumenkohl und Kohlrabi in Sahnesauce.

- Ganze Kapern und Kapernfrüchte passen zu
  - Kartoffel-, Eier-, Käse- und Thunfischsalat, marinierten weißen Bohnen, Gemüse und Pilzen;
  - provenzalischen und italienischen Fischeintöpfen;
  - Schmortöpfen mit Huhn, Rind oder Lamm und Sommergemüse.

Kapern kaufen und aufbewahren
Es gibt sie nur in Salz, Essig oder Öl eingelegt, denn erst dabei entwickelt sich das charakteristische Aroma. Besonders kleine, fest geschlossene »Nonpareilles« und »Surfines« bekommen Sie im Feinkosthandel, ebenso besonders große, fest geschlossene Kapern und Kapernfrüchte. Nicht ganz fest geschlossene, bis zu erbsengroße Kapern finden Sie in jedem Supermarkt.

Extratip
Kapernfrüchte schmecken kalt wie Oliven zu Käse, italienischer Salami und Schinken.

Kapuzinerkresse

Gelbes Vögerl, Kapuzinierli, Salatblume
Tropaeolum maius
Familie der *Tropaeolaceae* – Kapuzinerkressegewächse

Kapuzinerkresse kam als Zierpflanze von Peru nach Europa, schmückte mit ihren leuchtendroten oder orangefarbenen Trompetenblüten die Gärten der Klöster und später auch die der Bauern. Als Küchenkraut hat man sie schon im 17. Jahrhundert verwendet, weil sie milder schmeckte als die damals ziemlich scharfe Garten- und Brunnenkresse.

Kapuzinerkresse in der Küche
Sie müssen die Pflanze selbst anbauen (siehe Seite 16), denn kaufen kann man sie nicht. Kapuzinerkresse wächst und blüht den ganzen Sommer, so daß Sie ständig ernten können: Knospen, Blüten und junge Blätter. Alles schmeckt ein bißchen nach Gartenkresse, ein bißchen pfeffrig und so saftig erfrischend wie Brunnenkresse.

- Die Blüten müssen frisch gepflückt sein. Man kann sie ganz oder zerkleinert, roh oder kurz erhitzt verwenden zu
  - gemischtem Salat, Gurkensalat in Vinaigrette;
  - kalten Sommersuppen wie spanischer Gazpacho, türkischer Gurkensuppe oder französischer Vichysoise;
  - Reis mit Tomaten, Nudeln mit Knoblauch und Öl, Bulgur oder Couscous mit Butter als Beilage zu geschmortem Gemüse;
  - Rühreiern, Omelett;
  - Fisch und Meeresfrüchten in leichten Sahnesaucen;
  - Obstsalaten, Biskuitrollen mit heller Creme- oder Sahnefüllung, Eisbechern;
  - sommerlichen Obsttorten und Drinks als Dekoration;
  - Pfirsich-, Aprikosen-, Mirabellen und Beerenkonfitüre.

- Frisch gepflückte Blätter schmecken roh und kurz erhitzt. Sie werden grob zerkleinert oder fein gehackt und wie die Blüten zu herzhaften Gerichten verwendet. Außerdem passen sie zu
  - Vinaigrette zu Artischocken, Remoulade zu kaltem Roastbeef oder Eiern, Senfsauce zu Räucherlachs;
  - Carpaccio mit Fisch, Fleisch oder Gemüse;
  - Frischkäse, Quark, Joghurt und Mayonnaise;

- Füllungen für Blätterteigpastetchen mit Meeresfrüchten oder Huhn;
- Gemüsecreme- und Kräutersuppen;
- kalten Saucen und Buttermischungen zu Pellkartoffeln, gebratenem Gemüse, Grillfisch und Fleisch.

- Frisch gepflückte Blütenknospen werden
  - wie Kapern eingelegt: waschen und mit Salz bestreut einige Stunden ziehen lassen. Etwa 1 Minute blanchieren, abgetropft in Gläser geben und mit kochendheißem Essig übergießen. Die Gläser sofort verschließen;

- Samen verwendet man wie Senfsaat (siehe Seite 164).

Extratip
Die Sauce zu Vitello tonnato schmeckt mit fein gehackten Blättchen von Kapuzinerkresse anstelle von Kapern.

Kardamom

Cardamomen, Kardamomen
Elettaria cardamomum
Familie der *Zingiberaceae* – Ingwergewächse

Kardamom ist ein sehr altes Gewürz und eines der feinsten dazu: Es taucht in der arabischen Kochliteratur des Mittelalters auf, gehört zu Garam Masala (siehe Seite 66), zu manchen authentisch südindischen Currymischungen (Kari) und spielt in arabischen Ländern als Kaffeegewürz eine große Rolle. Mit Kardamom werden industriell hergestellte Currypulver, Würste, Brot und Lebkuchen aromatisiert. Die Kapseln kaut man in Indien für reinen Atem nach dem Essen.

Wie Kardamom wächst
Es ist eine hohe, schilfähnliche Pflanze wie der Ingwer, doch nicht die unterirdischen Sprossen (Rhizome) sind das Gewürz, sondern die Früchte mit den Samen. Sie werden unreif gepflückt, gewaschen und getrocknet. Das unterbricht den Reifeprozeß, und die Fruchtkapseln bleiben grün. Gelbliche Kapseln stammen von zu reifen Früchten, die sich bereits öffnen. Das hat Einfluß auf die Qualität, denn die Fruchtwand schützt die ätherischen Öle. Sobald sie aufplatzt, werden diese Öle frei, so daß auch die Samen nicht mehr das volle Aroma der geschlossenen Kapseln bieten.

Kardamom in der Küche
Er besitzt einen wunderbar süßen, stark aromatischen Duft und leicht brennenden, sehr würzigen Geschmack mit einem Hauch Eukalyptus. Die ganzen grünen Kapseln würzen mild, die frisch ausgelösten und zerriebenen Samenkörner intensiver: Kapseln im Mörser leicht zerquetschen, damit sie aufspringen, und die papierartige Fruchtschale entfernen. Gebleichte weiße Kapseln,

dunkelbraune Kapseln von Ceylon-Kardamom *(Elettaria major)*, gekaufte Samen und Pulver enthalten nicht soviel Aroma und müssen stärker dosiert werden. Kardamom verwendet man immer gegart; am besten entfaltet sich das Aroma, wenn Sie ihn in Fett leicht anrösten.

- Die ganzen Kapseln nimmt man für
  - Blumenkohl in Tomatensauce, Currygerichte mit Kartoffeln und Hülsenfrüchten, Pilaws und Currys mit Lamm oder Huhn;
  - Süßspeisen aus Indien wie Milchreis mit Kokosflocken;
  - Konfitüren und Gelees mit Erdbeeren, Pflaumen, Aprikosen, Äpfeln und Orangen, dickes Pflaumenmus;
  - Kaffee, Kakao, indischen Chai, Früchtetee, Glühwein.

- Die Samen nimmt man für
  - eingelegte Bratheringe;
  - griechischen Reis mit Spinat: Samen aus den Kapseln lösen, im Mörser zerstoßen und über den Reis streuen;
  - Mango- oder Zitronenchutney, eingelegte Zitronen.

- Das Pulver nimmt man als Würze für
  - Obstsalat, Apfelmus und Kompott von Zwetschen, Quitten und Birnen;
  - Brot und Gebäck wie Zwiebelkuchen, Lauchtorte;
  - indische Süßspeisen wie Halwa oder Milchkonfekt (Barfi);
  - gedünstete Äpfel, Quitten oder Zwetschen als Kuchenbelag, Gewürzkuchen, Früchtebrot, braune Kuchen, Butterplätzchen, Dominosteine, Lebkuchen, Pfeffernüsse, Printen, Spekulatius.

- Junge Kardamomblätter schmecken süß und mild wie frische Kapseln. Man verwendet sie wie die Kapseln.

Kardamom kaufen und aufbewahren
Die Kapseln gibt es in Asien-, Gewürz- oder Feinkostläden; sie halten das Aroma etwa ein Jahr. Kardamomsamen und -pulver erhalten Sie in Supermärkten. Kardamomblätter – in Asien ein Würzkraut – bekommen Sie bei uns nur zum Selberziehen: Die Samen gibt es in Gartencentern.

Extratip
Ein bis zwei Kardamomsamen pro Tasse verfeinern das Aroma von Kaffee und verstärken den Geschmack.

Kassia

Chinesischer Zimt, Cantonzimt, Holzkassie, Zimtkassie, Gemeiner Zimt
Cinnamonum aromaticum, Cinnamonum cassia BL.
Familie der *Lauraceae* – Lorbeergewächse

Kassia gehört wie sein edlerer Verwandter Zimt (siehe Seite 196) zu den ältesten Gewürzen: Beide werden in der Bibel erwähnt, und mit dem Öl aus der Kassia wurde das heilige Öl für Tempel und Hohepriester hergestellt. Das Wort »Cinnamonum« kam vielleicht vom Hebräischen übers Griechische ins Lateinische und in die modernen Sprachen. In alten Quellen und noch heute wird Kassia häufig mit Zimt verwechselt. Doch die Bäume stammen aus unterschiedlichen Regionen: Kassia aus China, Zimt aus Ceylon. Kassiakulturen findet man jetzt in Vietnam, Indonesien und Japan, Zimtplantagen erstrecken sich in einem breiten subtropischen Gürtel von Asien nach Brasilien.

Wie man Kassia gewinnt
Kassia sind bis zu zwölf Meter hohe Bäume mit unscheinbaren Blüten und rötlicher Rinde. Genutzt werden die Zweige etwa sechsjähriger Bäume: Man schneidet sie ab und entrindet sie. Die Rindenstücke läßt man über Nacht, in Matten eingewickelt, fermentieren. Während man Zimt noch weiter verarbeitet, wird die Kassia nur getrocknet, bevor sie in den Handel kommt. Kassiarinde ist dicker als Zimt, hat stellenweise graubraunen Korkbelag und rollt sich meist nur nach einer Seite auf. Dunkelbraune, fünf bis zehn Millimeter große Kassiablüten werden nach dem Abblühen gesammelt und getrocknet. Sie duften und schmecken zart nach Zimt, heißen Zimtblüten und werden heute vorwiegend industriell für Süßigkeiten und Getränke genutzt. In Kochbüchern des 19. Jahrhunderts werden sie noch als Küchengewürz erwähnt.

Kassia in der Küche
Süßer Duft und Aroma erinnern an Zimt, doch Kassia schmeckt nicht so fein. Sie würzt intensiver, sollte deshalb sparsamer dosiert und nur zum Kochen, Schmoren oder Backen verwendet werden. Immer kombiniert man Kassia mit Süßem, denn Zukker verstärkt ihr Aroma.

- Kassia paßt zu
  - Grillbeizen und Saucen mit Honig, Ingwer, Pflaumenmus, Sojasauce und Zitrusfrüchten;
  - Kartoffelsuppe mit Äpfeln, Suppen mit Hülsenfrüchten und Obst, Obstsuppen;
  - Füllungen für Hühner, Gänse und Enten mit Äpfeln, Zwiebeln und/oder Kastanien;
  - Beizen für Wild und Wildgeflügel, Saucen zu Wild und Wildgeflügel, Füllung mit frischem oder getrocknetem Obst für Schweinerollbraten;
  - Eier-, Sahne- und Schokoladencremes, Kompott und Obstsalat;
  - Apfel-, Pflaumen-, Quitten- und Zwetschenkuchen, Gewürzkuchen und Weihnachtskeksen;
  - Chutneys, süßen Würzsaucen, süß-sauer eingelegtem Obst, Konfitüren;
  - Glühwein, Punsch, Kaffee, Kakao und Milchmixgetränken.

Einkaufstip
Obwohl preiswerter als Zimt, ist sie hier nicht so leicht zu bekommen. Kassia gibt es nur als Pulver in Asienläden und im Gewürzhandel. Bei den Blüten hatte ich gar keinen Erfolg. Kassia bewahrt man kühl, dunkel und trocken auf.

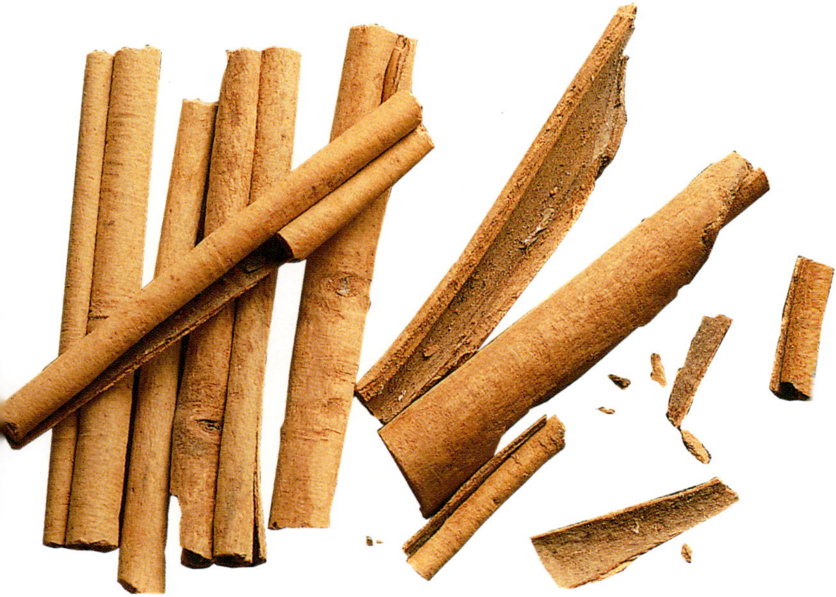

Kerbel

Gartenkerbel, Küchenkraut, Suppenkerbel
Anthriscus cerefolium
Familie der *Umbelliferae = Apiaceae* – Doldengewächse

Seit langem gehört er zur klassischen, internationalen und großen Küche: Kerbel ist Bestandteil von Fines herbes und Grüne-Sauce-Kräutern (siehe Seite 58 und 72), würzt Béchamelsauce und Vinaigrette. Oskar Marti, der berühmte Schweizer Kräuterkoch, mischt ihn mit anderen Kräutern als Salat zu gebratener Kalbsleber; Heinz Winkler nimmt ihn für ein Frühlingsragout mit Karotten, Morcheln, Spargel und Frühlingszwiebeln in Weißweinsauce. Doch Kerbel war auch das Kraut der Fastenzeit, der Bürger- und Bauernküchen. Denn er wächst schnell und liefert nach der vitaminarmen Jahreszeit eine Menge gesundes Grün.

Kerbel in der Küche
Seine zarten Blättchen schmecken so fein süß, daß sie auch zu frischen Erdbeeren passen. Ihr Petersilienaroma macht sie zum Kraut für Suppen, der Hauch Anis zum idealen Begleiter für

Fisch. Nehmen Sie Kerbel nur frisch oder tiefgefroren. Beim Trocknen geht das Aroma verloren. Falls Sie Kerbel selbst anbauen: Einige Pflänzchen hoch wachsen lassen und die Blütendolden mit noch geschlossenen Blüten ernten. Sie schmecken intensiver als das Kraut.

- Frische oder tiefgefrorene junge Blätter kann man ganz oder zerkleinert, roh und kurz gegart verwenden. Sie passen zu
  - fast allen Salaten, ausgenommen Deftiges mit Heringen oder Wurst;
  - Frischkäse, Quark, Butter und Mayonnaise, kalter Tomatensauce;
  - Cremesuppen auf der Basis von Kartoffel-, Blumenkohl-, Champignon-, Kohlrabi- oder Zucchinipüree, Sahnesuppen mit Grieß, Grünkernschrot oder Buchweizen, legierten Fisch- oder Geflügelsuppen;
  - allen Frühlings- und Sommergemüsen, Pilzen, Kartoffeln und Hülsenfrüchten;
  - Omelett, gefüllten Eiern, Eiern im Glas, Rühreiern, pochierten und wachsweichen Eiern in Sahnesauce;
  - pochiertem Fisch und Meeresfrüchten aus dem Sud in Creme- oder Tomatensauce;
  - Hühnerfrikassee, Geschnetzeltem von Kalb oder Rind,
  - Obstsalat;
  - süß-saurer Sauce mit Tomaten, Würzessig;
  - süßer Konfitüre mit Erdbeeren, Rhabarber, Bananen, Pfirsichen, Aprikosen und Sauerkirschen;
  - Aperitifs mit Buttermilch und Joghurt.

- Blütendolden, dicke Stiele und große Blätter kann man kochen, schmoren und backen. Sie passen zu
  - Möhren-, Spitzkohl- und Frühwirsinggemüse, Schmorgurken und Kartoffelgemüse;
  - Gemüsebrühe und Fischfond;
  - Schmortöpfen mit Lamm oder Kalb und Tomaten;
  - Belag für herzhafte Torten mit Käse, Spinat, Hackfleisch, Tomaten;
  - eingelegtem Gemüse.

Kerbel kaufen und aufbewahren
Er muß so frisch wie möglich sein. Was Sie nicht noch am Tag des Einkaufs verbrauchen, frieren Sie ein.

Achtung!
Kerbelwurzeln lieber nicht essen; sie gelten als giftig.

Knoblauch

Knofel
Allium sativum
Familie der *Liliaceae* – Liliengewächse

Knoblauch ist salonfähig geworden; sein Duft umgibt heute auch den Gourmet. Das liegt sicher daran, daß so viele ausländische Küchen unsere kulinarische Kultur bereichern, aber auch daran, daß wir den ganzen Frühling und Sommer hindurch frischen, saftigen und wunderbar würzigen Knoblauch kaufen können. Sparen Sie nicht mit Knoblauch; er ist vielleicht das gesündeste Gewürz überhaupt, und bis jetzt haben Wissenschaftler vieles bestätigt, was alte Heilkunde, Volksmedizin und sogar Volksmund ihm nachsagten. Nur die Wirkung gegen Vampire bleibt weiter umstritten.

Knoblauch in der Küche
Über das Wozu gibt es nichts zu sagen: Knoblauch kann man roh und eingelegt essen, man kann ihn kochen, schmoren, braten und backen. Gegarter Knoblauch schmeckt milder und ist für viele Menschen besser verträglich. Deshalb nur zum Wie noch einige Tips:

- Knoblauch kaufen:
  - Es gibt viele Knoblauchsorten, unterschiedlich in Form, Farbe und Geschmack. Bei uns bekommen Sie Knollen mit weißen oder rosavioletten Häutchen; beide schmekken etwa gleich würzig. Wichtig bei Knoblauch ist vor allem die Frische: Am besten schmecken die frischen Knollen mit den saftigen grünen Stielen, die ab Frühjahr auf den Markt kommen.

- Knoblauchzehen ungeschält verwenden:
  - Knoblauchmus auf Brot ist eine feine Beilage zu Schmorbraten: Die ganzen Knollen oder Zehen in der Haut mitgaren und erst bei Tisch aus der Haut streifen.

- Knoblauch braten:
  - Braun gerösteter Knoblauch schmeckt nicht bitter, wie es oft heißt. Die kräftig gebratenen Scheibchen oder Stifte schmecken sehr würzig und gehören zu vielen Gerichten aus Südostasien.

- Knoblauchknollen backen:
  - Die ganzen, ungeschälten Knollen in Alufolie packen und wie Kartoffeln im Backofengrill, über Holzkohle oder im Ofen backen.
  - Die ungeschälten Knollen quer halbieren, in eine ofenfeste Form legen, mit etwas Öl und Wasser beträufeln und im Ofen weich backen.

Knoblauch aufbewahren
Man bewahrt ihn im Zwiebelkorb auf und verbraucht ihn innerhalb von zwei Wochen. Als Zwiebelgewächs verträgt Knoblauch weder Kühlschrankkälte noch Einfrieren. Getrockneter Knoblauch muß unter der Außenhaut ebenfalls prall und fest sein; er hält sich an einem kühlen, trockenen und dunklen Platz ein paar Monate. Graue, gelbe oder angetrocknete Zehen sind ohne Aroma, Zehen mit grünen Trieben zu penetrant.

Extratip
Wir schmecken bereits die winzige Menge von 0,1 Gramm Knoblauch auf 1 Kilogramm Lebensmittel. Die Menge dagegen, die den Knoblauchesser »duften« läßt, kann man nicht verbindlich angeben: Jeder Mensch verträgt unterschiedlich viel Knoblauch, bis sich der Geruch bemerkbar macht.

Knoblauchsrauke

Knoblauchhederich, Lauchkraut
Alliaria officinalis
Familie der *Brassicaceae* – Kreuzblütler

Knoblauchsrauke ist der einzige Kohl, der knofelt – alle anderen Pflanzen, die so intensiv nach Knoblauch duften, gehören zur Familie der Lilien. Obwohl das Kraut sanfter würzt als Knoblauch, hat man es vermutlich nie in der feinen Küche verwendet. In einem Text des 17. Jahrhunderts wird es für eingesalzenen Fisch empfohlen – und der kam zur Fastenzeit nur bei sparsamen oder armen Leuten auf den Tisch.

Knoblauchsrauke sammeln

Sie wächst in Laubwäldern, Hecken, Gebüschen, auf Schuttplätzen und in waldnahen Gärten. Im zeitigen Frühjahr sprießen die jungen Grundblätter: Sie sind kreis- bis nierenförmig mit tiefer Einbuchtung am Stiel, sattgrün und sehr zart, mit auffallend deutlichen Blattrippen. Sobald die Pflanze höher wächst, formen sich die Blätter herz- bis lanzettförmig mit ausgeprägten »Zähnen« rund um den Rand. Im Mai und Juni kommen die weißen Blütendolden. Wenn Sie das Kraut zum erstenmal sammeln, sollten Sie bis zur Blüte warten, damit Sie die Pflanze zweifelsfrei bestimmen können. Wer sie bereits kennt, pflückt schon im April und Mai die kleinen Grundblättchen, denn die schmecken am feinsten.

Knoblauchsrauke in der Küche

Das zarte Knoblaucharoma entwickelt sich beim Zerkleinern; ganze Blätter duften wie die Pflanze eher nach Lauch.

- Die zerkleinerten Blätter – roh oder kurz erhitzt – passen zu
  - gemischten Frühlingssalaten, Kohlrabi-, Möhren- und Rettichrohkost, Vinaigrette, Kräuterquark;
  - Gemüse-, Fisch- oder Fleischcarpaccio, Crostini mit Tomaten, mit Artischocken-, Leber- oder Thunfischmousse;
  - Kohlrabi-, Möhren- und Spinatcremesuppe, klaren Suppen mit Klößchen, Gemüse oder Kräutern;
  - Blumenkohlgemüse, Pilzen in Sahnesauce, geschmorten Tomaten, gedünsteten Zucchini und Zuckerschoten, neuen Kartoffeln, in Butter gebraten;
  - Risotto mit Erbsen, Pilzen, Tomaten, Nudeln mit Chillies, Öl oder Butter und Parmesan, Ravioli- und Tortellinifüllungen mit Gemüse, Fisch oder Fleisch, Gnocchi und Kräuterspätzle mit oder ohne Käse;
  - Schaumomelett mit Füllungen aus Zuckerschoten, Pilzen, Spinat oder Spargel, wachsweichen Eiern in Sahnesauce;
  - Fischsuppen und pochiertem Fisch mit leichter Sauce;
  - Geschnetzeltem mit Geflügel, Rind und Lamm.

- Ganze oder zerkleinerte Blätter passen zu
  - Grillmarinaden für Fisch, Geflügel und Fleisch, Kräuterbutter für Steaks, Grillfisch und Fleisch.

Koriander

Chinesische Petersilie, Cilantro, Wanzendill, Wanzenkraut
Coriandrum sativum
Familie der *Umbelliferae = Apiaceae* – Doldengewächse

Koriander ist schon sehr lange bekannt; er gehörte zu den Kräutern, die Pharaonen dem Tempel spendeten, und in Tutanchamuns Grab wurden auch Korianderkörner (Seite 94) gefunden. Die Römer waren ganz wild auf Koriander – das Kochbuch des Apicius empfiehlt Kraut und Körner zu fast allen Gerichten, und der römische Naturwissenschaftler Plinius bezeichnet ägyptischen Koriander als den besten. Die arabisch-islamische Küche des Mittelalters würzte sogar mit dem ausgepreßten Saft von Koriandergrün. Bis heute ist Koriander der Kosmopolit unter den Kräutern geblieben: Blätter und Körner, oft auch die Wurzeln sind notwendige Ingredienzen der afrikanischen und östlichen Mittelmeerküche, Thailands und Lateinamerikas. Koriandergrün war übrigens auch in Mittel- und Westeuropa ganz normales Küchenkraut. Erst gegen Ende des letzten Jahrhunderts verschwand es. Vor einigen Jahren kehrte es mit mexikanischen, vietnamesischen und thailändischen Köchinnen wieder zurück.

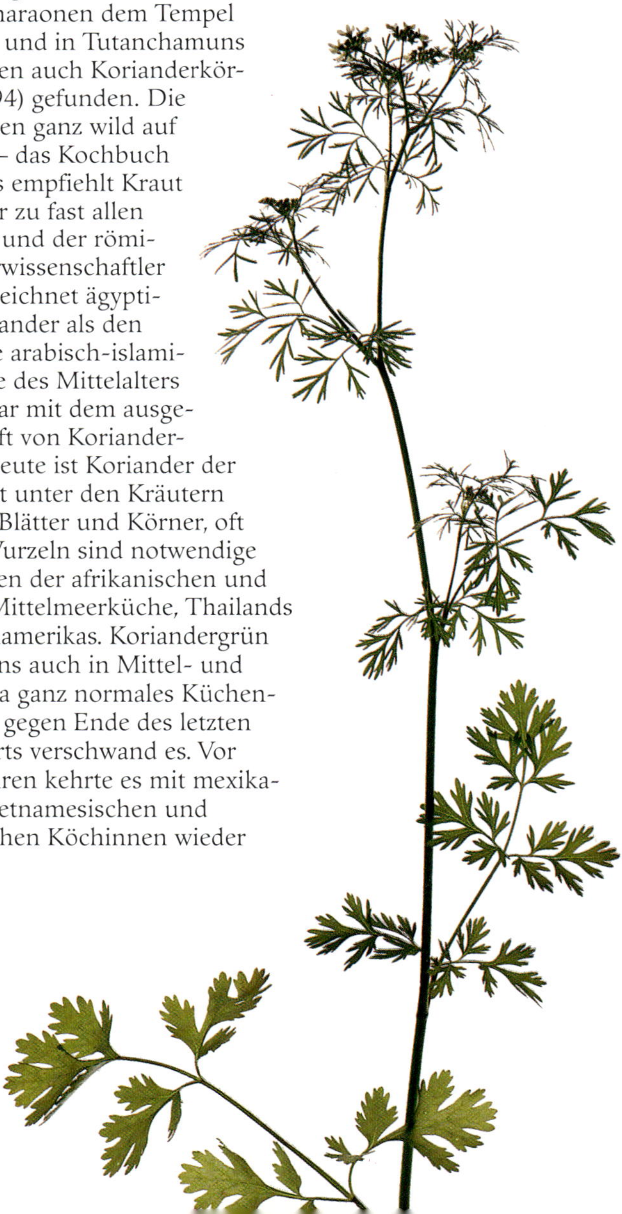

Koriander in der Küche
Die frischen Blätter müssen Sie mit einem scharfen Messer oder der Küchenschere ganz sauber schneiden, dann riecht und schmeckt das Kraut wunderbar würzig. In der Kräutermühle zerkleinert oder gehackt, entwickelt es sich eher unangenehm und macht seinem Spitznamen »Wanzenkraut« alle Ehre. Die Wurzeln schmecken noch etwas intensiver als das Kraut; sie werden gewaschen und ebenfalls fein gehackt.

- Die frischen Blätter schmecken roh oder kurz erhitzt zu
  - allen Blattsalaten, Gurkensalat, Fischsalat und Eiersalat, thailändischen Salaten mit Glasnudeln, Chillies und Krabben, vietnamesischer »Rohkost«, zu gebratenem Rindfleisch oder Frühlingsrollen und Reisnudeln;
  - Guacamole und Salsa verde aus Mexiko, gebratenen Auberginen mit Joghurt aus Zypern;
  - Rühreiern, Omeletts, spanischen Tortillas mit Kartoffeln und/oder Gemüse, hartgekochten, gefüllten Eiern;
  - Reisnudeln mit frischer Kokosnuß, Hähnchen und Gemüse aus Thailand, gebratenem Reis mit Schweinefleisch und Ei, Krabbenreis aus Mexiko;
  - Schwertfisch in Orangensauce, Kräutersauce für gebratene oder für Grillfische.

- Korianderwurzeln kann man länger garen. Sie passen
  - zu Suppe mit Chinakohl und Glasnudeln (Rezept Seite 224);
  - mit Knoblauch, Pfefferkörnern und Anis zu gekochtem Schinken aus Thailand, den man mit Reis, eingelegtem Kohl und Sojasauce ißt;
  - zu Rinderragout, geschmortem Lammfleisch mit Spinat;
  - zu thailändischen Currypasten.

Koriandergrün kaufen und aufbewahren
Sie bekommen es am besten in mexikanischen Läden, mit den Wurzeln in asiatischen oder philippinischen Läden. Koriander läßt sich ganz leicht selber ziehen (siehe Seite 16).

Extratip
Im Kochbuch des Apicius habe ich eine Kräutersauce für gegrillte Meerbarben gefunden: Minze, Koriandergrün, Fenchelgrün und ein paar Blättchen Liebstöckel zerkleinern, mit Pfeffer aus der Mühle, etwas Honig, thailändischer Fischsauce (statt des altrömischen Liquamen) und etwas Öl mischen.

Korianderfrüchte

Korianderkörner, Schwindelkorn
Coriandrum sativum (Coriandri fructus)
Familie der *Umbelliferae = Apiaceae* – Doldengewächse

Botanisch sind die kleinen würzigen Körnchen der Korianderpflanze (Seite 92) Früchte, weil sie noch – wie Apfel oder Birne – die winzigen eingetrockneten Blütenkelche tragen. Im Volksmund und in der Küche heißen sie Körner. Dabei will ich der Einfachheit bleiben. Experten preisen den wunderbaren Geruch der reifen Körner und sind sich ganz uneins, wie er zu charakterisieren sei: Elizabeth David, die große englische Food-Autorin, sagt, der Duft sei süß und ein wenig bitter wie Orangenschale. Apotheker Manfred Pahlow fühlt sich an Maiglöckchen erinnert, Waverly Root, der kulinarische Kosmopolit, nennt noch Zitronenschale und berichtet, daß die Bibel den Koriander mit Honig vergleicht. Die Stelle im Buch *Exodus* bezieht sich aber nicht auf den Duft des Gewürzes, sondern auf die Fülle: Gott gibt seinem Volk so köstliche Brote wie Honigkuchen und so viele wie Korianderkörner. Im Paris des 17. Jahrhunderts war Koriander Ingredienz von »Eau de Carnes«, das man als Likör und Duftwässerchen genossen hat.

Korianderkörner in der Küche

Sie sind Bestandteil des südindischen Currygewürzes (Seite 50) und von Garam Masala (Seite 66). Die indonesische Küche ist eine der wenigen in Asien, die nur die Körner verwendet. Korianderkörner kann man roh und gegart, ganz oder im Mörser zerrieben verwenden. Gegart schmecken sie am besten, wenn man sie kurz in Fett anröstet. Wichtig ist, daß sie reif geerntet und nicht zu lange gelagert sind.

- Korianderkörner passen zu
  - eingelegtem Schafskäse, Soleiern, selbstgemachter Wurst, Leberpastete, Füllung für Weinblätter;
  - Fischsuppe, Lauch-, Kartoffel- und Pilzsuppe, Tomatensuppe mit Linsen und indischen Gewürzen;
  - Auflauf oder Lasagne mit Spinat, Kübisgemüse, Okraschoten mit Tomaten, Weißkohl- oder Wirsinggemüse in Sahne mit Chillies, geschmorten Zwiebeln mit Wein, Zucchiniauflauf mit Tomaten, Zwiebeln und Oliven, Bratkartoffeln, Fächerkartoffeln mit Gewürzen aus dem Backofen, mit Wein und Öl geschmorten Kartoffeln, Linsen mit Kastanien, Kichererbsencurry, gebackenen Bohnen;
  - wachsweichen oder pochierten Eiern in Tomatensauce, spanischer Tortilla mit Kartoffeln und Zwiebeln, Eierkuchen mit Pilzfüllung;
  - Marinade für Fisch, geschmorten Mittelmeerfisch mit Zwiebeln, Wein und Tomaten, Eierteig für ausgebackene Garnelen;
  - Schmorhähnchen mit Lorbeer, Zimt, Knoblauch, Zwiebeln und Wein, Reis mit Huhn aus Indonesien, Hackfleischbällchen, geschmortem Lamm mit Kümmel, Fenchel, Zwiebeln, Knoblauch, Kichererbsen und Wein;
  - Brot, Kartoffelbrötchen;
  - Gewürzkuchen, Lebkuchen, Spekulatius und anderem Weihnachtsgebäck;
  - Chutney, marinierten Oliven, eingelegten Artischocken in Wein, eingelegten Gurken, Pilzen und Kürbis.

Einkaufstip

Korianderfrüchte müssen gut ausgereift sein; unreif gepflückte Früchte riechen nach dem Trocknen ekelhaft nach Wanzen.

Kreuzkümmel

Cumin, Kumin, römischer Kümmel
Cuminum cyminum
Familie der *Umbelliferae* = *Apiaceae* – Doldengewächse

Kreuzkümmel gehört zur selben Pflanzenfamilie wie Kümmel und Koriander. Für mich riecht und schmeckt er wie eine Mischung aus Kümmelsamen und Korianderkraut, und ich kombiniere die Samen des Kreuzkümmels sehr gern mit dem würzigen Kraut des Korianders, wie die Inder es tun. Während »unser« Kümmel auf Mittel- und Nordeuropa beschränkt blieb, ist Kreuzkümmel gewandert: von seiner Heimat am Mittelmeer nach Asien und später in die Neue Welt. In Marokko, den arabischen Ländern, Südostasien und Mexiko ist Kreuzkümmel eines der wichtigsten Gewürze. Er ist Bestandteil aller drei indischen Gewürzmischungen: Kari, Garam Masala und Panch Phoron. Auch die Küche der Kanaren verwendet ihn, das spanische Festland dagegen nicht. Kreuzkümmel taucht sogar weiter im Norden auf: Holländer und Dänen würzen Käse damit.

Kreuzkümmel in der Küche
Kräftiges Rösten in einer schweren Pfanne ohne Fettzugabe macht die scharfen, leicht bitteren Körner – egal, ob ganz oder gemahlen – noch aromatischer. In einem vietnamesischen Kochbuch habe ich den Tip gefunden, sie so heiß zu rösten, daß sie platzen. Danach werden sie abgekühlt und zerrieben.

- Die Samen – ganz oder zerrieben – passen zu
  - Salat aus geschmorten Tomaten und gegrillten Paprikaschoten, Olivensalat mit Knoblauch, Zitronensaft, Petersilie und Öl, rote-Bete- und Möhrensalat;
  - Kohlsuppe mit Mettwürsten, Gemüsesuppe mit Kasseler, Kartoffel- oder Kichererbsensuppe mit Lamm, Zwiebelsuppe;
  - Erbsen, grünen Bohnen, Gemüsefrikadellen mit Lauch, Pilzen und/oder Zucchini, indonesischen Maisfrikadellen, Samosas, Linsencurry und Spinat mit Käsewürfeln aus Indien, Kartoffeln und Kichererbsen mit Zwiebeln, Zitronensaft, Petersilie und Öl;
  - Klebreisbällchen mit Hühnerfüllung aus Indonesien, Weizengrütze mit Zwiebeln und Käse aus Zypern;
  - Omelett und Eiercurry aus Indien, Eierkuchen mit Zwiebeln und Speck;
  - marokkanischen Fischgerichten wie gefüllten Blätterteigtaschen mit Fisch, Fisch in Tomatensauce oder Krabben mit Knoblauchsauce, indischen Fischcurrys und europäischen Fischfrikadellen;
  - Schmorhähnchen mit Gemüse, Zimt, Nelken und Lorbeer, Huhn mit Bambussprossen, Hähnchen-Saté;
  - orientalischen Fleischbällchen aus Rind oder Lamm, Lammragout mit grünen Bohnen, Marinade für Lamm oder Schwein vom Grill, mexikanischem Chili con carne;
  - Kräuterbrot, Olivenbrot und Käsegebäck;
  - Chutneys und asiatischen Würzsaucen.

Einkaufstip
Kaufen Sie nur ganze Samen zum Selbermahlen. Das Aroma von Kreuzkümmelpulver ist eher penetrant und erinnert an schlechte Currymischungen.

Achtung!
Wenn Sie in Kochbüchern der Kreuzkümmel-Regionen »Kümmel« als Zutat finden, ist das ein Übersetzungsfehler, gemeint ist Kreuzkümmel.

Kümmel

Chümi, Feldkümmel, Kämen, Karbei, Köm, Kümmich,
Wiesenkümmel,
Carum carvi
Familie der *Umbelliferae = Apiaceae* – Doldengewächse

Kümmel könnte das älteste Gewürz sein – vielleicht schon seit 10000 Jahren –, das die Menschen verwendet haben. Allerdings weiß niemand, ob die Kümmelkörner, die Archäologen gefunden haben, von Nahrungspflanzen stammen oder nur so »rumlagen« – also Samen von wildem Kümmel waren, der überall in Mitteleuropa wächst. In die gesicherte kulinarische Geschichte tritt Kümmel gegen Ende des Mittelalters ein: *Das Buch von gutem Essen,* eine Handschrift, die um 1350 entstanden ist, nennt Kümmel als Zutat für eine Würztunke zu Kompott, eingelegtem Kohl oder Rüben.

Kümmel in der Küche
Ausgesprochene Fans würzen mit vielen ganzen Körnern, alle anderen zerreiben ihn frisch im Mörser und verwenden ihn in Maßen. Wenn Sie ihn mit anderen Gewürzen wie Wacholderbeeren, Lorbeer und Nelken verwenden, ist ein Teebeutel praktisch. Kümmel paßt wunderbar zu Möhren und Petersilie, Selle-

rie und Pastinaken – alles Gemüse aus der Pflanzenfamilie, aus der auch der Kümmel stammt. Er schmeckt roh, gekocht, geschmort und gebacken gleich gut. Selbst wenn man häufig das Gegenteil liest: Er verträgt sich ohne weiteres mit anderen Kräutern und Gewürzen. Reichlich verwenden können Sie Zwiebeln und Knoblauch, Pfeffer, Cayennepfeffer und Paprikapulver. Alle anderen Gewürze und Kräuter müssen Sie sparsam dosieren.

- Die ganzen oder zerkleinerten Körner nimmt man für
  - Rote-Bete-, Sellerie-, Weißkohl- und Rotkohlsalat;
  - Quark und Frischkäse, Liptauer Käse, angemachten Camembert, Munsterkäse aus dem Elsaß und Mainzer Handkäse;
  - bayerische Brotsuppe, Kartoffelsuppe, dicke Suppen mit Gemüse, Kartoffeln, Rind oder Lamm;
  - Kürbisgemüse, Sauerkraut, Schmorgurken und Paprikagemüse, Lauch- und Zwiebelgemüse, gebackene Kartoffeln, Pellkartoffeln, Bratkartoffeln, Kartoffelpuffer und Tiroler Geröstel, Linsen;
  - Frikadellen mit Weizen- oder Haferschrot und Käse;
  - Szegediner Gulasch, bayerischen Schweinebraten, Berliner Hammelrippchen mit Zwiebelsauce, Pichelsteiner Fleisch, Lamm mit Kohl und Kartoffeln;
  - Roggenbrot, süße englische Kümmelbrötchen, Zwiebelkuchen, herzhaften Apfelkuchen mit Weißkohl und Speck, Käsegebäck;
  - Dattelkuchen, Eischwerkuchen mit Kümmel und Vanille, Kümmel-Orangen-Kekse;
  - Chutneys, Soleier, mit Weißkohl gefüllte, eingelegte Paprikaschoten;
  - Konfitüren mit Erdbeeren, Rhabarber und Mirabellen.

Extratip

Wenn Sie Kümmel selber ziehen, ernten Sie am besten auch die Blätter: Fein gehackt schmecken sie an Salaten und an allem, was Sie auch mit Petersilie würzen.

Kurkuma

Gelbwurz, Gelbwurzel, Gilbwurz, chinesische Wurzel, indischer Safran, gelber Ingwer, Koenjit, Turmerik
Curcuma longa
Familie der *Zingiberaceae* – Ingwergewächse

Niemand weiß genau, woher die Pflanze stammt, und niemand weiß, ob sie jemals wild gewachsen ist. Kurkuma, die Ingwerverwandte mit zartgelben Blüten und safrangelben Wurzelstöcken, wird schon so lange in Indien und Südostasien kultiviert, daß ihre Ursprünge vergessen sind. Vermutlich war Kurkuma einst nur wichtig, weil es alles so intensiv gelb färbt. Doch die Farbe verblaßt sehr schnell, denn Kurkumin, der gelbe Farbstoff, ist lichtempfindlich. Es lag also nahe, ohnehin Vergängliches damit zu färben – das Essen. Und dabei hat man vermutlich die Würzkraft kennen- und schätzengelernt. In der arabischen Küche des Mittelalters war Kurkuma der Ersatz für wertvollen Safran und teuren Ingwer. Nach Europa hat Kurkuma den Weg nur über Currypulver und Worcestersauce gefunden.

Kurkuma in der Küche
Das scharfe Gewürz mit sanft bitterem Unterton und einer Nuance Ingwer gehört in erster Linie zur Küche Nordafrikas und der arabischen Länder, Irans, Indiens und Südostasiens. Doch auch Europäisches würzt es ganz wunderbar.

- Man nimmt es für
  - Salate mit Eiern, Krabben, Muscheln, Reis und Nudeln;
  - Teig für ausgebackenes Gemüse aus Indien;
  - Fischsuppe, Fischragout mit Tomaten, mit Petersilie und Frühlingszwiebeln;
  - geschmorte Auberginen, rote Bete, Zucchini und Zwiebeln, Blumenkohl oder Weißkohl mit Erbsen und Tomaten in Kokosmilch, Kartoffeln mit Ingwer und Knoblauch, rote Linsen in Joghurtsauce mit Schnittlauch, schwarze Bohnen mit Ananas, geschmorten Spinat mit Sesamöl, süß-saure Okraschoten mit Chilli, Zucker und Reisessig;
  - gelben Reis aus Indonesien, Krabbenreis vom Persischen Golf, Pasta in Sahnesauce mit Erbsen und Schinken, gebratene Asiennudeln mit Gemüse und Huhn oder Krabben, Hirse oder Bulgur mit Tomaten und Knoblauch;
  - gefüllte Eier, Rühreier, Auberginenomelett aus Iran;

- Fisch mit Reis aus der arabischen Küche, Fisch in Kokosmilch aus Indonesien, Fisch mit Gemüse oder Garnelen mit Tomaten und Zwiebeln in Joghurtsauce aus Indien;
- Huhn mit Kichererbsen aus der arabischen Küche, Huhn mit Aprikosen;
- Rind- oder Lammragout mit Tomaten und Zwiebeln, geschmortes Kalbfleisch, Lammragout mit Quitten, Couscous mit Kalb oder Lamm, Zwiebeln und Kichererbsen, gefüllte Lammbrust mit Couscous, Hackfleischfüllung für Auberginen, Zucchini oder Tomaten.

Einkaufstip

Der größte Teil kommt als Pulver in den Handel: Die frisch geernteten Wurzelstöcke werden gereinigt, gekocht und getrocknet. Dann entfernt man die äußeren Gewebeschichten und vermahlt die Rhizome zu einem leuchtend gelben Pulver. Kurkumapulver gibt es inzwischen auch in gut sortierten Supermärkten, frische, junge Kurkumaknollen in Asienläden. Man schält und zerkleinert sie wie Ingwer.

Extratip

Wenn Sie Kurkumagelbes essen, nehmen Sie am besten weiße Tischwäsche – und das nicht nur aus ästhetischen Gründen. Kurkumaflecken verschwinden durch Waschen allein nämlich nicht. Sie müssen Flecken in Tischdecke und Servietten erst mit Wasser befeuchten und zum Bleichen in die pralle Sonne legen. Farbige Stoffe können dabei helle Stellen bekommen.

Lavendel

Lavendelkraut, Narden, Speik, Zöpfli
Lavandula angustifolia, Lavandula officinalis oder *Lavandula spica*
Familie der *Lamiaceae = Labiatae* – Lippenblütler

Als ich zum erstenmal nach England kam, verblüfften mich die riesigen Lavendelbüsche vor so vielen Cottages. Denn gewiß gehören Lavendel und die Provence zusammen – schließlich wächst er dort felderweise, wird destilliert zu Essenzen und Ölen, getrocknet für Küchenkräuter; Lavendel ist wichtiges Ingredienz der provenzalischen Kräutermischung (siehe Seite 140). Doch im Norden hatte ich das Duftkraut unserer Großmütter nicht in dieser Pracht erwartet. Heute ist einer meiner Lieblingsplätze in Stratford-upon-Avon, dem »Shakespeare-Land«, eine Bank im Garten von Hall's Croft: Hinter mir summen die Bienen im wunderbaren Lavendelbusch, vor mir stehen Tee, Scones, *clotted cream* und Orangenmarmelade – das ist Sommer in England.

Lavendel in der Küche

Grundsätzlich bin ich der Ansicht, daß Lavendel besser in den Wäscheschrank als in den Kochtopf paßt. Doch einige Gerichte gibt es, denen die herb-würzigen, leicht bitteren Triebe richtig guttun. Allerdings sollte man nur die jungen Triebe sehr sparsam verwenden – für einen Hauch von Würze sogar roh. Beim Garen entfaltet er dann sein ganzes Aroma. Zu Lavendel passen alle aromatischen Kräuter des Südens. Nur mit Rosmarin verträgt er sich überhaupt nicht, denn dieses Kraut ist in Geruch und Geschmack einfach zu ähnlich.

- Lavendeltriebe mit Blüten schmecken am besten frisch gepflückt zu
  - grünen Sommersalaten mit gebratenem Ziegenkäse oder Roquefortcroûtons, Muschel- oder Tintenfischsalat;
  - Butter und Mayonnaise mit Kräutern zu Grillfisch;
  - Fischmousse in Zucchiniblüten, Sahnesauce zu Ravioli auf Fischfüllung;
  - Fischsuppe mit Mittelmeerfischen und Meeresfrüchten;
  - Risotto oder Spaghettini mit Vongole;
  - Kräutermischung im Fond für gedämpften oder pochierten Fisch, Muschelsud, Füllung für Tintenfisch;
  - gegrillten oder gebratenen Lammkoteletts, gebratener Lammkeule, Kalbsbraten und Schweinerollbraten, geschmortem Kaninchen mit Speck, Zwiebeln und Tomaten;
  - Würzessig und Öl, Konfitüren mit Pfirsichen, Melonen oder Zitrusfrüchten, Johannisbeer-, Himbeer- und Brombeergelee, Sommerbowle mit Melonen.

Lavendel kaufen und aufbewahren

Die Pflänzchen gibt es in Gartencentern. Sie wachsen gut in großen Blumentöpfen und natürlich im Kräuterbeet.

Extratip

Blühende Lavendelzweige sind gute Ölpinsel für Fisch und Lamm vom Grill.

Liebstöckel

Badekraut, Maggikraut, Suppenlob
Levisticum officinale
Familie der *Umbelliferae* = *Apiaceae* – Doldengewächse

Alles am Liebstöckel wirkt so richtig deutsch: Es riecht nach Maggi, schmeckt nach Sellerie, wächst in Bauerngärten und gehört unbedingt zum typischen Berliner Nudeleintopf mit Rindfleisch (Rezept Seite 229). Dabei stammt es vermutlich aus Südeuropa, wurde bereits von den alten Römern gegessen und paßt ausgezeichnet zu türkischen Lammbällchen oder arabischen Falafel mit Joghurtsauce.

Liebstöckel in der Küche
Vom Liebstöckel schmeckt alles: die Blätter und die hohlen Stengel, die grünlich-gelben Blüten, die braunen Samen und die Wurzeln. Verwenden Sie alles sparsam, denn die intensive Würzkraft bleibt sogar bei langen Gar- und Backzeiten erhalten.

- Die Stiele und Blätter nimmt man
  - unzerkleinert für Gemüse-, Geflügel- und Fleischbrühe;
  - fein zerkleinert und in Butter gedünstet als Gemüse.

- Gehackte Blätter passen zu
  - Tomaten-, Sellerie-, Kartoffel- und Möhrensalat;
  - Kräuterquark, Joghurtdip für Rohkost, Mayonnaise- oder Joghurtsauce zu Pellkartoffeln, gebackenen roten Beten, kaltem Roastbeef, Lamm- und Schweinebraten;
  - Schmorgurken, Chinakohl-, Petersilienwurzel- oder Pastinakengemüse;
  - Eintöpfen mit Hülsenfrüchten, Kartoffeln oder Nudeln, mit Rind- oder Lammfleisch;
  - Hackfleischteig für Frikadellen, Pasteten, Teigtäschchen.

- Samen passen zu
  - selbstgebackenem Brot und Brötchen;
  - Zwiebelkuchen, Quiche mit Speck und/oder Käse.

- Die Wurzeln verwendet man
  - wie Petersilienwurzel und Pastinaken als Gemüse – gedünstet, gebraten oder fritiert;
  - wie Suppengrün in Fleischbrühen und Schmortöpfen mit Rind, Schwein und Lamm.

Tip zum Kauf
Wenn Sie frisches Liebstöckelkraut oder die Wurzeln essen wollen, müssen Sie ihn selbst anbauen, denn selbst auf den regionalen Bauernmärkten gibt es ihn nur selten zu kaufen. Getrocknetes Liebstöckel bekommt man auch im Supermarkt.

Extratip
Liebstöckel ist durch seine kräftige Würzkraft ideal bei einer salzarmen Diät.

Löffelkraut

Bitterkraut, Kressekraut, Froschlöffel, Skorbutkraut
Cochlearia officinalis
Familie der *Brassicaceae* = *Cruciferae* – Kreuzblütler

Als Orangen noch zum Anschauen, aber nicht zum Essen bestimmt waren, trank man als morgendlichen Vitamin-C-Stoß ein Gläschen Löffelkrautsaft. So jedenfalls steht es in einem Buch über Wildkräuter, das ich mir für meine erste Kräuterwanderung entlang der englischen Südküste im Seebad Salcombe besorgt habe. Tatsächlich hat man Löffelkraut genau wie Sauerkraut prophylaktisch gegen Skorbut gegessen.

Löffelkraut sammeln
Es ist eine Pflanze, die Salz zum Gedeihen braucht: Löffelkraut wächst in der Nähe von Salzquellen, vorwiegend aber auf salzhaltigen, feuchten Böden in Küstennähe. Sammeln Sie die Blättchen vor der Blüte im Mai, dann ist die Zusammensetzung optimal. Löffelkraut enthält sehr viel Vitamin C, Mineralstoffe, Gerb- und Bitterstoffe, ist also ideal für die Frühjahrskur.

Löffelkraut in der Küche
Es riecht nach Senf und schmeckt erfrischend, ein wenig nach Kresse, ein wenig bitter. Beim Kochen hilft es Salz sparen, denn die saftigen Blätter liefern genug davon. Löffelkraut schmeckt nur frisch, beim Einfrieren verliert es zu viel Gewebeflüssigkeit und beim Trocknen das Aroma.

- Frische Blätter kann man ganz oder zerkleinert, roh und kurz erhitzt verwenden. Sie passen zu
  - allen Blattsalaten, Möhrenrohkost mit Äpfeln, Zwiebelsalat mit Orangen, Kartoffelsalat mit Salatgurke oder mit Äpfeln, Essiggurken und Mayonnaise;
  - Frischkäse mit Kräutern, Kräuterbutter als Brotaufstrich unter Radieschen oder würzigem Käse, Holländischer Sauce zu neuen Kartoffeln, gedünstetem Fenchel;
  - Kartoffelcremesuppe, Graupensuppe, Kräutersuppe mit Grießklößchen, Spinatsuppe mit Käse, Gurken- und Kohlrabisuppe;
  - gedünstetem Spinat, Eisbergsalat mit Knoblauch und Chillies aus dem Wok zu Asiennudeln, Kartoffelgemüse mit grünen Erbsen oder Möhren und Sahne, geschmorten Zucchini oder Pilzen mit gebratenem Speck;
  - Reistopf mit Spargel, Schinken und Käse;
  - Eiern im Glas, hartgekochten, gefüllten Eiern, pochierten Frühstückseiern mit Schinken im Coddler;
  - sautiertem Fisch in Butter und Olivenöl mit Kapern und Zitronenstückchen, Remoulade zu gebackenem Fisch.

Einkaufstip
Das frische Kraut bekommen Sie manchmal auf großen Gemüsemärkten oder bei Händlern, die sich auf Kräuter und Gewürze spezialisiert haben. Samen und Pflänzchen gibt es in manchen Gartencentern und über den Versand (siehe Seite 240).

Lorbeer

Lorbeerbaum, Suppenblätter
Laurus nobilis
Familie der *Lauraceae* – Lorbeerbaumgewächse

Apoll, griechischer Gott der Kunst und Wissenschaft, trug den Lorbeerkranz zum Gedenken an einen erotischen Flop: Die Nymphe Daphne hatte sich lieber von den anderen Göttern in einen Lorbeerbaum verwandeln als von ihm verführen lassen. Cäsar trug den Kranz aus Eitelkeit: Angeblich hat er seine Glatze darunter versteckt. Antik-olympische Sportler wurden damit geehrt, Dichter damit von Kaisern bekränzt: »Poeta laureatus« war in der Renaissance ein begehrter Ehrentitel. Lorbeer ist noch heute Synonym für »Ruhm«, und wer sich darauf ausruht, den hat der Erfolg bequem gemacht. Sprüche für die Küche gibt es beim Lorbeer nicht. Vielleicht weil er erst seit zweihundert Jahren kulinarisch bedeutsam ist. Seither gehört er zum Bouquet garni der klassischen Küche, würzt englische Pies, orientalische Pilaws, italienische Nudelsaucen und deutsches Sauerkraut.

Lorbeer in der Küche
Man verwendet die kräftigen, würzigen Blätter nur gegart: Das Aroma entfaltet sich sehr langsam, deshalb kocht man die Blätter von Anfang an mit oder läßt sie in Marinaden möglichst lange ziehen. Frische Lorbeerblätter schmecken besonders harmonisch, fein herb und leicht bitter. Das Herb-Bittere verliert sich beim Trocknen, und die Würzkraft verstärkt sich.

- Ganze Blätter nimmt man für
  - Gemüse mit Hülsenfrüchten, Kürbis, Rotkohl, Sauerkraut, Tomaten, Schalotten und Zwiebeln;
  - eingelegten Schafs- oder Ziegenkäse;
  - Fischsud, Fleisch- und Geflügelbrühen für Suppen, Fonds und Sülzen;
  - Marinaden und Beizen für Fisch, Rindfleisch und Wild;
  - Schmorsud für Rinder- und Wildbraten, für Rinder- und Wildgulasch, Kalbs-, Lamm- und Schweineragout;
  - selbstgemachtes Sauerkraut, eingelegte Gurken, Kürbis, rote Beten und Zwiebeln.

- Fein gehackte Blätter nimmt man für
  - Salat mit weißen, roten oder schwarzen Bohnen, Linsen, roten Beten und Weißkohl;
  - geschmorte Gurken und Tomaten, gebratene oder geschmorte Champignons und Austernpilze;
  - Tomatensauce, kräftige (Rotwein-)Saucen für Rindfleisch und Wild;
  - Quiches mit Käse, Pilz-, Speck- und/oder Zwiebelbelag.

Lorbeer kaufen und aufbewahren
Getrocknete Blätter gibt es in Supermärkten, frische auf Gemüsemärkten, beim Gemüsehändler und in ausländischen Lebensmittelgeschäften. Sie halten sich im Kühlschrank etwa vier Tage. Zum längeren Aufbewahren wird Lorbeer an einem dunklen Platz getrocknet: einzelne Blätter nebeneinanderlegen, Zweige zusammenbinden und aufhängen.

Achtung!
Lorbeer hat einen giftigen Doppelgänger: Kirschlorbeer *(Prunus laureoceratus)* mit weißen Blütenkerzen und zuerst roten, dann schwarzen Früchten. Die Früchte des eßbaren Lorbeers sind zuerst grün, dann ebenfalls schwarz.

Löwenzahn

Kuhblume, Milchblume, Pusteblume
Taraxacum officinale
Familie der *Compositae* – Korbblütler

Bis vor hundert Jahren war Löwenzahn ein so edles Gewächs, daß die Leute ihn in ihre Gärten gepflanzt haben. Schon damals gehörte er zu den typischen Frühjahrskräutern, die den Stoffwechsel ankurbeln. Das bekannteste Löwenzahngericht kommt aus Frankreich: »Pissenlit au lard« ist Löwenzahnsalat mit Speck. Das ungewöhnlichste ist »Yubba«, ein Honigkuchen mit Löwenzahn, das aus Algerien stammt.

Löwenzahn sammeln

Er wächst dort am üppigsten, wo kräftig mit Gülle gedüngt wird. Deshalb sollten Sie ihn nicht auf den Wiesen sammeln, die für die Heumahd bestimmt sind. Holen Sie ihn lieber aus dem Garten, vom Waldrand oder – als gezüchtetes Kraut – vom Gemüsehändler. Der Milchsaft hinterläßt dunkle Flecken auf der Haut, die beim Schrubben mit der Nagelbürste verschwinden.

Löwenzahn in der Küche

Vom wilden Löwenzahn nimmt man nur die kleinen, jungen Blätter; größere schmecken zu bitter. Außerdem kann man die Knospen und die eben geöffneten Blüten verwenden.

- Frische Blätter schmecken roh, gedünstet oder geschmort
  - als Salat (siehe Extratip) und Gemüse;
  - fein zerkleinert wie Küchenkräuter in Quark, kalten Saucen und Vinaigrette;
  - als Belag für Quiche mit Käse, Speck und Eiern.

- Frische Blüten ißt man unzerkleinert
  - roh in Salat und Rohkost;
  - gekocht als Saft oder Sekt.

- Die Knospen werden
  - wie Kapern in Essig mit Gewürzen eingelegt: waschen und in sprudelnd kochendem Wasser etwa 1 Minute blanchieren. Abgetropft mit grobem Salz, zerdrückten Pfefferkörnern, Salbei- oder Estragonblättern dicht in kleine gut gereinigte Gläser schichten, mit Essig aufgießen und verschlossen im Kühlschrank aufbewahren;
  - wie Pilze gedünstet (Rezept Seite 230).

Löwenzahn kaufen und aufbewahren

Auf dem Markt und beim Gemüsehändler gibt es im Frühjahr gezüchteten Löwenzahn zu kaufen, der milder schmeckt als der wilde. Die frischen Blätter halten sich wie Salat höchstens zwei Tage im Kühlschrank.

Extratip

Damit Löwenzahnsalat milder schmeckt, löscht man den Bratensatz von Speckwürfeln mit Essig, mischt Senf und Öl darunter und gießt das Ganze heiß über die vorbereiteten Blätter.

Majoran

Echter Majoran, Wurstkraut
Origanum maiorana oder *Maiorana hortensis*
Familie der *Lamiaceae = Labiatae* – Lippenblütler

Majoran wirkt so deftig-handfest und paßt so gut zu Würsten und Schweinebraten, zu Hamburger Aalsuppe und bayerischen Leberknödeln, daß man seine südliche Herkunft – vermutlich aus Vorderasien und Nordafrika – ganz vergessen hat. In warmen Ländern wächst er bis zu 50 Zentimeter hoch, bei uns bleibt er zierlich, wird aber in heißen Sommern schön buschig.

Majoran in der Küche
Man nimmt die frischen Spitzen der jungen Triebe, die frischen Blätter und die getrockneten Triebspitzen. Vor allem getrockneter Majoran erinnert an Kampfer, schmeckt aromatisch-herb und leicht bitter. Das liegt an den verdauungsfördernden Gerbstoffen, die Majoran zum idealen Kraut für alles Fette machen.

- Frische Triebe und Blättchen passen roh oder kurz erhitzt zu
  - kräftigen Salaten mit Kartoffeln, Hülsenfrüchten und – statt Bohnenkraut – grünen Bohnen;
  - herzhaften Käse- und Quarkmischungen;
  - Terrinen und Pasteten mit Geflügel, Schwein und Leber, Brotaufstrich aus Leberwurst oder Weichkäse mit Cornichons, Zwiebeln und Kapern;
  - Suppen mit Kartoffeln, Hülsenfrüchten, Getreide, Schinken, Rind und Lamm;
  - Saucen mit Sahne, Crème fraîche und/oder Fond zu Aal, Hähnchen, Entenbrust, Pute, Schwein, Lamm;
  - Bratkartoffeln und kräftigem Gemüse wie Hülsenfrüchten, Kürbis, Rosenkohl, Rotkohl, Sauerkraut, Weißkohl;
  - gebratenen Zucchini, gedünsteten Möhren, Zuckermais und Wirsing;
  - Frikadellen mit Fleisch, Fisch, Getreide, Kartoffeln und Hülsenfrüchten.

- Getrockneten Majoran kann man kochen und schmoren. Er paßt zu
  - Füllungen und Schmorfond für Gans, Ente, Taube, Schweine- und Lammrollbraten;
  - Schweine- und Gänseschmalz;
  - selbstgebackenem Brot mit Speck und/oder Käse, Zwiebelkuchen und -brötchen, Käsestangen.

Majoran kaufen und aufbewahren
Frischen Majoran als Pflänzchen oder im Bund bekommen Sie beim Gemüsehändler und auf dem Markt. Der Bund hält sich im Kühlschrank etwa zwei Tage. Getrockneten Majoran gibt es im Supermarkt: Nehmen Sie nur den gerebelten, nicht den aromaschwachen gemahlenen. Wer das Kraut selber trocknen will: die Zweige dicht am Boden abschneiden, damit die Pflanze noch einmal austreiben kann.

Extratip
Für frischen Majoran gibt es zwei Qualitätsmerkmale: Die Blätter sollen sich hart anfühlen und beim Zerreiben einen intensiven Geruch ausströmen. Silbergraue Blättchen zeigen schlechte Qualität an.

Meerrettich

Bauernsenf, Kren, Rachenputzer
Armoracia rusticana (Cochlearia armoracia)
Familie der *Cruciferae* – Kreuzblütler

«Rachenputzer« nennt ihn der Volksmund und untertreibt dabei gewaltig: Eine ordentliche Portion Meerrettich scheint noch das Gehirn zu putzen, so hoch steigt die prickelnde Schärfe der frischen Wurzel. Das liegt an den Senfölen, die auch in Rettich und Radieschen vorkommen. Mit dem Rettich ist er übrigens verwandt: Im Mittelalter hieß er noch »merrettich«, was soviel wie »größerer Rettich« bedeutete. Später, als man den Sinn des Wortes »mer« vergessen hatte, machte man »Meer« daraus und hielt die Wurzel für einen »Rettich, der übers Meer gebracht worden ist« – einen Exoten aus der Neuen Welt.

Meerrettich in der Küche
Frisch gerieben wird Meerrettich schnell grau und verliert seine Schärfe. Deshalb mit etwas Zitronensaft mischen und zugedeckt höchstens eine Stunde stehen lassen. In warme Gerichte erst kurz vor dem Servieren mischen und nicht aufkochen.

- Die frische, fein geriebene Wurzel schmeckt
  - pur zu gekochtem Rindfleisch und Schweinefleisch;
  - mit Vinaigrette, Joghurt, saurer oder süßer Sahne vermischt als Salatsauce für Fisch, Fleisch, Wurst, Kartoffeln und rote Beten;
  - mit Sahne und/oder geriebenem Apfel vermischt zu geräuchertem und gebeiztem Fisch, kaltem Braten und Sülze;
  - in warmen Saucen zu Pellkartoffeln, gebackenen roten Beten, pochiertem Fisch und Tafelspitz.

- Die frische Wurzel in Scheiben geschnitten paßt zu
  - eingelegtem Gemüse und süß-scharfen Kompotten wie Chutney und Senffrüchten;
  - Marinade von Soleiern, Heringen und Fleisch.

Tips zu Einkauf und Lagerung
Die frischen Wurzeln – ganz oder in Stücken – bekommen Sie von Oktober bis Februar in Supermärkten mit gut sortierter Gemüseabteilung, beim Gemüsehändler und auf dem Markt. Gerieben in Gläsern und Tuben konserviert gibt es Meerrettich das ganze Jahr über in Supermärkten.

Im Gemüsefach des Kühlschranks halten sich die gewaschenen, ungeschälten Wurzeln etwa vier Wochen. Zum langen Aufbewahren steckt man sie ungewaschen und ungeschält in ein Gefäß mit feuchtem Sand oder wickelt sie in Alufolie und lagert sie im kühlen Keller. Andere Möglichkeit: Meerrettich geschält und gerieben in fest verschließbaren Gefäßen einfrieren.

Extratip
Achten Sie darauf, daß Sie die Hände beim Reiben von Meerrettich nicht an die Augen bringen; danach sofort waschen. Kinder sollen nicht mit frisch geriebenem Meerrettich in Berührung kommen.

Achtung!
Bei akutem Jodmangel und Unterfunktion der Schilddrüse muß man auf Meerrettich verzichten. Denn er hemmt die Aufnahme von Jod aus anderen Lebensmitteln.

Minze

Grüne Minze
Mentha suaveolens
Familie der *Lamiaceae = Labiatae* – Lippenblütler

Von den rund zwanzig Minzen, die man als Gewürz verwendet, bekommen Sie bei uns vor allem Pfefferminze (Seite 132) und Grüne Minze, ein süßes, erfrischendes Kraut, das aus wilder Rundblättriger Minze und Pferdeminze entstanden ist. Ähnlich wie beim Basilikum, das zur selben Familie gehört, gibt es auch bei Minze Unterschiede: Apfel- und Ananasminze schmecken besonders mild, Limonenminze nach Zitrone, Edelminze leicht nach Parfüm. Ganz ohne Menthol sind Ingwer- und Orangenminze (siehe Einkaufstip).

Minze in der Küche
Für mich gehört sie zu Europa und zum westlichen Mittelmeer, während ich Pfefferminze mit türkischer und orientalischer Küche verbinde. Minze entfaltet ihr Aroma ähnlich wie Vanille mit Süßen. Deshalb tut der Minzvinaigrette eine Spur Zucker gut, und deshalb paßt das Kraut zu sommerlichen Desserts.

- Frische Blätter kann man ganz oder zerkleinert, roh oder kurz erhitzt verwenden. Sie schmecken zu
  - thailändischem Glasnudelsalat mit Gemüse und/oder Krabben, indonesischem Gemüsesalat mit Erdnußsauce,

Möhrensalat, Gurkensalat mit Orangen oder Schafskäse, Meeresfrüchtesalat;
- englischer Mintsauce zu Lamm, Roquefortsauce zu gebackenen Kartoffeln;
- Artischocken auf römische Art mit Knoblauch, Zitrone und Olivenöl, Gemüsegelee, Carpaccio mit Rindfleisch, Fisch oder Gemüse, Käse- oder Quarkmischung zu Pellkartoffeln, Fischmousse auf gerösteten Weißbrotscheiben, Matjestatar auf Kartoffelpuffern;
- Fischsuppe, Suppe mit Huhn oder Fleischklößchen und Zitronensaft, legierter Gemüsesuppe;
- Dicken oder grünen Bohnen in Sahnesauce, geschmorten grünen Erbsen mit Knoblauch und Schafskäse, Kohlrabi, Schmorgurken, Zuckerschoten;
- Spaghetti mit roher Tomatensauce, Füllung für Ravioli oder Cannelloni;
- Marinaden für Grillfisch, Fischklößchen, Fischfrikadellen, Füllung für geschmorten Hecht, Heilbutt oder Schollenfilets in Weißweinsauce, Fisch in Folie, gebackenen Fisch mit scharfer Sauce aus Indonesien;
- Marinaden für gegrilltes Huhn und Lamm, Huhn mit Füllung aus Artischockenböden, Knoblauch und Petersilie aus Marokko;
- Obstsalat, Erdbeertörtchen mit Schlagsahne, Hohlhippen mit Schokoladensahne, Quarkmousse auf Beerensauce;
- herzhaften Kuchen mit Käse, Mehl und Kartoffeln;
- Minz- und Brombeergelee, Sesamchutney;
- Mint Julep, Pfirsich- und Feigenbowle.

- Getrocknete Blätter passen roh und gegart zu
  - eingelegtem Gemüse aus der arabischen und iranischen Küche;
  - Kräutertee.

Einkaufstip
Verschiedene Minzesorten gibt es in Gartencentern als Pflänzchen. Als Bundware auf dem Markt sind sie schwieriger zu bekommen. Keine echte Minze, aber sehr beliebt, ist die *Calamintha nepeta*, eine Kreuzung aus Berg- und Katzenminze.

Achtung!
Grüne Minze ist anfällig für die Pilzkrankheit Minzrost. Bei selbstgezogenen Pflanzen erkennen Sie das an verkrümmten Trieben mit orangefarbenen Flechten. Diese Minze sollten Sie nicht mehr verwenden.

Muskat

Myristica fragans
Familie der *Myristiaceae* – Muskatgewächse

Die immergrünen Bäume können bis zu achtzehn Meter hoch wachsen, doch in den Plantagen Indiens, Südostasiens, Westindiens und Südamerikas hält man sie auf maximal zehn Meter. Sie blühen das ganze Jahr über, so daß ein Baum sowohl blaßgrüne, maiglöckchenartige Blüten als auch die pfirsichähnlichen Früchte tragen kann. Sobald die Frucht reif ist, platzt sie auf. Zum Vorschein kommt der feuerrote, netzartige Samenmantel über dem braunen Samen. Sofort nach der Ernte entfernt man das Fruchtfleisch – in den Anbauländern wird es zu Konfitüren, Konfekt und Pickles verarbeitet. Der rote Samenmantel wird abgelöst und verändert seine Farbe durch das Trocknen ins Beige-Orange und heißt dann Muskatblüte oder Macis. Der getrocknete Samen wird wie eine Nuß geknackt, und der Samenkern darin kommt als Muskatnuß in den Handel.

Muskat in der Küche
Es gehört zu den Gewürzen, die Ihnen gewiß vertraut sind. Deshalb hier nur ein paar Vorschläge für neue Kombinationen. Macis wird genauso wie geriebene Muskatnuß verwendet; es schmeckt aber noch feiner und kommt in der eleganten bürgerlichen Küche des 19. Jahrhunderts reichlich vor. Würzen Sie dezent – eine Spur zuviel Muskat wirkt äußerst penetrant.

- Gemahlene Muskatnuß und Macispulver nimmt man für
  - sautierten Spinat mit Pinienkernen und Rosinen, Mangold, Paksoi oder Chinakohl aus dem Wok;
  - gefüllte Auberginen mit Lammfleisch, Kartoffelfrikadellen, Béchamelkartoffeln mit Frühlingsgemüse;
  - Reistopf mit Lamm und getrockneten Aprikosen, Omeletts und Eierkuchen, Ausbackteig für Gemüse, Fisch, Geflügel, Fleisch und Obst;
  - Milchreis, rote Grütze, süße Bier- oder Weinsuppe.

- Ganze Muskatblüte nimmt man für
  - Hühner- und Fleischbrühe, Gemüse, Kartoffeln und Hülsenfrüchte in Kokosmilch mit indischen Gewürzen, geschmorten Rotkohl und Grünkohl;
  - Würzmischung für Fisch im Teig, Fisch oder Geflügel mit Zitronensauce;
  - Chutneys, Apfelkompott, Pflaumenmus, Punsch.

Muskat und Macis kaufen
Beide Gewürze gibt es gemahlen oder ganz. Muskatnuß und Macis kommen hauptsächlich aus Indonesien und von der Karibikinsel Grenada. Die Provenienz können Sie allerdings nur an Macis erkennen: ostindisches ist dunkler, westindisches so hell wie etwa Eigelb. Die weiße Schicht auf manchen Muskatnüssen ist Kalk als Schutz vor Schädlingen. Früher war sie sichtbares Zeichen des Muskatmonopols der Holländer. Man tauchte die Nüsse, die Samen des Muskatbaumes, in das Kalkbad, um ihre Keimfähigkeit zu zerstören.

Achtung!
In größerer Menge – die Angaben schwanken stark und reichen von einer halben Nuß bis zu vier Nüssen – kann Muskat Rauschzustände und sogar Vergiftungen hervorrufen. Beim Würzen besteht kein Risiko, denn wir verwenden Muskat in Milligramm-Mengen; mehr kann niemand ohne Ekel essen. Auf jeden Fall sollten Sie Nüsse und Macis unerreichbar für Kinder aufbewahren.

Nelke

Gewürznelke, Nägelchen
Syzygium aromaticum
Familie der *Myrtaceae* – Myrtengewächse

Der Nelkenbaum stammt vermutlich von den Molukken. Gewürznelken wurden bereits in der Antike gehandelt, waren im Mittelalter beliebtes und sündteures Gewürz. Als die Europäer Anfang des 16. Jahrhunderts begannen, andere Kontinente wirtschaftlich auszubeuten, wurden die gewürzreichen Molukken quasi eingezäunt; auf Nelkenschmuggel standen drakonische Strafen. Mehr als zweihundertfünfzig Jahre später gelang es den Franzosen, das Nelkenmonopol der Holländer zu brechen. Nelkenbäume brauchen lange, bis man sie abernten kann: Erst im sechsten Jahr fangen sie an zu blühen, aber schon die flammendroten Blütenknospen werden gepflückt und getrocknet. Gewürznelken riechen stark nach den Blumennelken, und manche erklären auch den Namen damit. Etymologisch läuft es genau umgekehrt: Das mittelhochdeutsche »neggelin« für »Nägelchen« bezeichnete zuerst die Gewürznelke, die ja tatsächlich wie ein kleiner Nagel aussieht. Im 16. Jahrhundert übertrug man den Namen auf die Gartennelke, weil sie so ähnlich duftet.

Nelken in der Küche
Sie sind typisch für fast alle Küchen der Welt. Man kann sie kochen, schmoren, braten und backen.

- Ganze Nelken nimmt man für
  - Rotkohl, Sauerkraut, Rote-Bete-Gemüse, Grünkohl, Kartoffeln und Hülsenfrüchte, indischen gewürzten Reis, gelben Reis aus Indonesien;

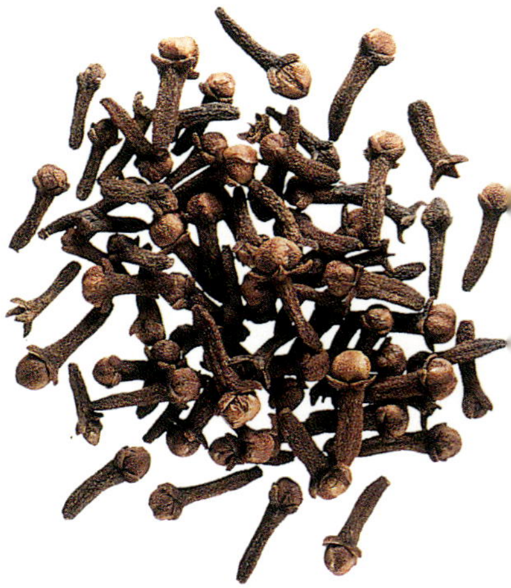

- eingelegten (Brat-)Hering, Fischbrühe für Aal und Karpfen, mexikanische Fischgerichte;
- Gänse- und Entenklein, Schinkenbraten, Eisbein mit Sauerkraut, Schweinefleisch mit Backpflaumen, Sauerbraten, Ochsenschwanzragout, gekochte Rinderbrust, Lammfleisch mit Aprikosen, Wildschweinbraten, Schlesisches Himmelreich, saure Kutteln aus Baden, elsässischen Bäckerofen, geschmortes Kaninchen aus Mexiko;
- Bratäpfel, Kompott mit Äpfeln, Birnen, Holunderbeeren und Zwetschen zu Kaiserschmarren oder Rohrnudeln;
- Chutneys, eingelegte Essig- oder Senffrüchte, süß-sauer eingelegten Kürbis, rote Beten, Chillies, Paprikaschoten;
- Apfel- und Quittengelee, Marmelade mit Zitrusfrüchten, Ananas- und Bananenkonfitüre;
- Glühwein, Glögg, Feuerzangenbowle und Punsch.

- Gemahlene Nelken passen zu
  - Geflügellebermousse mit Portwein;
  - mexikanischer »Mole«, Orangen- oder Zitronensauce zu Fisch, Rotweinsauce zu Hasenbraten, Rind, Wild und Wildgeflügel, Weinbrandsauce zu Christmas-Pudding;
  - Kohlrouladen mit Hackfleisch, mexikanischem Schmorhähnchen mit grünen Tomaten, Erdnüssen und Schokolade, Ente oder Kaninchenbraten mit Sauerkirschen, Füllung für Gänsebraten mit Äpfeln und Kastanien;
  - Rinderrouladen mit Speck, Ochsenschwanzragout, Wildpfeffer, mexikanischem Fleischtopf »Barbacoa«;
  - Apfelauflauf, Reisauflauf mit Kirschen, Pumpernickel- oder Schokoladenpudding;
  - Buchweizentorte mit Preiselbeer-Sahne-Füllung, Quittentorte, Zwetschenstrudel, Spekulatius, Elisenlebkuchen, Früchtebrot;
  - Apfelkompott, Pflaumenmus, Konfitüren und Gelee aus Beeren, Rhabarber, Pflaumen, Pfirsichen, Aprikosen und Sauerkirschen.

Nelken kaufen und aufbewahren

Gemahlene Nelken verlieren das Aroma rasch, ganze halten es etwa zwei Jahre. Die Frische können Sie so feststellen: Den Daumennagel kräftig gegen den »Stiel« der Nelke drücken. Wenn ein Öltröpfchen austritt, ist sie frisch.

Extratip

Nelken machen reinen Atem und sollen gegen Zahnschmerzen helfen.

Oregano

Dost, Orangenkraut, Origano, Wilder Majoran
Origanum vulgare
Familie der *Lamiaceae = Labiatae* – Lippenblütler

Die Griechen haben ihm den schönen Namen gegeben: Oregano bedeutet »Freude der Berge«. Plinius beschreibt den kretischen Dost als besonders aromatische Art: Er nennt sie Eselskraut und empfiehlt sie gegen Überlastung des Magens. Tatsächlich regt Oregano die Verdauung an und ist deshalb das Kraut für kräftige Küche aus den heißen südlichen Ländern geblieben, so wie Majoran zu Deftigem aus dem Norden gehört. Merkwürdig eigentlich, denn für Majoran sind unsere Sommer zu kurz zum Blühen und Aussamen, so daß er unsere Winter auf Dauer nicht übersteht. Oregano dagegen wächst im Garten zu einem stattlichen, winterharten Busch heran.

Oregano in der Küche

Oregano ist ein ganz unkompliziertes Kraut: Er schmeckt getrocknet so aromatisch wie frisch, roh so gut wie gekocht, geschmort und gebacken. Auch für die Mengen gibt es keine Beschränkung.

- Die frischen, tiefgefrorenen oder getrockneten Blätter kann man ganz oder zerkleinert, roh oder gegart verwenden. Sie schmecken zu
  - Bauernsalat mit Tomaten, Zwiebeln, Gurken, Oliven, Öl und Schafskäse, grünem Salat mit gehacktem Ei, Blumenkohlsalat mit Tomaten, Tomatensalat mit Mozzarella;
  - Gänseschmalz, hausgemachten Würsten, Leberpastete;
  - Brühe für Fleischklößchen, die man als Saucenbasis verwendet, Tomaten-, Kartoffel-, Lauch- und Erbsensuppe;
  - geschmorten, gebratenen oder sautierten Auberginen, Broccoli, Paprikaschoten, Pilzen, Tomaten, Zucchini und Zwiebeln, Weißkohl- oder Wirsinggemüse mit Tomaten, Bratkartoffeln – eventuell mit Speck und Ei, Kartoffelpuffern, Eintöpfen mit allen Hülsenfrüchten;
  - Kräuterreis, Reistopf mit Tomaten und kurzgebratener Hühnerbrust, breiten Nudeln mit geschnetzeltem Lamm und Tomaten, Tacos mit Hackfleisch, gefüllten und überbackenen Tortillas aus Mexiko *(quesadillas)*;
  - Omelett mit Kartoffeln, Nudeln, Käse und/oder Tomaten;
  - geschmortem Fisch oder Fisch aus der Folie mit Sommergemüse, gewürztem Öl zu gegrillter oder gebratener Lotte, gegrilltem Schwertfisch, Kräuterfüllung für Mittelmeerfische vom Grill oder aus der Pfanne, gebackener Seezunge aus dem Ofen mit Tomaten, Kapern und Chillies;
  - Marinaden für Geflügel, Lamm und Kalbfleisch, Schmorhähnchen mit Oliven und Knoblauch, geschmortem Kaninchen, fritierten Klößchen aus gegartem Reis und Lammhack, Kalbsschnitzel mit Tomaten und Kapern, Rindergulasch mit Paprikaschoten und Tomaten;
  - Pizza und Calzone;
  - eingelegten, mit Kräutern gefüllten Auberginen, Relish mit gemischtem Gemüse, Zwiebeln und Knoblauch, Würzessig und Öl.

Paprikapulver

Gewürzpaprika, Spanischer Pfeffer, Türkischer Pfeffer
Capsicum annum, auch *C. frutescnes, C. chinese, C. baccatum, C. pubescens*
Familie der *Solanaceae* – Nachtschattengewächse

Paprikapulver wird aus dem Gewürzpaprika hergestellt, der zur selben Pflanzenfamilie wie Chilli gehört. Die ersten, die das Pulver produzierten, waren Spanier und Ungarn. Auf der spanischen Hochebene und im ungarischen Tiefland ist das Klima ideal. In den heißen Sommern können die Schoten voll ausreifen und nach der Ernte rasch trocknen. Die ungarischen Bauern erkannten die Schärfe von Scheidewänden und Kernen, züchteten durch Kreuzung mit Gemüsepaprika auch scharfen und milden Gewürzpaprika. Heute reicht die Würzpalette von feurig-scharfem Rosenpaprika über süß-milden Delikateßpaprika zu den besonders aromatischen Paprikaflocken.

Paprikapulver und Flocken in der Küche
Beides wird in unterschiedlichen Schärfegraden angeboten – maßgebend ist die Menge der vermahlenen Scheidewände und Kerne. Die ganzen Schoten ergeben die schärfsten Gewürze, das

Fruchtfleisch allein die besten und mildesten. Wichtig für den Geschmack: Pulver und Flocken nicht in heißes Fett rühren. Denn Paprikafrüchte enthalten Zucker, der beim starken Erhitzen verbrennt und bitter schmeckt.

- Sehr scharfer Rosenpaprika färbt kaum und paßt in kleinen Mengen zu
  - ungarischer Gulaschsuppe.

- Halbsüßer oder Gulaschpaprika schmeckt würzig-mittelscharf, färbt wenig und paßt zu
  - Suppe mit Tomaten oder Paprikaschoten, Schweineschmalz, Frikadellen aus Fleisch, Getreide oder Hülsenfrüchten.

- Edelsüßer Paprika mit sanfter Schärfe färbt und paßt zu
  - geschmorten und gefüllten Paprikaschoten, Sauerkraut, Weißkohl-, Zucchini- und Zwiebelgemüse, Gemüseeintöpfen vom Balkan;
  - Karpfensuppe, legierter Fischsuppe oder geschmortem Fisch mit Tomaten und Gemüse;
  - ungarischem Gulasch *(Pörkölt)*, Kesselgulasch mit Kartoffeln, Szegediner Gulasch, Paprikahuhn, Brathähnchen, Paprikaschnitzel, türkischen und griechischen Gerichten mit Lamm und/oder Gemüse.

- Sehr milder Delikateßpaprika färbt stark und paßt zu
  - Liptauer Käse, Tatar.

- Paprikaflocken würzen scharf oder mild und passen zu
  - mariniertem Gemüse, türkischen Vorspeisen wie Joghurt mit Gurken, Petersiliensalat mit Bulgur;
  - Spiegel- und Rührei, Kartoffelgulasch;
  - Langostinos in Tomatensauce;
  - Kanichenragout, Kalbsragout.

Einkaufstip
Paprikaflocken bekommen Sie vorwiegend in türkischen Lebensmittelgeschäften, besonders hochwertiges Pulver im Feinkostladen oder beim Gewürzhändler. Billiges Pulver sollten Sie nicht kaufen; es kann durch Aflatoxine verunreinigt und gesundheitsschädlich sein. Bei Paprikapulver spielt auch das Erzeugerland eine Rolle. Ungarischer Edelsüßpaprika und spanischer »Dulce« entsprechen sich zwar in der Schärfe, aber nicht unbedingt im Geschmack.

Peperoni

Pepperoni, Pfefferoni
Capsicum annum, auch *C. frutescens, C. chinese, C. baccatum, C. pubescens*
Familie der *Solanaceae* – Nachtschattengewächse

Botanisch sind es ebenfalls Gewürzpaprika oder Chilischoten, doch die Bezeichnungen gehen sehr durcheinander. Oft werden die langen, schlanken und milderen Schoten als Peperoni, die scharfen kleinen, rundlichen oder spitzen als Chillies bezeichnet. Manchmal heißen auch nur die europäischen Capsicum-Gewächse Peperoni, die außereuropäischen dagegen Chillies. Ein Lebensmittellexikon ordnet nur den grünen Gewürzpaprika den Peperoni zu – etwa die langen, scharfen grünen Schoten aus der Türkei, die Sie frisch bekommen, oder die schlanken, grünen Schoten aus Italien, die es vorwiegend sauer eingelegt gibt. Doch alle diese Unterscheidungen sind hinfällig, wenn Sie wie ich im Supermarkt ein Glas mit dem Aufdruck »Pfefferoni« finden, das mittelgroße, rundliche, rote und scharfe Schoten aus Mexiko enthält. Ich schlage deshalb vor, die Schoten nach ihrer Verwendung von den Chillies zu unterscheiden.

Peperoni in der Küche
Gewöhnlich ißt man Peperoni wie Mixed Pickles oder frisch in Mengen wie Zwiebeln und Knoblauch. Chillies dagegen verwendet man in der europäischen Küche eher sparsam.

- Frische milde oder scharfe Peperoni nimmt man
  - für gemischten Gemüsesalat, Fleisch- und Wurstsalat, marinierte Hülsenfrüchte, als Ergänzung zu gebratenen, marinierten Paprikaschoten;
  - für Käse- und Quarkmischungen;
  - als Ergänzung für Gulaschsuppe, Kartoffel-, Paprika- und Tomatensuppe;
  - für türkische und griechische Pilaws mit oder ohne Fleisch, italienische Penne all'arrabiata und Peperonata;
  - für spanisches Schmorhähnchen mit Tomaten, Zwiebeln und Knoblauch;
  - für Kalbs- oder Schweinerollbraten mit Sardellen-Kräuter-Füllung, geschmortes Lamm mit Auberginen.

- In Essig eingelegte Schoten nimmt man
  - für Salate mit Meeresfrüchten;
  - als Ergänzung zu italienischen Antipasti und türkischen Mezze;
  - als Belag für Pizza und herzhafte Kuchen.

Peperoni kaufen und aufbewahren
Frische und eingelegte Peperoni in großer Auswahl bekommen Sie in Läden mit Mittelmeerspezialitäten, Peperoni als Sauerkonserven erhalten Sie im Supermarkt.

Achtung!
Auch Peperoni können höllisch scharf sein. Deshalb immer vor dem Würzen probieren – besonders, wenn Kinder mitessen.

Petersilie

Peterle, Peterlein, Federselli, Suppenwurzel
Petroselinum crispum ssp. *crispum* (Blattpetersilie) und *Petroselinum crispum* ssp. *tuberosum* (Wurzelpetersilie)
Familie der *Umbelliferae = Apiaceae* – Doldenblütler

In Sachen Volksglauben und Kulinarik verfolgte die Petersilie einen Zickzackkurs: Wenn sie nach dem Säen nicht aufgeht, stirbt jemand, hieß es. Und wenn sie besonders hoch wächst, stirbt auch jemand. Andererseits war sie fürs Leben und die Liebe zuständig: »Petersilie, Suppenkraut, wächst in unserem Garten…« hatte einst erotische Bedeutung, denn Petersilie galt als empfängnisfördernd und abtreibend. In der Küche wurde sie zum Klassiker, gehört noch heute zu Kräuterbutter und Bouquet garni, zur Frankfurter Grünen Sauce, italienischen Gremolata und französischen Persillade. Aber sie wurde auch unterschätzt: Für den Mediziner, Chemiker und Botaniker Johann Sigismund Elsholtz ist sie ein Kraut ohne besonderen Charakter. Vermutlich hat der Gelehrte des 17. Jahrhunderts prophetisch von einer neuen Spezies gesprochen: der laschen, geschmacklosen Bundpetersilie, die man heutzutage rund ums Jahr kaufen kann. Mit dem wunderbar würzigen Sommerkraut hat dieses Gewächs nur noch den Namen gemeinsam. Da hilft nur eines: Petersilie selber ziehen.

Petersilie in der Küche

Glatte Petersilie würzt intensiver als die krause Sorte. Man nimmt die Blätter und/oder die Stengel. Beim Kochen, Trocknen und Einfrieren geht ein Teil des Geschmacks verloren.

- Glatte und krause Blätter kann man roh und kurz erhitzt zu nahezu allen Gerichten verwenden. Besonders viel Petersilie paßt zu
  - Semmel- und Serviettenklößen;
  - Pilzen in Sahnesauce;
  - Frikadellen aus Hülsenfrüchten, Getreideschrot oder Lammfleisch.

- Ungewöhnlich und delikat sind zum Beispiel
  - Salat aus glatten Petersilienblättern mit Tomatenwürfeln, Salz, Pfeffer aus der Mühle, Zitronensaft und Erdnußöl;
  - breite Nudeln mit Petersilien-Sahne-Sauce, gewürzt mit Knoblauch und altem Pecorino;
  - fritierte krause Blätter mit Knoblauchbrot;
  - Strudel mit einer Füllung aus Kartoffelpüree, Petersilie und Tomatenwürfeln;
  - geschmortes Huhn oder Kalbsgulasch mit je zwei Bund glatter Petersilie, Lauchzwiebelgrün und Radieschenblättern, abgeschmeckt mit Zitronensaft und Schale.

- Die Wurzeln ißt man
  - gedünstet mit Butter und/oder Olivenöl als Gemüse;
  - in Brühen und Schmorgerichten als Würzzutat.

Petersilie kaufen und aufbewahren

Am besten kaufen Sie dort ein, wo man Ihnen Schnuppern gestattet: Frische Petersilie riecht angenehm süßlich und zart nach Sellerie. Doch unverwechselbar würzig und leicht scharf schmeckt Petersilie nur im Sommer, wenn sie genügend Sonne bekommt. Wie jedes Kraut sollte man sie frisch geerntet verwenden, denn sie behält ihr Aroma höchstens zwei Tage. Zum längeren Aufbewahren friert man sie ein. Im Winter und anderen petersilienlosen Zeiten nimmt man tiefgefrorene Petersilie.

Pfeffer

Piper nigrum
Familie der *Piperaceae* – Pfeffergewächse

Die Geschichte des Pfeffers läßt sich an der Sprache ablesen: Pfeffersäcke waren Kaufleute, die ihr Geld im Gewürzhandel verdienten. Bald wurden die Holländer allgemein mit diesem Schimpfwort belegt, denn sie saßen quasi an der Quelle. Pfefferkuchen, Pfeffernüsse und Hasenpfeffer sind nach dem – jahrhundertelang – wichtigsten Gewürz benannt. Pfeffer und der hohe Wert, den er hatte, gehören in einer gepfefferten Rechnung zusammen. Wer hingeht, wo der Pfeffer wächst, taucht so schnell nicht mehr auf, denn die Pfefferländer lagen weit weg: Der erste Beleg für diese Redensart stammt aus dem 6. Jahrhundert und bezog sich auf die Südwestküste Indiens, wo – ganz konkret – der Pfeffer wuchs.

Wie Pfeffer wächst
Hauptanbaugebiete sind Indien, Indonesien, Malaysia und Brasilien. Die immergrüne, tropische Kletterpflanze rankt an Stützpfählen empor, trägt grünliche Blüten an 5 bis 15 Zentimeter langen Ähren, aus denen sich 20 bis 50 runde Früchte entwikkeln. Im Sprachgebrauch heißen sie Körner, botanisch sind sie eine Steinfrucht wie der Pfirsich: Gegessen wird die winzige Frucht entweder mit der Fruchtschale wie beim grünen und schwarzen Pfeffer oder geschält wie beim weißen.

Pfeffer in der Küche
Ob Sie schwarzen oder weißen Pfeffer verwenden, hängt ganz von Ihrem eigenen Geschmack ab. Ich habe bei meinen Recherchen keine Regeln dafür entdeckt – weder geographisch noch kulinarisch. Das Zerkleinern des Pfeffers spielt dagegen schon eine Rolle: Wolfram Siebeck empfiehlt grundsätzlich den Mörser – und hat recht damit. Denn anders als in der Pfeffermühle können Sie beim Mörser den Zerkleinerungsgrad so exakt bestimmen, wie es das Essen verlangt. Außerdem kann man den Mörser regelmäßig reinigen. Das ist bei Gewürzen, die reichliches ätherisches Öl enthalten, sehr wichtig für den Geschmack.

- Grüner Pfeffer, die unreifen Früchte, schmeckt scharf, leicht fruchtig und läßt sich angenehm kauen, ohne »beißen« zu müssen. Es gibt ihn frisch, in Salzlake eingelegt und gefriergetrocknet zu kaufen. Am besten schmecken die frischen Früchte. Man muß sie rasch verbrauchen, denn sobald die

Fruchtschale trocknet, verfärbt sie sich schwarz. Grünen Pfeffer verwendet man in Salaten, Suppen, Saucen und Süßspeisen wie Beeren – allerdings viel sparsamer.
- Schwarzer Pfeffer sind die unreifen grünen Früchte nach dem Trocknen. Sie werden gepflückt und ungeschält an der Sonne oder über offenem Feuer getrocknet. Dabei werden sie schrumpelig und färben sich schwarz. Schwarzer Pfeffer schmeckt kräftig und scharf.
- Weißer Pfeffer sind die gelben bis roten, völlig ausgereiften Früchte, die gewässert, fermentiert und geschält werden. Nach dem Trocknen in der Sonne sind sie weiß, glatt und hart. Weißer Pfeffer schmeckt feiner als schwarzer, seine Schärfe ist milder.
- Roter Pfeffer sind die reifen Pfefferkörner. Sie kommen entweder in Lake konserviert oder getrocknet in den Handel.
- Heller Pfeffer ist geschälter schwarzer Pfeffer, der billiger zu produzieren ist als weißer. Er schmeckt nur scharf. Im Handel muß er als »Heller Pfeffer« gekennzeichnet sein.

Achtung!
Rosa Pfeffer gehört nicht zu den Pfeffergewächsen, sondern zur selben Familie wie Mango und Pistazien. Es ist die Steinfrucht des Peruanischen oder Brasilianischen Pfeffers, schmeckt ein wenig nach Terpentin und enthält Stoffe, die Schleimhäute reizen und den Magen schädigen können.

Pfefferminze

Mentha piperita
Familie der *Lamiaceae = Labiatae* – Lippenblütler

«Der Bastard soll zuerst in England beobachtet worden sein«, steht in einem Botanikbuch. Es handelt sich um Pfefferminze, die aus den »wilden« Arten Wasserminze, Grüne Minze und Pferdeminze entstanden ist. Das Kraut, das wir gewöhnlich nur als Tee kennen, ist in der Türkei und den Ländern des Vorderen Orients Küchenkraut wie bei uns Petersilie. In Nordafrika mischt man unfermentierten grünen Tee mit frischen oder getrockneten Pfefferminzblättern.

Pfefferminze in der Küche
Wer den starken Geschmack nach Menthol mag, nimmt Pfefferminze zu allen Gerichten, die ich Ihnen auch für Minze (Seite 116) genannt habe.

- Die frischen Blätter, ganz oder zerkleinert, roh oder kurz erhitzt, passen außerdem zu
  - Weizenschrotsalat (Tabouleh), Linsensalat, Brotsalat aus der arabischen Küche, türkischem Gurkensalat, Salat von kleinen, grünen Linsen mit Zitronensaft und Olivenöl, weißem Bohnensalat;
  - Sauce mit Joghurtmayonnaise und Nüssen zu

Crudités oder Grillfisch, gefüllten Weinblättern, marinierten Champignons, eingelegtem Käse;
- legierter Erbsen-, Lauch- oder Kartoffelsuppe, Reissuppe mit Joghurt und eventuell Lamm;
- Gemüseauflauf mit Tomaten, Zucchini, Zwiebeln und Käse, gefüllten Auberginen mit Peperoni und Tomaten, Zwiebelgemüse, gefüllten Kartoffeln mit würzigem Käse und Knoblauch, Kartoffelfrikadellen mit Schafskäse, Linsenfrikadellen, türkischen Nudeltäschchen mit Joghurtsauce, geschmortem Bulgur mit Rosinen und Pistazien zu Lammkoteletts;
- türkischen Spiegeleiern mit Zitronensaft und Knoblauch;
- Fischfrikadellen, gebratenen Sardinen;
- Marinade und Füllung für Huhn, Hühnerbrüstchen oder Putenschnitzel in Zitronensauce, geschmortem Lamm mit Auberginen, Kartoffeln und Tomaten, Frikadellen mit Reis und Knoblauch;
- Obstsalat, Cremes, Grützen und Kaltschalen mit Joghurt und Obst, Käsesahnetorte mit Obst, Zitronensahne für Windbeutel oder Obsttörtchen;
- frischem Kokosnuß-Chutney (siehe Seite 225), Trockenfrüchten in Rotwein und Honig als Beilage für Grillfleisch oder für Eis, Würzessig und Öl, eingelegtem Gemüse, Beeren-, Kirsch- und Pfirsichkonfitüre;
- türkisches Joghurtgetränk mit Mineralwasser.

• Getrocknete Pfefferminze schmeckt roh und gegart zu
  - Salatdressings, Joghurt mit Gurke und Knoblauch, Gurkensalat mit Granatapfelkernen, römischem Salat mit Joghurtsauce und Paprikaflocken, Zigarrenbörek mit Schafskäsefüllung;
  - Joghurtsauce zu Pilaw mit Reis, Bulgur oder anderem Getreide;
  - Kibbe, einer arabischen Spezialität aus gehacktem Lamm oder Kalb, vermischt mit Weizenschrot und Gewürzen, die man roh wie Tatar, gebraten wie Frikadellen, geschmort wie Hackbraten oder in Joghurtsauce ähnlich wie Klopse ißt.

Achtung
Säuglingen und Kleinkindern darf man keine Pfefferminze geben, selbst nicht als Tee, denn sie kann Blähungen und wegen des hohen Mentholgehalts sogar Erstickungsanfälle verursachen.

Piment

Allgewürz, Allerleigewürz, Jamaikapfeffer, Nelkenpfeffer, Neugewürz, Pimentbaum
Pimenta dioica
Familie der *Myrtaceae* – Myrtengewächse

Der immergrüne, bis zu neun Meter hohe Baum gedeiht nur in den Tropen. Ursprünglich in den Wäldern Südamerikas, der Westindischen Inseln und Jamaikas heimisch, wachsen Pimentbäume heute in Plantagen und tragen etwa hundert Jahre lang Steinfrüchte, die wie braungraue oder dunkelrote Beeren aussehen. Sie werden 5 bis 7 Zentimeter groß und tragen im Innern zwei »Fächer«. In jedem Fach liegt ein Samen – etwas größer als ein Pfefferkorn. Die Früchte müssen noch grün geerntet werden; reif verlieren sie ihr Aroma.

Piment in der Küche
Man nimmt die fermentierten, getrockneten Samen. Piment riecht wie eine Mischung aus Pfeffer, Muskat, Nelken und Zimt, schmeckt scharf und pfeffrig – ein wenig wie Nelken und Muskat. Am besten kaufen Sie ganze Pimentkörner und zerstoßen sie nach Bedarf im Mörser, denn die Rinde der Beeren ist besonders aromatisch. Piment kann man kochen und backen.

- Ganze Pimentkörner gehören zu
  - Fisch- und Fleischmarinaden, polnischem Karpfen, Bratwurst in Biersauce;
  - eingelegtem Gemüse, Chutney, Kompott, Apfelmus.

- Zerriebener oder gemahlener Piment paßt zu
  - Salat aus roten Beten und Rotkohl;
  - Pasteten und Terrinen mit Geflügel, englischen Pies, Wildgeflügel und Wild, selbstgemachter Wurst oder Brotaufstrich aus Leberwurst, Zwiebeln, Gürkchen und Kapern;
  - Saucen mit Rotwein, Hagebutten, Zitrusfrüchten, Sauerkirschen oder Preiselbeeren zu Rinderbraten, Wild und Wildgeflügel, westfälischem Pfefferpotthast, Wildpfeffer;
  - Gemüse aus Kürbis, grünen Bohnen, Hülsenfrüchten, Kohlrüben und Zwiebeln;
  - Kichererbsenbällchen (Falafel), indischen Currys mit Gemüse, Kartoffeln und/oder Fleisch;
  - Hackbraten und Frikadellen, Rinderragout mit Orangen, Schweinerollbraten mit Backflaumen, Kalbs- oder Lammragout mit Quitten, Wildragout;
  - Glühwein, Trinkschokolade.

- Pimentpulver schmeckt in
  - Lebkuchen, Honigkuchen, Gewürzkuchen, Gewürzplätzchen, Pfefferkuchen, Spekulatius;
  - englischem Christmas-Pudding;
  - herbstlichen Obstkuchen mit Äpfeln, Zwetschen, Birnen, Preiselbeeren oder Quitten.

Einkaufstip
Beeren bekommen Sie im Feinkostladen oder beim Gewürzhändler, das weniger aromatische Pulver im Supermarkt.

Pimpinelle

Kleiner Wiesenknopf, Hosenkopf, Rotkopf, Pimpernell, falsche Bibernell
Sanguisorba minor
Familie der *Rosaceae* = Rosengewächse

Früher, als man die medizinische Wirkung einer Pflanze auch an auffälligen äußeren Merkmalen ablas, verwendete man die Pimpinelle genau wie heute noch den Großen Wiesenknopf zum Heilen – wegen ihrer blutroten Blütenknöpfchen galt sie als adstringierend, sollte die Blutung bei inneren und äußeren Verletzungen stillen und den lebensgefährlichen Wundbrand verhindern. Daran erinnert der botanische Name: *Sanguisorba* bedeutet »das Blut aufsaugend«. Noch Ende des 17. Jahrhunderts schätzte man ihren kulinarischen Wert sehr gering ein: »In der Küche hat sie zwar keinen Nutzen, als daß man die Blätter mit zu den Salaten brauchte«, heißt es in einem Text aus dieser Zeit. Das änderte sich etwa hundert Jahre später: Damals hat vermutlich nicht die Frau Rath Goethe, sondern eine andere vorzügliche Köchin die Pimpinelle in die Grüne Sauce gemischt. Und seitdem ist das hübsche Wiesenkraut zumindest jedem Frankfurter ein Begriff.

Pimpinelle in der Küche
Die rundlichen, fein gezackten Blättchen schmecken leicht herb und erfrischend gurkenähnlich. Man verwendet sie im Frühjahr am besten noch vor der Blüte. Pimpinelle sollten Sie möglichst frisch gepflückt zubereiten, immer mit ein wenig Essig oder Zitronensaft anrichten und nur roh essen. Beim Erhitzen und Trocknen verliert sie das Aroma. Einfrieren dagegen schadet ihrer Würzkraft kaum. Sie harmoniert mit allen anderen Frühjahrskräutern und paßt zu

- Blattsalaten, Wildkräuter-, Hopfensprossen-, Gurken- und Kartoffelsalat, zu Krabben- und Eiersalat;
- Matjestatar, Carpaccio von Lachs, Gurke oder Rettich, marinierten Pilzen (statt Petersilie), gefüllten Avocados und kalter Gemüsesülze;
- Käse-, Quark- oder Joghurtdip zu Pellkartoffeln, rohem oder gebratenem Gemüse, Gemüseterrinen, Falafel, kaltem Braten und türkischen Fleischbällchen;
- kalten Gemüsesuppen, geeister Fleischbrühe;
- Rühreiern auf Toast und Eierbroten mit Tomaten;
- Sorbet mit Erdbeeren, Melonen oder Pfirsich.

Einkaufstip
Pimpinelle bekommen Sie im Kräuterbund für die Grüne Sauce auf allen größeren Märkten und bei vielen Gemüsehändlern. Außerdem ist sie Bestandteil industriell tiefgefrorener Kräutermischungen. Solo gibt es sie meines Wissens nur als Topfpflanze im Frühjahr zu kaufen. Im Garten gedeiht sie an einem sonnigen Platz in kalkhaltiger Erde und wächst zu einem kräftigen Kräuterbusch heran.

Extratip
Pimpinelle enthält besonders viele Gerbstoffe und Vitamin C, eignet sich deshalb gut für die Frühjahrskur.

Sommer- und Winterportulak

Burzelkraut, Gelber Portulak, Gemüseportulak und Postelein, Tellerkraut, Kuba-Spinat
Portulaca oleracea und *Montia perfoliata*
Familie der *Portulacaceae* – Portulakgewächse

Der eine ist aus der Mode gekommen, der andere liegt aufgrund der Internationalität von Naturkost wieder im Trend: Am besten zu bekommen – als Samen und beim Gemüsehändler – ist der Winterportulak. Er stammt aus Nordamerika und Mexiko, wird heute in England, Frankreich und Deutschland unter Glas angebaut. Junge Blättchen sehen aus wie ovale Rhomben, größere wie Tellerchen mit kleinen grünen Blüten in der Mitte. Sommerportulak ist als einzige Pflanze der Portulakfamilie nicht nur in den Tropen und Subtropen, sondern auch im Mittelmeerraum heimisch. Die erste schriftliche Quelle stammt aus dem 3. Jahrhundert v. Chr.: Der griechische Philosoph und Aristoteles-Schüler Theophrast führt ihn unter dreißig Gemüse- und Gewürzpflanzen an. Plinius behandelt ihn nur als Heilpflanze, Hildegard von Bingen erwähnt ihn, sagt uns aber nichts über die Verwendung. Der Arzt und Botaniker Elsholtz empfiehlt ihn als Medizin und für die Küche; offenbar schmeckte das Kraut im 17. Jahrhundert noch strenger als heute: »Man gebraucht es auch in allerhand Gemüsen und Suppen, jedoch gar wenig, weil es trefflich sauer ist«, sagt Elsholtz.

Portulak in der Küche

Beide Pflanzen sind gut als Gemüse, Salat und Gewürz; ich mag den milden Winterportulak noch lieber als den scharf-säuerlichen Sommerportulak. Als internationale Kräuter passen beide Portulakpflanzen zu europäischen und exotischen Gerichten; in Mexiko zum Beispiel ißt man Portulak wie Feldsalat. In China gibt es eine ähnliche Sorte mit spitzen, rotgeränderten Blättern, die man blanchiert und wie Salat mit Sauce zubereitet. Wichtig ist, daß Portulakblätter ganz kurz gegart werden; sonst gehen Vitamine und Geschmack verloren.

- Die Blätter von beiden Gattungen, ganz oder zerkleinert, roh oder erhitzt, schmecken zu
  - Feldsalat, Radicchio, Kopfsalat, Eichblatt- und Endiviensalat, Eier- und Fischsalat;
  - Frischkäse und Quark mit Kräutern, Tsatsiki, Kräuterbutter und Mayonnaise zu gegrilltem Gemüse, Fisch und Fleisch, zu gebackenen Kartoffeln und auf Bruschetta, Holländischer Sauce zu Spargel, Artischocken, Pellkartoffeln, Fisch und Fleisch, Füllung für vietnamesische Glücksrollen;
  - Hamburger Aalsuppe, legierten oder klaren Gemüse-, Kräuter- und Getreidesuppen, Kartoffelsuppe und kalten Sommersuppen;
  - Spinat und anderen Blattgemüsen, Gemüse aus dem Wok, geschmorte Gurken und Tomaten, Kartoffelgemüse;
  - Reis mit Kräutern, Nudeln in Sahnesauce;
  - Eiern im Glas, pochierten Eiern in Sauce, Omelett und Rührei, Füllung mit Pilzen für Eierkuchen;
  - Aal grün, Schellfisch, Kabeljau, Lachs, Steinbutt, Scholle und Seezunge in Butter- oder Sahnesauce;
  - Geschnetzeltem von Huhn, Pute, Lamm, Rind und Kalb in Sahnesauce.
  - Sommerdrinks mit Joghurt und Buttermilch.

Einkaufstip

Beim Sommerportulak ist der botanische Name wichtig: Wenn Sie die Pflanzen beim Gärtner oder im Gartencenter kaufen wollen, bietet man Ihnen manchmal Portulakröschen *(Portulaca grandiflora)* an. Samen von Sommer- und Winterportulak gibt es in Gartencentern. Frischen Sommerportulak bekommen Sie von März bis Oktober, Winterportulak von November bis April.

Kräuter der Provence

Kräutermischung

«Herbes de Provence« können verschieden gemischt sein. Meist bestehen sie aus Thymian, Basilikum, Fenchel und Bohnenkraut, manchmal sogar würzigem Bergbohnenkraut *(sariette)*, das nur im Süden gedeiht. Die Qualität erkennen Sie daran, ob die Mischung auch Lavendeltriebe mit Blüten enthält, die sich als blauviolette Sprenkel bemerkbar machen. Provenzalische Kräuter sind in der französischen Familienküche so beliebt wie anderswo; große Köche allerdings lehnen sie ab, wenn sie »staubt«, das heißt, nur aus Kräuterresten zusammengestellt ist. Denn in Frankreich gibt es viele qualitativ sehr hochwertige Mischungen; eine der besten heißt »Mélange à la provençale« – und sie wird selbst von Paul Bocuse akzeptiert.

Provenzalische Kräutermischung in der Küche
Es gibt die Mischung getrocknet und tiefgefroren zu kaufen. Für kalte Gerichte und Salate nimmt man am besten Tiefkühlkräuter, für Marinaden, zum Schmoren, Braten und Backen eignen sich getrocknete.

- Die Kräutermischung schmeckt zu
  - Salade niçoise;
  - Gänse- oder Schweineschmalz;
  - in Butter und Olivenöl sautierten Hühnerlebern mit Orangenschale, Oliven und Tomaten;
  - legierter Suppe aus Möhren, Kartoffeln, Topinambur, Pastinaken oder Petersilienwurzeln, legierter Fischsuppe mit Meeresfrüchten, Safran, Zitrusschale und Wein, Gemüsesuppe mit Lammfleisch;
  - gebratenen Auberginen, Zucchini oder Gemüsezwiebeln, gefüllten Paprikaschoten mit Lammhack, Schafskäse und Tomaten, Bratkartoffeln und Kartoffelpuffer, weißen oder Dicken Bohnen mit Speck, Erbsenpüree;
  - Marinaden für Grillfische, gegrillten, eingelegten Sardinen, geschmortem Mittelmeerfisch auf Tomaten, Zwiebeln, Knoblauch und einigen Zitronenscheiben;
  - Marinaden für Hähnchen und Lamm vom Grill, Füllung und Bratfond für Gans, Ente und Wildgeflügel, geschmorter Ente mit Oliven, Zwiebeln, Tomaten und provenzalischem Weißwein;
  - Schmortopf mit Lamm, Kalb, Tomaten, Knoblauch, Nudeln und Schafskäse aus Korsika (Stufatu), geschmortem Kalbfleisch, Füllung für Kalbsrollbraten, Hasenragout, Wildschweinragout mit Rotwein;
  - Kräuterbrot, herzhaftem Käsekuchen;
  - Würzessig und Öl.

Provenzalische Kräutermischung kaufen und aufbewahren
Am preiswertesten bekommt man die getrocknete Mischung in Gewürzläden. In Tontöpfchen zum Verschenken wirken »Herbes de Provence« äußerst dekorativ, doch über die Qualität des Inhalts sagt die Verpackung selbstverständlich nichts aus. Tiefgefrorene Kräutermischungen finden Sie in Supermärkten.

Rauke

Rucola, Ruke, Ölrauke, Senfrauke
Eruca sativa
Familie der *Brassicaceae* – Kreuzblütler

Zu ihrer kulinarischen Karriere bedurfte die Rauke eines neuen Namens: Sie heißt nun Rucola und ist buchstäblich in aller Munde. Ich habe sie vor etwa zwanzig Jahren in einem kleinen Ristorante bei Punta Ala wiedererkannt: Im Salat schmeckte ich ein Kräutlein, das ich als Kind wie Sauerampfer auf der Wiese gepflückt und mit Vorliebe gegessen hatte. Zu Hause fragte ich bei Bioläden und Gemüsehändlern nach dem feinen Kraut, suchte in Gartencentern nach den Samen. Doch es dauerte noch ein paar Jahre, bis sich die Rauke von der Futterpflanze zur Rucola mauserte und endlich auch auf deutsche Teller gelangte.

Rauke in der Küche

Die schmalen Blätter mit den Zähnchen wie Löwenzahn kommen in den Handel, wenn sie etwa so groß wie Radieschenblätter sind, denn dann schmecken sie am besten: ein wenig scharf und ein wenig nach Nüssen. Je größer die Pflanze wächst, desto schärfer werden die Blätter, und wenn sie ihre volle Höhe von etwa 75 Zentimeter erreicht hat, ist sie bitter und ungenießbar geworden. Dann bilden sich in den Blüten die schwarzen Samenkörner, die man wie ein Gewürz verwendet.

- Junge Rucolablätter können Sie roh essen, kurz erhitzen oder in Fett leicht schmoren. Sie passen zu
  - grünem und gemischtem Salat, Gurken-, Kartoffel- und Tomatensalat, zu Gemüsesalat mit Blumenkohl und Erbsen, Rohkost mit Kohlrabi, Möhren, Rettich oder Zucchini und Vinaigrette, Joghurt- oder Mayonnaisedressing, Eier-, Geflügel- und Rindfleischsalat;
  - Butterbrot und belegten Broten mit Eiern, Weichkäse oder kaltem Fleisch;
  - marinierten Pilzen und Hülsenfrüchten, Avocadomousse, Vinaigrette für Artischocken;
  - Käse-, Quark- und Joghurtdips zu Pellkartoffeln und gebratenem Gemüse; kalter Gurken- oder Kartoffelsuppe;
  - Feta, Ricotta oder Frischkäse als Füllung für italienische Ravioli, türkischem Zigarrenbörek, deutschen Maultaschen oder Blätterteigtäschchen;
  - Eierstich für klare Brühe mit Gemüse, Grießsuppe;
  - Nudeln mit Kalbs- oder Lammfilet und Sahne, Bulgurpilaw mit Zucchini.

- Raukesamen schmecken wie Senfkörner und werden auch so verwendet: zum Beispiel in Suppen.

Einkaufstips

Rauke gibt es inzwischen fast überall bei Gemüsehändlern, auf regionalen Märkten, in Naturkostläden und vielen Supermärkten. Hauptanbauländer sind Italien und Frankreich. Im Kühlschrank hält sie sich einen Tag, wenn sie leicht feucht in einer verschlossenen Box gelagert wird.

Extratip

Durch die aromatischen Senföle paßt Rauke gut zu kräftigem Essen wie Grünkern-Sahne-Suppe, Lachsravioli in Cremesauce oder Risotto mit italienischer Salami und Tomaten.

Rosenwasser

Das duftende Wasser aus Rosenblättern war überall sehr lange Zeit ein richtiges Prestigegewürz – genau wie die Luxusleckereien, für deren Herstellung man es brauchte. Nur die Reichen konnten sich zuckriges Konfekt und süßen Likör leisten, würzten den Milchreis mit Rosenduft und gaben ein paar Tröpfchen Rosenwasser in den Kaffee. Im arabisch-islamischen Mittelalter galt es überdies als Appetitanreger, was auch nicht gerade dafür spricht, daß es der Küche normaler Sterblicher entstammt. Ein Tip aus dem 16. Jahrhundert: Der Arzt und Astrologe Michel de Nostredame – heute besser als Nostradamus bekannt und vor allem Esoterikern als Prophet des Untergangs vertraut – empfiehlt es für Pinienkonfekt.

Wie man Rosenwasser gewinnt

Zuerst braucht man 3000 bis 5000 Kilo Rosenblätter, um daraus ein Kilo Rosenöl zu gewinnen. Ganze vier Tropfen dieses dickflüssigen Öls pro Liter Wasser ergeben dann das aromatische, fein nach Rosen duftende Wasser. Die Rosen fürs Wasser sind übrigens unscheinbar, aber besonders ölhaltig; ein Drittel der Weltproduktion kommt aus Bulgarien, dem hundert Kilometer langen und fünfzehn Kilometer breiten »Rosental« von Kasanlyk zwischen Balkan und Sredna-Gora-Gebirge. Rosenzucht hat Tradition in Bulgarien; die spezielle ölhaltige Rose wanderte im 17. Jahrhundert ein – niemand weiß, woher.

Rosenwasser in der Küche

Probieren Sie es anfangs lieber tropfenweise – etwa wie die flüssigen Backaromen aus dem Supermarkt. Wenn Sie den Geschmack mögen, können Sie es auch in Teelöffeln oder gar Eßlöffeln abmessen – zum Beispiel für Sirup zum Tränken von griechischen Hefeteigkrapfen (Lokmádes). In Indien und in den Mittelmeerländern nimmt man Rosenwasser vorwiegend für

Süßspeisen, Gebäck und Kaffee, würzt aber auch Fleisch damit. In Europa verwendet man es vor allem für selbstgemachten Likör und Konfekt.

- Rosenwasser gehört zu
  - Hasenbraten mit Zwiebeln, Knoblauch und Kräutern aus Marokko;
  - Lamm mit Aprikosen oder gefüllter Lammbrust mit Couscous, Mandeln und Rosinen aus Nordafrika;
  - iranischem Reispudding mit Safran, Maisflammeri aus Nordafrika, Asure aus der Türkei, auch Noahs Pudding genannt, einer Süßspeise aus Getreide, Hülsenfrüchten, Nüssen und getrockneten Feigen;
  - Zuckersirup für festliches Baklava, indischen Nudeln in Milch mit Mandeln, Milchreis oder süßen Bällchen aus Milchpulver in Zimt- oder Kardamomsirup;
  - Hefekrapfen in Sirup, Aachener Printen, Frankfurter Brenten, Liegnitzer Bomben, Marzipan;
  - Karotten- und Gurkenkonfitüre aus Iran, Pfirsich- und Bananenkonfitüre, Quitten- und Apfelgelee aus Europa;
  - der Luxusversion von Lassi, dem indischen Joghurtgetränk, selbstgemachtem Kirschlikör, Sommerbowle mit Melonen.

Rosenwasser kaufen und aufbewahren
Sie bekommen es in türkischen und griechischen Läden, Apotheken und Reformhäusern. Sagen Sie beim Einkauf, daß Sie das Wasser für kulinarische und nicht für kosmetische Zwecke brauchen, und achten Sie darauf, daß man Ihnen wirklich Rosenwasser gibt. Rosenessenz ist für die Kosmetik bestimmt. Rosenwasser hält sich auch im geöffneten Fläschchen nahezu unbegrenzt.

Extratip
Marzipan, das Konfekt aus gestoßenen Mandeln, hauchfein gemahlenem Zucker und kostbarem Rosenwasser, kam vor etwa tausend Jahren aus dem Orient nach Europa. Der Name des Konfekts stammt von der klingenden Münze, die es damals und noch viele Jahrhunderte lang wert war: Aus dem ursprünglichen »Mauthaban«, einem byzantinischen Geldstück, machten venezianische Händler »Mataban«. Und die kleinen Schachteln, in denen das Konfekt verpackt war, hießen »Mazaban«.

Rosmarin

Balsamstrauch, Hochzeitsblümchen, Marienkraut, Meertau, Rosemarie, Weihrauchkraut
Rosmarinus officinalis
Familie der *Lamiaceae* = *Labiatae* – Lippenblütler

»Ros marinus«, Meertau, nannten ihn schon die Römer; es hieß, daß Schiffer das Land »riechen« konnten, bevor sie es sahen. Wer das dichte Gestrüpp wilden Rosmarins an den Küsten des Mittelmeers kennt, glaubt das aufs Wort. Im 16. Jahrhundert hat man den lateinischen Namen ins Deutsche übertragen und falsch gedeutet: Nun war Maria die Namenspatronin, und die jungfräulichen Bräute trugen einen Rosmarinkranz. Auch Englands »Virgin-Queen«, Elisabeth I., mochte Rosmarin – vermutlich, weil Rosmarinhonig so gut schmeckt.

Rosmarin in der Küche
Das Wichtigste: Gehen Sie nicht verschwenderisch damit um. Die bitterwürzigen, leicht harzigen Blättchen enthalten reichlich Gerbstoffe. Das fördert die Verdauung, aber auch Widerwillen gegen größere Mengen. Damit die eingerollten Blättchen, die auch beim Garen hart wie Tannennadeln bleiben, nicht stören, ein Kräutersäckchen verwenden. Getrocknet erinnert Rosmarin stark an Weihrauch und ist nur Ersatz für das frische Kraut.

- Frischen Rosmarin kann man als Zweig verwenden zu
  - eingelegtem Käse, gegarten italienischen Gemüsesalaten;
  - zu Risotto mit Rindfleisch, Barolo und Salbei;
  - gegrilltem Fisch mit Zitrone, Knoblauch und Olivenöl, gebratenen Makrelen mit Knoblauch, gebackenem Fisch mit kleinen Artischocken;
  - Marinade und Füllung für Geflügel, Brathuhn, geschmortem Lamm mit Kartoffeln und Artischocken, Kaninchen in Weißwein, Ochsenschwanz- und Wildschweinragout mit Rotwein;
  - Würzessig und Öl, eingelegten Oliven, getrockneten, eingelegten Tomaten;
  - Sauerkirsch- und Aprikosenkonfitüre, Erdbeer-, Himbeer- und Heidelbeergelee.

- Zerkleinerte frische Blätter, roh oder kurz erhitzt, schmekken zu
  - Kalbfleischpastete, Auberginenpüree, Bruschetta mit Tomaten oder Hühnerlebermousse, Kichererbsen- oder Bohnenkroketten;
  - Suppe mit Graupen, Kartoffelsuppe mit Lammfleisch;
  - Bohnen, Kichererbsen oder Linsen mit Wurst und/oder Speck, Tomaten mit Bulgur- oder Hirsefüllung, Bratkartoffeln, Getreidefrikadellen;
  - zu Risotto mit Rindfleisch, Barolo und Salbei, Spaghetti mit reichlich Butter, Knoblauch und Parmesan;
  - italienischem Omelett *(fritatta)* mit Kartoffeln und Salami;
  - Fisch und Meeresfrüchten (in Brühen und Fond, in Marinaden für Grillfisch);
  - Lammfrikadellen, Röllchen von Hähnchenbrust oder Schweineschnitzel in Weißweinsauce, Rinderrouladen mit Schafskäse und Tomaten, Kalbsrollbraten mit Bacon und Orangenschale, gefüllter Kalbsbrust, Panade für Kalbs- und Schweineschnitzel;
  - Teig für Apfelbeignets, für Eierkuchen mit Apfelkompott, für fritierte Quarkklößchen mit Zimtzucker;
  - italienischem Fladenbrot *(focaccia)*.

Einkaufstip
Bei uns bekommen Sie ihn als kleine – mehr oder weniger kräftige – Pflänzchen im Gartencenter. Getrockneten Rosmarin gibt es ganz, zerkleinert und als Pulver zu kaufen.

Safran

Safrankrokus, Suppengelb, gelbe Würze
Crocus sativus
Familie der *Iridaceae* – Schwertliliengewächse

Schon immer war Safran das teuerste Gewürz, und er ist das einzige Gewürz, dessen Preis im Laufe der Zeit nahezu gleich geblieben und damit im Vergleich zu den anderen sogar um ein Vielfaches gestiegen ist: Im Mittelalter kostete er etwa dreimal so viel wie Pfeffer, heute ist er etwa hundert mal so teuer. Viele Kulturen schätzten Safran weniger der Würze als vielmehr der Farbe wegen so hoch. Dabei erzählt das Kinderlied, in dem der Bäcker den Kuchen »gehl« macht, nur vom profanen Nutzen. Safran verlieh Stoffen das göttliche Gold. Deshalb trugen Götter und Halbgötter safrangelbe Gewänder, und viele Kaiser machten es ihnen nach.

Wie Safran wächst
Safran ist eine Blume wie unser Krokus mit hellvioletten Blüten. In der Mitte jeder Blüte sitzt ein kurzer Griffel mit orangeroter, etwa 2 Zentimeter langer Narbe. Diese Narben werden während der Blütezeit im Herbst mit der Hand gepflückt und anschließend getrocknet. Dabei verlieren sie etwa 80 Prozent ihres Gewichts. Das Gewirr dunkelroter Fäden – aus rund 150000 Blüten pro Kilogramm – wird in kleinsten Mengen (von 0,08 Gramm aufwärts) verpackt und verkauft.

Die beste Qualität
Safran wird in Frankreich, den Mittelmeerländern, Iran, Indien, Pakistan, China und Japan angebaut. Selbst England und die Schweiz kultivieren die kostbaren Pflänzchen. Hauptanbauland ist Spanien mit 90 Prozent der Weltproduktion. Elagierter Safran besteht nur aus Narben, ist intensiv dunkelrot. Natureller Safran enthält auch Griffel und andere Blütenbestandteile. Als beste Qualität gelten der spanische »Coupé« ganz ohne Griffel und »Mancha« mit bis zu 5 Prozent Griffel und Blütenresten.

Safran in der Küche
Er ist ein typisches Gewürz für die mediterrane, iranische und indische Küche. Drei wichtige Regeln gibt es: in kleinen Mengen verwenden, wie Salz auflösen und mitkochen oder backen. Zum Auflösen werden im Mörser zerriebene Fäden oder das Pulver in warmes Fett oder warme Flüssigkeit gerührt. Sobald alles gelborange ist, wird es mit den anderen Zutaten gemischt.

- Safran paßt zu
  - warmen Salaten mit Fisch und Meeresfrüchten, Flans und Klößchen mit Fisch, Zucchiniblüten mit Fischmousse in Sahnesauce, Jacobsmuscheln;
  - Bouillabaisse, Zarzuela, Cremesuppe mit Fisch und/oder Meeresfrüchten
  - Mailänder Risotto, spanischer Paella, Nudeln mit Erbsen und Schinken;
  - Ragout von Fisch oder Meeresfrüchten mit Auberginen oder Zucchini und Tomaten;
  - Schmorhähnchen mit Zwiebeln und Tomaten, iranischem Huhn mit Reis aus dem Backofen;
  - geschmortem Rind, Kalb oder Lamm mit Orangen;
  - indischen Süßspeisen wie Halwa oder Jalaibees, Teigspiralen aus Weizen-, Kichererbsen- und Reismehl in Sirup;
  - süßem Safranbrot, Gewürzplätzchen, Obstkuchen mit Äpfeln und Mandeln oder Quitten und Pistazien;
  - Chutneys und süßen Konfitüren mit Orangen, Pfirsichen, Mirabellen.

Safran kaufen und aufbewahren
Kaufen Sie die Fäden – sie schmecken aromatischer und halten das Aroma auch viel länger als Pulver. Safran müssen Sie gut verschlossen in einem dunklen Glasgefäß aufbewahren; denn er zieht Feuchtigkeit an, und sein Aroma verträgt kein Licht.

Extratip
In vielen Urlaubsländern wird »Safran« zum Spottpreis angeboten. Dabei handelt es sich oft um die Staubgefäße von Ringelblumen oder andere gelb gefärbte Pflanzenteile – entweder pur oder mit ein paar Safranfäden gemischt. Denken Sie bitte dran: Echter und reiner Safran ist überall teuer, denn Ernte und Verarbeitung machen eine Menge Arbeit.

Salbei

Echter Salbei, Edelsalbei, Königssalbei, Salbine, Salver
Salvia officinalis
Familie der *Lamiaceae* = *Labiatae* – Lippenblütler

Die einzelnen Salbeiarten unterscheiden sich in Geruch und Geschmack mehr als andere mediterrane Kräuter. Das hängt von Menge und Zusammensetzung des ätherischen Öls in den Blättern ab. Echter Salbei schmeckt herb-würzig und nur leicht bitter, Dalmatinischer Salbei *(Salvia officinalis* ssp. *major* und *minor)* mit großen, eher runden Blättern, gilt wegen seines milden, frischen Aromas als der beste. Muskatellersalbei *(Salvia sclarea)* geht ein wenig in Richtung Lavendel und Griechischer Salbei *(Salvia triloba)* hat für meinem Geschmack eine eher strenge Komponente.

Salbei in der Küche

Er ist ein Sommerkraut, und ich mag ihn am liebsten frisch. Auch mit den eingefrorenen Blättchen habe ich gute Erfahrungen gemacht, während getrockneter Salbei mir zu würzig-bitter ist. Frischer Salbei entwickelt sein volles Aroma beim Braten und Schmoren. Deshalb schmecken die Blättchen auch an kalten Gerichten besser, wenn man sie erst in etwas Öl leicht brät.

- Die frischen oder tiefgefrorenen Blätter, ganz oder zerkleinert, schmecken
  - in Kartoffelsalat mit Apfel und Gurke, Wurst- und Fleischsalat mit Zwiebeln, Tomaten und Kapern, Salat mit Cannelloni-Bohnen und Anchovispüree;
  - in Rote-Bohnen-Sauce zu Pasta, Tomatensuppe, Knoblauchsuppe, legierter Hühnersuppe;
  - zu grünen Erbsen, Dicken Bohnen, Kohlrabi, Möhren, Schmorgurken, Lauchgemüse in Sahne, Zucchini- und Kartoffelfrikadellen, Kartoffelgnocchi;
  - zu Risotto mit Rindfleisch, Barolo und Rosmarin, Pilaw mit Kalb oder Lamm, Nudelauflauf mit Hackfleisch, Nudeln aus Buchweizenmehl mit Mangold, Kartoffeln und Käse, Bulgur mit Tomaten und Knoblauch als Beilage zu Fleischspießen;
  - in Omelett mit Käse, Pilzen, Kartoffeln oder Nudeln;
  - zu Aalspießen und Lotte vom Grill, Fischfrikadellen;
  - in Füllung und Schmorsud für Huhn, Taube, Ente, Truthahn und Wildgeflügel, in Marinade für gegrilltes Lamm, zu Saltimbocca mit Hühnerbrüstchen, Kalbsleber in Olivenöl und Butter gebraten, geschmortem Kalbfleisch mit Tomaten und Knoblauch, gefüllter Kalbsbrust;
  - ausgebacken im Bier- oder Weinteig mit Zucker und Zimt oder Zimteis, zu Apfel- oder Erdbeersorbet;
  - in Fladenbroten, Kräuterbrot, Weizenbrötchen mit geriebenem Käse, Zwiebelkuchen und Käsegebäck;
  - in Apfel-, Birnen- und Quittentorte;
  - in Kürbischutney, Würzessig und Öl, eingelegtem Gemüse; in Pfirsich-Stachelbeerkonfitüre, Johannisbeer- und Apfelgelee;
  - als Tee.

Einkaufstip

Echten Salbei bekommen Sie leicht als Samen und Pflänzchen in Gartencentern, verschiedene andere Arten über den Versand.

Gartensauerampfer und Römischer Ampfer

Salatampfer, Sauergras, Sauerknöterich
Rumex acetosa hortensis und *Rumex scutatus*
Familie der *Polygonaceae* – Knöterichgewächse

Die Geschichte des Sauerampfers beginnt vermutlich mit den Römern: Plinius empfiehlt ihn gegen alle möglichen Leiden – vom Prophylaktikum gegen Skorpionstiche bis zum Heilmittel gegen die Ruhr. Im würzfreudigen Apicius-Kochbuch habe ich ihn nicht gefunden, wohl aber im England der Tudorzeit. Damals, als Zitrusfrüchte noch rar waren, hat man Sauerampfer wie Zitronensaft verwendet. Man hat ihn als Gemüse gegessen und in Kräutersaucen zu Fisch gemischt; König Heinrich VIII. soll ihn hoch geschätzt haben. Übrigens diente Sauerampfer auch als Fleckenmittel: Die Oxalsäure darin half Tinte und Rost auf Leinen entfernen.

Sauerampfer in der Küche
Die zarten Blätter von Römischem Ampfer schmecken fein säuerlich, aber nicht beißend; die Art enthält weniger Oxalsäure als Gartensauerampfer. Und: Je größer die Blätter, desto stärker die Säure. Die Blätter sollten möglichst frisch sein; getrockneter Sauerampfer schmeckt nicht. Sauerampfer kann man roh essen, doch das beste Aroma entwickelt sich, wenn man die fein gehackten Blätter kurz in Öl oder Butter schmort. Sahne, Crème fraîche oder Milch macht den Ampfer mild. Das Saure – allerdings auch der hohe Vitamin-C-Gehalt – verschwindet mit zunehmender Garzeit.

- Sauerampfer paßt zu
  - Salaten mit heißen Roquefortbrötchen, gebratenem Ziegenkäse, gehacktem Ei oder Knoblauchcroûtons, Frischkäse und Quark mit Kräutern;
  - Frankfurter Grüner Sauce zu Eiern und Pellkartoffeln;
  - ostpreußischer Sauerampfersuppe, russischem Sauerampfer-Borschtsch, Grüne-Bohnen-Suppe, Butter- oder Käseklößchen als Suppeneinlage, Kartoffelsuppe mit Sahne;
  - Schmorgurken, Zuckerschoten, Füllung mit Kalbsbrät, Rinderhack oder Kartoffelpüree für Kohlrabi oder Zucchini, Béchamelkartoffeln mit Erbsen und/oder Spargel;
  - Omelett, Rührei, pochierten Eiern in Sahnesauce;
  - Muscheln mit Kräutern aus der Normandie, Aal grün, Steinbutt, Lachs, Schellfisch oder Kabeljau in Sahnesauce;
  - Hühnerfrikassee, Geschnetzeltem von Lamm, Kalbsmedaillons, Fleischklößchen, Kaninchen in heller Sauce.

Einkaufstip
Die Pflänzchen gibt es in Gartencentern, die Krautbündel beim Gemüsehändler und auf dem Wochenmarkt. Die bekanntesten Sorten sind der winterfeste, angenehm säuerliche »Großblättrige Sauerampfer«, der milde und breitblättrige »Belleville« und »Goldgelber von Lyon« mit hellgrünen, breiten Blättern.

Achtung!
Wiesensauerampfer *(Rumex acetosa)* enthält sehr viel Oxalsäure – besonders im späten Frühjahr und Sommer; Nieren-, Herz- und Rheumakranke sollten ihn daher nicht essen. Beim Gartensauerampfer und Römischen Ampfer ist der Oxalsäuregehalt geringer.

Sauerklee

Hasenklee, Schlafklee, Waldsauerklee
Oxalis acetosella
Familie der *Oxalidaceae* – Sauerkleegewächse

Sankt Patrick bewies beim Missionieren weit mehr Klugheit als Bonifatius; wo sich der Kollege bei den Friesen an heiligen Eichen vergriff, setzte er auf das Gleichnis. Anhand eines Sauerkleeblatts soll er den heidnischen Kelten auf der Grünen Insel die Heilige Dreifaltigkeit erklärt haben. Die Lektion war offenbar sehr einleuchtend, denn bis heute sind die meisten Iren gläubige Katholiken, die irische Fluggesellschaft trägt ein Kleeblatt als Emblem, und Patrick wurde Nationalheiliger. Bonifatius dagegen hat den Sturm auf die Eiche angeblich nicht überlebt.

Wie Sauerklee wächst
Die Pflänzchen sind heller als Wiesenklee, wirken weit fragiler und tragen als Blätter drei höchst regelmäßig geformte umgedrehte Herzen, die sich bei Regen und in der Nacht wie Schirmchen zusammenfalten und nach unten zeigen. Daher auch der Name »Schlafklee« oder »sleeping beauty« im englischen Dorset. Die Blüten haben gar nichts mit Klee zu tun: Es sind weiße, violett geäderte Sterne mit zartgelben Staubgefäßen. In feuchten, schattigen Wäldern bildet Sauerklee dichte Teppiche.

Sauerklee in der Küche
Die Blätter müssen möglichst frisch gepflückt sein, trocknen verträgt Sauerklee nicht, und gefrorene Blättchen werden beim Auftauen lasch.

- Frische Sauerkleeblätter schmecken zu
  - Blattsalaten, Rettich-, Gurken-, Eier- und Krabbensalat;
  - gefüllten Avocados mit Krabben, Remoulade für kalten Braten oder Fisch, Frischkäse und Quark mit Zwiebeln, Vinaigrette zu gegrillten Langostinos oder Tintenfisch;
  - Blätterteigpastetchen mit Kalbs-, Hühner- oder Pilzragout, Fischklößchen;
  - legierter Gemüsesuppe mit Lachsstreifen, Rahmsuppen mit anderen Frühlingskräutern oder Getreide, Hühnersuppe mit Frühlingsgemüse oder sautierten Champignons, legierter Fischsuppe;
  - Risotto mit würzigen Kräutern wie Bärlauch, Petersilie oder Knoblauchsrauke, Teig für Kartoffelgnocchi, Omelett, Rührei, pochierten Eiern in Sahnesauce;
  - Steinbutt, Lachs, Schellfisch oder Kabeljau in Sahnesauce;
  - grüner Sahnesauce zu sautiertem Kalbsbries, Geschnetzeltem von Hähnchenbrust, Pute, Kalb oder Lamm.

Tips zum Sammeln
Kaufen kann man Sauerklee meines Wissens nicht. Ernten Sie ihn nur im Frühjahr, möglichst vor der Blüte. Dann enthält er so viel Oxalsäure wie Gartensauerampfer und schmeckt mild.

Extratip
Sauerkleeblättchen sind dekorativer Schmuck in selbstgemachten Teigplatten für Maultaschen, Tortelloni, Lasagne und Cannelloni. Die Teigplatten mit einer Nudelmaschine dünn ausrollen. Eine Platte mit den Sauerkleeblättchen belegen, die andere darüberlegen, mit dem Nudelholz vorsichtig darüberrollen und dabei andrücken. Nun das Ganze noch einmal durch die Nudelmaschine geben.

Achtung!
Auch auf Sauerklee sollten Menschen mit Nieren-, Herz- oder Rheumaleiden lieber verzichten.

Schalotte, Luftzwiebel, Perlzwiebel und Winterzwiebel

Allium cepa, var. *ascalonicum*
Allium cepa var. *viviparum*
Allium porrum var. *sectivum*
Allium fistulosum
Familie der *Liliaceae* – Liliengewächse
auch: *Alliaceae* – Lauchgewächse

- Schalotte, Aschlauch, Eschlauch, Schlotte *(Allium cepa* var. *ascalonicum)*: Sie wächst wild im Mittelmeerraum und in Vorderasien, kam vermutlich schon im Mittelalter nach Norden und hat die klassische Küche erobert. Am häufigsten angeboten werden rosa- oder kupferfarbene, halblange oder birnenförmige Sorten. Sie gehören zu den »zusammengesetzten Zwiebeln«: Eine größere, meist dicke Hauptzwiebel sitzt mit einigen länglichen oder kantigen Nebenzwiebeln auf einem »Wurzelansatz«, dem Zwiebelboden. Lange Formen stammen aus dem Loiretal und der Bretagne, strohgelbe, kleine aus Holland. Runde Sorten sind beim Handel nicht sehr gefragt, weil viele Verbraucher sie für kleine Speisezwiebeln halten und liegenlassen. Schalotten sind die feinsten und teuersten unter den Zwiebeln. Ihre Schärfe ist harmonischer, weil weniger beißend als die von normalen Küchenzwiebeln. Doch mild – etwa wie weiße Zwiebeln – sind sie nicht. Man nimmt sie für Vinaigrette, Remoulade und andere kalte Saucen, zum Aromatisieren von Saucen und Fonds, zum Schmoren und als Gemüsebeilage, zum Beispiel glasiert.
- Luftzwiebel *(Allium cepa* var. *viviparum)*: Sie ist die merkwürdigste aller Zwiebeln, weil sie neben der Knolle in der Erde auch kleine Zwiebeln in den Blütenständen bildet. Die Zwiebelchen schmecken roh, als Gewürz und eingelegt. Außerdem sind sie Saatgut.
- Perlzwiebeln oder Brutzwiebeln *(Allium porrum* var. *sectivum)*: Das ist die Sammelbezeichnung für nußgroße, runde Zwiebeln verschiedener Laucharten. Leider begegnen sie uns vorwiegend in Mixed Pickles, sogenannten Feinkostsalaten und als essigsaure Garnierung auf kalten Platten. Dabei schmecken sie köstlich als Gemüsebeilage zum Fondue, passen wie Silberzwiebeln auf Grillspießchen, lassen sich mit Butter, Zucker und edlem Essig karamelisieren und können selbst Schalotten ersetzen.

- Winterzwiebel, Schnittzwiebel, Winterheckzwiebel *(Allium fistulosum)*: Sie ist die älteste Zwiebel und wurde vielleicht schon im Mittelalter von der Speisezwiebel verdrängt. Das ist schade, denn trotz ihres vielen Grüns verträgt sie viel Kälte, so daß man sie das ganze Jahr über essen kann. Mit ihren saftigen, grünen Röhren und den dünnen weißen Zwiebelchen erinnert sie eher an dicken Schnittlauch. So würzig und mild schmeckt sie auch.

Einkaufstip
Frische Schalotten mit Blättern kommen im Juni als Bundware auf den Markt, ab Ende Juli als Trockenware.

Aufbewahrungstip
Genau wie andere Zwiebeln müssen sich Schalotten und Perlzwiebeln fest anfühlen, die Hälse müssen bereits vollkommen getrocknet sein, und die Knollen dürfen auf keinen Fall kräftig nach Zwiebeln riechen. Winterzwiebeln sollen frisch und saftig wie Schnittlauch sein. Schalotten halten sich kühl, luftig und trocken gelagert einige Wochen, Winterzwiebeln wie Lauch oder Lauchzwiebeln nur einige Tage.

Schnittknoblauch

China-Lauch, Chinesischer Schnittlauch, Knolau
Allium tuberosum
Familie der *Liliaceae* – Liliengewächse

Als Wildpflanze war er in China, der Mongolei, Indien, Ostasien und den pazifischen Inseln verbreitet, kultiviert wird er schon lange in Indien, China, Südostasien und Kalifornien. In der Bundesrepublik, so berichtet Günther Liebster, wurde er zum erstenmal 1985 auf der Hallen-Gartenschau in Dortmund als »Knolau« vorgestellt. Inzwischen ist er auch bei uns schon heimisch – zumindest in größeren Städten, wo es genügend ausländische Lebensmittelgeschäfte und Restaurants gibt. Die Blätter sehen aus wie die von Schnittlauch, sind aber nicht röhrenförmig, sondern plattgedrückt

Schnittknoblauch in der Küche
Er knofelt milder als Knoblauch, besitzt das schöne Grün von Schnittlauch und die milde Schärfe der Schalotte. Wie bei Lauchzwiebeln schmecken die grünen und weißen Teile. Natürlich gehört er zur Küche Indiens, Chinas und Südostasiens. Doch ich esse ihn genauso gern zu französischer Vinaigrette, italienischer Bruschetta und deutschem Kräuterquark.

- Schnittknoblauch paßt ganz oder gehackt, roh oder erhitzt
  - zu Blattsalaten, Tomaten- und Gurkensalat, Kartoffel-, Bohnen-, Eier- und Fischsalat, Wurst- und Rindfleisch, marinierten Pilzen, Linsen und Paprikaschoten;
  - als Beilage zu China-Fondue, zu Crudités mit Dips und als Gemüse zu Bagna cauda;
  - zu angemachtem Camembert, Frischkäse, Quark, Mayonnaise und Butter mit Kräutern zu Pellkartoffeln, gebratenem Gemüse, Grillgerichten;
  - als Füllung für Frühlingsrollen, Wantans, Glücksrollen und Blätterteigpastetchen, zu Käse- und Gemüsesoufflé, zu Tempura;
  - zu Frühlingssuppe mit Eierstich oder Eierflaum, legierter Hühner- oder Getreidesuppe, klarer Suppe mit gebratenem Tofu, Japan- und Chinasuppen;
  - gedünstetem Gemüse mit Butter, gefülltem Gemüse, Gemüse aus dem Wok, Gemüsecurrys, Gemüserösti, Gemüseflans, gebratenen Pilzen, gebratenen Kartoffeln, roten oder schwarzen Linsen mit Crème fraîche und Tomaten;

- zu Kräuterreis mit Schinken oder Krabben, Risotti mit Tomaten, Gemüse, Fisch oder Kräutern, gebratenem Reis mit Ei, gebratenen Asiennudeln;
- zu Omelett, spanischer Tortilla, Eierkuchen mit Gemüse-, Fleisch- oder Pilzfüllung, pochierten Eiern in Sahnesauce;
- zu Fisch und Meeresfrüchten mit Gemüse und/oder Chillies aus dem Wok, als Füllung für Seezungen- oder Schollenröllchen, in Buttersaucen zu gebratenem Steinbutt, Lachs, Sahnesaucen zu Fischklößchen, Remouladensauce zu gebackenem Fisch, in Fischfrikadellen;
- zu kurzgebratenem Geflügel aus Pfanne oder Wok, Farce für Geflügelbrüstchen in Gemüseblättern;
- Lamm, Rind und Schwein aus Pfanne oder Wok;
- Kräuterbrot, Kartoffel- oder Nußbrötchen, Quiche mit Schinken oder Speck und Käse, Gemüsequiche, Tomatenkuchen mit Mozzarella.

Einkaufstip
Als Bundware bekommen Sie Schnittknoblauch das ganze Jahr über in Asienläden, die auch frische Lebensmittel verkaufen, bei gut sortierten Gemüsehändlern und auf großen Märkten. Am einfachsten ist es, ihn selbst anzubauen (siehe Seite 20).

Schnittlauch

Binsenlauch, Graslauch, Schnittling
Allium schoenoprasum
Familie der *Liliaceae* – Liliengewächse

Einst wuchs er auf Bergwiesen, heute liegt er neben Dill und Petersilie als drittes der »Rund ums Jahr«-Kräuter im Supermarkt. Zwischen beiden Extremen gibt es eine simple kulinarische Lösung: Den Gärtner ausfindig machen, der im Frühjahr kräftige Schnittlauchpflanzen anbietet, und selber anpflanzen (siehe Seite 20).

Schnittlauch in der Küche
Er verträgt sich mit allen Kräutern und Gewürzen, schmeckt zu allem außer Süßem, und eine Auflistung der Gerichte, zu denen er paßt, ist gewiß unnötig. Hier also nur ein paar Küchentips.

- Schnittlauch riecht zart nach Zwiebeln, wenn die Halme noch am Stock stehen, kräftig, wenn er frisch geschnitten ist und penetrant, wenn er länger liegt. Das hängt mit den schwefelhaltigen Aromastoffen zusammen, die beim Schneiden frei werden und sich durch die Einwirkung von Enzymen weiter umwandeln. Deshalb Schnittlauch nach dem Zerkleinern gleich weiterverarbeiten.
- Zum Zerkleinern brauchen Sie ein scharfes Messer oder eine gute Küchenschere: Je feiner die Halme geschnitten sind, desto mehr Aroma wird frei.
- Zum Schluß kann man ihn in heiße Gerichte wie Suppen und Saucen mischen, doch beim Aufkochen oder gar Kochen verliert er seine aromatische Würze und schmeckt nur noch nach gekochten Zwiebeln.
- Am besten schmeckt er ganz frisch vom Stock. In der schnittlauchlosen Zeit ist tiefgefrorener Schnittlauch eine gute Alternative. Wie alle wasserhaltigen Lebensmittel ist er nach dem Auftauen feucht, denn durch Einfrieren wird die Zellstruktur zerstört, so daß die Gewebeflüssigkeit ausfließt.
- Getrockneter Schnittlauch schmeckt nicht, und auch gefriergetrocknet ist er nach meiner Auffassung zwar für die Camping-, doch nicht für die Feinschmeckerküche geeignet.
- Falls Sie Schnittlauchblüten als Dekoration brauchen, lassen Sie eine Pflanze blühen. Von den anderen schneiden Sie die Knospen lieber ab, damit die Röhrchen ihren vollen Geschmack behalten.

Einkaufstip

Es gibt Schnittlauchsorten mit feinen, mittelfeinen und groben Röhren. Das hat für den Handel Bedeutung: Die feinen und mittelfeinen kommen vorwiegend im Topf auf den Markt, die groben im Bund. Für die Küche spielt das keine Rolle: Beim Testessen mit Mitarbeiterinnen und Freunden hat sich bestätigt, daß es in erster Linie auf die Frische von Schnittlauch ankommt. Deshalb: Nehmen Sie möglichst kräftige Pflanzen mit aufrecht stehenden Röhren oder Bundware mit gleichmäßig grünen, runden Röhren. Sind die Röhren erst mal gequetscht, ist derselbe Effekt wie beim Schneiden eingetreten.

Extratip

Schnittlauch hält sich einen Tag ganz frisch, und zwei Tage lagern ist gerade noch akzeptabel. Stellen Sie ihn aber nicht ins Wasser, sondern bewahren Sie ihn lieber fest verschlossen in einer Kühlschrankbox auf.

Schnittsellerie

Blattsellerie
Apium graevolens var. *secalinum*
Familie der *Umbelliferae* = *Apiaceae* – Doldengewächse

Denken Sie bei Schnittsellerie nicht nur an Deftiges, sondern auch an Sonne, Süden und Sommer. Die zierliche Pflanze mit den dünnen Stielen und petersilienähnlichen Blättern stammt aus dem Mittelmeerraum und paßt deshalb zu Nudeln mit Rindfleisch so gut wie zu geschmortem Kalbfleisch mit Tomaten und Wein.

Sellerie in der Küche
Es gibt zwei Sorten: Schnittsellerie mit glatten Blättern schmeckt milder und eignet sich deshalb für Salate, kalte Saucen, Brotaufstriche und leichte Suppen. Krausblättrigen Sellerie mit kräftigem Aroma nimmt man für alles, was länger kocht oder schmort.

- Die glatten Blätter passen
  - zu Salaten mit Rindfleisch, Wurst, Tomaten, Kartoffeln;
  - in Sauce aus Crème fraîche und gehackten Tomaten zu Terrinen, Pellkartoffeln, gebratenem Gemüse oder Fisch;

- Cremesuppe mit Gurken, Pilzen oder Kartoffelsuppe;
- Spitzkohlrouladen mit Kräuter-Käse-Füllung, gefüllten Paprikaschoten, Kohlrabi oder Zucchini mit Lamm, Kartoffeln in Béchamelsauce mit Brätklößchen, Kartoffeleintopf mit Möhren und Butter und Hülsenfrüchten;
- zu Reis, Nudeln, geschmortem Getreide mit Tomaten als Beilage zu kurzgebratenem Fleisch oder zu Salat;
- zu Rührei mit Tomaten, Pfannkuchentorte mit Tomaten, Schinken und Käse;
- zu Fisch mit Sommergemüse in der Folie oder aus dem Backofen;
- zu Tomatenkonfitüre, Apfelgelee;
- zu eisgekühlten Drinks mit Joghurt oder Buttermilch, Tomaten- und anderen Gemüsesäften, Apfelsaft.

• Die krausen Blätter passen zu
  - Gemüsesuppe mit Rind- oder Lammfleisch und Kartoffeln, Graupensuppe mit Fleisch;
  - Spitzkohlrouladen mit Kräuter-Käse-Füllung, gefüllten Paprikaschoten, Kohlrabi oder Zucchini mit Lamm, Kartoffeln in Béchamelsauce mit Brätklößchen, Kartoffeleintopf mit Möhren und Butter, Linsen mit Wurst, Bohnen mit Speck;
  - Nudeln mit Rindfleisch (statt Liebstöckel), Lasagne oder Moussaka, vegetarische oder mit Fleisch, geschmortem Getreide mit Tomaten;
  - Füllungen und Schmorsud für Hähnchen, Ente und Gans;
  - zu geschmortem Rind und Lamm mit Sommergemüse, Schweinefleisch mit Äpfeln, Zwiebeln und Cidre, geschmorten Schweinekoteletts auf Weißkohl;
  - zu Quiche mit Käse, Kuchen mit Schweinemett und Tomaten, Kartoffelkuchen mit Hackfleisch.

Einkaufstip
Frische Blätter von Schnitt-, Knollen- und Stangensellerie gibt es bei vielen Gemüsehändlern das ganze Jahr über. Getrocknet ist Schnittsellerie Bestandteil von Suppen- und Fischgewürz.

Extratip
Falls Sie Schnittsellerie nicht bekommen: Die zarten Herzblätter von Stangensellerie schmecken etwa so milde wie glattblättriger, die von Knollensellerie etwa so würzig wie krausblättriger Schnittsellerie.

Senfkörner

Brassica juncea (Sinapis juncea): Sareptasenf, Russischer Senf, Indischer Senf, Chinesischer Senf, Würzsenf, scharfer Senf
Brassica nigra: Schwarzer Senf, Französischer Senf, Braunsenf, Brauner Senf, Roter Senf
Sinapis alba: Weißer Senf, Englischer Senf, Gartensenf, Gelber Senf, Wildsenf, Mostardkorn
Familie der *Brassicaceae* – Kreuzblütler

Senfkörner sind ein Universalgewürz in der Küche: Schwarze Senfsamen gehören zum indischen Kari (Seite 50), Sareptasenf und Weißer Senf zum europäischen Mostrich (Rezept Seite 231). Gemahlen und mit Flüssigkeit vermischt, aromatisieren sie Saucen. Geröstet und geschmort würzen sie alles, was Sie scharf mögen, und passen zu eingelegtem Gemüse und Obst.

Senfkörner in der Küche
Schwarzer Senf ist etwas schärfer als Sareptasenf und wesentlich schärfer als weißer. Die Körner werden viel in der Küche Indiens verwendet und immer – auch für Salate – in Öl oder anderem Fett gebraten, bis sie aufplatzen. Dann gibt man die anderen Zutaten bei. In Westeuropa und Nordamerika nimmt man vorwiegend hellbraunen Sareptasenf und Weißen Senf mit gelblichen und größeren Körnern.

- Schwarze Senfkörner passen zu
  - indischem Möhrensalat mit Zitronensaft, Füllung für indische Samosas und Pfannkuchen (Dosa);
  - gebratenen Auberginen in scharfer Tomatensauce, grünen Bohnen mit Knoblauch, Spinat mit Kartoffeln und Knoblauch aus dem Wok, Bratkartoffeln mit Sesam und Zitronensaft;
  - Fisch und Meeresfrüchten in Joghurtsauce mit Chillies;
  - geschmortem Huhn oder Putenschenkeln mit Gewürzen und Kokosflocken;
  - Mangochutney, indischen Raitas, eingelegtem Gemüse.

- Gelbe oder weiße Senfkörner passen ganz oder im Mörser zerrieben zu
  - eingelegten Bratheringen, Soleiern, süß-saurem Gemüse, Senffrüchten;
  - Wildgeflügel-, Rindfleisch- und Wildbeizen, scharfer Obstsauce als Glasur für gegrillte Spareribs.

- Scharfes Sarepta-Senfmehl oder mildes weißes Senfpulver nimmt man
  - für Salatsauce, selbstgemachten Senf (Rezept Seite 231), Senfsauce zu Graved Lachs, Mayonnaisesauce zu rohen Gemüsestiften, gebackenen Kartoffeln oder Fondue, Schmantsauce zu gebratenen Heringen, Kartoffelsalat mit Mayonnaise, Äpfeln und Senfgurken;
  - für scharfe Kartoffelsuppe, Linsensuppe mit Äpfeln oder Backpflaumen;
  - für grüne Bohnen in Tomatensauce, süß-scharfes Rotkohlgemüse, Sahnesauce für Möhren und rote Beten, Spinatomelett, Rührei mit Auberginen, Kartoffeln und/oder Tomaten, Kartoffelpüree zu kurzgebratenem Fleisch;
  - für pochierte Eier in Senfsauce, indonesische Eier in gelber Sauce *(Gulaiteher)*;
  - für Fischfilets mit Senfsahne gratiniert, Senfsauce zu pochiertem Fisch;
  - für Schweinekoteletts ins Senf-Sahne-Sauce;
  - für Piccalilli, Gemüse- oder Zwiebelrelish, Chutneys und Tomatenmarmelade.

Einkaufstip
Gelbes bis ockergelbes Senfmehl besteht aus den weißen Körnern, gelbbraunes aus Sareptasenf, grünlich-gelbes und dunkelbraunes aus den schwarzen Körnern.

Senfsprossen

Brassica nigra (schwarzer Senf), *Sinapis alba* (weißer Senf)
Familie der *Brassicaceae* – Kreuzblütler

Die Sprossen und Blättchen aus schwarzen, weißen und gelben Senfkörnern können Sie ganz leicht selbst ziehen: in lauwarmem Wasser etwa drei Stunden einweichen, in Erde für Kräuter säen und jeden Tag mäßig gießen. Sobald die Blättchen etwa daumenhoch sind, mit der Küchenschere abschneiden und zubereiten. Wer nicht die Blättchen, sondern schon die Sprossen essen will, gibt die gewässerten Samen in ein großes Einmachglas oder in eine Keimbox aus dem Naturkosthandel.

Senfsprossen in der Küche
Sie schmecken aromatisch und scharf wie Senf, ohne dabei die erfrischende Würze grüner Kräuter zu verlieren. Die Sprossen zeigen sich nach drei bis fünf Tagen, dann erscheinen die grünen Keimblättchen – geformt wie kleine Schokoladen-»Katzenzungen«. Je höher die Senfpflänzchen wachsen, desto schärfer werden sie. Essen Sie Sprossen und Blättchen roh oder nur kurz erhitzt, sonst verlieren sie Schärfe, attraktives Grün und viele Vitamine.

- Frische Senfsprossen und Blättchen passen zu
  - grünem Salat, Feldsalat und Chicoréesalat mit Orangen oder Trauben, Kartoffelsalat, allen gemischten Sprossensalaten, Eiersalat;
  - Frischkäse, Quark und Remoulade, Kräutervinaigrette zu Artischocken;
  - Füllung für Frühlingsrollen, Reisbällchen;
  - legierter Gemüsesuppe mit Blumenkohl, Kohlrabi, Möhren, Kürbis und Zucchini, Kartoffelcreme- und Lauchsuppe, legierter Hühnersuppe mit Zitrone, Getreidesuppe mit Kräutern;
  - Holländischer Sauce zu Artischocken und grünen Bohnen, Sahnesauce zu gebackenen roten Beten oder Kartoffeln, zu Kartoffelgnocchi und Kartoffelgemüse, gedünstetem Chicorée, Fenchel oder Stangensellerie, Schmorgurken, Kohlrabi und Zwiebeln;
  - Risotto mit Käse oder Fisch, Nudeln mit Fisch oder kurzgebratenem Fleisch und Zitronen-Sahne-Sauce, Getreidefrikadellen und geschmortem Getreide auf Risottoart;

- Omeletts, Rühreiern, pochierten und wachsweichen Eiern in heller Sauce;
- Fisch und Langostinos in Sahne- oder Buttersauce;
- Hühnerbrüstchen, Putenschnitzel, Kalbsröllchen, Rinderrouladen mit Käsestreifen, geschnetzeltem Lamm, Rind und Schwein, gesottenem Ochsenfleisch.

Einkaufstip
Zum Keimen brauchen Sie nur ganz normale Senfkörner, die man auch zum Einlegen von Gurken nimmt. Die Sprossen gibt es im Naturkostladen und Reformhaus, die Blättchen müssen Sie selbst ziehen.

Extratip
Senfblättchen passen zu allen Gerichten, die sonst mit Senf und/oder Kapern zubereitet werden.

Achtung!
Nicht zu viele Samen auf einmal keimen, damit sie genügend Luft bekommen und nicht schimmeln: Das Einmachglas sollte maximal fingerhoch gefüllt sein. In der Keimbox und in der Erde sollten die Samen nebeneinander liegen.

Sichuan-Pfeffer

Anispfeffer, Szechuan-Pfeffer
Zanthoxylum piperitum (Fagara piperita)
Familie der *Rutaceae* – Rautengewächse

Die kleinen, rötlichen Beeren mit den schwarzen Samen sind nicht mit dem Pfeffer verwandt, schmecken aber pfeffrig-scharf und aromatisch. Ihr Duft erinnert an Mandarinen, und in der chinesischen Küche wird Sichuan-Pfeffer in Fleischgerichten häufig mit Mandarinenschalen kombiniert. Er ist Bestandteil der Fünf-Gewürze-Mischung und eines Pfeffersalzes für Gegrilltes, Ausgebackenes und für Marinaden.

Wie Sichuan-Pfeffer wächst

Er stammt von einem Baum mit dornigen Zweigen, gelbem Holz und fiederigen Blättern – ähnlich wie die des Vogelbeerbaums. Aus den winzigen Blüten an kleinen verzweigten Stielen entwickeln sich die Früchte: rote Beeren mit schwarzen Samen. Deshalb sind im Tütchen mit getrocknetem Sichuan-Pfeffer immer kleine rötliche, aufgesprungene Kapseln, schwarze Körner und dünne Stielchen. Bei uns wächst der Szechuan-Pfefferbaum als Zierstrauch, in Nordchina, Japan und Korea wird er auch der Beeren wegen kultiviert. In diesen Ländern erntet man die Beeren in verschiedenen Reifestadien – wie unreife, grüne Pfefferbeeren (Seite 130) – und verwendet sie frisch. Zu uns kommen nur reife, getrocknete Beeren.

Sichuan-Pfeffer in der Küche
Man kann alles verwenden – Fruchtkapseln, Körner und Stielchen. Doch das meiste Aroma sitzt in den rötlichen Fruchtkapseln: Schärfe und ein aromatisches Öl, das Geruch und Geschmack bestimmt. Deshalb rösten und mahlen viele Köchinnen den Pfeffer, so daß beim Sieben dann die dunklen Körner zurückbleiben. Das Rösten – ohne Fett! – verstärkt übrigens das Aroma von Sichuan-Pfeffer.

- Ganze oder im Mörser grob bis staubfein zerriebene Kapseln passen zu
  - Marinade für fritierte Hähnchenflügel auf Salat;
  - Sauce aus feingehackten Frühlingszwiebeln und Hühnerbrühe zu gekochtem Huhn, Pfeffersauce mit Lauch, Sojasauce, Hühnerbrühe und Sesamöl zu Geflügel und Fisch, Dips für ausgebackenen Fisch im Teig;
  - Chinasuppen mit Gemüse, Geflügel, Schweinefleisch, Rinderbrühe;
  - Gurkengemüse oder Kartoffeln mit Chillies und Ingwer aus dem Wok;
  - in Ausbackteig fritiertem Fisch, Garnelen mit Gemüse aus dem Wok, Fischfrikadellen, Marinade für Grillfisch, Fischfond als Saucengrundlage;
  - geschmortem Huhn oder sautiertem Rinderfilet mit getrockneten Mandarinenschalen, Chilischoten, Ingwer und Sojasauce;
  - eingelegtem Gemüse.

Einkaufstip
Das Gewürz bekommen Sie in allen Asienläden und – als Dekopfeffer für Trockenblumengestecke – auch im Bastelgeschäft. Unzerkleinert hält es sich kühl und trocken gelagert in einem dunklen Schraubglas jahrelang ohne starken Aromaverlust.

Extratip
Die duftenden Blätter des Szechuan-Pfefferbaums heißen Sansho, Konasancho oder Kinome. Sie sind in Japan Gewürz und Garnierung für Suppen und Fisch.

Achtung!
In die Pfeffermühle für den täglichen Bedarf gehört Sichuan-Pfeffer nicht, denn in größeren Mengen kann er gesundheitsschädlich sein. Sie dürfen ihn also nicht so verschwenderisch wie echten Pfeffer verwenden.

Speisezwiebel

Zwiebel, Bolle, Fölle, Küchenzwiebel, Sommerzwiebel, Zippel, Zwiewel
Allium cepa
Familie der *Liliaceae* – Liliengewächse

Zwiebeln werden dreimal im Jahr geerntet: Die Säzwiebeln der März-Aussaat von August bis September, die August-Aussaat im Juni des Folgejahres. Steckzwiebeln, die im März in die Erde kommen, sind im Juli reif zur Ernte. Sie sind größer als Säzwiebeln, aber nicht so haltbar.

Zwiebeln in der Küche
Sobald Sie eine Zwiebel aufschneiden, wird ein ätherisches Öl mit schwefelhaltigen Aromastoffen frei. Einer dieser flüchtigen Stoffe bewirkt die Tränen beim Zwiebelschneiden: Sobald er in die Luft entweicht und mit dem dünnen Flüssigkeitsfilm auf unseren Augen in Berührung kommt, zerfällt er und bildet dabei schwefelige Säure. Diese wiederum regt den Tränenfluß an. Deshalb hilft es, Zwiebeln am offenen Fenster zu schneiden oder Zwiebel, Messer, Arbeitsbrett und Hände zuerst in Wasser zu tauchen. Denn bei der ersten Methode wird ein Teil des Aromastoffs »verweht« und gelangt gar nicht an die Augen. Bei der zweiten Methode hält das »schwere« Wasser das leichte Aroma sozusagen fest. Die dritte, sicherste Methode empfiehlt sich bei großen Zwiebelmengen: eine Skibrille aufsetzen.

- Speisezwiebel
  - Küchenzwiebel: Sie ist die gebräuchlichste Würze in unseren Küchen. Es gibt ovale und längliche, flache und runde, gelbliche und braune, milde und beißend scharfe Sorten. Die Schärfe hängt mit Wassergehalt und der Menge der Schwefelverbindungen zusammen. So sind kleine dunkle Zwiebeln gewöhnlich schärfer als größere helle.
  - Gemüsezwiebel: Sie ist die größte unter den Zwiebeln und kann bis zu 500 Gramm wiegen. Gemüsezwiebeln haben braune Schalen und mildes, leicht süßes Fleisch. Man kann sie roh essen, schmoren, ausbacken und wie anderes Gemüse füllen. Wie die Küchenzwiebel ist sie das ganze Jahr über auf dem Markt.
  - Rote Zwiebel: Sie ist die ideale Salatzwiebel, weil sie schön aussieht, milde Schärfe und angenehme Süße besitzt. Sie hält sich wie Gemüse höchstens eine Woche frisch.

- Silberzwiebel: Sie ist die kleinste und feinste der Speisezwiebeln, selten auf dem Markt und wird – wie die Schalotte – grammweise verkauft. Sie gehört zu Mixed Pickles, eingelegtem Gemüse und eignet sich wegen der kurzen Garzeit gut für Grillspieße. Als Silberzwiebeln werden auch junge Sommer- oder Winterzwiebeln mit weißen Schalen bezeichnet.
- Frühlingszwiebel: Flachrunde, bis vier Zentimeter große weiße Knolle mit dicken Röhren. Frühlingszwiebeln schmecken mild, eignen sich gut zum Rohessen. Sie kommen von Mitte Juni bis Mitte August auf den Markt und halten sich wie Schnittlauch nur ein bis zwei Tage.
- Lauchzwiebel: Sie hat die Form dünner Lauchstangen und die Röhren von Schnittlauch. Lauchzwiebeln schmecken wie Frühlingszwiebeln, sind das ganze Jahr über auf dem Markt und halten sich ein bis zwei Tage.
- Weiße Zwiebel: Sie ist die mildeste Speisezwiebel mit ganz dünner Haut. Sie schmeckt roh und zu Chutneys oder Tomatenmarmelade. Beim Schmoren oder Braten gibt sie zu wenig Aroma her.

Zwiebeln kaufen und aufbewahren
Alle Zwiebeln müssen sich fest anfühlen, die Hälse müssen bereits vollkommen getrocknet sein, und die Knollen dürfen nur ganz schwach riechen. Eine Zwiebel, die noch ganz und in der Haut kräftig nach Zwiebel riecht, beginnt zu faulen und kann die anderen »anstecken«. Kaufen Sie möglichst nur so viele Zwiebeln, wie Sie innerhalb von ein oder zwei Wochen verbrauchen. Zwiebeln halten sich zwar bis zu acht Monaten, doch die dafür günstigen Lagerbedingungen gibt es im Haushalt gewöhnlich nicht.

Extratip
Steckzwiebelchen können Sie im Winter wie Blumenzwiebeln in Töpfe pflanzen. In der warmen Küche treiben sie bald die grünen Röhrchen, die man wie frischen Schnittlauch oder Lauchzwiebelgrün verwendet. Nach einigen Wochen läßt das Wachstum nach, und man steckt neue Zwiebeln.

Sternanis

China-Anis
Illicium verum
Familie der *Illiciaceae* – Sternanisgewächse

Hierzulande sind die dekorativen Sternchen eher Bastlern vertraut als Köchinnen. Schade, denn Sternanis würzt noch ein bißchen feiner als Anis – mit dem es übrigens nicht verwandt ist. Die Sternchen und die Samen geben einen Hauch Bitternis als harmonischen Kontrast zu Fettem.

Sternanis in der Küche
Sternanis gehört vor allem zur Küche des Ostens: Er ist Bestandteil des chinesischen Fünf-Gewürze-Pulvers, wird in China und der chinesischen Thaiküche für Schweinefleisch, Huhn und Ente verwendet. Die Vietnamesen nehmen ihn hauptsächlich für Brühen und Gekochtes. In der von Ostasien beeinflußten europäischen Feinschmeckerküche habe ich ganzen oder gebrochenen Sternanis auch an Fischgerichten gegessen und war begeistert. Grob zerkleinert und als Pulver ist Sternanis in Europa ohnehin vertraut – als Beimischung zu Lebkuchen- und Glühweingewürz. Zu Sternanis passen am besten Pfeffer, Knoblauch, Fenchel, Nelken und Ingwer.

- Ganze Früchte (Sternchen) oder Samen kann man roh oder gegart verwenden. Sie schmecken zu
  - marinierten Forellen, gebeiztem Lachs, Fischsalat mit Gemüse, Fischterrine;
  - geschmorten Zucchini mit Kräutern, Zwiebelgemüse mit Orangenschale, Wirsing- und Weißkohlgemüse, gebratenen Pilzen;
  - gebratenem Reis mit Krabben und Frühlingszwiebeln, gebratenen Nudeln mit Schweinefleisch und Fenchel;
  - Fond zum Dämpfen von Fisch, Fischcurry mit Kokosmilch, gebratenem Fisch mit Glasnudeln aus dem Wok, geschmortem Fisch mit Paksoi, Mangold oder Spinat;
  - Marinade für fritiertes oder gegrilltes Huhn, geschmorten, süß-sauren Hühnerkeulen, Entenbrust mit Pflaumenweinsauce;
  - geschmortem Rind mit Frühlingszwiebeln, Knoblauch, Zitronengras und Chillies, gebratenem Schweinebauch mit Kastanien aus China, Ochsenschwanzragout, Wildragout.

- Gemahlen nimmt man Sternanis für
  - Brot, Brötchen, Kuchen mit Gemüse und/oder Hackfleisch, Käsegebäck;
  - Apfeltorte, Gewürzkuchen, Baiserschalen für Beeren mit Schlagsahne, Butter- und Gewürzplätzchen, Spekulatius, Lebkuchen, Printen, Anisplätzchen, Nürnberger Eierzukker, Frankfurter Brenten;
  - Brombeer- und Bananenkonfitüre, Pflaumenmus, Orangenmarmelade;
  - Punsch, Glühwein.

Einkaufstip
Sternanis bekommen Sie in Asien- und Naturkostläden. Die ungemahlenen Sternchen halten ihr Aroma in einem Schraubglas etwa drei Jahre, Pulver wird viel rascher fade.

Extratip
Julie Sahni, Expertin für indische Küche, mischt Sternanis und etwas Basilikum, wenn sie für kräftige Gemüsecurrys aus Asam kein Kampferbasilikum bekommt.

Sumach

Sumak
Rhus coriaria
Familie der *Anacardiaceae* – Sumachgewächse

Sumach habe ich während meiner Studentenzeit kennengelernt: An einem schönen Sommertag waren wir – eine Gruppe von Deutschen und Iranern – bei Ali, dem Geologen, zum Kebab eingeladen. Nachdem er die Fleischspieße auf den Tisch gestellt hatte, häufte Ali uns den Reis auf die Teller, legte ein paar Butterstückchen drauf, drückte eine Mulde für eine halbe Eierschale mit einem Eigelb in den Reis und streute ein grobkörniges dunkelviolettes Pulver über das Ganze. Der persische Name »somâgh« – das »gh« am Ende müssen Sie wie eine Mischung aus unserem »ch« und »r« sprechen – sagte mir damals überhaupt nichts, und ich bekam das Pulver auch nicht. Erst Jahre später habe ich es an einem Gewürzstand auf dem Münchner Viktualienmarkt aufgetrieben.

Wie Sumach wächst
Der etwa drei Meter hohe Sumach- oder Färberbaum stammt aus dem Mittelmeerraum und Vorderasien; dort wächst er noch

überall wild. In Iran und der Türkei wird er für Eigenverbrauch und Export kultiviert. Aus den kleinen gelblichen Blütenrispen entwickeln sich dekorative Ähren mit leuchtendroten Beeren. Der größte Teil der Beeren wird getrocknet und zu Pulver vermahlen. Der Rest kommt unzerkleinert frisch oder getrocknet in den Handel, und man kann daraus mit Wasser einen sauren Sud kochen, den man zum Würzen von Salatsauce, Gemüse, Fleisch und Fisch nimmt – ähnlich wie Tamarindenwasser in Südostasien.

Sumach in der Küche

Für den Sud übergießt man 1 Eßlöffel getrocknete Beeren mit 1 Tasse heißem Wasser. Wenn Sie das Pulver haben: 1 gehäuften Kaffeelöffel in einen Teefilterbeutel geben und in $^1/_2$ Tasse heißem Wasser ziehen lassen, bis der Sud wieder abgekühlt ist.

- Mit dem rötlichen, säuerlichen Sumachwasser kann man zubereiten
  - Dressing mit Joghurt für Gurkensalat mit Nüssen, Möhrenrohkost mit Apfel, rote Beten mit Granatapfelkernen;
  - klare Fischbrühe mit Fenchelstreifen, Tomatenachteln, Ananasstückchen und gewürfeltem Goldbarsch;
  - süß-scharfe Sauce zu gegrillten Hummerkrabben und Hähnchenstücken vom Holzkohlengrill;
  - Lammgeschnetzeltes mit gebratenen Auberginen.

- Sumachpulver riecht ein wenig nach Honigkuchen, schmeckt mild ohne Schärfe, fein säuerlich und fruchtig. Es wird roh über Speisen gestreut oder mitgegart. Es paßt zu
  - türkischen Teigschiffchen mit Hackfleisch und Gemüse (Börekler), Nudelteig für Teigtaschen mit Hackfleisch;
  - gebratenem oder gegrilltem Fisch;
  - geschmorter Ente, Spießen mit Putenfleisch, Lamm, Kalb;
  - Fladenbrot mit Belag aus Thymian, Sesam, Öl und Salz;
  - eingelegten Datteln, Aprikosen- und Zwetschenkonfitüre.

Sumach kaufen und aufbewahren

Die getrockneten Beeren und das Pulver bekommen Sie in türkischen Lebensmittelgeschäften, das Pulver auch in speziellen Gewürzläden und in der Apotheke. Häufig enthält es etwa zehn Prozent Kochsalz, deshalb beim Würzen vorsichtig sein; das Pulver fest verschlossen und trocken in einem Schraubglas aufbewahren.

Suppengrün

Gewätzel, Gemüsebündel, Suppenbund, Suppenkraut, Wurzelwerk
Gemüse und Kräutermischung

Suppengrün bekommen Sie fertig gemixt: entweder als richtiges Gemüsepaket oder als zierliches Bund. Es sollte aus zwei Petersilienzweigen, je einem Stück Möhre, Lauch, Petersilienwurzel und Knollensellerie bestehen. Je nach Jahreszeit kann es statt der Petersilienwurzel die mildere Pastinake enthalten. Die französische Version des Wurzelwerks, das *Mirepoix*, sind fein zerkleinerte Knollensellerie, Möhre und Zwiebel, kombiniert mit gehacktem Thymian.

Suppengrün in der Küche
In der traditionellen Küche nimmt man es zum Aromatisieren von Brühe und Schmorsud , in der neuen Küche auch als eigenständige Gemüsebeilage zu Fisch, Fleisch und Geflügel, als Füllung für Gemüse, Teigtäschchen und Quiches. Besonders im Winter ist Suppengrün eine aromatische, preiswerte und praktische Alternative zu Importgemüse. Wenn das Essen intensive Würze verträgt, schneiden Sie das Gemüse in Würfel oder feine Stifte und braten es in Fett kurz an. Soll es nur sanft würzen, lassen Sie es ganz, binden es nach dem Putzen und Waschen wieder zusammen und entfernen es vor dem Servieren.

- Ganz oder grob gehackt nimmt man Suppengrün für
  - Beizen und Marinaden, Fonds und Brühen mit Fisch, Geflügel, Fleisch und Wild;
  - Sud für Fisch blau, pochierten Fisch, Sud für Tintenfisch und Muscheln;
  - Suppen und Eintöpfe mit Hülsenfrüchten;
  - Schmorsud für Gänse-, Enten- und Truthahnbraten;
  - Rinderschmorbraten, Kalbsbraten, Schweinebraten, Kalbs- und Schweinshaxe, Wildragout.

- Fein zerkleinert paßt es zu
  - Kartoffelsalaten, Linsen- und Bohnensalat, Herings- und Rindfleischsalat;
  - Gemüse-, Fisch- und Schinkensülze, Matjestatar;
  - Blätterteigpastetchen mit Krabben-, Geflügel- oder Kalbfleischfüllung;
  - selbstgekochter Gemüsebrühe, klaren Suppen mit Gemüse-, Fisch-, Geflügel- oder Fleischbrühe und Ein-

lagen wie Klößchen, Eierkuchenstreifen oder Eierstich, legierter Grieß-, Buchweizen- oder Grünkernsuppe;
- Bratkartoffeln und Kartoffelgemüse, Füllung für Kohlrouladen, Auberginen, Kohlrabi, Gurken und Zucchini;
- gebratenem Reis mit Fleisch oder Ei, Bologneser Sauce zu Nudeln, Getreidefrikadellen;
- Eierkuchenfüllung mit Pilzen oder Fleisch;
- Füllung für Fischrouladen, Sahne- oder Buttersauce zu Fisch und Meeresfrüchten, Fischpirogge;
- Hühner-Suppentopf mit Gemüse und Reis oder Nudeln, Ente mit Sauerkraut, Gänsekeulen mit Rotkohl;
- Ragout und Gulasch, Rouladen und Schmorbraten mit Fleisch und Wild, Frikadellen und Hackbraten;
- Quiche-Belag mit Käse und Speck, Füllung für Blätterteig- oder Hefeteigtaschen mit Fischfarce, Hackfleisch, Käse und Speck, Füllung mit Frisch- oder Edelpilzkäse für herzhafte Windbeutel.

Einkaufstip
Gutes Suppengrün enthält nicht nur Wurzeln, sondern auch Blätter, denn daran erkennen Sie die Frische: Läßt die Petersilie bereits ihre Blätter hängen, und ist der Lauch lasch, gibt das Suppenbündel nicht mehr viel Aroma her.

Tamarinde

Indische Feige, Sauerdattel
Tamarindus indica
Familie der *Fabaceae = Leguminosae* – Schmetterlingsblütengewächse

Die jungen Blätter, die Blüten, die unreifen Schoten und das reife Fruchtmark – alles wird verwendet. In Indien, Indonesien, Malaysia und auf den Philippinen gehört Tamarinde zu den alltäglichen Gewürzen. Extrakt aus Fruchtfleisch und Kernen ist der Essig vieler asiatischer Küchen.

Wie Tamarinden wachsen
Es sind mächtige Tropenbäume: bis zu 25 Meter hoch, mit acht Meter starken Stämmen. Die reifen Schoten sind etwa zehn Zentimeter lang, braun, spröde und leicht aufzubrechen. Sie enthalten dunkles Fruchtmark mit harten rotbraunen Samen. Es kommt frisch oder getrocknet als Würze in den Handel, ist Bestandteil vieler Fertigprodukte; der säuerliche Geschmack von Worcestersauce zum Beispiel stammt von Tamarinde.

Tamarinde in der Küche
Tamarinde verwendet man wie Zitronensaft oder Essig: Man nimmt sieben frische Samen aus den Hülsen oder bricht etwa 20 Gramm vom Block ab, legt sie in eine Schüssel, gießt $^{1}/_{8}$ Liter warmes Wasser dazu und drückt alles mit den Fingern oder einem Löffel, bis das Wasser dick und braun ist. Dann gießt man

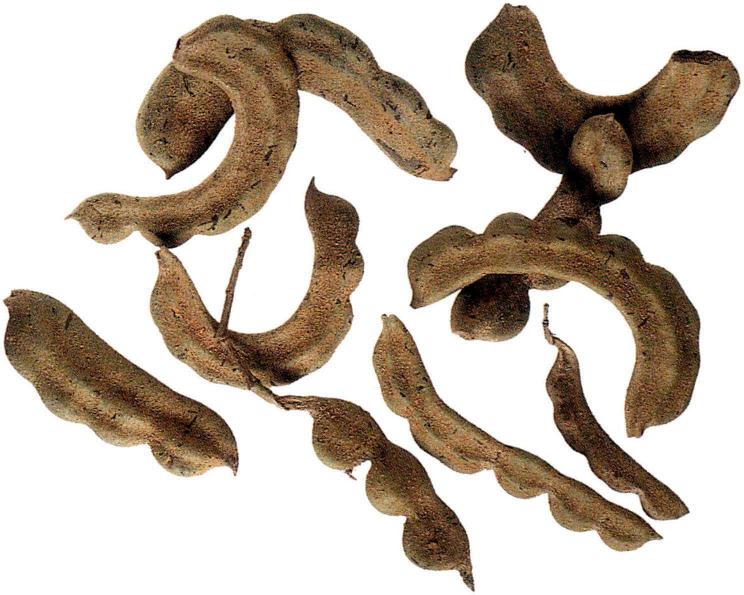

das Wasser durch ein Sieb und drückt die festen Teile noch mal gut aus, bevor man sie wegwirft.

- Tamarindenmark nimmt man für
  - thailändische Salate mit Fisch und Meeresfrüchten, Glasnudelsalat mit Hackfleisch, Shrimps und Chillies, indonesische Gemüsesalate mit Erdnuß- oder Kokossauce;
  - marinierten Fisch mit Zitronengras, Chillies und Knoblauch;
  - saure Gemüsesuppe aus Indonesien, sauer-scharfe Hühnersuppe, saure Suppe aus Thailand mit Shrimps und Chillies;
  - thailändische Reisnudeln mit Krabben, gebratenen Tofu und Tempe;
  - Marinade für Grillfisch und Garnelen, thailändischen gebratenen Fisch mit Chilli und Ingwer, Currys mit Fisch und Meeresfrüchten;
  - Marinade für Geflügel, geschmortes Hähnchen, gegrillte Ente;
  - indonesische Currys mit Rind, Schwein, Lamm und Innereien, Rindfleisch im Sud aus Tamarindenwasser mit sauren Früchten und Kohl;
  - Obstsalat, Cremes und Flammeris, Sandkuchen, Apfelkuchen und Butterplätzchen (statt Zitronensaft);
  - Chutneys, indonesische Sambals, indische Gemüsesaucen und thailändische Currypasten;
  - Konfitüren mit Erdbeeren, Pfirsich, Bananen und Birnen;
  - Bowle, Cocktails, Sommerdrinks mit und ohne Alkohol.

Tamarinde kaufen und aufbewahren
Tamarindenmark ohne Kerne, als Block im Plastikbeutel abgepackt, bekommen Sie in Thailäden. Im geschlossenen Beutel können Sie es bis zum aufgedruckten Datum lagern. Wenn der Beutel offen ist, machen Sie am besten Tamarindenwasser (siehe Extratip) und frieren es ein.

Extratip
Für dickes Tamarindenwasser ein Päckchen Tamarinde ohne Kerne (ca. 227 Gramm) mit 1/2 Liter Wasser aufkochen und auf die Hälfte einkochen lassen. Durch ein Sieb gießen und weitere zehn Minuten einkochen. Verschlossen im Kühlschrank aufbewahrt, hält es sich zwei Wochen, eingefroren drei Monate. Ein Eiswürfel entspricht der Menge von zwei Eßlöffeln dickflüssigem Tamarindenwasser.

Thymian

Demut, Echter Thymian, Gartenthymian, Immenkraut, Römischer Quendel, Zimis
Thymus vulgaris
Familie der *Lamiaceae = Labiatae* – Lippenblütler

Im Süden wächst er wild – Thymianbüsche sind klein, struppig und duften so wunderbar, wie man es im Norden niemals erleben kann. Trotzdem ist er auch bei uns winterhart, weil er selbst in kurzen Sommern rechtzeitig blüht und Samen wirft. Wilder Thymian oder Quendel *(Thymus serpyllum)* mit feinem Zitronenduft ist auch in unseren Breiten heimisch; Sie können ihn an Wegrändern, Böschungen und auf Wiesen finden und genau wie Echten Thymian verwenden. Gewiß ist Thymian das Kraut für Fettes, denn er fördert die Verdauung, doch wer ihn nur für Deftiges nimmt, wird seiner Vielfalt und Eleganz nicht gerecht.

Thymian in der Küche
Er schmeckt frisch und getrocknet. Junge Triebe kann man hakken, von älteren, holzigen Stielen zupft man die Blättchen ab. Die Blütentriebe sind hübsche Dekoration. Thymian paßt auch

zu anderen aromatischen Sommerkräutern wie Basilikum, Oregano, Rosmarin und Salbei.

- Frische oder tiefgefrorene Blätter schmecken roh, gekocht, geschmort, gebraten und gebacken. Sie passen zu
  - mariniertem Schafskäse, marinierten Linsen und Kichererbsen;
  - Pasteten oder Terrinen mit Geflügel, Schwein, Kalb oder Lamm;
  - Blätterteigtaschen mit Kalbsbrät oder Pasteten mit Pilzen;
  - Kartoffel- und Tomatensuppe, Zwiebelsuppe;
  - Sommergemüse, Kartoffelgratin, Bratkartoffeln mit Speck und Ei, grünen und getrockneten Bohnen, gefüllten Champignons mit Brotkrumen und Käse, gebratenen Pilzen oder Pilzen in Sahnesauce,;
  - Risotto mit Tomaten und/oder Zucchini, Bologneser Sauce oder Tomatensauce zu Pasta, Füllungen für Ravioli und Tortellini, Getreidefrikadellen, Getreide nach Risottoart;
  - Rühreiern mit Speck, spanischen Tortillas, wachsweichen oder pochierten Eiern in Tomatensauce, Käsesoufflé;
  - Fisch mit Sommergemüse in der Folie oder aus dem Backofen, Grillmarinaden für Fisch und Meeresfrüchte, gratinierten Sardinen;
  - Brühe, Fond, Marinade, Füllung für Geflügel, Coq au vin;
  - Brühe und Fond für Rind und Wild, für Cassoulet, Rinderschmorbraten in Rotwein, Kalbsschmorbraten, Kalbsleber, geschmortem Kaninchen, Hasenbraten, Lammkeule, Fleischbällchen;
  - Brot und Brötchen mit Kräutern, Belag für Pizza und anderen herzhaften Kuchen mit Tomaten und Käse;
  - Würzessig und Öl, Apfel- und Quittengelee.

- Getrockneter Thymian ist die Alternative, wenn man frischen nicht erhält. Seine Würzkraft ist sehr viel stärker als die von frischem.

Extratip
Wie bei Basilikum, Minze und Salbei gibt es auch von Thymian noch Varietäten, die kulinarisch interessant, aber nur in Spezialgeschäften und/oder auf Bestellung zu kriegen sind. Leicht zu bekommen als Pflänzchen und Samen sind Feldthymian, auch Wilder Thymian oder Quendel *(Thymus serpyllum)* genannt, und Zitronenthymian *(Thymus x citriodorus)*. Zitronenthymian ist außerordentlich würzig und schmeckt nur frisch.

Tripmadam

Felsenfetthenne, Felsenpfeffer, Fetthenne, Salatfetthenne, Steinkraut
Sedum reflexum
Familie der *Crassulaceae* – Dickblattgewächse

Tripmadam ist das richtige Kraut für Küchennostalgiker: John Evelyn, englischer Gartenexperte und Gründungsmitglied der Royal Society, nahm sie für den Monat Juni in seinen Salatkalender (aus dem Jahr 1664) auf. Evelyn hatte seinen Salatgarten mit den unterschiedlichsten Pflanzen so angelegt, daß die Köchin an jedem Tag des Jahres einen gemischten grünen Salat zubereiten konnte. Tripmadam war lange Zeit als Salat- und Gewürzkraut sehr beliebt: Sie finden die Salatfetthenne bis in die dreißiger Jahre in alten Kochbüchern. Dann wurde sie als Küchenkraut vergessen und schmückte nur noch Steingärten.

Tripmadam in der Küche
Sie können kräftig dosieren: Die fleischigen Blättchen schmekken leicht säuerlich und zart bitter, doch sie haben nicht allzuviel Aroma. Kombinieren Sie mit Erfrischendem wie Borretsch und Dill, mit Zwiebeligem wie Schnittlauch und Knoblauch – Wildkräuterfans nehmen auch Knoblauchrauke oder Bärlauch. Tripmadam ist auch das Kräutlein für die Vollwertküche, denn sie paßt gut zu Gesundem wie Rohkost mit Nüssen, kernigen Getreidefrikadellen, Suppen und Saucen mit Wildkräutern.

- Die Blätter müssen frisch gepflückt sein. Man kann sie ganz oder zerkleinert, roh oder kurz erhitzt verwenden. Sie schmecken zu
  - Gurkensalat mit Sahnedressing, Gemüsesalat mit Kräutermayonnaise, Möhren-Apfelrohkost, Kohlrabi- und Rettichrohkost mit anderen Kräutern und eventuell Nüssen, Rindfleischsalat;
  - Käse und Quark mit Kräutern zu Pellkartoffeln und gebratenem Gemüse, Remouladensauce zu kaltem Braten;
  - legierten Suppen mit Grieß, geschrotetem Grünkern, Buchweizen oder Hafer, Kartoffelcremesuppe mit Sahne, Cremesuppe mit anderen Wildkräutern wie Brennesseln, Löwenzahn, Giersch und Vogelmiere;
  - Füllungen mit Hackfleisch oder Getreide und Tomaten für Zucchini, Rondini oder Kohlrouladen, Kartoffelgemüse und – kurz in Butter geschwenkt – zu Salzkartoffeln;

- Reis- und Getreidefrikadellen;
- geschmortem Rindfleisch: unmittelbar vor dem Servieren darüberstreuen;
- Gemüsesäften, alkoholfreien Drinks mit Buttermilch, Joghurt und Kräutern.

Tripmadam kaufen und aufbewahren
Die Pflänzchen gibt es wie andere Kräuter im Gartencenter zu kaufen; sie wachsen auch in Blumentöpfen gut. Tripmadam können Sie das ganze Jahr über frisch ernten; Einfrieren lohnt nicht, und beim Trocknen geht das Aroma verloren.

Extratip
In einem alten Kochbuch fand ich den Tip, die Blätter wie Gemüse sauer einzulegen – mit Lorbeer, Pfefferkörnern, Essig und Zucker. Ich habe es mit einem kleinen Gläschen ausprobiert und empfehle es Ihnen nur, wenn Tripmadam droht, Ihren Steingarten zu überwuchern. Denn die Mengen, die Sie brauchen, sind beachtlich, der kulinarische Ertrag eher gering.

Vanille

Vanilla planifolia
Familie der *Orchidaceae* – Knabenkrautgewächse (Orchideen)

Wilde Vanille wächst als Schlingpflanze an tropischen Waldrändern. Seit dem 19. Jahrhundert wird Vanille in Plantagen kultiviert – zuerst auf der Insel Bourbon, dem heutigen Réunion. Heute kommt diese »Bourbon-Vanille« auch von Madagaskar und anderen Inseln des Indischen Ozeans, aus Mexiko, Uganda und Indonesien nach Europa. Für das Plantagengewächs nimmt man Stangen, Avocado- oder Jackfruchtbäume, die schnell wachsen und genügend Äste für die bis zu 15 Meter langen Vanilletriebe bilden. Die großen Blüten öffnen sich nur wenige Stunden am Vormittag und müssen dann sofort bestäubt werden – in den Plantagen geschieht das manuell, sonst erledigen das Kolibris, Bienen oder bestimmte Insekten. Nach etwa vier Wochen bilden sich aus den Blüten 15 bis 20 Zentimeter lange, knapp einen Zentimeter breite Kapseln. Nach weiteren fünf bis sieben Monaten sind die Kapseln reif und öffnen sich. Das weiche Fleisch im Inneren enthält unzählige Samen – die winzigen schwarzen Pünktchen der Vanilleschote.
Geerntet wird, solange die Kapseln noch gelb und unreif sind. Für den Versand blanchiert man sie in kochendem Wasser oder heißem Dampf, trocknet sie einige Stunden und läßt sie dann in luftdichten Behältern »schwitzen«. Diese Fermentation wird vier Wochen wiederholt, bis die Schoten schwarzbraun, biegsam, aromatisch und haltbar sind.

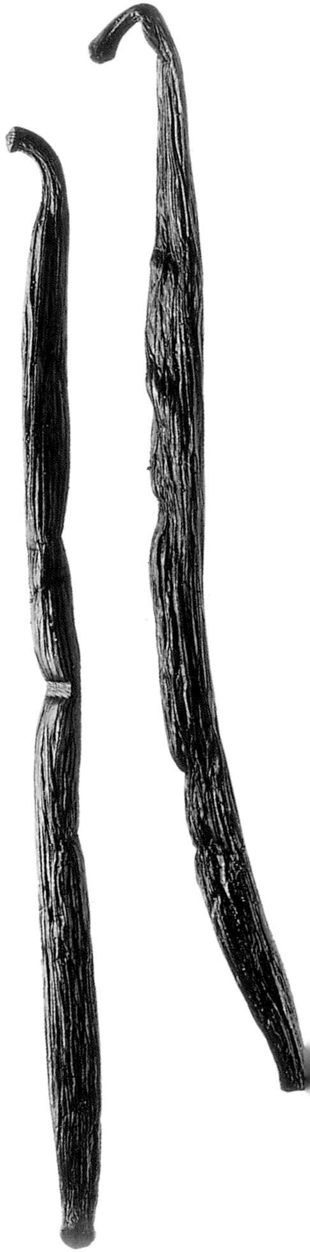

Vanille in der Küche
Am besten schmecken die ganzen Schoten und das Mark: Das typische, süßliche Aroma beruht auf Vanillin und weiteren fünfunddreißig Bestandteilen der Vanilleschote. Deshalb ist die Schote selbst noch aromareicher als das Mark. Und deshalb ist synthetisch hergestellter Vanillinzucker eine Notlösung, aber kein Ersatz für Vanille. Gut sind auch reines oder mit Zucker gemischtes Pulver, notfalls kann man Vanilleextrakt nehmen.
Die ganze Schote schneidet man mit einem kleinen, spitzen Messer längs auf und kratzt das Mark aus lauter winzigen schwarzen Körnchen heraus. Lassen Sie auch die Schote einige Zeit in der Flüssigkeit ziehen, die Sie für die Zubereitung brauchen – zum Beispiel in Fruchtsaft für Obstgrütze, Milch für Flammeris, Sahne für Cremes. Wichtig für den Geschmack: Vanillearoma entfaltet sich am besten mit weißem oder braunem Zucker. Bei Süßmitteln mit intensivem Eigengeschmack wie Honig, Sirup und Vollrohrzucker dosiert man etwas stärker.

Vanille kaufen und aufbewahren
Ganze Schoten, flüssiger Vanilleextrakt, Vanillezucker und Vanillinzucker mit synthetischem Vanillearoma gibt es in Supermärkten. Die Schoten sollen fest, aber gut biegsam sein. Hochwertige gemahlene Vanille bekommen Sie in Reformhäusern, Feinkost- und Naturkostläden. Mexikanische Vanille – botanisch dieselbe Sorte wie Bourbon-Vanille – wird nur getrocknet, nicht fermentiert. Sie ist von besonders hoher Qualität, hat auf dem Weltmarkt aber nur einen Anteil von knapp zehn Prozent. Man bekommt sie in manchen Feinkost- und Gewürzläden. Vanille nimmt leicht fremde Aromen an. Deshalb Schoten und Pulver in der Originalverpackung lassen und getrennt von anderen Gewürzen lagern. Pulver kann man mit Zucker mischen und in einem Schraubglas aufbewahren. Übrigens müssen Sie auch »gebrauchte« Schoten nicht wegwerfen: Nach dem Ziehen nimmt man sie aus der Flüssigkeit, läßt sie trocknen und gibt sie ebenfalls mit Zucker in ein Schraubglas.

Extratip
Ein weißer Belag auf den Schoten ist gewöhnlich kein Schimmel: Mit der Lupe betrachtet, erkennen Sie die nadelartig feinen Vanillinkristalle.

Vogelmiere

Alsine, Feldsternmiere, Hühnerbiß, Hühnerdarm, Hühnermiere, Mausdarm, Sternmiere
Stellrad meide
Familie der *Caryophyllaceae* – Nelkengewächse

Die Botaniker haben ihr den angemessenen Namen gegeben: »Stellaria«, das »Sternchen«. Tatsächlich sehen die winzigen Blüten aus wie Sterne – mit fünf schneeweißen Blütenblättern und rotvioletten oder purpurfarbenen Staubgefäßen. Warum die Volksnamen dagegen so unschön sind – Hühnerdarm stammt von Sebastian Kneipp –, konnte ich nicht ergründen. Am Geschmack liegt es gewiß nicht, denn Vogelmiere gehört zu den zartesten und feinsten aller Wildkräuter. Wegen ihres milden Geschmacks kann man sie mit Löwenzahn, Ysop und anderen kräftigen Kräuter kombinieren. Vogelmiere gibt es das ganze Jahr über. Selbst an milden Wintertagen können Sie das grüne Kraut pflücken.

Vogelmiere erkennen
Sie wuchert üppig in Gärten und Wäldern, auf feuchten, schattigen Wiesen, Waldwegen und an Uferböschungen. Die stark verästelten Stengel kriechen am Boden entlang und bilden lockere, sattgrüne Rasen.

Vogelmiere in der Küche
Die frisch gepflückten Stengelchen können Sie mit den Blüten essen, roh oder kurz erhitzt. Vogelmiere schmeckt

- als Salat mit Schnittlauch, einer Spur Knoblauch, mildem Essig und Kernöl, zu Wildkräuter- und Blattsalaten, Bohnensalat, geraspelten Zucchini in Zitronensaft-Olivenöl-Dressing;
- zu Käse, Quark, Butter und Mayonnaise mit Kräutern, Remoulade zu Roastbeef, Eierbrötchen, Kanapees mit Räucherlachs (statt Kresse);
- zu Dips für Crudités, kalter Crème-fraîche-Sauce mit Tomatenwürfelchen und Knoblauch zu Pellkartoffeln, Getreide- oder Gemüsepudding, Gemüse- oder Fischterrinen, warmen Gemüseflans;
- zu Gemüsesuppe mit Spargel und/oder Zuckerschoten, Lauchsuppe oder Kartoffelsuppe mit Speck;
- als Gemüse in Butter geschmort, eventuell mit Kohlrabi, jungen Möhren oder Blumenkohl, zu Kartoffelgemüse und geschmorten Pilzen;

- zu grünen Spätzle, Gnocchi oder Semmelklößen;
- in Eierstich für klare Brühe, österreichischen Biskuitschöberl, Rühreiern und Omelett;
- zu leichter Sahnesauce über pochierten Filets von Lachs, Kabeljau, Goldbarsch oder Scholle;
- zu Hühnerfrikassee, Kalbsgeschnetzeltem, Kalbsgulasch.

Vogelmiere aufbewahren
Die frisch gesammelten Stengel in einer Kühlschrankbox fest verschlossen kühl stellen. So hält sie sich etwa einen Tag.

Wacholder

Feuerbaum, Krammetbeerenstrauch, Kranawitten, Machandel, Reckholder, Weihrauchbaum
Juniperus communis
Familie der *Cupressaceae* – Zypressengewächse

Zu einer bestimmten Landschaft gehört der Wacholder: Als schlanker Baum prägt er Heiden und magere Wiesen, als struppiger Busch wächst er an Felshängen bis in die Hochalpen. Im Süden stehen Wacholderbäume hoch und aufrecht wie Säulen, zeigen ihre Verwandtschaft mit den edlen Zypressen. Das Holz des Wacholders nimmt man seit Jahrhunderten zum Räuchern, seine Beeren zum Würzen von Schnaps und Schinken – bekannte Wacholder-Würzige sind Gin, Genever und Holsteiner Katenschinken.

Wacholder in der Küche

In der Küche verwendet man die Beeren. Die Würzkraft kann man dosieren: frisch oder frisch getrocknete, zerdrückte Beeren schmecken besonders intensiv, ganze, bereits länger getrocknete Beeren würzen milder. Wacholder kann man roh essen oder zum Kochen, Schmoren und Backen verwenden.

- Die ganzen oder zerdrückten Beeren passen zu
  - Sauerkrautsalat, Rote-Bete- und Kohlsalat;
  - Sauerkraut, Grünkohl, roten Beten, Rotkohl, Tomaten, Weißkohl, Wirsing, Zucchini und Zwiebeln als Suppe, Gemüse oder Eintopf;
  - eingelegtem Schafs- und Ziegenkäse, eingelegten Bratheringen, gebeiztem Lachs;
  - Marinade für Gemüse, Fisch, Geflügel, Fleisch und Wild;
  - Brühe und Fond aus Fisch, Geflügel und Fleisch;
  - Schmorfond zu Hähnchen, Gans und Ente, Rinder- und Schweinebraten, Wild und Wildgeflügel;
  - eingelegtem Gemüse wie Paprikaschoten, Gurken, Kürbis, rote Beten und Perlzwiebeln.

- Zerdrückte Beeren nimmt man für
  - selbstgemachte Wurst, Gänse- und Entenrillettes, kalte und heiße Frikadellen aus Rind, Schwein und Lamm;
  - Pasteten mit Geflügel, Schweinefleisch und Wild;
  - Füllungen mit Äpfeln, Backpflaumen oder Hackfleisch für Gänse-, Enten-, Puten- und Schweinerollbraten;
  - Saucen auf Fondbasis zu Steaks und Wildmedaillons;
  - Quitten- und Apfelgelee, Zwetschenkonfitüre.

Tip zur Aufbewahrung

Wacholderbeeren halten das Aroma nur sechs Monate.

Achtung!

Während der Schwangerschaft und bei Nierenleiden darf man keinen Wacholder essen. Wer Wacholdertee trinken oder Wacholderöl anwenden will, muß erst den Arzt fragen, denn zuviel davon kann die Nieren schädigen.

Waldmeister

Gliedkraut, Herzfreund, Leberkraut, Maiblume, Maichrut, Teekraut, Waldtee
Galium odoratum
Familie der *Rubiaceae* – Rötegewächse

Die berühmte Maibowle soll über tausend Jahre alt sein: Angeblich hat ein Benediktinermönch seinen Wein mit Waldmeister gewürzt und dabei den Getränkehit fürs kulinarische Frühlingserwachen entdeckt. Ehrlich gesagt ist mir die Liebe zu Waldmeister nicht so ganz klar. Denn nur am Geruch nach frischem Heu und dem leicht penetranten Parfümaroma kann es nicht liegen, daß sich Generationen von Kindern für Limonade und grünen Wackelpudding begeistern, daß berühmte Köche Waldmeistercremes kreieren, daß man Liköre und Würste damit würzt. Vielleicht ist das Gift im zarten Kraut so faszinierend: der Inhaltsstoff Cumarin wirkt in größeren Mengen toxisch. Wann Gefahr droht, haben Experten errechnet (siehe unten).

Wie Waldmeister wächst
Das zarte Frühlingskraut finden Sie ab Mai in schattigen Laub- und Mischwäldern. Verwechseln kann man es eigentlich nicht: Die 10 bis 30 Zentimeter hohen Pflänzchen tragen sechs bis acht dunkelgrüne Blätter, die regelmäßig wie ein Stern um die Stengel angeordnet sind. Die kleinen, weißen Blüten sitzen oben an den verzweigten vierkantigen Stengeln.

Waldmeister in der Küche
Zum Essen und Trinken darf man Waldmeister nur vor der Blüte Ende Mai bis Anfang Juni verwenden. Falls im Sträußchen ein paar Blüten blühen, zupft man sie ab. Oft können Sie lesen, daß das Sträußchen erst welken muß, damit sich Duft und Aroma entfalten. Das ist nicht notwendig: Zum richtigen Zeitpunkt vor der Blüte gepflückt, ist die Würzkraft von Waldmeister am stärksten. Und die Cumarine, die den wunderbaren Duft und die Gefährlichkeit des Waldmeisters ausmachen, werden frei, sobald das Kraut gepflückt ist. Bis zur Verarbeitung vergehen dann ohnehin noch ein paar Stunden – egal, ob das Kraut selbst gesucht oder gekauft ist.

- Für die Bowle das Sträußchen kurz unter kaltem Wasser abspülen und ins Bowlengefäß legen. Mit Wein übergießen und 20 Minuten zugedeckt ziehen lassen. Waldmeister herausnehmen und die Bowle fertig zubereiten.

- Für Süßspeisen ein Gramm Waldmeisterblätter mit 350 Milliliter kochender Flüssigkeit (Wasser, Wein, Fruchtsaft oder Milch) übergießen und zugedeckt ziehen lassen. Durch ein Teesieb gießen und je nach Zubereitung heiß oder abgekühlt verwenden:
  - Zabaione mit dem heißem Sud aufschlagen;
  - Gelatine für Cremes im heißen Sud auflösen;
  - Waldmeisterparfait mit dem kalten Sud zubereiten.

Einkaufstip
Die Pflänzchen bekommen Sie in Gartencentern, die Sträußchen für die Maibowle auf dem Wochenmarkt.

Achtung!
Arbeiten Sie bei Waldmeister immer mit einer Diät- oder Briefwaage: Pro Liter Flüssigkeit darf man maximal 3 Gramm Waldmeisterkraut ohne Blüten nehmen.

Wasabi

Japanischer Meerrettich
Eutrema wasabi
Familie der *Brassicaceae = Cruciferae* – Kreuzblütler

In Japan kennt man Wasabi seit etwa einem Jahrtausend. Die Staude mit den herzförmigen Blättern und der durchdringend scharfen, rübenähnlichen Wurzel wächst wie unsere Brunnenkresse an fließenden Gewässern in kühlen Regionen. Man ißt Blätter und Wurzeln auf der Basis von Reisessig zu einem scharfen Senf verarbeitet. Nach Europa kam Wasabi als Beilage zu Sashimi oder Sushi. Leider muß man sich gewöhnlich mit Wasabipulver begnügen, denn die frische Wurzel gibt es kaum zu kaufen. Das mag sich ändern, sobald Japan-Restaurants nicht mehr nur die Schicken und Reichen bekochen, sondern sich um die Vermittlung der kulinarischen Kultur Japans bemühen. Wie außergewöhnlich spannend auch japanische »Hausmannskost« sein kann, haben mir zwei Frauen aus Japan gezeigt, die seit Jahren in Europa leben.

Wasabi in der Küche

Man ißt den Meerrettich vorwiegend zu kalten Gerichten: etwas geraspelter Wasabi wird zum Beispiel für Sushi in den gesäuerten Reis geknetet. Zur einfachen japanischen Küche gehört eine Schale Reis, gegrillter Fisch und eingelegtes Gemüse – Auberginen, Rettich, Chinakohl oder Gurken –, das mit Wasabi und Senf konserviert sein kann. Wasabi ist Würze zu mariniertem Huhn, Zaru soba, kalten Nudeln, die man im Sommer ißt, oder gepreßten Fischhäppchen mit Seetang und Zitronensauce.
Für die Zubereitung mischt man das Pulver aus der gemahlenen Wurzel zu gleichen Teilen mit lauwarmem Wasser und läßt es zugedeckt zehn Minuten ziehen. Wasabi aus der Tube können Sie gleich verwenden. Falls Sie die frische Wurzel bekommen: wie unseren Meerrettich fein reiben und rasch servieren.

- Wasabi nimmt man für
  - Dressing für Sojabohnensalat mit gebratenem Speck;
  - Sushi mit geräuchertem Lachs, Garnelen, Makrelen und gemischten Fischen;
  - Dips für Sashimi;
  - weichgekochte, kalte Buchweizennudeln, bestreut mit zerkrümeltem Seetang, mit Frühlingszwiebeln, Rettich und einem Dip serviert;
  - weichgekochte, kalte Eier mit pikanter Sauce und gekochten Okraschoten.

Einkaufstip

Pulver und Paste gibt es in Japan- und Feinkostläden. Die frische Wurzel habe ich trotz aller Versuche nicht bekommen.

Extratip

Für Sushi nimmt man Wasabi, seit Reis und Fisch zusammen gegessen und die handgeformten Sushi *(nigiri-sushi)* erfunden wurden. Ursprünglich war der Reis nur zur Konservierung von Fisch bestimmt – *sushi* heißt »gesäuerter Reis«. Die Häppchen, wie wir sie heute kennen, sind etwa zweihundert Jahre alt.

Ysop

Bienenkraut, Hisopo, Isop, Ispen, Josefskraut
Hyssopus officinalis
Familie der *Lamiaceae = Labiatae* – Lippenblütler

Ysop ist das Kraut für alle, die Aromatisch-Bitteres mögen. Und das schon ziemlich lange: Marx Rumpolt, berühmter Renaissance-Koch und Küchenchef des Mainzer geistlichen Kurfürsten, mischte mit Ysop, Borretsch, Petersilie und Pimpinelle einen Kräutersalat.

Ysop in der Küche
Das Sommerkraut mit den blauvioletten, manchmal auch rosaroten oder weißen Blüten schmeckt erfrischend, etwas bitter und leicht nach Minze. Ich mag es am liebsten sparsam dosiert mit etwas Süßem: mit Balsamessig im Salat, mit Trockenobst oder frischen Früchten in orientalischen Fleisch-Gemüse-Töpfen, mit einem Löffel Honig im Tee. Sonst verträgt sich Ysop gut mit Zwiebel, Knoblauch und Pfeffer. Ysop können Sie kochen, schmoren und backen; selbst getrocknet hat es viel Würze.

- Frisch gepflückte Blüten sind Garnierung für
  - Salate, belegte Brote, Quark- und Käsemischungen, Suppen und Saucen zu Fisch und Kalb.

- Frische oder tiefgefrorene Blätter kann man roh und gegart verwenden. Sie passen zu
  - allen Salaten, Bistrosalaten mit warmem Ziegenkäse, wachsweichen Eiern oder sautierten Langostinos;
  - Käse, Quark, Butter und Mayonnaise für Pellkartoffeln, Gegrilltem und Gebratenem;
  - Suppen mit Frühlingsgemüse, Fisch oder Geflügel;
  - Blumenkohl, grünen und getrockneten Bohnen, Kohlrabi, Möhren, Schmorgurken und Kartoffeln;
  - Reis mit Schinken oder Krabben und eventuell Gemüse, Nudeln mit Champignons oder Tomatensauce, Getreidefrikadellen, geschmortem Getreide auf Risottoart mit Pilzen, Erbsen und/oder Tomaten;
  - Fisch und Meeresfrüchten mit Sahne-, Wein-, Butter- oder Tomatensauce;
  - Zuckersirup für türkische oder griechische Süßspeisen, Honigsauce für Apfelbeignets;
  - Chutneys, süß-sauer eingelegtes Gemüse und Obst, Beeren- und Kirschenkonfitüre.

- Getrockneten Ysop nimmt man für
  - Suppen und Eintöpfe mit Fisch, Lamm und Kalb;
  - Kräutertee.

Ysop kaufen und aufbewahren
Frischen Ysop bekommen Sie manchmal auf dem Markt oder beim Gemüsehändler, getrockneten in der Apotheke. Sicher ist die Selbstversorgung: Ysop wächst leicht im Blumenkasten.

Extratip
Nehmen Sie entweder Blätter oder Blüten, denn die Blättchen schmecken so intensiv, daß die Blüten dann nicht zur Geltung kommen.

Zimt

Ceylonzimt, Echter Zimt, Kanehl, Caneel, Madagaskarzimt, Javazimt, Seychellenzimt
Cinnamomum verum
Familie der *Lauraceae* – Lorbeergewächse

Zimt stammt aus Ceylon, und die beste Qualität kommt noch heute von dort. Seit Jahrtausenden wird Zimtrinde produziert: in China vielleicht schon vor fünftausend Jahren. Die Ägypter der Pharaonenzeit haben ihn zur Herstellung von Parfüm verwendet. Er gehört vermutlich zu den Gewürzen, mit denen man die Toten behandelte, um sie für alle Zeiten zu erhalten. Ob man ihn damals auch kulinarisch nutzte, ist nicht überliefert.

Wie man Zimt gewinnt
Wilde Zimtbäume wachsen bis zu zwölf Meter hoch. In Plantagen hält man sie als höchstens drei Meter hohe Sträucher, damit man sie besser nutzen kann. Für die Zimtproduktion schneidet man ein bis zwei Jahre alte, etwa 1,5 Meter lange Triebe ab, befreit sie von Seitentrieben und Blättern und trennt in Handarbeit die Rinde ab. Anders als bei Kassia (siehe Seite 84) wird auch die äußere Korkschicht und die holzige Innenseite abge-

schabt. Übrig bleibt die aromatische Innenrinde – hauchdünne Platten von 0,3 bis einem Millimeter Dicke. Sie werden getrocknet – abwechselnd in Sonne und Schatten – und rollen sich dabei von beiden Seiten zu Stangen (das englische Wort »quill« dafür bedeutet auch Federkiel) ein. Aus diesen etwa einen Zentimeter dicken Quills werden die bekannten Zimtstangen geschnitten.

Zimt in der Küche

Aromareicher und haltbarer sind die Stangen. Man gart sie mit und nimmt sie vor dem Servieren wieder heraus oder läßt sie wie Vanilleschoten in heißer Flüssigkeit ziehen. Zimtpulver muß nicht von so guter Qualität wie die Stangen sein. Doch oft braucht man es eben: für Zimtzucker und immer dann, wenn Zimt fein verteilt ins Essen soll. Zimt entfaltet sein Aroma am besten in Begleitung von Süßem – an herzhaften Gerichten können es zum Beispiel Früchte, Wein, Bier oder auch Würzsaucen sein, die alle relativ viel Zucker enthalten.

- Zimtstangen nimmt man für
  - vegetarische Currys oder Currygerichte mit Geflügel und Fleisch;
  - geschmortes Geflügel, Lamm oder Kalb, besonders mit Tomaten oder Zitrusfrüchten, Beizen für Wild und Wildgeflügel;
  - Eier-, Sahne- und Schokoladencremes, Kompott und Obstsalat, Zimtsauce zu gekochtem Pudding, süßem Gratin, Aufläufen oder Soufflés;
  - Chutneys, Senffrüchte, Konfitüren;
  - Glühwein, Punsch.

- Zimtpulver paßt zu
  - Beizen für Wild und Wildgeflügel, Saucen zu Wild und Wildgeflügel, Füllung mit frischem oder getrocknetem Obst für Schweinerollbraten;
  - Eier-, Sahne- und Schokoladencremes, Kompott und Obstsalat;
  - Apfel-, Pflaumen-, Quitten- und Zwetschenkuchen, Gewürzkuchen und Weihnachtskeksen.

Einkaufstip

Zimtstangen werden je nach Dicke der Rindenplatten in acht Qualitäten gehandelt – die beste Qualität ist die dünnste. Zimtpulver besteht meist aus gebrochenen Zimtstangen oder den Resten, die beim Schneiden der Stangen anfallen.

Zitronenblätter

Citrus hystrix
Familie der *Rutaceae* – Rautengewächse

Aromatische Blätter werden von verschiedenen Zitrusarten verwendet. Am häufigsten nimmt man die dunkelgrünen, glänzenden Blätter der Kaffirlimette. Die Zitronenart aus Indien, China und Indonesien, die auch wegen ihrer dicken, würzigen Schale und des leicht bitteren Safts kultiviert wird, gehört zur Küche Südostasiens und der pazifischen Inseln.

Zitronenblätter in der Küche
Sie werden immer gekocht, geschmort oder gebraten: In Indonesien verwendet man sie fein geschnitten und »trocken«, röstet sie zum Beispiel mit Kokosraspeln, Erdnüssen, Schalotten und anderen Gewürzen, mischt sie in Sambals, als Würze für Suppen, Reis oder Gemüse, als marinierende Würzmischung für gegrilltes Geflügel. Nehmen Sie zum Zerkleinern am besten eine Küchenschere, damit Sie die dicken Blätter wirklich fein schneiden können. Zitronenblätter kocht man auch ganz in Suppen und Gerichten mit Sauce. Sie passen zu Knoblauch und Chillies, sauren Zutaten wie Zitronen, Limetten, Zitronengras oder Tamarinde, Galgant und Ingwer, den klassischen Currygewürzen wie Kurkuma, Koriander, Kardamom, Zimt und Nelken.

- Die ganzen Blätter schmecken zu
  - Fleischbrühe für asiatische Suppen, Kokossuppe mit Huhn, klare Fischsuppe mit Gemüse und Muscheln, legierte Fischsuppe mit Wein und Fenchelgrün;
  - Austernpilzen, Kartoffeln und Hülsenfrüchten in Kokoscreme;
  - indonesischem Reiscurry mit oder ohne Fleisch, Füllung für herzhafte Klebreisbällchen, Nudeln, Getreide;
  - Eiern in Currysauce, Garnelen in Kokossauce;
  - Hähnchencurry aus Thailand, geschmorten Entenstücken in säuerlicher Tamarindensauce, gebratenem Rindfleisch mit gewürzten Kokosraspeln, Marinade für Schweinefleisch mit Ingwer.

- Zerkleinerte Blätter nimmt man für
  - Tomatensambal (indonesische Würzmischung) für Suppen, Reis, Nudeln, Gemüse, Fisch, Geflügel und Fleisch, rote Currypaste aus Thailand zu gebratenen Langostinos, gebratenem Reis;
  - Gemüse in gelber Sauce (Rezept Seite 226), Gemüse in Currysauce, Tofufrikadellen;
  - Füllung für gegrillten oder in Folie gegarten Fisch;
  - Füllung für Geflügel mit Couscous, Nüssen und Rosinen, Datteln oder Trockenobst, Würzmischung mit Joghurt, Ingwer und Chillies für geschmortes Hähnchen oder Putenschenkel, Hühnchen mit Galgant und Kokosmilch.

Tips zu Kauf und Aufbewahrung
Frische oder getrocknete Zweige mit Zitronenblättern gibt es in Asienläden. Frische Blätter kann man einfrieren.

Extratip
Es heißt immer, man solle ganze Blätter vor dem Servieren wieder herausnehmen. Doch ich finde ein dunkelgrünes Zitronenblatt mit einem roten Tomatenstückchen in einer weißen Kokossuppe sehr attraktiv. Außerdem kann man sie zum Schluß auslutschen. Das ist gewiß nicht tischfein, aber sehr nützlich, wenn Sie den fein-herben, leicht bitteren Geschmack der Blätter auf der Zunge nachschmecken wollen.

Zitronengras und Zitronellagras

Serehgras, Lemongras
Cymbopogon citratus und *Cymbopogon nardus*
Familie der *Poaceae = Gramineae* – Süßgräser

Sie stammen aus Ostindien und werden heute in vielen tropischen und subtropischen Ländern kultiviert. Zitronengras wächst etwa eineinhalb Meter hoch. Kulinarisch genutzt wird nur der untere Teil des Halms, der ähnlich wie eine Lauchzwiebel ohne Wurzeln aussieht. Beide Gräser gehören zur Küche Indonesiens, Vietnams und Thailands. Überall dort nimmt man es nur für die authentischen Gerichte und nicht für die von China beeinflußte Landesküche.

Zitronen- und Zitronellagras in der Küche
Zitronengras gibt den Speisen ein feines Zitronenaroma, das etwas schärfere Zitronellagras steuert noch einen Hauch Rosenaroma bei. Sie können die frischen Halme ganz oder gehackt verwenden. Halme legt man auf die Arbeitsfläche und klopft sie kräftig mit der Nudelrolle flach, damit die Fasern aufbrechen und das Aroma frei wird. Und damit sie sich im Essen nicht in die Fasern auflösen, verknotet man sie ein- oder zweimal wie einen Bindfaden. Bei gehacktem Zitronengras nimmt man nur den unteren, saftigen, weißen Teil, das andere ist zu faserig. Zitronengras paßt zu allen exotischen Gewürzen. Doch besonders gut schmeckt es mir zu Kokosmilch und Chillies.

- Ganze Halme gart man mit und nimmt sie vor dem Servieren wieder heraus. Sie passen zu
  - sauer-scharfer Garnelensuppe, Kokossuppe mit Huhn und Rindfleischsuppe mit Schnittlauch aus Thailand, europäischer Fisch- und Hühnerbrühe;
  - Gemüseeintopf mit grünen Bohnen, Auberginen, Frühlingszwiebeln, Bambus und Kokosmilch, Kartoffeln und Hülsenfrüchten;
  - indonesischem Reis mit geschmortem Huhn;
  - geschmorter Ente mit Gewürzen, Huhn in Kokoscreme;
  - Lammfleischfüllung für indonesische Pfannkuchen.

- Frische, fein gehackte Halme oder – ersatzweise – getrocknete nimmt man für
  - Thaisalat mit Meeresfrüchten, vietnamesischen Fleisch-Gemüse-Salat;
  - Marinade für gebratene Pilze aus Vietnam;
  - Farce aus Fisch oder Meeresfrüchten für Bananenblätter, Curry von Fisch und Meeresfrüchten;
  - Marinade für Grillhähnchen mit Thaigewürzen, für kurzgebratenes und gegrilltes Fleisch – etwa als Füllung für vietnamesische Glücksrollen, für Spareribs und Schweinefleischcurry.

- Das Pulver nimmt man für
  - Chutneys, Würzmischungen für gebratene Garnelen, gebratenen Tintenfisch, Rindfleisch in Kokosmilch, geschmortes Lamm, Grillhähnchen Currypasten.

Zitronen- und Zitronellagras kaufen und aufbewahren
Zitronengras bekommen Sie frisch, getrocknet oder gemahlen in jedem Asienladen. Da es sich – lose in Plastikbeuteln gesteckt und kühl gelagert – etwa zehn Tage frisch hält, bekommen Sie es nicht nur am Tag der Gemüse- und Kräuterlieferung, sondern (fast) immer. Bei Zitronellagras wird es schwieriger; Sie erhalten es meist nur in indonesischen Spezialgeschäften.

Extratip
Getrocknete, zerkleinerte Zitronengrashalme muß man zuerst etwa 30 Minuten in etwas warmem Wasser einweichen. Ein Teelöffel der eingeweichten Halme entspricht etwa der Würzmenge eines frischen. Sereh, getrocknete, gemahlene Halme, können Sie gleich verwenden.

Zitronenmelisse

Melissa officinalis
Familie der *Lamiaceae* = *Labiatae* – Lippenblütler

Bis zur Erfindung der Nouvelle cuisine war uns das Kraut vor allem in flüssiger Form vertraut: Anfang des 17. Jahrhunderts hatten Karmeliter den Melissengeist erfunden. Seither wurden Zipperlein und Übelkeit, depressive Verstimmung und Ohnmacht mit dem hochprozentigen Wässerchen bekämpft. Und da Melisse sogar vor Hexen schützen sollte, ist es vielleicht Goethesche Ironie, wenn das arme Gretchen, vom Bösen Geist geplagt, »Nachbarin, Euer Fläschchen« haucht, bevor sie in Ohnmacht fällt.

Zitronenmelisse in der Küche

Sie lesen häufig, daß Melisse auch getrocknet schmeckt. Ich mag sie nur frisch – sie ist ein kühles Sommerkraut.

- Frische oder tiefgefrorene Blätter kann man roh und gegart verwenden. Sie passen zu
  - Gurkensalat, Kartoffelsalat, Geflügelsalat, Eiersalat mit Gemüse, Fischsalat, Füllung für vietnamesische Glücksrollen, Kräuterquark und Kräutermayonnaise, gefüllten Avocados mit Krabben, kalter Salatremoulade mit Lachs;
  - Gemüsefüllung für gebratene Wantans oder vegetarische Frühlingsrollen, Sauce aus Sojasauce und Zitronensaft zu fritiertem Gemüse (Tempura), Kräuterremoulade zu gebackenem Fisch, kaltem Braten oder Fondue, Sauerkirschsauce zu Kaninchenrücken, Kalbs- oder Rinderbraten, Kräutervinaigrette zu Artischocken, fritierten Pilzen;
  - legierter oder klarer Hühnersuppe mit Gemüse, Getreidesuppe, Käse- oder Butterklößchen in klarer Brühe oder Gemüsesuppe, Eierflaumsuppe;
  - Spitzkohl- oder Chinakohlrouladen mit Lamm- oder Kartoffel-Käse-Füllung, Tomatengemüse, Kräuterpilzen in Sahnesauce;
  - Eierstich für Suppen oder Salate, Crêpes mit Gemüsejulienne, Krabben und/oder Pilzen;
  - pochierter Seezunge oder Langostinos in Kräuter-Wein-Sauce;
  - Marinade für gegrilltes Huhn, Schmorhähnchen;
  - Marinade für gegrilltes Lamm, Füllung für Lammrollbraten mit Schafskäse, Pinienkernen und Knoblauch, Frikadellen oder fritierte Fleischbällchen, Geschnetzeltem in Sahne-Wein-Sauce;
  - Zitronencreme, Obstsalat, Erdbeeren, Joghurtcreme mit Früchten, Obstkaltschalen mit Vanillesauce, Floating Islands, Crêpes Suzette, heißem Kirschkompott zu Eis;
  - Biskuittorte mit Zitronensahne, Erdbeersahnetorte;
  - Kräuteressig, Erdbeer-, Pfirsich-, Melonen- und Mirabellenkonfitüre, Apfel- oder Quittengelee;
  - Kräutertee, Eistee, Fruchtsäften, Sommerdrinks mit Joghurt, Erdbeer- und Melonenbowle.

Extratip

Wenn Sie für asiatische Gerichte weder Zitronengras noch Zitronenblätter bekommen, ist Melisse ein guter Ersatz.

Die Dame mit Hündchen in einer regelrechten Petersilienwiese ist eine der Miniaturen im »Hausbuch der Cerruti«. Zum Thema Petersilie schreibt Ibn Botlan, man solle sie in Haus oder Garten selbst ziehen, nicht zuviel davon essen, denn das verursache Kopfschmerzen. Petersilie treibt den Harn, ruft die Menstruation hervor und öffnet Verstopfungen. Sie macht warmes Blut und ist das ideale Kraut für den Winter und für alte Menschen.

KRÄUTER UND GEWÜRZE FÜR DIE GESUNDHEIT

Zweifellos sind Kräuter und Gewürze zuerst in der Heilkunde genutzt worden. Pflanzen, in denen sich die Wirkstoffe so konzentrieren, wie in Kräutern und Gewürzen, waren zum Essen einfach zu kostbar; sie boten sich als Arzneien geradezu an. So sprechen die Naturwissenschaftler und Ärzte der Antike nur von der medizinischen Wirkung, das Kulinarische wird, bis auf wenige Ausnahmen, nicht erwähnt. »Die Natur ist der Krankheiten Arzt«, lehrte Hippokrates und nahm etwa zweihundert Heilpflanzen in seine Schriften auf. Plinius beschreibt Wild- und Gartenkräuter in allen ihren damals bekannten Funktionen. Manches davon ist inzwischen obsolet: Fenchelsaft zum Beispiel »träufelt man auch in die Ohren, und er tötet die darin befindlichen kleinen Würmer«. Anderes ist noch gültig: Bittere Kräuter wie Beifuß oder Wermut werden seit Jahrhunderten zur besseren Verdauung empfohlen. Heute haben Naturheilmittel Konjunktur; Kräutersäfte, Salben und Essenzen aus Kräutern und Gewürzen gehören für viele Menschen inzwischen zur Hausapotheke. Aus heimischem Anbau stammen nur etwa zehn Prozent der Heil- und Gewürzpflanzen, der Rest wird importiert. Pfefferminze etwa kommt vorwiegend aus Bulgarien, Spanien und Griechenland, Hauptlieferanten für Fenchelsamen sind die Balkanstaaten, China und Ägypten.

Anis
Das Kraut und die Samen machen fettes Essen bekömmlicher. Anissamen kauen hilft gegen Schluckauf.

Bärlauch
Genau wie Knoblauch senkt er Blutdruck und Cholesterinspiegel, schützt Herz und Gefäße, fördert die Verdauung und sorgt für eine gesunde Darmflora.

Basilikum
Es regt Appetit an, beruhigt Magen und Darm, lindert Blähungen. In großen Mengen gegessen, führt es zu Schweißausbrüchen. Deshalb hat man es früher zum Fiebersenken verwendet.

Beifuß
Das würzige Kraut enthält bittere Gerbstoffe, die – ähnlich wie sein Verwandter, der Wermut – bei der Verdauung von fettem Essen helfen.

Bockshornklee
Die Samen schützen die Schleimhäute und fördern die Verdauung.

Bohnenkraut
Bohnenkraut wirkt bakterizid: Es hindert Krankheitskeime an der Vermehrung, so daß der Körper genügend Widerstandskraft mobilisieren kann.

Brennessel
Sie enthält vor allem Vitamin C, Eisen und vielleicht eine Substanz, die den Blutzucker senkt.

Brunnenkresse
Sie gehört zu den Pflanzen, die reichlich Eisen liefern – wichtig für Menschen, die wenig Fleisch essen. Vermutlich wirken alle Kressearten gegen Pilzinfektionen im Darm und neutralisieren krebserregende Substanzen.

Cayennepfeffer, Chillies und Peperoni
Chili kurbelt den Kreislauf an, fördert die Durchblutung, macht Hitze erträglicher und wirkt gegen Darminfektionen. Im Sommer und auf Urlaubsreisen in heißen Ländern sind scharf gewürzte Speisen deshalb ideal. Dabei spielt es keine Rolle, ob das Essen mit Cayennepfeffer, chilischarfen Pasten, frischen oder getrockneten Chilischoten oder mit Peperoni gewürzt ist.

Dill
Er gehört zu den Vitamin-C-reichen Kräutern, regt die Verdauung an und beruhigt die Nerven – das altsächsische Wort »dilla« bedeutet »einlullen«. Dillsamen kauen nach einem deftig-würzigen Essen lindert Blähungen und schenkt reinen Atem.

Estragon für die Gesundheit
Er regt den Appetit an, beruhigt den Magen und soll sogar gegen Würmer helfen.

Fenchel
Die Samen fördern die Verdauung und lindern Blähungen. Deshalb trinken stillende Mütter Fencheltee und geben die Wir-

kung an ihre Säuglinge weiter. Fencheltee hilft auch gegen Husten und beruhigt die Nerven. Das Kauen der Samen ist unauffälliger und praktischer als Teetrinken, aber nicht ganz so wirksam.

Galgant
Meist ist er Bestandteil von Magentee, weil er den Appetit anregt sowie Blähungen und Verdauungsstörungen lindert.

Gänseblümchen
Blätter und Blüten wirken blutreinigend, helfen bei Husten und sind gut für Magen, Gallenblase und Leber. Ein Umschlag aus frischen Blättern heilt Wunden, Ekzeme und Hautausschläge.

Gartenkresse
Wegen der vielen Vitamine und Mineralstoffe ist sie ideal für die gemüse- und kräuterarme Winterzeit. Wegen ihrer beachtlichen Mengen an Vitamin C war sie früher ein Mittel gegen Skorbut. Der hohe Eisengehalt regt die Blutbildung an und macht munter. Ihre scharfen Senföle wirken gegen Pilzinfektionen im Körper, ihre Bitterstoffe regen den Gallenfluß an und fördern so die Verdauung. Vermutlich enthält Kresse auch wirksame Stoffe gegen krebserregende Substanzen.

Gewürzpaprika
Wie Chilischoten enthält Paprika – frisch oder als Pulver – Capsaicin, den Wirkstoff gegen Darmbakterien. Außerdem liefert er eine Menge Vitamin C: scharfer Rosenpaprika etwa 30 Milligramm pro 100 Gramm, der milde Delikateßpaprika, den man eßlöffelweise verwenden kann, sogar 100 Milligramm pro 100 Gramm. Das ist doppelt soviel wie in Orangen.

Ingwer
Von Experten wird er fast so gelobt wie Knoblauch: Frischer Ingwer fördert die Verdauung, lindert Magenkrämpfe und Blähungen. Er wirkt schweißtreibend bei Erkältungen, hilft vermutlich gegen Seekrankheit und seelischen Streß. Ingwer gehört zu den pflanzlichen Nahrungsmitteln, die krebserregende Substanzen unschädlich machen. In Asien setzt man ihn gegen Rheuma, Muskel- und Zahnschmerzen ein.

Kapuzinerkresse
Frische Blätter sind wahre Vitamin-C-Bomben: Mit 300 Milligramm pro 100 Gramm liegen sie weit über Orangen, übertreffen Paprikaschoten und sogar Petersilie um nahezu das Dop-

pelte. Obwohl zu den einzelnen Wirkstoffen noch keine genauen Forschungsergebnisse vorliegen, weiß man jetzt schon sicher, daß Kapuzinerkresse die Abwehrkräfte des Körpers stärkt.

Kardamom
Wie Kümmel und Fenchel stärkt Kardamom den Magen, fördert die Verdauung und lindert Blähungen.

Kerbel
Naturheilkundler empfehlen Kerbelsaft für die Frühjahrskur, weil er harntreibend, entwässernd und blutreinigend wirken soll. Sicher ist, daß Kerbel viel Vitamin C enthält: etwa 80 Milligramm pro 100 Gramm.

Knoblauch
Experten empfehlen, ihn täglich und knollenweise zu essen: »Wer einen lädierten Fettstoffwechsel, hohen Blutdruck, Venenprobleme oder hartnäckige Pilzinfektionen hat, sollte hemmungslos zulangen«, rät Elisabeth Lange. Doch auch Gesunde sollten nie genug vom wohl gesündesten Gewürz überhaupt bekommen: Knoblauch schützt Herz und Gefäße, regt die Verdauung an, hält die Darmflora gesund und soll sogar aphrodisisch wirken. Dragees sind übrigens ebenso wirksam wie frischer Knoblauch.

Koriander
Die Blätter enthalten Vitamin C, doch richtige Heilwirkung haben nur die reifen Früchte: Zerkaut oder als Tee stärken sie Magen und Darm, lindern Blähungen und andere Krämpfe im Verdauungstrakt.

Kümmel und Kreuzkümmel
»Kümmelfrüchte sind das beste pflanzliche Mittel gegen Blähungen«, sagt Manfred Pahlow. Kümmel an Sauerkraut und Schweinebraten hat also nicht nur kulinarische Vorteile. Außerdem lindert er Husten und Periodenschmerzen. Der verwandte Kreuzkümmel wirkt ähnlich, doch die interessanteste Anwendung nennt Plinius: als Getränk zu sich genommen, mache er blaß. Früher sollen Schüler und Studenten sich dieses Tricks bedient haben, um Überarbeitung vorzutäuschen.

Lavendel
Die Blüten beruhigen die Nerven – als Tee, Badewasserzusatz, im Mullsäckchen unter dem Kopfkissen und früher im Riech-

fläschchen. Die Gerbstoffe in Blättern und Blüten fördern die Verdauung.

Liebstöckel
Wie jedes stark würzige Kraut hilft es Salz sparen.

Lorbeer
Größere Mengen von Lorbeerblättern sollen die Verdauung anregen. Aus den Beeren wird ein Öl gewonnen, das man nur äußerlich anwenden darf. Es hilft bei Muskelschmerzen und Verstauchungen. Möglich sind aber auch Allergien gegen Lorbeerblätter und -beeren.

Löwenzahn
Die Blätter wecken den Appetit, fördern Stoffwechsel und Verdauung. Die harntreibende Wirkung des Löwenzahns wird seit Jahrhunderten von Medizinern genutzt; prominenter Patient war Friedrich der Große.

Majoran
Das reichlich enthaltene ätherische Öl wirkt belebend: Es regt die Durchblutung an – auch im Verdauungsapparat – und macht deshalb Essen, das schwer im Magen liegt, besser verträglich. Die Gerb- und Bitterstoffe unterstützen ebenfalls die Verdauung. Getrocknet und gemahlen ist Majoran auch Bestandteil von Schnupftabak, denn er löst den Schleim. Und das gilt – zumindest in Bayern – als eine der segensreichen Wirkungen des »Schmalzlers«. Übrigens soll Majoran-gefördertes Niesen auch Heuschnupfen lindern. Ich habe es offen gestanden nicht ausprobiert, denn während meiner Heuschnupfenphase niese ich auch schon ohne Majoran genug.

Meerrettich
Frisch regt er Appetit und Verdauung an, bringt den Kreislauf in Schwung, hilft gegen Infektionen und Fieber, fördert die Durchblutung der Schleimhäute und hält die Darmflora gesund.

Minze und Pfefferminze
Beide Pflanzen helfen durch das ätherische Öl bei Erkältung und Grippe. Zahnschmerzen, so heißt es, werden durch Kauen der Blätter gelindert. Sie unterstützen die Verdauung, weshalb die Mintsauce zum Lammbraten gehört und eine Minzemarinade ideal für Schweinekoteletts vom Grill ist.

Muskat
Macis, die Muskatblüte, ist noch gesünder als die Nuß, regt die Verdauung an und hebt die Stimmung.

Nelken
Vor dem Essen fördern sie die Durchblutung, damit den Appetit und die Verdauung. Nach dem Essen schenken sie reinen Atem. Außerdem ist Nelkenöl wegen des ätherischen Öls Eugenol so wirksam gegen Entzündungen, daß sogar Zahnärzte es zur Desinfektion verwenden.

Petersilie
Sie gehört zu den Pflanzen, die viel Kalium, Kalzium, Magnesium, Eisen und Phosphor enthalten. Außerdem ist sie reich an Vitamin C. Trotzdem darf man keinen Absud aus den Blättern trinken, denn das ätherische Öl Apiol ist in größeren Mengen giftig. Die Wurzeln sind ein vitaminreiches Gemüse für Herbst und Winter.

Pfeffer
Ein Glas heiße Milch mit Honig und Pfeffer hilft bei Erkältungen, denn Piperin, die scharfe Substanz im Pfeffer, wirkt schweißtreibend, senkt das Fieber und hilft gegen Entzündungen. Beim Essen regt es den Speichelfluß an, was bei kohlenhydratreicher Kost von Vorteil ist, denn die Verdauung von Kohlenhydraten beginnt bereits im Mund. Nach dem Essen entlastet es den Kreislauf.

Piment
Die Beeren enthalten ziemlich viel Vitamin C, wirken verdauungsfördernd und desinfizierend.

Pimpinelle
Sie ist ein Frühlingskraut mit viel Vitamin C und Gerbstoffen, die den Gallenstoffwechsel anregen.

Portulak
Sommerportulak ist eine der Pflanzen, die reichlich Eisen enthalten – gut für alle, die vorwiegend vegetarisch essen. Winterportulak versorgt Sie mit einer Menge Vitamin C: pro 100 Gramm zwischen 30 und 60 Milligramm. Plinius empfiehlt die saftigen Blätter als Durststiller.

Rosmarin
Vor allem frisch regt er die Durchblutung an, fördert die Verdauung und löst Krämpfe. Deshalb ist er das Kraut für fettes Fleisch und schwerer verdauliches Essen wie Pilze und Hülsenfrüchte.

Safran
Er gilt als Beruhigungsmittel und ist wirksam gegen Depressionen.

Salbei
Die heilende Wirkung kennen Sie von Mundwasser und Salbeibonbons: Das Kraut wirkt gegen Entzündungen und löst Husten. Beim Essen fördern die Bitterstoffe den Gallenfluß, so daß man Fettes besser verträgt. Doch wie alle Gewürzpflanzen mit reichlich ätherischen Ölen ist Salbei in größeren Mengen schädlich: »Nach einer Mahlzeit mit mehr als 20 Gramm Salbei pro Person könnten die ungünstigen Wirkungen des Salbeis in den Vordergrund treten. Es könnte zu Schweißausbrüchen und Übelkeit kommen«, warnt die Ernährungswissenschaftlerin Elisabeth Lange.

Sauerampfer
Nehmen Sie Gartensauerampfer oder Römischen Ampfer mit geringerem Oxalsäuregehalt. Essen Sie nicht zuviel davon, und verwenden Sie nur die jungen Blätter. Wiesensauerampfer *(Rumex acetosa)* enthält sehr viel Oxalsäure – besonders im späten Frühjahr und Sommer. Nieren-, Herz- und Rheumakranke sollten ihn deshalb meiden. Sauerampfergemüse bereitet man am besten mit Sahne oder Crème fraîche zu; das gleicht den Kalziumverlust durch Oxalsäure teilweise wieder aus.

Schnittlauch
Frischer kräftiger Freilandschnittlauch tut so gut wie seine Verwandten Knoblauch, Schalotten und Zwiebeln, enthält die positiven Wirkstoffe allerdings in weit geringerer Menge. Als grünes Kraut enthält er viel Magnesium. Außerdem liefert Schnittlauch Eisen und Kalium sowie die Vitamine C, Beta-Carotin und E, die als Schutz vor Kanzerogenen gelten.

Schnittsellerie
Er ist rundum gesund: Das Kraut, die Wurzel und die Früchte regen den Stoffwechsel an und wirken wassertreibend.

Senfsprossen und -kraut
Sie sind besonders wertvoll, wenn es in der kalten Jahreszeit weniger Salat gibt und das Gemüseangebot geringer ist. Sprossen enthalten reichlich Mineralstoffe, grüne Keimblättchen liefern dazu noch Vitamine. Lassen Sie die Pflänzchen am hellen Fenster wachsen, denn (Sonnen)Licht mindert den Nitratgehalt.

Tamarinde
Das Mus ist ein mildes Abführmittel.

Thymian
Er wirkt krampf- und schleimlösend, antibakteriell und ist deshalb Bestandteil von Hustensaft und Halsbonbons. Sein ätherisches Öl, die Bitter- und Gerbstoffe fördern außerdem die Verdauung.

Vanille
Früher soll heiße Schokolade mit Vanille und Pfeffer ein Liebestrank gewesen sein. Das lag vermutlich nicht am möglichen Aphrodisiakum Vanille, sondern nur daran, daß einem bei diesem Getränk so wohlig warm und heimelig wird.

Wacholder
Einst galt Wacholder als Mittel gegen jedes Unheil: Er sollte böse Geister abwehren, wunde Füße verhindern und sogar die Pest vertreiben. Man hat Krankenzimmer mit Wacholder ausgeräuchert, Blasen- und Nierenleiden damit bekämpft. Tatsächlich besitzen alle Teile der Pflanze Heilwirkung. Wacholderbeeren regen den Appetit an und machen Fettes zudem leichter verdaulich.

Wildkräuter
Bärlauch, Brennessel, Gänseblümchen, Giersch, Gundermann, Knoblauchsrauke, Löffelkraut, Löwenzahn, Sauerklee und Vogelmiere enthalten mehr Vitamine, Mineralstoffe und Ballaststoffe als vergleichsweise Kulturkräuter. Sonnenliebende Wildpflanzen, wie zum Beispiel Gänseblümchen, Giersch und Löwenzahn, liefern mehr Ballaststoffe als Schattenpflanzen wie Bärlauch und Sauerklee.

Ysop
Er regt den Appetit an, lindert Magen- und Darmbeschwerden. Ysop ist auch Bestandteil von Blasen- und Hustentee.

Zimt
Er soll Übelkeit, Blähungen und Erkältungen lindern. Mit dem destillierten Öl muß man vorsichtig umgehen, da es in konzentrierter Form Haut und Schleimhäute reizt sowie Herzklopfen und Durchfall verursachen kann.

Zitronengras
In der Volksmedizin gilt der Aufguß als wirksames Mittel gegen Magenbeschwerden und Fieber. Ein paar Tropfen Öl auf einem Stückchen Zucker sollen bei Magenkrämpfen, Erbrechen und Darminfektionen helfen.

Zitronenmelisse
Sie wirkt bei Nervosität, beruhigt den nervösen Magen, regt den Appetit an und hilft beim Einschlafen.

Zwiebel
Sie wird so gepriesen wie der Knoblauch, weil sie durch natürliche Antibiotika die Mundhöhle und den Verdauungstrakt gesund hält, Bronchialasthma lindert, die Blutfettwerte senkt und damit Herz und Gefäße schützt.

Kräuter und Gewürze haben die Menschen zuerst zum Heilen und für die Schönheit, später dann auch zum Kochen verwendet.
Zu jedem Garten gehörte früher ein großes Areal für die Kräuter, so daß sie in Mengen zur Verfügung standen und für den Winter getrocknet werden konnten. Denn Kräuter steuerten nicht nur Geschmack und Aroma bei; aufgrund ihrer konservierenden und desinfizierenden Wirkung sorgten sie für gesünderes Essen.

KOCHEN MIT KRÄUTERN UND GEWÜRZEN

Ein paar Gedanken zur Geschichte

Seit wann der Mensch sein Essen würzt, wissen wir nicht. Archäologische Funde sagen uns zwar, daß ein Kraut oder Gewürz verwendet worden ist. Doch um es auch der Küche zuzuordnen, muß man es eindeutig als Nahrungspflanze identifizieren können – sei es, daß es bei Speiseresten gefunden worden ist oder daß es vermutlich keine wilde Art gab. Koriander zum Beispiel kannten die Römer der Antike nur als Kulturpflanze: Er wird, so sagt Plinius, »unter den wildwachsenden Pflanzen nicht angetroffen«. Zu Plinius' Zeit allerdings, im 1. Jahrhundert n. Chr., war die römische Koch- und Würzkunst schon hoch entwickelt, wie man im häufig zitierten Kochbuch des Apicius nachlesen kann. Zwar ist das Buch, wie es uns überliefert ist, vermutlich erst gegen Ende des 4. Jahrhunderts entstanden, doch ein bekannter Gourmet namens Apicius war Zeitgenosse des Plinius und hat auch den größten Teil der »Apicius«-Rezepte verfaßt. In der Zeit nach Apicius herrscht dann jahrhundertelang kulinarisches Schweigen in Europa. Nicht, weil die Reichen nicht opulent getafelt hätten. Doch man schrieb nicht darüber, und des »echten« Apicius' Ratschlag, Schweine mit getrockneten Feigen zu füttern und sie vor dem Schlachten mit einer Art Honigwein zu tränken, hatte weder in der Belletristik noch in den »Sachbüchern« des Mittelalters Platz. Es gibt Werke über Liebeskunst und Falkenjagd, doch nicht über Kochen und Essen. Die überlieferte Kochliteratur Europas beginnt im 14. Jahrhundert, und da neigt sich das Mittelalter bereits seinem Ende zu. Im arabischen Kulturkreis sieht das anders aus; Peter Heine nennt Kochbücher, die mindestens hundert Jahre früher entstanden sind, und zeigt, daß sich die Oberschicht in Bagdad, Damaskus und dem islamischen Andalusien sehr für kulinarische Themen interessiert hat.

Die Europäer holen dann gewaltig nach; die Kochkunst gewinnt hohen gesellschaftlichen Stellenwert, und das Würzen nimmt Ausmaße an, die wir uns heute nur schwer vorstellen können.

Daß die Köche der Fürsten und Reichen so verschwenderisch mit Gewürzen umgingen, hatte einen ganz einfachen Grund: Pfeffer und Salz, Muskat und Nelken kosteten ein kleines Vermögen. Viele Gewürze sorgten beim Gastmahl für das Prestige des Gastgebers – wie einige Jahrhunderte später Hummer, Lachs und Kaviar, Trüffel und Champagner. Daß die Köche deshalb so viel würzten, weil die Lebensmittel eigentlich verdorben waren und der Hautgoût überdeckt werden mußte, ist eine oft wiederholte Erklärung für die Würzsucht. Ich glaube nicht daran, denn den Köchen der Begüterten standen so viele frische Lebensmittel zur Verfügung wie heute uns. Und ein Koch, der es gewagt hätte, nicht ganz einwandfreie Produkte für die hochherrschaftliche Tafel zu verwenden, wäre – im besten Fall – rasch arbeitslos geworden. Außerdem kann man leicht die Entwicklung des Würzens verfolgen: Sobald das starke Würzen auch Einzug in die bürgerliche Küche gehalten hatte – weil ein Teil der Bürger durch den Gewürzhandel reich wurde und der andere sich wegen der neu erschlossenen Handelswege die Gewürze endlich leisten konnte –, verlor der Adel das Interesse daran. Immer hatten Kräuter und Gewürze konservierende und desinfizierende Funktion. Köche und Köchinnen wußten das natürlich und handelten bei Vorratshaltung und Kochen danach.

Ein paar Tips für die moderne Küche

Frische Kräuter muß man gewöhnlich waschen wie Salat oder Gemüse. Dabei landet ein Teil des Aromas, der Vitamine und Mineralstoffe im Waschwasser. So sorgfältig wie nötig und so schonend wie möglich ist die Reinigung, wenn Sie die Kräuter in einer Schüssel mit kaltem Wasser schwenken, gleich trocknen – für Mengen ab einem Bund nehme ich die Salatschleuder – und verarbeiten.
Alle Kräuter und Gewürze entfalten ihr Aroma beim Zerkleinern. Für die meisten Kräuter nimmt man dazu am besten eine Porzellanplatte, weil sie nicht wie ein Holzbrett mit dem Saft auch die verschiedenen Gerüche aufnimmt. Für die meisten Gewürze eignet sich der Mörser. Durch richtiges Zerkleinern können Sie dem Kraut oder Gewürz optimal sein Aroma entlokken. Knoblauch entwickelt sich beim Zerdrücken: Die Zehen entweder im Mörser zerreiben oder auf ein Küchenbrett legen, einmal durchschneiden, mit etwas Salz bestreuen und mit dem Rücken eines breiten Messers oder mit einer Gabel quetschen. Zwiebeln und Schalotten muß man mit einem scharfen Messer

Zum Trocknen hängt man die Kräuterbüschel an einen luftigen, warmen Ort.

möglichst exakt aufschneiden. Dann werden nicht zu viele Zellen zerstört, die Zersetzung der Wirkstoffe im ausgetretenen Zwiebelsaft findet langsamer statt, und der Geschmack bleibt erhalten, bis die Zwiebeln im Topf sind. Zerkleinern im Blitzhacker oder Mixer reißt die Zellen so auf, daß sehr viel Gewebeflüssigkeit austritt.

Jungen Ingwer kann man nach dem Schälen wie Knoblauch ganz fein hacken. Größere Stücke lassen sich auf der Rohkostreibe fein raspeln - in Japan-Läden gibt es spezielle Ingwerreiben aus Metall oder Kunststoff: Sie sehen ähnlich aus wie Muskatreiben, sind aber flach. Guter Ersatz und von Japanerinnen empfohlen: die Rettich- oder Rohkostreibe. Wenn Sie nur den Saft brauchen oder grobfaserigen Ingwer erwischt haben, drükken Sie ihn durch die Knoblauchpresse. Auf getrocknete Ingwerstücke müssen Sie erst kräftig mit der Nudelrolle oder einem Hammer schlagen, damit die Fasern zerquetscht und die Schärfe frei wird. Zitronengrashalme legt man auf die Arbeitsfläche und klopft sie kräftig mit der Nudelrolle flach, damit die Fasern aufbrechen und das Aroma frei wird.

Für kräftige Kräuterblätter wie Salbei oder Zitronenblätter nimmt man am besten eine Küchenschere, um die dicken Blätter wirklich fein schneiden zu können.

Die Würzkraft läßt sich auch steuern – das beste Beispiel dafür sind Chillies (siehe Seite 44) und die mit ihnen verwandten Pe-

Zum Einfrieren gibt man die gehackten frischen Kräuter in Eiswürfelbehälter.

peroni. Manches Kraut wird durch Trocknen intensiver, weil der Wassergehalt der Pflanze sich reduziert, das ätherische Öl aber erhalten bleibt. Die meisten Kräuter verlieren durch Trocknen jedoch das Aroma, weil es mit der Gewebeflüssigkeit quasi »verduftet«. Manches wird mit Süßem aromatisch, Senf gewinnt seine Schärfe erst durch Flüssigkeit. Alle Details dazu finden Sie im Kräuterteil von A bis Z.

Zum Trocknen von Kräutern werden die Zweige oder Blätter gewaschen und mit einem Küchentuch abgetupft. Zweige zusammenbinden und an einen luftigen, kühlen Ort hängen. Blätter auf Küchenpapier ausgebreitet und an der Sonne oder bei 50 °C im Backofen trocknen. Das Mikrowellengerät eignet sich nicht zum Trocknen; Untersuchungen der Bundesforschungsanstalt für Ernährung in Karlsruhe haben ergeben, daß dabei die ätherischen Öle verlorengehen: bei 300 Watt verflüchtigten sich etwa 90 Prozent, bei 700 Watt praktisch alle. Im Backofen dagegen blieben selbst bei drei Stunden Trocknungszeit etwa 85 Prozent der Öle erhalten.

Zum Einfrieren werden die gewaschenen, zerkleinerten Kräuter in Eiswürfelschalen oder kleine Gefrierdosen gefüllt. Kräuterzweige können Sie auch ganz in Folienbeutel stecken und die Blätter nach Bedarf »abbröseln«.

Getrocknete Kräuter läßt man erst 10 bis 15 Minuten quellen, bevor man sie weiterverarbeitet. Je nach Rezept nimmt man zum Beispiel Wasser oder Brühe für Suppen, Wein oder Fond für Saucen, Essig für Salatdressings.

Eierkuchen mit Giersch und Pilzen

(Für 4 Personen)

150 g Mehl
Salz
1/8 l Milch
3 Eier
100 g Giersch
500 g frische Pilze
1 Schalotte
3 Zweige Thymian
Öl oder Butterschmalz zum Braten
1 EL Butter
200 g süße Sahne
frisch gemahlener Pfeffer

Aus Mehl, Salz, Milch und Eiern einen Teig rühren und zugedeckt ruhen lassen, bis alle anderen Zutaten vorbereitet sind. Giersch wie Salat waschen und in der Salatschleuder trocknen. Mit dem Wiegemesser fein zerkleinern. Die Pilze putzen, gegebenenfalls waschen und trockentupfen. Pilze in feine Scheibchen schneiden. Schalotte abziehen und fein zerkleinern. Thymian fein hacken oder die Blättchen abzupfen. Giersch unter den Eierkuchenteig mischen. Im heißen Fett nacheinander acht bis zehn dünne Eierkuchen backen und im Backofen bei 50 °C warm halten. Für die Pilze die Butter schmelzen, die Schalotte mit dem Thymian darin glasig dünsten. Die Pilze zugeben und bei starker Hitze schmoren, bis die Flüssigkeit, die sich bildet, fast ganz eingekocht ist. Nach und nach die Sahne zugießen und cremig einkochen. Mit Salz und Pfeffer abschmecken. Eierkuchen mit den Pilzen füllen.
Ein kleines Gericht zur delikaten Verwendung von Giersch, das mit Austernpilzen, Champignons, ein paar Shiitake und am besten noch einigen Trockenpilzen schmeckt. Wildpilze sind nicht das Richtige, denn während der Saison im August und September ist Giersch bereits zu hoch gewachsen.

Rindergeschnetzeltes in grüner Senfsauce

(Für 4 Personen)

750 g Rinderfilet
2 Schalotten
1/2 Zitrone
2 EL Öl
1 EL Butter
100 ml Kalbsfond
200 g Crème fraîche
100 g Senfblättchen
Salz
frisch gemahlener Pfeffer

Das Fleisch zuerst quer zur Faser in 1 cm dicke Scheiben, dann in Streifen schneiden. Die Schalotten abziehen und fein zerkleinern. Die Zitrone auspressen. Öl und Butter in einer großen Pfanne erhitzen. Das Fleisch portionsweise darin bei starker Hitze braun anbraten und wieder herausnehmen. Die Schalotten im Bratfett glasig dünsten. Kalbsfond zugießen und den Bratfond unter Rühren lösen. Nach und nach die Crème fraîche zugießen und cremig einkochen. Fleisch wieder zugeben und erhitzen. Senfblättchen untermischen, Geschnetzeltes mit Zitronensaft, Salz und Pfeffer abschmecken.
Die Senfblättchen sollten höchstens daumenhoch sein, größere schmecken sehr scharf. Rinderfilet muß es nicht sein – zum Senf passen Kalb, Lamm oder Hähnchenbrust genausogut. Als Beilage eignen sich Rösti oder Nudeln.

Lammragout in Kräutersauce

(Für 4 Personen)
Nach Margaret Shaida

150 g Schwarzaugenbohnen
1/2 l Wasser
300 g Lammschulter (ohne Knochen)
1 Bund Lauchzwiebeln
125 g Petersilie
125 g Koriandergrün
1 Bund Schnittlauch
1 Bund Dill
30 g frisches Bockshornkleekraut
1 kleine Zitrone
2 EL Öl
1/8 l Lammfond
Salz
frisch gemahlener Pfeffer

Bohnen mit Wasser in einem Topf 6 Stunden einweichen. Mit dem Wasser aufkochen und 15 Minuten kräftig kochen. Abgießen und abtropfen lassen. Fleisch in gulaschgroße Würfel schneiden. Geputzte Lauchzwiebeln mit den saftigen grünen Zwiebelröhrchen und die gewaschenen Kräuter fein zerkleinern. Zitrone waschen, ein etwa 5 cm langes Stück dünn abschneiden. Das Öl in einem Bräter erhitzen, Fleisch darin rundherum kräftig braun anbraten und wieder herausnehmen. Die zerkleinerten Lauchzwiebeln und Kräuter ins Bratfett geben und bei schwacher Hitze etwa 15 Minuten unter Rühren schmoren. Fleisch, Bohnen und Zitronenschale zugeben, Fond zugießen, aufkochen. Das Fleisch mit Salz und Pfeffer würzen und zugedeckt bei schwacher Hitze 60 bis 75 Minuten schmoren, bis Fleisch und Bohnen weich sind. Ragout mit dem ausgepreßten Zitronensaft, Salz und Pfeffer abschmecken und mit Reis servieren.

Nicht die Kräuter sind ungewöhnlich an diesem Rezept aus dem Iran – bis auf das Kraut von Bockshornklee gehören alle auch zur europäischen Küche. Das Besondere liegt in der Zubereitung: Die Kräuter werden mit Fleisch und Bohnen ziemlich lange geschmort und geben der Sauce ein eigenes Aroma. Natürlich kann man für »Ghormeh sabzi« auch getrocknete Kräuter nehmen, und Iraner haben davon immer ein paar Dosen Vorrat, vor allem, wenn sie im Ausland leben.

Blattspinatsuppe

(Für 2 Personen)
nach Lina Neudecker

2 Schalotten
2 Zehen Echter Galgant
600 ml Gemüsebrühe
2 Lorbeerblätter
1 TL Salz
1 TL Zucker
150 g Blattspinat
75 g Maiskörner (Dose)

Die Schalotten abziehen und fein zerkleinern. Den Galgant waschen, auf die Arbeitsfläche legen und mit der Nudelrolle flach klopfen. Brühe aufkochen, Schalotten, Galgant, Lorbeerblätter, Salz und Zucker etwa 10 Minuten darin sprudelnd kochen. Inzwischen den Spinat verlesen, waschen und abtropfen lassen. Mit dem abgetropften Mais in die Suppe geben und weitere 5 bis 6 Minuten bei mittlerer Hitze leicht sprudelnd kochen, bis der Spinat intensiv grün und gerade eben weich ist.
Die Suppe aus Indonesien bekommt ihr Aroma nicht durch Fleisch, sondern durch Galgant, Schalotten und Lorbeer.

Gebratene Nudeln mit Ingwer

(Für 3 Personen)
nach Zhang Xiaoyan

1 Stück frischer Ingwer (etwa 2 cm lang)
3 Frühlingszwiebeln
2 mittelgroße Möhren
300 g chinesische Eiernudeln
6 EL Öl

Sauce:
1 TL Salz
1 TL Zucker
2 EL chinesischer Reisessig
3 EL helle Sojasauce

Die Ingwerwurzel schälen und zuerst in dünne Scheiben, dann in feine Streifen schneiden. Die Frühlingszwiebeln waschen. In etwa 5 cm lange Stücke schneiden, längs halbieren und ebenfalls in feine Streifen schneiden. Die Möhren waschen, schälen und in streichholzdünne Stifte schneiden. Die Nudeln nach Packungsaufschrift garen. In einem Sieb abgießen, mit kaltem Wasser abspülen und abtropfen lassen. Mit 2 Eßlöffel Öl in einer Schüssel mischen. Für die Sauce Salz, Zucker, Essig und Sojasauce in einer Tasse mischen. Die restlichen 4 Eßlöffel Öl im Wok erhitzen. Den Ingwer und die Frühlingszwiebeln darin bei starker Hitze kurz anbraten. Die Möhren zugeben und alles unter Rühren bei mittlerer Hitze 2 bis 3 Minuten braten. Die Nudeln und die Sauce zugeben und alles mischen. Die gebratenen Nudeln auf einer Platte anrichten und sofort servieren.

Das Wichtigste an diesem Gericht aus China sind der frische Ingwer und die Nudeln: Die Knolle muß zart und jung sein, damit sie saftig und aromatisch schmeckt. Die Nudeln sollten flach und einige Millimeter breit sein; dünne Suppennudeln eignen sich nicht.

Suppe mit Chinakohl und Frühlingsgemüse

(Für 5 Personen)
nach Sombat Kaewchum

300 g Chinakohl
2 Korianderwurzeln
2 Frühlingszwiebeln
2 Knoblauchzehen
1 EL Sesamöl
100 g Glasnudeln
1 l Gemüsebrühe (selbst gekocht)
1 1/2 TL Salz
schwarzer Pfeffer
1 TL Zucker
3 Stengel Koriandergrün

Chinakohl waschen und in knapp fingerbreite Streifen schneiden. Korianderwurzeln wie Möhren schälen und ganz fein zerkleinern. Frühlingszwiebeln putzen, waschen und in etwa 2 cm lange Stücke schneiden; dabei das zarte Zwiebelgrün mitverwenden. Knoblauch abziehen, hacken und im heißen Sesamöl goldbraun braten. Aus der Pfanne nehmen. Glasnudeln mit kochendem Wasser übergießen, etwa 3 Minuten darin ziehen lassen, abgießen und kalt abschrecken. Mit einer Küchenschere zerkleinern. Die Brühe mit Korianderwurzeln, Salz, Pfeffer und Zucker aufkochen. Chinakohl, Frühlingszwiebeln und Knoblauch zugeben und etwa 2 Minuten bei mittlerer Hitze kochen, bis das Gemüse gerade eben weich ist. Glasnudeln untermischen und erhitzen. Die Suppe in gut vorgewärmte Teller füllen und mit dem feingeschnittenen Koriander bestreut sofort servieren.

Sombat Kaewchum aus Bangkok hat schon einige Male für mich gekocht, und immer wieder bitte ich sie um ein Rezept, weil ich so begeistert von ihrer leichten, eleganten Küche bin. In dieser Suppe können Sie den Geschmack von Korianderwurzeln kosten.

Kokosnuß-Chutney

(Für 4 Personen)
nach Ramola Parbhoo

1 Kokosnuß
Wasser
8 Knoblauchzehen
2 TL Salz
1 Stück frischer Ingwer (etwa 4 cm lang)
1–2 grüne Chilischoten
2 Bund frische Pfefferminze
100 g gehackte Erdnußkerne
4 EL Zitronensaft
Salz
evtl. 1 Zitronenscheibe zum Garnieren

Kokosnuß öffnen, die auslaufende »Milch« in einem Gefäß auffangen und mit kaltem Wasser auf 1/4 l auffüllen. Kokosnußfleisch aus der Schale lösen und die braune Haut entfernen. Die Hälfte des Fruchtfleisches in feine Stücke schneiden. Knoblauchzehen abziehen und mit dem Salz zerdrücken. Ingwer schälen und grob zerkleinern. Chilischoten waschen, längs halbieren und alle oder nur einen Teil der scharfen Kerne und Scheidewände entfernen. Die Pfefferminze waschen, trockentupfen und die Blätter abzupfen. Einige Blätter zum Garnieren beiseite legen. Den Rest der Pfefferminzblätter mit Kokosfleisch, Knoblauch, Ingwer, Chilischoten, Erdnüssen, Zitronensaft und dem Wassergemisch zu einer cremigen Masse pürieren. Mit Salz abschmecken, in einer Schale anrichten und mit Pfefferminzblättern und Zitronenscheibe garnieren. Zu kurzgebratenem Fleisch oder Gemüse und Reis servieren.

Ramola Parbhoo stammt aus Indien, lebt seit Jahren auf Mauritius und in Südafrika. Dort ist sie eine der bekanntesten Expertinnen für vegetarische Ernährung. Das Chutney als Beilage zu kurzgebratenem Fleisch oder gebratenem Gemüse und Reis bekommt durch die viele Pfefferminze einen wunderbar erfrischenden Geschmack.

Gemüse in gelber Sauce

(Für 3 Personen)
nach Tutty Wilpernig

3 Möhren
1 Zucchino
100 g junge Bohnen
4 Schalotten
2 rote Chilischoten
1 Stengel Zitronengras
3 Zitronenblätter
1 Stück frischer Ingwer (etwa 1 cm lang)
1 Stück frische Gelbwurz (etwa 2 cm lang)
3 Knoblauchzehen
3 Kemirinüsse
1 TL Zucker
Salz
1 EL Öl
$^1/_4$ l Wasser
1 EL Essig

Möhren schälen, Zucchino waschen. Beide Zutaten in etwa 4 cm lange, ziemlich dünne Stifte schneiden. Die Bohnen putzen und halbieren. Die Schalotten abziehen, Speisezwiebeln abziehen und vierteln. Die Chilischoten vierteln, die Samen und Scheidewände entfernen. Das Zitronengras auf die Arbeitsfläche legen und mit einer Nudelrolle flachklopfen. Den Stengel wie einen Bindfaden einmal zum Knoten schlingen. Zitronenblätter in feine Streifen schneiden. Für die Gewürzmischung den Ingwer und die Gelbwurz schälen und grob zerkleinern. Beides mit dem abgezogenen Knoblauch, Kemirinüssen, Zucker und Salz im Mörser fein zerreiben. Das Öl erhitzen und die Gewürzmischung darin etwa 5 Minuten braten. Wasser, Essig, Zitronengras und Zitronenblätter zugeben und einmal aufkochen. Möhren, Zucchino, Bohnen, Chilischoten und Schalotten zugeben und aufkochen. Bei mittlerer bis schwacher Hitze etwa 5 Minuten kochen, bis das Gemüse gerade eben weich ist. Mit Essig oder Zucker nach Belieben süß-sauer abschmecken.

Das vegetarische Essen aus Indonesien vereint Gewürze und Kräuter, die langsam auch bei uns bekannt und immer beliebter werden: frische Gelbwurz, Zitronenblätter und Zitronengras. Chilischoten geben Schärfe.

Grünes Kartoffelgemüse mit Speck

(Für 4 Personen)

500 g festkochende Kartoffeln
2 große Möhren
200 g Knollensellerie
1/4 l Brühe
150 g durchwachsener Räucherspeck
1 große Zwiebel
1 EL Öl
1 Bund Kräutermischung für Grüne Sauce
100 g Crème fraîche
Salz
1 Messerspitze gemahlene Muskatblüte (Macis)
frisch gemahlener Pfeffer

Kartoffeln, Möhren und Sellerie schälen, waschen und würfeln. Mit Brühe aufkochen und zugedeckt bei schwacher Hitze in etwa 15 Minuten weich kochen. Inzwischen Speck und Zwiebel würfeln und im heißen Öl bei schwacher Hitze glasig braten. Dabei immer wieder umrühren. Kräuter waschen, trockentupfen und fein hacken. Gekochte Kartoffeln und Gemüse mit Speck, Zwiebeln, Kräutern und Crème fraîche mischen, noch einmal erhitzen und mit Salz und Pfeffer abschmecken.

Grüne-Sauce-Kräuter mal nicht auf die klassische Art zu Pellkartoffeln, sondern im sahnigen Eintopf. In Olivenöl gebratene Lottescheiben, Lachsschnitzelchen oder Seezungenfilets passen dazu.

Sardinen mit Kräutern

(Für 4 Personen)
nach Peter Heine

1 kg frische Sardinen
2 Bund Koriandergrün
2 Bund Grüne Minze
10 Stengel Würzfenchel
1 Zwiebel
grobes Meersalz
frisch gemahlener Pfeffer
2 EL Olivenöl

Backofen auf 220 °C vorheizen. Sardinen unter fließendem kalten Wasser waschen und abtropfen lassen. Die Köpfe abschneiden, die Fische mit einem spitzen Messer auf der Bauchseite aufschneiden und auseinanderklappen. Die Mittelgräte entfernen. Die Kräuter waschen, trockenschleudern und fein zerkleinern. Die Zwiebel schälen und in hauchdünne Ringe schneiden. Eine Schicht Kräuter in eine ofenfeste Form streuen, mit den Zwiebeln und den Sardinen belegen. Fische mit Salz und Pfeffer würzen und mit den restlichen Kräutern bedecken. Das Olivenöl darüberträufeln. Die Form mit Alufolie schließen und in den heißen Backofen schieben. Sardinen in den Ofen stellen und 20 Minuten garen. Mit Baguette servieren.

Die kulinarische Literatur der Araber ist viel älter als die europäische. Peter Heines Untersuchungen zur Küche des arabisch-islamischen Mittelalters enthalten auch interessante, durchaus nachkochbare Rezepte.

Nudeln mit Rindfleisch und Liebstöckel

(Für 4 Personen)

2 Suppenknochen
1 1/2 l Wasser
1 Bund Suppengrün
1 Zwiebel
2 Gewürznelken
1 Lorbeerblatt
4 schwarze Pfefferkörner
500 g Rindfleisch zum Kochen (ohne Knochen)
Salz
400 g Eierbandnudeln
1–2 Handvoll frische Liebstöckelblätter
frisch gemahlener Pfeffer

Suppenknochen mit kaltem Wasser zum Kochen bringen. Inzwischen Suppengrün putzen und grob zerkleinern. Zwiebel ungeschält halbieren. Beide Zutaten mit Gewürznelken, Lorbeerblatt, Pfefferkörnern, Fleisch und einem Teelöffel Salz in die kochende Brühe geben. Fleisch bei schwacher Hitze im leicht geöffneten Topf in etwa 2 Stunden weich garen. Die Brühe dabei immer nur sanft sieden, nicht sprudelnd kochen lassen. Fleisch herausnehmen und würfeln. Brühe durch ein Sieb gießen und wieder in den Topf geben. Aufkochen und die Nudeln darin bißfest garen. Während der letzten 2 Minuten Kochzeit das Fleisch wieder zugeben und erhitzen. Liebstöckel waschen und grob zerkleinern. Fleisch und Nudeln abgießen, Brühe auffangen. Fleisch, Nudeln, Liebstöckel und zwei Schöpflöffel Brühe in einer gut vorgewärmten Schüssel mischen. Mit Pfeffer aus der Mühle bestreuen und sofort servieren.

Ein typisches Berliner Gericht, das Erich Kästner in seiner Erzählung *Drei Männer im Schnee* erwähnt. Frisches Liebstöckel gibt den ganz ungewöhnlichen Geschmack.

Löwenzahnknospen in Sahne

(Für 2 Personen)
nach Waverly Root

500 g fest geschlossene Löwenzahnknospen
1 kleine Schalotte
1/2 Bund Petersilie
2 EL Butter
1 EL Mehl
200 g süße Sahne
Salz
frisch gemahlener Pfeffer
1 EL Zitronensaft

Löwenzahnknospen waschen und abtropfen lassen. Schalotte und Petersilie fein zerkleinern. Die Butter erhitzen, Schalotte darin bei schwacher Hitze glasig werden lassen. Löwenzahnknospen zugeben und bei starker Hitze unter ständigem Rühren etwa 2 Minuten braten. Das Mehl unterrühren, Knospen zugedeckt bei schwacher Hitze 5 Minuten garen. Sahne untermischen und aufkochen.
Löwenzahn mit Salz, Pfeffer und Zitronensaft abschmecken, auf vorgewärmten, tiefen Tellern verteilen und mit der Petersilie bestreut servieren.

In seinem »Mundbuch«, erwähnt Waverly Root diese ungewöhnliche Zubereitung für Löwenzahn. Ich habe die Löwenzahnknospen wie Pilze in Sahne geschmort und zu kleinen Semmelklößen serviert.

Selbstgemachter Senf

(Für 3 Gläser à 200 g)

150 ml Weißweinessig
1/4 l Cidre
1 Schalotte
4 Gewürznelken
2 Lorbeerblätter
50 g gelbes Senfmehl (von weißen Senfkörnern)
50 g gelbbraunes Senfmehl (von Sarepta-Senfkörnern)
50 g Zucker
2 EL Sarepta-Senfkörner
1 TL Salz

Essig mit Cidre, dünnen Schalottenscheiben, Gewürznelken und Lorberblättern aufkochen. Zugedeckt bei schwacher Hitze 30 Minuten kochen. Sud durch ein Sieb in eine Schüssel gießen. Gewürze und Schalotten wegwerfen. Senfmehl und Zucker in den Sud rühren, Senfkörner und Salz untermischen. Senf in gut gereinigte Gläser füllen und verschlossen im Kühlschrank zwei Tage durchziehen lassen.
Senfkörner »reagieren« erst zerkleinert mit Flüssigkeit: Durch die Zerstörung der intakten Zellen und die Zugabe von Wasser, Wein oder anderer Flüssigkeit bildet sich eines des Senföle. Bei weißen Senfkörnern bleibt der scharfe Geschmack erhalten, bei schwarzen verfliegt er mit der Zeit. Deshalb sollten Sie für selbstgemachten Senf immer weiße Senfkörner verwenden. Das Rezept hier ist meine Hausmischung; bei der Wahl von Flüssigkeit und Gewürzen haben Sie freie Hand.

Kräuteressig

100 g frische Kräuterzweige oder Blätter
1 l Weinessig

Kräuter waschen und in der Salatschleuder trocknen. In zwei sauber gespülte große Schraubgläser geben und mit dem Essig übergießen. Gläser schließen und 2 Wochen in einem kühlen, hellen Raum ruhen lassen. Zum Aufbewahren die Flaschen sterilisieren: In einen großen Topf zwei gespülte Flaschen legen, ganz mit heißem Wasser bedecken und auf die Kochstelle setzen. Zum Kochen bringen und 5 Minuten sanft sieden lassen. Herausnehmen, auf ein sauberes Küchentuch stülpen und kurz austropfen lassen. Essig durch ein Sieb in die Flaschen füllen und zustöpseln.
Kräuteröl bereiten Sie ebenso mit gutem Oliven-, Sonnenblumen- oder Maiskeimöl zu.

Vanillezucker

Die Anleitung stammt aus einem Buch für Hauswirtschaft, das um die Jahrhundertwende erschienen ist: Sie brauchen 1 Vanilleschote und etwa 50 g Würfelzucker. Die Vanilleschote in kleine Stücke schneiden, mit einem Stückchen Zucker in einen Porzellanmörser geben und fein zerreiben. Die Masse immer wieder zusammenschieben – dabei auch vom Rand des Mörsers abschaben –, nach und nach die restlichen Zuckerstückchen zugeben und zerreiben, bis alles pulvrig fein ist. Zwischendurch den Vanillezucker durch ein feines Sieb geben, nur die Rückstände wieder in den Mörser füllen und mit dem Rest des Zukkers mahlen. Zum Schluß die ganze Masse im Mörser noch einmal mischen und in einem verschließbaren Glas aufbewahren.

Petersiliensalat

(Für 3–4 Personen)
nach Çoskun Büjükgüçlü

75 g Couscous
1 rote Paprikaschote
1 rote Zwiebel
5–6 Bund Petersilie (ca. 100 g)
Salz und Pfeffer
1 TL Paprikaflocken
Saft von 1 Zitrone
3–4 EL Olivenöl

Couscous mit soviel kochendem Wasser übergießen, daß er leicht davon bedeckt ist. Etwa 10 Minuten quellen lassen. Die Paprikaschote putzen, waschen und fein würfeln. Zwiebel abziehen und in feine Ringe schneiden. Petersilie waschen, trokkenschwenken, Stiele abschneiden und die Blättchen sehr fein hacken. In einer Schüssel mit Salz, Pfeffer, Paprikaflocken und Paprikawürfel mischen. Mit Zitronensaft beträufeln, Couscous und Olivenöl zugeben und alles mit einer Gabel oder mit der Hand mischen. Mit Salz abschmecken. Den Salat auf einer Platte anrichten und mit den Zwiebelringen garnieren.

Çoskun und Claudia Büjükgüçlü führen einen kleinen Feinkostladen in München. Coskun bereitet jeden Vormittag ein köstliches Büfett von kalten und warmen Vorspeisen zum Mitnehmen zu. »Maydanozlu Salata« gehört dazu.

GLOSSAR

Aromaextrakte sind zum Beispiel Dillaroma oder Rosenwasser. Sie werden aus natürlichen Ausgangsstoffen, also aus Dill oder Rosenblättern, extrahiert.

Brotgewürz ist eine Sammelbezeichnung für verschiedene Gewürze, vorwiegend Samen von Anis, Fenchel, Koriander und Kümmel. Diese Gewürze werden meist einzeln oder gemischt beim Brotbacken verwendet.

Fischgewürz ist eine Gewürzmischung, die Sie getrocknet kaufen können. Sie besteht gewöhnlich aus Basilikum, Bohnenkraut, Gewürznelken, Kurkuma, Lorbeerblättern, Majoran, Muskatblüte, Melisse, Rosmarin, Salbei, Sellerieblättern, Petersilie, Thymian, Knoblauch- und Zwiebelpulver. Dazu kommen Speisesalz und Zitronensäure als Konservierungsmittel.

Geflügelgewürz ist eine Gewürzmischung aus Bohnenkraut, Majoran, Thymian, Salbei und schwarzem Pfeffer. Ergänzt werden kann mit Rosmarin, Zwiebelpulver, Selleriesamen, Speisesalz und Glutamat.

Gewürz: Im 15. Jahrhundert wurde dieser Begriff nach dem bereits üblichen Wort »Wurz« gebildet und bezog sich vorwiegend auf importierte Gewürzpflanzen, die getrocknet in den Handel kamen. Heute werden auch heimische, frische oder getrocknete Kräuter, die ihres Aromas wegen in der Küche verwendet werden, so bezeichnet.

Gewürzaromasalz ist ein Gewürzsalz, bei dem die Gewürze ganz oder teilweise ersetzt werden – durch Gewürzaromen mit natürlichen Aromastoffen.

Gewürzextrakt, Gewürzkonzentrat heißt auch Aromaextrakt aus Gewürzen und ist ein industriell hergestelltes Würzmittel mit genau definierter Würzkraft. Das ist möglich wegen eines bestimmten Gehalts an ätherischem Öl. Der überwiegende Teil dieser Konzentrate ist für industrielle Weiterverarbeitung bestimmt.

Gewürzmischung besteht aus einheimischen und/oder ausländischen Gewürzen, die getrocknet und ganz verwendet oder zerkleinert werden. Oft kommen noch Speisesalz oder andere Stoffe hinzu, die den Geschmack verbessern oder verstärken sollen. Bekannte Mischungen sind Currypulver, Pfefferkuchengewürz, Brot- oder Fischgewürz.

Gewürzsalz enthält mindestens 15 Prozent Würze – pulverisierte Kräuter, Gewürze, Gemüse oder Gewürzmischungen – und mindestens 25 Prozent Speisesalz. In den Handel kommt Gewürzsalz in unterschiedlichen Geschmacksrichtungen. Es wird entweder bezeichnet nach der Würzzutat (Zwiebelsalz, Knoblauchsalz, Selleriesalz) oder nach der Anwendung (Grillsalz, Brathähnchensalz).

Gewürzzubereitung kann flüssig, körnig oder pastenförmig sein. Als Gewürzzubereitungen gelten zum Beispiel Sambals, Worcestersauce, Chutney, flüssige Speisewürze wie Maggi oder Knorr, Fondor oder auch Speisesenf.

Kennzeichnung: Auf Gewürzpackungen muß angegeben sein: die Verkehrsbezeichnung, also Name des Krautes oder Gewürzes, die Füllmenge nach Gewicht, das Mindesthaltbarkeitsdatum, Name oder Firma und Anschrift des Herstellers, Verpakkers oder Verkäufers. Bei mehr als einer Zutat muß auch eine Zutatenliste aufgedruckt sein. Dabei erscheinen die Zutaten in der Reihenfolge der Gewichtsmenge.

Kräutermischungen gibt es von bekannten Tiefkühlkostproduzenten in verschiedenen Zusammenstellungen. Sie bekommen zum Beispiel Kräuter der Provence, Suppengrün, fertig gemischte Salatkräuter und eine gut kombinierte Mischung für Salate, Saucen, Gemüse, Fisch, Quark und Kräuterbutter. Alle Kräuter sind fein gehackt und streufähig, so daß man sie genau dosiert direkt aus der Packung über das Essen geben kann.

Kräutersäfte bekommt man im Reformhaus, Naturkostladen und in der Apotheke. Sie bestehen aus frischen Pflanzen oder Pflanzenteilen. Manche können einen geringen Alkoholzusatz haben, um die Haltbarkeit zu verlängern. Es gibt zum Beispiel Petersilien-, Knoblauch-, Sellerie-, Brennessel- oder Löwenzahnsaft. Kräutersäfte können Sie als Medizin trinken (siehe

Kräuter und Gewürze für die Gesundheit, Seite 205) oder wie Gemüsesäfte zum Kochen verwenden.

Konservierung dient zur längeren Haltbarkeit von Lebensmitteln und wird seit Urzeiten angewendet. Die ältesten und noch heute verwendeten Konservierungsmittel für Kräuter sind zum Beispiel Salz, Essig und Öl. Tiefkühlen, Gefriertrocknen und Trocknen sind die üblichen Konservierungsmehoden.

Künstliche Aromastoffe werden synthetisch hergestellt und kommen in der Natur nicht vor.

Lebensmittelallergene sind auch in Gewürzen und Kräutern enthalten. Für Allergiker ist Vorsicht geboten u. a. bei Anis, Basilikum, Currypulver, Dill, Fenchel, Sellerie, Koriander, Kümmel, Liebstöckel, Petersilie, Pfefferminze, Pfeffer, Salbei, Schnittlauch, Thymian, Zitronenmelisse.

Lebensmittelbestrahlung ist ein besonders umstrittenes Verfahren zur Konservierung von Lebensmitteln. Die Weltgesundheitsorganisation (WHO) hält bestrahlte Lebensmittel bis zu einer Stahlendosis von 10 kGy für gesundheitlich unbedenklich, Verbraucher- und Umweltorganisationen lehnen die Konservierung durch »ionisierende Stahlen« ab oder melden zumindest Bedenken an. Es wird argumentiert, daß die Keimbelastung bei Gewürzen ohnehin nicht hoch sei und daß man schon bei der Erzeugung auf Hygiene achten müsse. Experten empfehlen in diesem Zusammenhang, getrocknete Kräuter und Gewürze nur von angesehenen Gewürzfirmen zu beziehen. Bis jetzt ist die Bestrahlung in der EU noch nicht einheitlich geregelt; Belgien, Dänemark, Frankreich, Großbritannien, Italien, die Niederlande und Spanien lassen die Bestrahlung für bestimmte Produkte zu, in Deutschland ist sie (noch) verboten. Diskutiert wird derzeit, ob man die Bestrahlung u. a. von Gewürzen und getrockneten aromatischen Kräutern zulassen soll. Heute werden Kräuter zum Beispiel in den USA bestrahlt, um (schädliche) Keimbildung darauf zu verhindern. Bei Gewürzen liegen inzwischen Anträge aus Frankreich vor, bestrahlte Produkte auf den deutschen Markt zu bringen. Händler aus anderen Ländern müssen nämlich beim Bundesgesundheitsministerium einen Antrag zur Genehmigung stellen, wenn sie bestrahlte Lebensmittel einführen und in der BRD verkaufen wollen. Für den Verbraucher müßte ein solches Lebensmittel kenntlich gemacht sein mit dem Aufdruck »bestrahlt« oder »mit ionisierenden Strahlen behandelt«.

Naturidentische Aromastoffe gewinnt man synthetisch, oder man isoliert den Stoff aus einem pflanzlichen oder tierischen Rohstoff. Die chemische Zusammensetzung entspricht dem natürlichen Stoff. So ist synthetisch hergestelltes Vanillin nach der chemischen Zusammensetzung dem Aromastoff Vanillin in der Vanilleschote gleich. Vanillinzucker schmeckt trotzdem nicht wie Vanillezucker, denn die anderen Geschmackskomponenten der Vanilleschote fehlen (siehe Seite 184).

Natürliche Aromastoffe werden bei Kräutern und Gewürzen aus der Pflanze gewonnen: zum Beispiel Vanille aus Vanilleschoten.

Pfefferkuchengewürz oder Lebkuchengewürz enthält Anis, Gewürznelken, Koriander, Kardamom, Piment und Zimt als wichtigste Zutaten.

Sauerbratengewürz enthält Cayennepfeffer, Gewürznelken, Koriander, schwarzen Pfeffer, Wacholderbeeren, Senfkörner, Zimt und Zwiebelpulver, manchmal auch Ingwer.

Suppengewürz ist eine Mischung von Gemüse, Würz- und Suppenkräutern. Gibt es getrocknet oder tiefgefroren.

Trocknen: Die Trocknungsverfahren der Industrie sind so schonend, daß die Inhaltsstoffe zum großen Teil erhalten bleiben. Das Aroma getrockneter Kräuter erschließt sich allerdings erst, wenn sie in Flüssigkeit quellen.

LITERATURVERZEICHNIS

Aichele, Dietmar u. Renate, u. a.: *Was grünt und blüht in der Natur?* (Kosmos Naturführer). Stuttgart (Franckh´sche Verlagshandlung) 1981.

Apicius, Marcus Gavius: *De re coquinaria./Über die Kochkunst.* Lateinisch/deutsch. Herausgegeben, übersetzt u. kommentiert von Robert Maier. Stuttgart (Philipp Reclam jun.) 1991.

Bärtels, Andreas: *Farbatlas Tropenpflanzen: Zier- und Nutzpflanzen.* 3. Aufl., Stuttgart (Eugen Ulmer) 1993.

Chemie in Lebensmitteln. Herausgegeben von der Katalyse, Institut für angewandte Umweltforschung e.V. Frankfurt/Main (Zweitausendeins) 1981.

Das große Buch der Gemüse aus aller Welt. Füssen (Teubner Edition bei Gräfe und Unzer) 1991.

David, Elizabeth: *Spices, Salt and Aromatics in the English Kitchen.* Reprint, London (Penguin Books) 1975.

Degner, Rotraud: *Deutsche Küche.* München (Mosaik) 1990.

Elsholtz, Johann Sigismund: *Diaeteticon. Klassische Kochkunst,* Bd. 9. Herausgegeben u. mit einem Nachwort versehen von Manfred Lemmer. München (Dr. Richter) 1984.

Encke, Fritz, u. a.: *Zander: Handwörterbuch der Pflanzennamen.* 15. Aufl., Stuttgart (Eugen Ulmer) 1994.

Franke, Wolfgang: *Nutzpflanzenkunde: Nutzbare Gewächse der gemäßigten Breiten, Subtropen und Tropen.* 4. Aufl., Stuttgart (Georg Thieme) 1989.

Grigson, Jane: *Food with the Famous.* London (Grub Street) 1979.

Heine, Peter: *Kulinarische Studien: Untersuchungen zur Kochkunst im arabisch-islamischen Mittelalter.* Wiesbaden (Otto Harrassowitz) 1988.

Kräuter und Knoblauch. 2. Aufl., Füssen (Teubner Edition bei Gräfe und Unzer) 1995.

Kreuter, Marie-Luise: *Mein biologisches Koch- und Gartenbuch.* Ravensburg (Otto Maier) 1982.

Küster, Hansjörg: *Wo der Pfeffer wächst: Ein Lexikon zur Kulturgeschichte der Gewürze.* München (C.H.Beck) 1987.

Lange, Elisabeth: *Richtig einkaufen, gesund essen: Was Sie über unsere Lebensmittel wissen sollten.* München (Brigitte-Buch bei Mosaik) 1993.

Liebster, Günther: *Warenkunde.* Bd. 2: *Gemüse.* Düsseldorf (Morion) 1990.

Manniche, Lise: *An Ancient Egyptian Herbal. Second impression,* London (British Museum Press) 1993.

Nebelthau, Otto: *Vom heiteren Kochen: Lese- und Rezeptbuch für die gepflegte Küche.* 4. Aufl., München (Heimeran) 1979.

Pahlow, Mannfried: *Das große Buch der Heilpflanzen: Gesund durch die Heilkräfte der Natur.* 2. Aufl., München (Gräfe und Unzer) 1994.

Paprika – Gewürz und Gemüse. Füssen (Teubner Edition bei Gräfe und Unzer) 1993.

Plinius Secundus d. Ä., C.: *Naturalis historiae./Naturkunde.* Lateinisch/deutsch. Buch XX. Herausgegeben u. übersetzt von Roderich König in Zusammenarbeit mit Gerhard Winkler. München (Heimeran) 1979.

Rehm, Sigmund, u. Espi, Gustav: *Die Kulturpflanzen der Tropen und Subtropen: Anbau, wirtschaftliche Bedeutung, Verwertung.* 2. Aufl., Stuttgart (Eugen Ulmer) 1984.

Root, Waverly: *Das Mundbuch: Eine Enzyklopädie alles Eßbaren.* Bearbeitet u. aus d. Amerikanischen übersetzt von Melanie Walz. Frankfurt/Main (Eichborn) 1995.

Shaida, Margaret: *The Legendary Cuisine of Persia.* London (Penguin Books) 1994.

Siewek, Fred: *Exotische Gewürze: Herkunft, Verwendung, Inhaltsstoffe.* Basel (Birkhäuser) 1990.

Stegmann, Annegret: *Kräuter und Gewürze von A-Z.* Hamburg (Sonderdruck der Zeitschrift »essen & trinken«, Gruner + Jahr) 1978.

Täufel/Ternes/Tunger/Zobel: *Lebensmittellexikon.* Bd. 2: *L-Z.* 3. Aufl., Hamburg (B. Behr's) 1993.

Wegweiser durch die Natur: Wildpflanzen Mitteleuropas. Bearbeitet von Oskar Sebald. Stuttgart (Das Beste) 1982.

BEZUGSQUELLEN

Für Gewürze

• Sathi
Indische und Asiatische
Spezialitäten
Kirchenstraße 32
81675 München
Tel. 089/484504
Fax 089/9030455

• Walter Vassel
Import und Versand
Originalprodukte
aus Lateinamerika
Postfach 1249
D-63305 Rödermark
Tel. 06074/94300
Fax 06074/95807

• Claire Zurgeissel
Asiatische Spezialitäten,
Gewürze, Kräuter
Rostocker Straße 68
20094 Hamburg
Tel. 040/2802747

Für Samen und Pflanzen

• Firma Allerleirauh GmbH
Saatguthandel für
Demeter Saatgut
Kronstraße 24
61209 Echzell
Tel. 06035/81216
Fax 06035/81275
(Versandkatalog für DM 3.–
in Briefmarken)

• Kräuterzauber
Daniel Rühlemann
Büro:
Am Himpberg 32
27367 Sottrum
Tel. 04264/2284
(Mi 10.00–16.00)
Gärtnerei:
Auf dem Berg
27367 Horstedt
(etwa 600 verschiedene Sorten
Kräuter und Duftpflanzen;
hauptsächl. Versand; Pflanzen
und Saatgut im Angebot;
außer Langzeitdünger keine
chemischen Mittel)

• Otzberg Kräuter
Neuweg 11
64853 Otzberg-Lengfeld
Tel./Fax 06162/72153
(kontrolliert biologischer Anbau;
400–500 Sorten; Pflanzen und
Saatgut.
Versandkatalog mit Anbautips
für DM 6.50; nicht in Brief-
marken, sondern als Scheck
beilegen)

• Werner Simon
Sortiments- und
Versuchsgärtnerei
Staudenweg 2
97828 Marktheidenfeld
Fax 09391/2183

• Samen Miller GmbH
Das Fachgeschäft für den Garten
Manfred Miller
Zollernstraße 4
78462 Konstanz
oder
Postfach 101343
78413 Konstanz
Tel./Fax 07531/23670

DOCTEUR SERGE RAFAL

BEN MON CÔLON !

LEDUC.S
EDITIONS

« Selon les dernières statistiques, environ 30 % des Français se plaignent de mal de ventre. Or il s'agit d'une zone du corps extrêmement complexe, Non seulement à cause des différents organes qu'il contient, mais également en raison de l'intestin qui fait communiquer le corps humain avec l'environnement.

Comprendre le côlon est probablement l'élément le plus intéressant. Une foule de choses s'y déroule, digestion, fermentation, mobilité, modification du tissu, perméabilité avec le sang...

Sans compter l'intervention du système nerveux qui a une puissante action sur l'ensemble des phénomènes concernant le tube digestif.

Je connais Serge Rafal depuis fort longtemps ; j'apprécie non seulement sa délicatesse et sa sensibilité, mais aussi l'exactitude de sa pensée scientifique. Sa volonté d'utiliser des médecines alternatives lorsqu'il le faut ne se fait pas au préjudice de la nécessité d'utiliser des médicaments. Mais la jonction qu'il fait entre le psychique, l'organique et l'environnement correspond exactement à ce qu'il faut savoir pour traiter cet organe avec imagination. Son ouvrage n'est pas un ouvrage de vulgarisation mais plutôt un ouvrage de simplification pour la compréhension du lecteur, ce qui pourra d'ailleurs l'éclairer sur ses propres problèmes.

Il s'agit d'un des meilleurs livres que j'ai lus sur le sujet, mais qui se lit comme une enquête au cours de laquelle le lecteur voyage en même temps que l'auteur.

Je le recommande vraiment. »

Dr Jean-Michel Cohen

DU MÊME AUTEUR

Vaincre le stress avec les méthodes douces, Marabout.

Mon guide des médecines douces pour une santé au quotidien, Marabout.

Le guide des vitamines et des oligo-éléments, Marabout.

L'alimentation antioxydante, Marabout.

Ouvrage dirigé par Bernard Leduc

Maquette : Sébastienne Ocampo

17, rue du Regard

75006 Paris – France

ISBN : 979-10-285-0204-1

SOMMAIRE

Ça a bougé et ça bouge (encore) beaucoup dans le ventre

INTRODUCTION

De l'alimentation-santé aux régimes d'éviction, du côlon-tuyau au côlon pivot central de la santé

Cet ouvrage est la résultante d'un long processus commencé dans les unités de réanimation, les salles de travail, les blocs opératoires... de ma fin d'études, vite abandonnés d'ailleurs pour me former à l'**activité de consultation** à laquelle j'avais toujours aspiré et qui représentait pour moi **L'OBJECTIF** avéré de ces longues années de faculté puis de stages. Et c'est alors que je pensais avoir enfin touché le Graal en décrochant mon diplôme qu'a démarré une quête nécessaire destinée à mettre en accord les connaissances trop techniques acquises à l'hôpital avec l'approche particulière qu'exigerait de moi la médecine de ville. Alors que j'étais engagé dans cette recherche personnelle, plusieurs rencontres et événements inattendus, ne devant probablement rien au hasard, allaient m'impacter, prendre sens progressivement et structurer ma pratique professionnelle future et donc actuelle.

Après cette prise de conscience rapide voire quasi immédiate d'une inadéquation, d'un hiatus, entre le savoir-faire que j'avais acquis dans ces services ultra-spécialisés et la médecine générale que je souhaitais véritablement exercer, il m'a fallu très vite envisager une reconversion, amorcer un vrai grand virage professionnel en trouvant la façon de soigner AUTREMENT qui me conviendrait. Je suis tombé (peut-être me sont-elles tombées dessus) sur les **médecines alternatives et complémentaires**, qu'on appelait encore à l'époque médecines parallèles puis **douces** – à partir de 1978 –, dont je n'avais jusque-là jamais entendu parler. J'ai tout d'abord fait la connaissance de l'acupuncture en écoutant le Professeur Pierre Huguenard, fondateur du Samu 94, de retour d'une mission médicale en Chine à l'ouverture de ses frontières ; j'ai pris la décision de m'y former, emporté par les espoirs et les perspectives que j'avais cru déceler dans son propos stupéfiant et pourtant nuancé. J'ai ensuite presque naturellement rencontré l'homéopathie, les plantes, les techniques manuelles, la mésothérapie... qui se sont révélées plus tard indispensables à mon exercice et me suis progressivement familiarisé avec une approche plus empathique, plus humaine, plus personnalisée, moins « agressive » de la médecine. Tout en veillant à demeurer dans une démarche strictement médicale et sans cesse (ré)actualisée, j'ai commencé à m'élever dans des articles, ouvrages, congrès, conférences... contre certains excès de la médecine allopathique (prescription trop systématique d'antibiotiques, de psychotropes, du **t**raitement **h**ormonal **s**ubstitutif...) mais pas contre ses progrès qui devaient profiter à l'ensemble des patients.

C'est ensuite, alors que je m'intéressais à toutes les méthodes qui, outre l'acupuncture, pouvaient soulager la **douleur**, que je fis la connaissance de l'**alimentation-santé**, dans le service du Professeur Maurice Cloarec, cardiologue, un de mes chefs de service successifs à l'hôpital Tenon, décédé récemment. Cette rencontre avec ce pionnier de **« l'alimentation-prévention cardio-vasculaire »** – j'entendis chez lui pour la première fois parler de l'intérêt nutritionnel des poissons des mers froides – fut pour moi une révélation et constitua un immense choc socio-médico-culturel. Comme je fais partie de la génération d'après-guerre, élevé par des parents qui avaient vécu le conflit dans l'exode, la peur, le drame, le froid... et la faim, un repas était pour nous toujours composé, midi et soir, d'une entrée, d'un plat de viande, d'un dessert et accompagné systématiquement d'une tarte aux pommes maison avec un petit noir lavasse à midi et un café au lait le soir – pour ne pas troubler le sommeil ! De **l'alimentation-nourriture**, qui avait régné pendant des millénaires et qui restait la règle pour la grande majorité des 7,4 milliards – actuellement – d'habitants de notre planète et chez nous à la maison, nous devions brutalement passer, par obligation, à **l'alimentation-santé**. De grandes études épidémiologiques, réalisées à partir des années 1970, avaient en effet établi un lien irréfutable entre l'apparition de nombreuses maladies et la nutrition en suggérant puis en démontrant que la **malbouffe** – trop de calories, de mauvaises graisses, de sucres rapides, pas assez de bons acides gras, de fibres, de minéraux, d'oligo-éléments, de vitamines – influençait fortement la survenue des deux grands fléaux des pays occidentaux, **le cancer** et **les maladies cardio-vasculaires**, et qu'elle était probablement aussi fortement impliquée dans les **troubles**, **symptômes** et **pathologies variées** dont souffre – à des degrés divers – près de la moitié de nos concitoyens. Quelques noms (Catherine Kousmine, Joël de Rosnay, Serge Renaud, Jean Seignalet...) commençaient à émerger et contribuaient, mais marginalement, à ancrer dans le public l'idée que l'alimentation, notre principale source de vie, pouvait également se révéler un tueur redoutable. Cette prise de conscience était pour moi inattendue et amère : l'**alimentation,** source de vie, de bien-être, de plaisir, important marqueur social, culturel, identitaire, représentait donc un des **facteurs de risque les plus importants pour la santé**.

Et avec l'**étude Suvimax*** – réalisée en France de 1994 à 2002 –, dont nous évoquions régulièrement le déroulement aux réunions (staffs) du service, je me familiarisais avec **le système « Radicaux libres/ antioxydants »**, qui m'avait semblé, lui aussi à l'époque, une véritable révolution dans l'explication qu'il donnait à la **survenue, l'évolution, le traitement ou la prévention de la maladie**. Les résultats spectaculaires – réduction de plus de 30 % du nombre des cancers chez l'homme – communiqués dans une relative discrétion pour une étude nationale de cette importance – près de 15 000 patients suivis pendant sept ans – avaient renforcé mes convictions sur les **bienfaits de l'alimentation-santé**. Quelques critiques ultérieures d'ailleurs fondées allaient moduler mon enthousiasme – attention à une prescription trop généreuse d'antioxydants chez les patients atteints d'un cancer –, mais nous avions appris l'existence et compris les mécanismes d'un système de défense naturel capable de réduire indiscutablement la fréquence d'une pathologie aussi grave. Cela confortait les recommandations que je prodiguais en consultation, basées entre autres sur une alimentation variée, de qualité, riche en fruits et légumes, et en bons acides gras (voir p. 95).

M'intéressant à présent prioritairement à l'alimentation, j'avais évidemment entendu parler du « régime Seignalet » pour les maladies chroniques, nous y reviendrons, mais sans y attacher une attention particulière car je le trouvais trop contraignant. Je fus brutalement ébranlé dans ma lecture quotidienne de *L'Équipe* par les déclarations de Novak Djokovic, le champion de tennis serbe, expliquant ses performances retentissantes par **l'éviction du gluten** de son alimentation. Ce furent surtout les retombées de cette interview sur une partie croissante de la population, donc de ma clientèle – sportifs ou pas – qui m'impressionnèrent : **les**

* SUVIMAX = SUpplémentation en VItamines et Minéraux AntioXydants

régimes d'éviction (ou d'exclusion) de certains aliments – laitages, gluten principalement – s'installaient dans le paysage comme un **phénomène de société** qui allait nourrir le débat dans les médias et sur la toile, irriter et interpeller le corps médical, déclencher la curiosité des chercheurs du monde entier.

Ce feu de paille ne serait peut-être resté qu'anecdotique si deux autres événements liés d'ailleurs l'un à l'autre, le **décryptage du génome humain**, achevé en 2004, puis celui des **bactéries intestinales** – réalisé lui dans les années 2011 –, n'avaient bouleversé la **connaissance quantitative et qualitative** de **l'intestin** et **réhabilité** cet organe considéré jusque-là comme un **simple tuyau** où entraient des aliments et d'où sortaient des déchets. Il devenait en peu de temps « **l'obscur objet du désir** » de la communauté scientifique internationale qui découvrait son importance et celle de **la flore intestinale** – devenue entre-temps **microbiote** – et prenait surtout conscience des immenses possibilités diagnostiques et probablement thérapeutiques que ces recherches allaient ouvrir prochainement... tout en confirmant au passage **la légitimité** et les **bienfaits probables des régimes d'exclusion**.

La convergence de ces **deux phénomènes**, l'un **largement empirique**, provenant du public, l'autre **éminemment scientifique**, issu des laboratoires les plus pointus, que rien en principe ne destinait à se rencontrer, a fait surgir de nos entrailles ce qui nous semble une **révolution**, comme nous en avons peu connu et vécu en médecine. Elle se déroule en effet, grâce aux moyens d'information modernes, en temps réel sous nos yeux, et nous apporte, semaine après semaine, son lot de découvertes plus étonnantes et magiques les unes que les autres sur **l'intestin, le pivot central de la santé**.

J'ai décidé de profiter de ma double situation d'acteur et d'observateur privilégié depuis une quarantaine d'années pour vous en faciliter la compréhension et vous permettre de profiter pleinement du **grand moment de l'histoire de la médecine** que nous vivons actuellement.

Ce travail de synthèse que j'ai souhaité didactique et grand public, écrit dans un langage simple et accessible, se veut complet mais non exhaustif, médical mais non savant. Il s'adresse à des malades, des patients, des acteurs soucieux de leur santé, qui désirent être informés des (r) évolutions de la médecine. J'ai accepté le risque de vous proposer un arrêt sur image d'une situation que je pressens très mouvante et qui devrait par conséquent évoluer très vite et justifier des rééditions prochaines. Le challenge était excitant, je l'ai relevé avec plaisir, j'espère que vous prendrez intérêt, étonnement et délectation à le partager avec moi.

Quand l'intestin va, tout va

NOS BACTÉRIES ALIMENTENT ET NOURRISSENT LE DÉBAT ET LE PROGRÈS MÉDICAL

Le corps médical est interpellé depuis une trentaine d'années par un nombre croissant de patients qui, pour des raisons multiples, variées, plus ou moins cohérentes, ont adopté un **régime d'exclusion alimentaire**, principalement des céréales et des laitages, pour soulager des symptômes généralement chroniques, désespérants, mal pris en charge par la pharmacopée classique. La communauté scientifique a, comme souvent en pareil cas pour ces initiatives venues du public – ça a été le cas pour les médecines dites parallèles autrefois ou l'homéopathie encore aujourd'hui –, d'abord opposé une fin de non-recevoir, les ignorant, les toisant avec dédain ou ironie mordante, les critiquant ouvertement au nom de la raison, mettant en avant l'absence de preuves d'efficacité et leurs dangers potentiels, puis les classant parmi les modes farfelues sans fondement rigoureux et sans lendemain. L'orgueil scientifique était provisoirement sauf... mais le patient livré à lui-même et souvent à Internet.

Mais en s'intéressant non plus au seul contenu de l'assiette mais à **celui de l'intestin**, de nombreuses équipes de chercheurs sous toutes les latitudes ont émis l'existence d'un **lien** entre plusieurs catégories d'aliments – charcuterie, céréales, lait et laitages, viande... – et **l'apparition, l'entretien ou l'aggravation de certaines maladies et pathologies** et proposé indirectement une lecture plus bienveillante des régimes d'éviction. Leurs études, publiées sur un rythme soutenu, pas une semaine ne s'écoule sans une nouvelle publication, tendent toutes à démontrer le rôle prépondérant de nos **bactéries intestinales** dans l'équilibre ou le déséquilibre de cet écosystème singulier qui fait ou défait **la santé**. Il s'avère ainsi que plusieurs groupes d'aliments, dont nos deux piliers des régimes d'exclusion, figurent parmi les principaux facteurs responsables de la **triade infernale (déséquilibre bactérien → inflammation → hyperperméabilité intestinale)**, impliquée dans la plupart des **pathologies diverses digestives ou à distance** : citons pour le moment l'allergie, le diabète, le surpoids et l'obésité, les infections récidivantes, l'inflammation en dermatologie et en rhumatologie, possiblement les maladies psychiatriques et neurodégénératives... Cette liste est loin d'être exhaustive, elle se complète progressivement et inéluctablement.

Il est ainsi apparu que deux démarches singulières, l'une empirique, l'autre scientifique, convergeaient et qu'elles allaient probablement, à condition d'être comprises, analysées, évaluées et associées sans a priori, à l'origine d'une **véritable révolution** dans **l'approche, la surveillance** et le **traitement de nombreuses pathologies et maladies** pourtant **fort disparates**.

C'est cette synthèse que nous avons souhaité vous proposer.

Nous débuterons par une description simple mais suffisante pour la compréhension de notre propos de la **physiologie du tube digestif** en insistant sur quelques **points essentiels** (mastication, digestion, absorption) sous-estimés, mal connus, peu ou non appliqués. Nous expliciterons cette appellation de « **second cerveau** » qui a pu vous surprendre. Et nous détaillerons **l'ex-flore intestinale** (à présent microbiote) car elle constitue indiscutablement la révélation de ces dernières années.

Puis nous vous présenterons par le détail la triade aux noms compliqués, évoquée plus haut, qui, en réglant le fonctionnement de l'écosystème intestinal, fait la pluie et le beau temps dans nos viscères et dans l'organisme. Nous passerons en revue les **principales maladies digestives** et **extra-digestives** qui peuvent ou pourraient bénéficier d'une **intervention nutritionnelle et d'une supplémentation en « bonnes » bactéries.**

Nous poursuivrons par une étude critique mais objective des **régimes d'exclusion**, pas seulement **le lait et le gluten** mais également **la diète Seignalet** et les **sucres fermentables** (Fodmaps). Nous détaillerons les **probiotiques** pour vous faciliter et vous rationaliser leur utilisation actuelle et future. Et nous déroulerons les points cruciaux de notre **plan interventionnel** en insistant sur l'alimentation et l'hygiène de vie.

Nous **conclurons...** provisoirement en laissant la porte ouverte à toutes les **nouvelles pistes de réflexion et les innovations** qui pourraient à tout moment surgir des unités de recherche.

UNE INFORMATION SÉRIEUSE MAIS SANS PRISE DE TÊTE

Nous n'avons pas rédigé un traité scientifique pour des professionnels de santé mais un ouvrage d'information et de vulgarisation pour le grand public. Nous avons dans la mesure du possible évité les termes trop techniques, les abréviations dont nous sommes friands et le jargon médical qui nous sert habituellement à communiquer. Mais il est impossible d'exclure totalement tout terme scientifique sans dénaturer ou dévaloriser notre propos : vous trouverez donc çà et là un mot compliqué que nous explicitons dans un encadré ou un tableau. Et des questions colligées en consultation devraient vous simplifier la lecture et la compréhension de cet ouvrage que nous savons dense. Si vous avez des difficultés avec un mot ou un paragraphe, sautez-le et allez à la fin du chapitre correspondant, vous y trouverez des mesures pratiques immédiatement applicables.

Et même si nous considérons que notre travail est un tout, écrit selon un canevas et une progression logiques, nous savons que vous irez piocher dans l'ordre de votre choix les informations qui vous concernent. Vous devriez les trouver facilement, chaque chapitre étant construit de la même façon et pouvant être lu indépendamment.

Alors, bonne route. Prenez intérêt et plaisir à la découverte de cet organe extraordinaire dont J.-L. Godard aurait pu faire dire à son héroïne : « *Et mon intestin, tu l'aimes mon intestin ?* » Vous devriez, nous le pensons, répondre par l'affirmative.

PREMIÈRE PARTIE

NOTIONS ÉLÉMENTAIRES D'ANATOMIE ET DE PHYSIOLOGIE DE L'INTESTIN

Une organisation parfaite pour une cohabitation paisible

☞ Nous évoquerons succinctement **l'anatomie et la physiologie**, matières médicales majeures qui peuvent souvent apparaître rébarbatives. Nous nous focaliserons uniquement sur des notions simples et éclairantes qui vous aideront à la compréhension de notre ouvrage. Nous expliquerons les raisons qui ont poussé les scientifiques à parler de second **cerveau**. Et nous développerons le **microbiote** qui constitue indiscutablement l'élément essentiel de ce chapitre qui pourrait s'intituler « **l'intestin nouveau** » est arrivé.

QUELQUES INDISPENSABLES NOTIONS D'ANATOMIE ET DE PHYSIOLOGIE DU TUBE DIGESTIF

Savoir ce qu'on a vraiment dans le ventre

Les aliments parcourent un long trajet pour aller de la bouche à l'anus. Mais ils sont loin de traverser un vulgaire boyau comme on l'a longtemps imaginé, ils empruntent en réalité un trajet particulièrement sinueux et sophistiqué, ponctué d'étapes dont chacune est indispensable au résultat final. **L'appareil digestif** est avant tout responsable de la transformation de la nourriture ingérée. Il permet la dégradation des aliments en nutriments, petites molécules absorbables, et leur assimilation au niveau de l'intestin afin de procurer à l'organisme l'énergie nécessaire à son fonctionnement. Il se compose de deux éléments, **la bouche** et le **tube digestif** proprement dit.

LA LONGUEUR MAIS SURTOUT LA SURFACE D'ÉCHANGE !

Notre intestin transforme en moyenne durant une vie plus de 3 tonnes de viande et 3 tonnes de fruits et légumes tout au long de ses 8 mètres de long et 400 m^2 de surface échangeable, l'équivalent de deux courts de tennis.

LA CAVITÉ BUCCALE

Elle assume deux fonctions complémentaires : l'une mécanique, l'autre chimique.

- Le découpage et le broyage mécanique des aliments jouent un rôle essentiel dans la digestion à condition que la **mastication** – phase d'apparence banale mais véritablement déterminante – soit effective et efficace.
- La production, elle aussi primordiale, d'environ un litre et demi de salive par jour : celle-ci libère une substance protéique antibactérienne – mucine –, digère en partie les amidons et informe les papilles de l'arrivée imminente d'un aliment, ce qui déclenche la production des enzymes nécessaires à la digestion. La salive libère également une substance proche chimiquement de la morphine, qui nous apaise et nous incite probablement à croquer quelque chose lorsque nous sommes angoissés.
- Le transport des aliments vers l'œsophage, puis leur progression jusqu'à l'estomac se fait sur un trajet d'environ 30 cm. Nous avons tous connu au moins une fois cette sensation fort déplaisante voire angoissante d'une gélule ou d'un petit bout d'aliment qui reste coincé et ne descend pas. Certains patients présentent de façon chronique ces spasmes œsophagiens fort désagréables, souvent liés au stress et à une mauvaise hygiène de vie. Nous

pouvons d'ores et déjà vous prodiguer deux conseils importants : 1. vous ne devez jamais avaler un médicament sans eau, le simple mouvement de la tête vers l'arrière ne suffit pas ; 2. vous devez toujours mastiquer un aliment, même s'il vous paraît mou.

À QUOI SERVENT LES ENZYMES DIGESTIVES ? COMMENT RÉSUMER LA PHASE DE DIGESTION DES ALIMENTS ?

Les enzymes digestives jouent un rôle capital dans la digestion : l'amylase dans la bouche, la pepsine dans l'estomac, l'amylase du pancréas, la lactase dans le côlon. Elles permettent la dégradation et donc la transformation des aliments. En leur absence, les fruits et légumes fermentent, la viande putréfie, ce qui est susceptible d'entraîner des difficultés de digestion et surtout un déséquilibre de l'écosystème intestinal à l'origine de tout un processus pathologique sur lequel nous reviendrons longuement.

La digestion sert à transformer par une action **mécanique** (mastication, motricité intestinale...) et **chimique** (enzymes, sécrétions diverses...) les aliments ingérés en macronutriments énergétiques (sucres, graisses, protéines) et micronutriments métaboliques (acides aminés, acides gras essentiels, oligo-éléments, vitamines...) qui peuvent alors être assimilés et fournir à l'organisme l'énergie dont il a besoin pour fabriquer, fonctionner, renouveler ses cellules – ce que fait la muqueuse intestinale tous les deux jours !

☞ Les aliments solides doivent quitter la bouche pour l'œsophage sous la forme d'une bouillie homogène. Insistons donc sur deux points de cette phase buccale car ils sont essentiels à l'ensemble du **processus de digestion** :

- **La mastication** n'est pas toujours suffisamment attentive : beaucoup d'entre vous avalent un sandwich en quatre bouchées ou ingurgitent leur repas en deux temps trois mouvements ce qui fait arriver dans l'estomac beaucoup d'air et des aliments non attaqués.
- La production de **salive** est maxima pour des aliments qui se croquent et se mastiquent longuement comme la carotte, le céleri, l'endive, la pomme crus... Et ce qui n'est bien sûr pas le cas avec des aliments liquides comme la soupe, un fromage blanc, une compote, un yaourt...

Notre première recommandation

Votre repas, composé d'aliments plutôt durs que liquides, doit être pris dans le calme, en prenant votre temps, sans accomplir une autre tâche parasite (pianoter sur votre ordinateur ou votre téléphone portable, lire un journal, rédiger vos mails...), en mastiquant longuement. Vous ne devez pas mettre votre langue dans votre poche mais au contraire **la tourner quinze fois dans votre bouche** avant d'avaler l'aliment soigneusement broyé. C'est le seul moyen de produire de la salive, antibactérienne et très alcaline – le contraire d'acide – donc protectrice de l'œsophage. Certaines intolérances aux légumes relèvent en réalité d'une mastication insuffisante : les fibres les plus dures résistent à leur passage dans le haut du tube digestif (bouche, œsophage, estomac, duodénum) puis dans l'intestin grêle et arrivent inattaquées dans le côlon : les bactéries tentent alors

→

de les digérer avec pour conséquences fréquentes des gaz, des douleurs abdominales, des difficultés de digestion.

Mastiquer et manger est un acte simple, essentiel et apparemment compliqué pour la plupart des actifs qui avalent sur le pouce, debout dans la rue, un sandwich, un kebab ou une pizza en 4 bouchées et moins de 3 minutes.

LE MICROBIOTE FAIT LA DIFFÉRENCE ENTRE LE BUVEUR ET LE SOIFFARD

Ce sont nos **bactéries buccales** qui permettent ou pas d'apprécier les goûts, les saveurs, les nuances d'un grand cru de Bordeaux ou de Bourgogne. Un grand œnologue a en bouche une flore développée et variée chargée de ce décryptage toujours étonnant pour l'amateur éclairé ou le profane qui cherche la violette, les fruits bleus, la noisette qu'on lui décrit, lui qui a parfois du mal à distinguer un blanc d'un rouge.

LE TUBE DIGESTIF

Le tube digestif proprement dit est composé de trois parties.

L'ESTOMAC

C'est une poche réservoir oblongue de 1,5 litre de capacité. En forme de J, il s'étend du cardia (orifice doté de muscles qui empêche les remontées acides vers l'œsophage mais laisse toutefois passer quelques gaz sous forme de rots) jusqu'au pylore, point d'entrée dans le duodénum. L'estomac a pour fonction de démarrer la digestion des aliments (protéines et sucres) qui ont été longuement mastiqués. Il possède à sa surface des glandes qui sécrètent 3 litres par jour de sucs gastriques très acides – presque de l'acide chlorhydrique pur – qui détruisent la plupart des bactéries, mais pas toutes – *Helicobacter pylori* résiste –, et attaquent les gros morceaux de nourriture.

HELICOBACTER PYLORI, UN FOU D'ACIDE

Cette bactérie qui touche la moitié de la population mondiale est la seule à survivre dans un milieu aussi hostile que l'estomac. Elle peut y déclencher un ulcère, un lymphome ou un cancer de l'estomac. Dès sa présence constatée lors d'une endoscopie, elle doit impérativement être éliminée, le plus souvent par des antisécrétoires d'acide (= **i**nhibiteurs de la **p**ompe à **p**rotons ou IPP) et une triple association d'antibiotiques.

Des mouvements de brassage permettent la progression du bol alimentaire, qu'on appelle chyme lorsqu'il quitte l'estomac pour s'engager dans le duodénum où des enzymes achèvent la digestion. Cette phase importante dure autour de trois heures : vous souvenez-vous de nos grands-mères qui nous interdisaient à tort la baignade pendant ce temps qui nous paraissait très long ?

☞ Un repas abondant et trop gras, pris rapidement, dans le bruit, mal installé, sans avoir bien mastiqué, par quelqu'un de stressé, impose à l'estomac de gros mouvements de brassage qui peuvent envoyer un peu d'acide vers le haut et déclencher ainsi les brûlures typiques du reflux gastro-œsophagien (RGO).

La seconde recommandation

Elle complète la première mais en veillant ici au contenu de l'assiette : faites attention au volume du repas, en particulier à sa teneur en mauvaises graisses (voir p. 94) et en sucres à index glycémique élevé (voir p. 96).

Et ne vous allongez pas immédiatement après un repas, a fortiori s'il a été copieux et que vous souffrez d'un reflux gastro-œsophagien.

C'EST QUOI UN REFLUX GASTRO-ŒSOPHAGIEN ?

Ce terme désigne la remontée d'une partie même minime du contenu de l'estomac (très acide) dans l'œsophage (qui ne supporte pas la moindre trace d'acidité) par un défaut d'étanchéité des muscles qui ferment l'orifice supérieur de l'estomac. Le reflux gastro-œsophagien provoque des régurgitations acides, des brûlures traçantes vers le thorax, un hoquet ou des rots... et parfois des symptômes trompeurs comme un mal de gorge, de la toux ou des crises d'asthme. Il se traite par des produits au nom compliqué, les **i**nhibiteurs de la **p**ompe à **p**rotons (ou IPP), dont le plus connu est l'oméprazole.

☞ Nous nous interrogeons sur l'innocuité de ces produits, pris quotidiennement, sur de longues périodes, qui suppriment totalement la sécrétion acide de l'estomac, pourtant utile nous l'avons vu. Ils ont comme autre inconvénient majeur de soulager sans guérir car ils n'agissent pas sur la cause du symptôme.

UNE NOTION MAL CONNUE MAIS IMPORTANTE, LA VITESSE DE VIDANGE GASTRIQUE

Elle est variable selon les aliments et la physiologie individuelle :

- L'eau à température ambiante (ni trop chaude, ni glacée) est évacuée à la vitesse maxima de **600 ml par heure**
- Les sucres sont absorbés plus vite que les protéines, elles-mêmes plus rapidement que les graisses : un aliment bien gras, nous l'avons tous déjà observé, peut ainsi séjourner 4 à 8 heures dans l'estomac, il est déconseillé d'en ingérer avant d'aller faire du sport.

QUEL EST LE RÔLE EXACT DE LA BILE ?

Ce liquide visqueux, de couleur jaune-verdâtre, produit par le foie, stocké dans la vésicule – dite biliaire précisément pour cette raison – permet la digestion des graisses. La bile les découpe en effet en molécules plus petites afin qu'elles soient absorbées plus facilement par l'intestin. Les produits comme le sorbitol, qui stimulent sa libération favorisent la digestion après un repas trop gras. Et les patients qui ont subi l'ablation de la vésicule (= cholécystectomie) ont souvent des problèmes de digestion des gros repas et des aliments gras.

☞ Cette notion de vidange gastrique est excessivement importante pour les sportifs : il est inutile lorsqu'on pratique une activité physique, même intense et déshydratante, de boire beaucoup plus d'un demi-litre par heure car ce liquide reste dans l'estomac, sans être absorbé ni évacué vers l'intestin. C'est ainsi qu'un tennisman à Roland-Garros peut perdre, par la sueur et la respiration, 4 à 5 litres d'eau, s'il joue un match de 4 heures en plein cagnard. Mais il ne peut pas les compenser pendant qu'il est sur le court en raison de la lenteur relative de la vidange gastrique. S'il outrepasse cette loi physiologique, l'eau lui reste sur l'estomac et il a un grand risque de perdre le match. La compensation de la perte hydrique se fait tranquillement dans les vestiaires après le match, toujours à la vitesse de 600 ml par heure : c'est ainsi qu'il faut autour de 5 heures de boisson pour compenser les 3 litres manquants.

L'INTESTIN GRÊLE

Après que le duodénum, le pancréas, le foie ont apporté leur contribution à la digestion grâce à la sécrétion de diverses substances tampon (bile, suc pancréatique, sucs sécrétés par la muqueuse intestinale), **l'intestin grêle** entre dans la danse.

C'EST QUOI UNE SUBSTANCE TAMPON ?

C'est en chimie, une solution qui maintient l'acidité ou l'alcalinite (= le pH) du milieu intérieur malgré une dilution ou l'addition de petites quantités d'acide ou de base. C'est ce que font ces substances sécrétées tout au long du processus de digestion.

Il récupère une bouillie appelée chyle, puis loin d'être un simple boyau qu'elle traverse, il exerce de multiples fonctions participant pleinement à l'équilibre qui définit la santé. Il constitue une frontière entre le milieu extérieur et l'organisme, assurant une protection efficace contre l'infection par un effet-barrière contre les bactéries pathogènes, freinant leur implantation, inhibant leur prolifération. Il effectue un tri indispensable entre les acides aminés, nutriments, oligo-éléments, vitamines... utiles qu'il absorbe ainsi que beaucoup d'eau (autour de 6 litres par jour) et les aliments, polluants divers, hôtes ou débris ingérés mais indésirables qu'il refoule. Toutes ces opérations sont effectuées grâce aux particularités de sa muqueuse, son système immunitaire très développé et, bien sûr, ses bactéries au rôle irremplaçable.

Cette phase dans l'intestin grêle dure autour de quatre à cinq heures.

LES PARTICULARITÉS DE LA MUQUEUSE INTESTINALE

Elle est très fine, fragile, constituée d'une seule couche de cellules à renouvellement rapide, soudées entre elles par des **jonctions serrées** qui forment une barrière et lui assurent une étanchéité relative contre les hôtes ou substances indésirables. Elle dispose pour ses fonctions de sélection, de filtre et d'échange d'un revêtement élaboré avec de multiples excroissances ou **villosités,** repliées sur elles-mêmes et délimitées par des invaginations ou des cryptes qui accroissent encore **l'imposante surface d'échange de 400 m^2**.

☞ Cette muqueuse intestinale, aussi délicate que précieuse pour la santé, a besoin d'être parfaitement entretenue (bonne hygiène de vie) et à l'abri des agressions principalement alimentaires (laitages, gluten, polluants, toxiques…).

À QUOI SERT L'APPENDICE ?

Pour tous ceux de ma génération, cette petite excroissance de 10 cm de long, située à l'entrée du côlon droit, était surtout redoutée car elle requérait, bien trop systématiquement, un traitement chirurgical lorsque son inflammation, la célèbre **crise d'appendicite**, nous clouait au lit avec des douleurs du flanc droit et de la fièvre. On la traite actuellement la plupart du temps avec des antibiotiques !

☞ On a longtemps pensé que cet appendice était inutile avant de se rendre compte qu'il participait à l'immunité et qu'il pouvait en particulier servir de **réservoir de bonnes bactéries** lors d'un épisode de diarrhée.

LE CÔLON

Ce gros tuyau qui mesure environ 1,50 mètre chez l'adulte, est divisé en 3 parties : ascendant, transverse, descendant. Il complète et finalise l'action de l'intestin grêle. Des 1 500 ml qui lui parviennent chaque jour, il les concentre au point d'en éliminer environ 150 ml sous forme de selles. Le côlon stocke en effet les déchets, absorbe l'eau, les oligo-éléments, les vitamines restantes. Il joue en outre un rôle essentiel par son cloaque de bactéries parfaitement organisées qui décomposent les restes végétaux et protéiques en produisant respectivement une fermentation ou une putréfaction. Le côlon se termine par le rectum qui concentre les fèces avant d'expulser des selles en principe moulées. Cette phase colique est de loin la plus longue, elle dure autour de 48 heures. Quand vous prenez un laxatif oral, vous pouvez constater qu'il faut plus de 24 heures pour obtenir une selle.

Mais l'intestin possède également d'autres fonctions importantes.

S'il constitue un des éléments majeurs du tube digestif, le rôle de l'intestin va bien au-delà de la digestion des aliments et l'expulsion des déchets :

- il participe à **l'immunité** ;
- il produit 95 % de la fameuse **sérotonine** sur laquelle s'appuient les antidépresseurs les plus utilisés actuellement ;
- il est probablement le **point de départ** de la plupart des maladies et pathologies locales et extra-digestives qui nous atteignent.

☞ Nous développerons ces différents points tout au long de notre ouvrage.

CONCLUSION

Les recherches actuelles montrent que **l'intestin grêle** et surtout **le côlon** constituent **deux des principaux acteurs de la santé** : de nombreuses pathologies et maladies, dont on pouvait raisonnablement penser que leur cause se situait à distance, trouvent en réalité leur origine dans le dysfonctionnement de ce que l'on considérait il n'y a pas si longtemps comme un vulgaire conduit. Mais notre intestin est actuellement en voie de **réhabilitation, de reconnaissance, de renouveau.**

L'INTESTIN, LE SECOND CERVEAU

L'intelligence du ventre

La formule a pu paraître audacieuse voire excessive lorsqu'elle est apparue en 1999 sous la plume de Michael Gershon, Professeur au Département d'anatomie et de biologie cellulaire de l'Université de Columbia, mais les progrès de la science ces dernières années et les nombreuses expériences et études réalisées puis publiées dans les plus grandes revues scientifiques actuelles ont confirmé qu'assimiler **l'intestin** à un **cerveau** fût-il le second, n'avait rien d'usurpé mais correspondait véritablement à une réalité fonctionnelle. Il n'est plus pour aucun chercheur un vulgaire boyau qui transforme les aliments en déchets avant de les expulser pour ne pas intoxiquer l'organisme mais une véritable installation psycho-bactério-chimique à l'organisation singulière et exceptionnelle.

DEUXIÈME OU SECOND CERVEAU ?

Ces deux termes sont synonymes dans le langage courant mais l'utilisation du premier suggère qu'il pourrait y avoir une suite comme un troisième cerveau... ce qui est peu vraisemblable. Le professeur Gershon parlait à juste titre de « **second cerveau** », la traduction française commet une erreur de sémantique, ce qui n'enlève rien aux **propriétés exceptionnelles de l'intestin**.

INTESTIN OU CHEF D'ORCHESTRE ?

L'intestin est avant tout un des **pivots centraux de la santé**, chaque journée nous apportant des preuves de son extrême importance dans certaines fonctions qui apparaissent d'ailleurs bien cérébrales.

- Il est capable **d'indépendance** : certains d'entre vous ont encore en mémoire de leurs expériences scolaires même lointaines, l'intestin isolé qui les étonnait en continuant à se contracter dans son liquide de conservation.
- L'intestin est surtout le **cerveau des émotions**, personne ne s'en étonnera, tout le monde a déjà eu l'occasion de le vérifier à ses dépens :
  - Un stress intense (accident, oral d'examen, audition, séparation...) est capable de vous arracher dans la seconde, tripes et/ou boyaux et vous envoyer précipitamment vers un endroit isolé et très personnel !
  - À l'inverse, vous avez tous pu constater comme il était difficile de faire ses besoins en dehors de son environnement habituel, d'où la constipation fréquemment observée en voyage, lors d'une hospitalisation et parfois même chez des proches ou

des intimes. Certains sont même obligés de rentrer chez eux pour accomplir cet acte élémentaire et naturel !

- Et l'intestin, **organe** beaucoup plus **vital** que nous l'imaginions encore il y a peu, est comme le cerveau de certains, un trésor d'intelligence, formidablement doué pour **le relationnel**. Il bénéficie pour cela d'une organisation très sophistiquée : plus de 200 millions de neurones – 2e réseau neuronal de l'organisme juste derrière le cerveau –, de milliards de bactéries, d'un système immunitaire très développé, d'une surface d'échange très étendue... qui lui permettent de contrôler la digestion, les sécrétions, la motricité, l'absorption et l'assimilation des nutriments, l'évacuation des déchets... mais aussi de **dialoguer et de communiquer avec tous les organes**, en particulier **le cerveau**... et même les diriger à la manière d'un **chef d'orchestre**.

☞ De multiples expériences montrent que l'intestin **envoie**, par l'intermédiaire du nerf vague, quatre fois **plus de messages** qu'il **n'en reçoit**. Nous pouvons donc provisoirement affirmer qu'il informe beaucoup plus le cerveau qu'il n'obéit aux ordres. Et que c'est donc peut-être ou probablement **LUI qui commande**.

DES FAITS, DES PREUVES

Voyons quelques expériences troublantes réalisées récemment. Elles nous éclairent sur l'importance extra-digestive de l'intestin et permettent de comprendre qu'on ait osé utiliser, finalement à bon escient, la dénomination de « **second cerveau** ».

BACTÉRIES INTESTINALES ET COMPORTEMENT

Cette étude réalisée par des chercheurs canadiens montre l'influence de l'intestin sur les comportements. Des souris élevées dans des conditions de stérilité absolue, donc sans flore intestinale, ont un comportement téméraire et intrépide… qui pourrait dans la vie les mettre véritablement en danger. Dès que les chercheurs leur administrent certaines bactéries intestinales, elles adoptent un comportement beaucoup plus craintif et frileux : elles n'explorent plus leur cage et ne vont plus aussi facilement se dégourdir les pattes sur le rouleau tournant. Rien d'autre dans leur environnement n'ayant changé, le seul fait d'avoir introduit des bactéries dans leur intestin a donc modifié les attitudes et le comportement de ces rongeurs.

☞ Le microbiote dépendant en grande partie de l'alimentation, nous aurions envie de croire en la possibilité d'un changement de caractère, de comportement voire de personnalité par la seule nourriture ou l'introduction de certains aliments choisis. Nous devons toutefois rester prudents car aucune expérience humaine ne l'a pour le moment prouvé ni même évoqué. Certes, déguster le plat préféré de son enfance ou croquer dans sa madeleine de Proust fait du bien, mais probablement par d'autres circuits que la flore intestinale. Envisager de changer radicalement le comportement par certains aliments reste une hypothèse… relativement improbable, en tout cas prématurée. Tout comme cette réflexion, folle et quasi philosophique qui nous vient à l'esprit : « **Je pense donc je suis… ma flore intestinale** ». Attendons un peu avant de nous confronter à René Descartes !

LA DOPAMINE, LE NEUROTRANSMETTEUR DU PLAISIR

Lorsque cette substance diminue dans le sang, l'appétit, la motivation, la mémoire, la concentration, la libido... chutent et une déprime peut s'installer. L'évocation ou la simple vue d'une douceur font déjà saliver et préparent l'organisme à sa sécrétion. Les alcooliques, les fumeurs, les toxicomanes, tous les addictifs (chocolat, pâtisseries, sexe...) recherchent **sa libération qui les apaise**.

L'INTESTIN, LA FABRIQUE DE SÉROTONINE

La **sérotonine** est l'un des neurotransmetteurs les plus étudiés actuellement. La plupart des antidépresseurs prescrits à nos malades agissent en effet sur cette substance fabriquée à 95 % dans l'intestin, dont une petite partie passe ensuite dans le sang avant d'aller activer le cerveau. Comme les neurones utilisent cet acide aminé, on peut dire que la **sérotonine** façonne nos humeurs, booste notre énergie, stimule la mémoire, modifie nos comportements. Elle intervient sur le sommeil, la détente, la sérénité – par inhibition des pulsions diverses. Lorsqu'elle descend à des taux très bas chez l'alcoolique, les personnes âgées, certains colopathes chroniques, ceux-ci ressentent ou constatent : anxiété, impatience, déprime ou dépression, troubles du sommeil, irritabilité, compulsions (alcool, chocolat, drogues), troubles du comportement tout court (agressivité, violence...) ou alimentaire (boulimie).

☞ La **santé mentale** passe par celle de l'intestin et probablement dans un avenir proche par un **réajustement nutritionnel et une supplémentation en « psychobiotiques »** – probiotiques qui favoriseraient la production de certains neurotransmetteurs –, ce qu'attendent impatiemment beaucoup de patients qui se méfient ou redoutent les psychotropes.

C'EST QUOI UN NEUROTRANSMETTEUR ?

Des millions d'informations et de messages chimiques, électriques, physiques, passent en permanence d'une cellule à l'autre et nous permettent de réfléchir, réagir, décider, bouger, ressentir... Cette réaction en chaîne peut se produire grâce à un messager chimique ou **neurotransmetteur**. Il existe probablement plusieurs centaines de ces substances, nous n'en connaissons qu'une cinquantaine, regroupées en trois familles : les amines (dopamine, noradrénaline, **sérotonine**...), les acides aminés (acide glutamique, taurine...), les peptides (endorphines...).

☞ Nous utilisons déjà des compléments nutritionnels qui contiennent de la tyrosine, précurseur des amines, ou du tryptophane, précurseur de la sérotonine. Ils permettent de traiter certaines dépressions légères à modérées qui ne justifient pas des antidépresseurs.

UN LIEN ENTRE L'INTESTIN ET LA MALADIE DE PARKINSON ?

Alors que l'intestin est, pour la majorité d'entre nous, un vulgaire tuyau de huit mètres de long, chargé de transformer l'alimentation en énergie et d'éliminer les déchets inutilisables, il joue en réalité un rôle bien plus complet et valorisant.

Dans la foulée du **séquençage du génome humain**, les scientifiques avec beaucoup d'appétit et de gourmandise intellectuelle, ont réalisé celui des **bactéries intestinales (métagénome)**. Ils ont commencé à établir la composition de la flore intestinale dans toutes les maladies et les pathologies neurodégénératives : on y connaissait l'existence fréquente d'une composante digestive et un va-et-vient cerveau-intestin. Et certains chercheurs ont constaté dans la maladie de Parkinson, une **flore intestinale altérée** et l'existence de **lésions digestives**, bien avant l'apparition des anomalies neurologiques. Ils ont logiquement pensé que la maladie progressait le long du **nerf vague** jusqu'au cerveau où elle créait et/ou aggravait des lésions. Ils ont d'ailleurs constaté que la vagotomie, intervention chirurgicale qui consiste à couper ce nerf, ce qu'on faisait souvent pour traiter l'ulcère de l'estomac avant l'avènement des médicaments antiacidité, réduisait le risque de développer la maladie.

QUAND L'ULCÈRE DE L'ESTOMAC SE TRAITE MÉDICALEMENT

Autrefois chirurgical, le traitement de l'ulcère de l'estomac s'est médicalisé avec l'arrivée sur le marché d'abord des antihistaminiques H2 en 1987 puis des IPP (ou **i**nhibiteurs de la **p**ompe à **p**rotons) en 1989, médicaments qui réduisent considérablement la sécrétion acide de l'estomac. Ils sont largement utilisés seuls contre le reflux gastro-œsophagien et avec une triple association d'antibiotiques dans le traitement de l'ulcère de l'estomac.

☞ Une spécialité, la **neuro**-gastro-entérologie, née dès les années 1990, pourrait connaître un renouveau avec ce lien fortement suspecté entre l'écosystème bactérien et les maladies neurologiques et neurodégénératives. Et nous aurions envie d'avoir très vite la réponse à deux questions, l'une diagnostique, l'autre thérapeutique, que nous nous posons.

- Une biopsie intestinale, réalisée lors d'une coloscopie permettrait-elle d'intervenir tôt dans l'évolution de la maladie ?
- Une correction nutritionnelle (supplémentation en probiotiques) associée au traitement des lésions digestives constatées à l'endoscopie, empêcherait ou retarderait-elle le passage à la maladie ?

Nous pourrions ensuite extrapoler à d'autres pathologies amenées à se multiplier avec le vieillissement de la population et la pollution environnementale et ainsi envisager des solutions préventives ou curatives que nous ne possédons pas pour le moment.

CONCLUSION

L'appellation de **second cerveau**, qui pouvait apparaître outrancière, correspond, vous l'aurez compris, à une réalité physiologique. Des perspectives thérapeutiques insoupçonnées à ce jour s'ouvrent à nous et vont probablement faire l'actualité médicale des prochaines semaines ou mois. Si vous envisagez de développer une maladie neurodégénérative, attendez un peu, vous aurez bientôt de meilleures chances de guérison !

COMPRENDRE LA FONCTION ET L'IMPORTANCE DU MICROBIOTE INTESTINAL

Un margouillis de bactéries à câliner

Pendant longtemps, tous les microbes – terme à présent abandonné – ont été jugés nuisibles pour la santé jusqu'à ce que les études scientifiques des années 2010 nous apprennent à mieux appréhender ce cloaque de micro-organismes qui peuplent l'intestin et nous confirment leur importance primordiale pour la santé. Nous savions empiriquement depuis le fameux précepte d'Hippocrate que **l'alimentation était notre premier médicament**, nous savons maintenant avec certitude que ce sont les **milliards de bactéries du tube digestif**, certes dépendantes de la génétique, de l'histoire de chacun, des conditions de l'accouchement, de l'enfance, de l'environnement... mais aussi et surtout de la qualité, la quantité, la variété de ce que nous ingérons quotidiennement qui **procurent cette protection** contre les diverses pathologies chroniques et maladies dont nous pouvons être victimes.

LE CÔLON REMIS EN SELLE

Jusqu'au début du xxᵉ siècle, clystère, canule, poire, bock... règnent en maîtres. Il faut absolument évacuer le contenu intestinal qui est pense-t-on nocif pour la santé. Au xxiᵉ siècle, changement de paradigme, changement de stratégie. Le microbiote intestinal est l'objet de toutes les attentions : c'est l'ami fidèle, l'allié indispensable qu'il faut à tout prix protéger et bichonner.

DÉFINITION ET RÔLE DU MICROBIOTE

Sous ce terme compliqué, qui remplace l'ancienne appellation plus imagée et poétique mais totalement inexacte et désuète de **flore intestinale** – que nous continuerons par souci de simplicité de nommer ainsi de temps à autre –, se tapit dans notre **tube digestif** un monde effrayant, une sentine grouillante, faite de bactéries, de virus, de champignons, de levures... qui comme une troupe de bons petits soldats le font fonctionner, lui et l'ensemble de l'organisme, tout en le protégeant.

DES APPELLATIONS CONTRÔLÉES MAIS BIEN COMPLIQUÉES

Le terme de **flore intestinale** date d'une époque révolue où la santé du côlon se déduisait d'un prélèvement de selles. La présence fréquente de quelques champignons (**candidose**, mycose) dans celles-ci justifiait autrefois cette appellation. À partir du moment où les bactéries sont innombrables, il aurait fallu parler de **faune intestinale**, ce qui excluait les champignons, levures et autres moisissures. Le terme scientifique le plus convenable est donc celui de **microbiote** qui signifie étymologiquement « micro-organismes utiles à la vie ». Le **microbiome** désigne l'endroit où elles vivent, l'intestin. Le **métagénome** comprend l'ensemble de nos gènes humains et de nos bactéries. La **métagénomique** est l'étude du contenu génétique d'un échantillon issu d'un environnement complexe : l'air, l'océan, le sol, l'intestin. En comparant le séquençage du microbiote de milliers de personnes, saines ou malades, ce procédé méthodologique a permis de préciser le rôle de chaque colonie de bactéries dans la santé, la digestion l'immunité, la survenue éventuelle de maladies.

Les effectifs de cette armée de l'ombre sont impressionnants : notre intestin contient en effet 10^{15} de ces micro-organismes – dix fois plus que de cellules composant le corps humain –, répartis en un millier d'espèces, pour un poids total compris entre 1,5 et 2 kg chez l'adulte. Toutes ces colonies de bactéries commensales, c'est-à-dire acceptées par le côlon pour une collaboration aussi paisible qu'enrichissante mutuellement, sont de véritables petites usines interdépendantes. Non seulement elles décomposent les bons aliments non digérés plus haut dans l'intestin grêle pour les convertir en énergie et en extraire les restes utiles (acides gras à chaînes courtes, enzymes, oligo-éléments...) mais elles assurent également l'intendance en produisant des substances nettoyantes – comme l'acide lactique –, en éliminant les toxines et/ou les résidus de médicaments et en évacuant les déchets sans intérêt dans et par les selles. Et comme ces bactéries synthétisent des vitamines, permettent l'absorption des minéraux, libèrent des neurotransmetteurs – de l'humeur en particulier –, participent activement et contrôlent notre immunité, nous pouvons affirmer que la vie serait impossible sans elles.

☞ Nous abritons dans le ventre un formidable écosystème parfaitement intégré dans un intestin qui non seulement s'en occupe mais le tolère et le couve attentivement dans une neutralité bienveillante et un équilibre dynamique. Ce petit monde des intérieurs, dont nous démarrons seulement l'exploration, livre progressivement mais finalement assez vite ses formidables secrets. Nous comprenons mieux au travers des premiers résultats (confirmation des fonctions nutritives, énergétiques, découverte des implications métaboliques, immunitaires++, cognitives...) l'empressement des chercheurs à intensifier son exploration afin d'apporter leur contribution à la connaissance de ce milieu si singulier mais aussi et surtout à son utilisation la plus rapide possible à des fins thérapeutiques.

POURQUOI CET ENGOUEMENT SOUDAIN POUR LE MICROBIOTE ?

Alors que nous n'en sommes qu'au tout début de l'aventure, nous avons le sentiment de vivre une véritable révolution dans l'histoire de la médecine. Pendant longtemps, et bien sûr uniquement par défaut, l'exploration du côlon s'est faite en grande partie au moyen de l'examen des selles alors que celui-ci n'est qu'un pâle reflet de ce qui se déroule dans l'intestin. L'extrême majorité du microbiote est en effet composée de bactéries **anaérobies strictes**, c'est-à-dire que ses bactéries vivent sans oxygène et surtout qu'elles ne résistent pas plus de quelques minutes lorsqu'elles sont sorties de leur milieu naturel et exposées à l'air... qui en fait les tue. Cela explique que les examens de selles, en dehors de quelques pathologies infectieuses sévères ou en parasitologie, étaient et sont encore généralement négatifs (rien ne pousse sur les fameuses boîtes de Pétri) et donc peu contributifs au diagnostic.

💡 QUELLE EST LA COMPOSITION DES SELLES ?

Nous connaissons tous leur aspect et leur odeur, beaucoup moins bien leur composition qui **varie en quantité et en qualité** selon l'alimentation et la boisson. Les selles normales sont généralement composées de 75 à 85 % d'eau ; les 15 à 25 % restants contiennent des fibres non digérées (cellulose), des oligo-éléments (azote, potassium...), des bactéries intestinales vivantes et surtout mortes (environ 1 000 milliards pour 1 gramme de selles), des cellules épithéliales de l'intestin (dont le renouvellement est permanent).

La coproculture consiste à prélever des fragments de matières fécales et à les mettre en culture lorsqu'est suspectée la présence d'un germe pathogène, responsable par exemple d'une diarrhée rebelle au retour d'un voyage en pays tropical ou après un traitement antibiotique.

☞ Il a donc fallu attendre d'autres méthodes d'identification, les outils biomoléculaires et informatiques qui ont servi au **séquençage du génome humain** (projet discuté dès 1985, lancé en 1989, achevé en 2004) puis celui des bactéries intestinales à partir de 2010, pour pouvoir, comme sur une scène de crime, affirmer leur présence, les lister, les compter, dresser leur profil... et commencer à établir leurs liens éventuels avec la santé du malade.

Les résultats prometteurs des premières mais très nombreuses études publiées partout dans le monde, insistent toutes sur les liens très étroits tissés entre le microbiote, l'inflammation et l'immunité, ce qui ébranle sérieusement la conception et la compréhension que nous pouvions avoir de certaines pathologies ou maladies digestives ou à distance. Et nous commençons à imaginer que plusieurs dizaines de maladies variées, même les plus graves – diabète, maladies auto-immunes, Parkinson (!) –, pourraient avoir leur point de départ ICI dans l'intestin et peut-être bénéficier d'une intervention sur le microbiote.

☞ L'exploration de ce milieu intérieur à la fois si proche de nous et si mal connu a démarré il y a peu de temps mais les chercheurs ont mis les bouchées doubles… tant les retombées médicales et économiques devraient être féeriques.

DES ALLIÉS DE LA POLICE CRIMINELLE

Les bactéries intestinales, par leur présence, leur concentration, leur répartition spécifique, constituent pour chacun d'entre nous une véritable carte d'identité. Elles pourraient, d'après des chercheurs australiens, devenir prochainement des éléments essentiels des scènes de crime. Les policiers pourraient, lors d'un homicide, les rechercher et les lister comme ils le font jusqu'à présent des empreintes digitales. La population des germes de la peau ou des poils pubiens nous est en effet personnelle et devrait dans un avenir assez proche permettre de confondre un criminel, un violeur, un terroriste en les retrouvant sur les lieux du crime.

« Bon Dieu, mais c'est bien sûr ! » aurait dit le commissaire Bourrel pour résoudre ses enquêtes télévisuelles des *Cinq dernières minutes*.

UNE COMPOSITION VARIABLE MAIS UNE RÉPARTITION SPÉCIFIQUE

Parions que ce paragraphe, peut-être une grande partie du chapitre, devra être corrigé au moment des rééditions. Nous n'avons pas encore identifié toutes les espèces présentes et commençons à peine à nous familiariser avec les variations des bactéries les plus connues en fonction des maladies, de l'environnement, du mode de vie. De façon simple voire simpliste mais suffisante pour la compréhension de cet ouvrage informatif, le microbiote se définit par l'ensemble des espèces présentes dans l'écosystème intestinal. Ces données ne sont qu'un instantané scientifique et changent comme une météo islandaise au gré de nouvelles publications hebdomadaires qui les modulent, les complètent ou les démentent.

On trouve dans le côlon, quatre types de flores composées de bactéries **bénéfiques, nuisibles, intermédiaires**. Ces micro-organismes se regroupent en colonies en fonction de notre génétique, l'environnement, le mode de vie et bien évidemment de **notre alimentation**. Elles ont un dénominateur commun, un noyau partagé par la plupart d'entre elles, **l'entérotype**.

La répartition se fait en trois grandes familles, elles-mêmes individualisées en un millier d'espèces différentes répertoriées à ce jour.

C'EST QUOI UN ENTÉROTYPE ?

Il s'agit d'un type de composition bactérienne intestinale, particulier et spécifique comme peut l'être le groupe sanguin. Les chercheurs américains ont d'abord décrit trois types distincts puis deux, certains groupes de bactéries glissant de l'un à l'autre. C'est ainsi qu'on a décrit l'entérotype 1 où prédominent les *Bacteroides*, le type 2 avec les *Prevotella*, le type 3 avec les *Ruminococcus* : une alimentation riche en protéines animales et graisses saturées favorise l'entérotype 1 ; riche en sucres, elle contribue à l'entérotype 2.

☞ Comme les sables, la composition de ces grands types est mouvante, n'y attachez pas une importance démesurée, elle est surtout utile pour les scientifiques.

Nous trouvons :

- Une **flore résidente dominante**, la plus nombreuse (près de 99 %), presque exclusivement anaérobie stricte (= vivant sans oxygène) qui comprend *Bifidobacterium* (les bifidobactéries de nos yaourts), *Bacteroides* (qui favoriseraient l'inflammation), *Clostridium* (la bactérie des diarrhées graves dues aux antibiotiques)...
- Une **flore sous dominante**, moins nombreuse (1 %), anaérobie facultative, qui comprend les *entérobactéries* (avec son célèbre *colibacille*, responsable de la majorité des infections urinaires), les *lactobacilles* (qu'on trouve dans la plupart des souches de probiotiques), les *streptocoques* (autrefois si redoutés)...

- Une **flore résiduelle, de passage**, dite également opportuniste, qui fait peu parler d'elle car elle est bien contrôlée par les deux précédentes. Elle peut toutefois entraîner des mycoses précisément lorsqu'un traitement antibiotique les a mises à mal.
- Une **flore fécale** enfin, accessible par l'examen des selles mais pas très représentative du monde vivant de l'écosystème intestinal.

☞ Les deux premiers groupes sont en équilibre et nous gardent en bonne santé, le troisième est, lui, pathologique, le quatrième est juste physiologique. En peu d'années, nous avons appris que des souris sans flore intestinale sont plus petites, plus fragiles, avec une espérance de vie très raccourcie. Et que, à l'inverse, leurs congénères à la flore riche et variée, restent en bonne santé et vivent plus longtemps. Cela est d'ores et déjà extrapolable à l'homme. Un microbiote riche et diversifié, en grand partie grâce à une alimentation de qualité, protège de la maladie ; pauvre et peu varié, il constitue en revanche une porte grande ouverte sur des pathologies diverses et parfois graves. La richesse et la diversité de notre microbiote constituent indiscutablement deux des **clés de voûte de notre santé** : le nombre faramineux d'études consacrées au binôme bactéries-intestin a pour ligne de mire la mise sur le marché de compléments nutritionnels qui agiraient efficacement sur cette cible privilégiée de prévention et de traitement.

LA RÉPARTITION DES BACTÉRIES INTESTINALES, VRAIMENT POUR LES SPÉCIALISTES

Ces trois genres regroupent la majorité des bactéries.
- ***Fimicutes :*** ils représentent 15 à 30 % des bactéries totales et sont répartis en trois classes. On trouve en particulier *Clostridium* (responsable des diarrhées sévères dues aux antibiotiques) dans la classe 1, les mycoplasmes (souvent en cause dans les infections sexuellement transmissibles) dans la classe 2, les *lactobacilles* (présents dans la plupart des probiotiques du marché) dans la classe 3.
- ***Bacteroidetes :*** ils constituent la part la plus importante (10 à 40 % des bactéries coliques) de la flore intestinale. Souvent impliqués dans les infections gynécologiques et abdominales, ils sont régulièrement résistants à la pénicilline.
- ***Actinobactéries :*** beaucoup moins nombreuses (quelques % du total des micro-organismes intestinaux), elles ont été un temps individualisées car confondues avec les champignons auxquels elles ressemblent par leurs filaments ramifiés. On trouve ici les bifidobactéries... et quelques agents de maladies majeures (diphtérie, tuberculose...).

☞ L'équilibre entre les deux premiers groupes bactériens est essentiel à la santé : le **rapport *fimicutes/bacteroides*** est de **10 chez un adulte normal**, de 5 chez le nourrisson et le senior, de 1 dans le cas des maladies inflammatoires et chroniques de l'intestin (Mici), de 20 à 100 chez un sujet obèse.

☞ **La maîtrise du microbiote constitue un des enjeux de la recherche actuelle.**

NAISSANCE ET MISE EN PLACE DU MICROBIOTE

Au moment de la naissance, le tube digestif du nouveau-né est stérile c'est-à-dire qu'il fonctionne d'abord sans flore. Celle-ci se développe et colonise le tube digestif en un à deux jours. Les premiers hôtes de son intestin dépendent des conditions de sa venue au monde :

- *Si l'accouchement a lieu par les voies naturelles,* le nouveau-né fait connaissance avec le monde bactérien protecteur de sa mère lors du passage dans le vagin, dans les effluves de l'anus ou au contact même bref avec des selles expulsées lors des efforts de poussée. Son microbiote se met rapidement en place, ressemble logiquement à celui de sa maman et participe à la maturation de son immunité future.
- *S'il naît par césarienne,* le contact avec les bactéries du vagin n'existe pas, sa flore intestinale se rapproche beaucoup plus des germes présents dans l'environnement de proximité (accoucheur, sage-femme, personnel soignant, salle de travail, bloc opératoire...) que de celle de sa mère : le développement des bactéries anaérobies protectrices (bacteroides, bifidobactéries) est plus tardif, l'enfant est volontiers fragile, fréquemment ennuyé par de l'allergie ou de l'asthme, des infections à répétition...
- *Avec l'allaitement* s'installe encore une flore différente et beaucoup plus protectrice qu'une alimentation au biberon.

PEUT-ON ET DOIT-ON PROTÉGER LE NOUVEAU-NÉ VENU AU MONDE PAR CÉSARIENNE ?

Comme il n'a pas été en contact avec la flore intestinale protectrice de sa maman, il est utile de le supplémenter en probiotiques qui vont pallier cet inconvénient. Si la maman allaite, elle dépose un peu du contenu d'un sachet ou d'une gélule de ferments sur son mamelon avant la tétée ; s'il est alimenté par biberon, c'est encore plus facile. Il semblerait, d'après une étude préliminaire (portant sur 18 nouveau-nés) publiée récemment aux États-Unis, que de laver les bébés nés par césarienne avec les fluides vaginaux de leur maman, au moyen de compresses imbibées localement pendant une heure, leur restaurerait une flore intestinale riche et efficace, identique à celle des bébés nés par voie basse.

Comme les probiotiques ne s'installent pas de façon durable dans l'intestin, nous y reviendrons, il semble intéressant de poursuivre cette supplémentation pendant quelques semaines.

Les conditions de la venue au monde et des premières heures et jours de la vie installent donc un microbiote dont les caractéristiques différentes ont des conséquences immédiates et à plus long terme sur la santé du nourrisson. Notons que des jumeaux, élevés dans les mêmes conditions, n'ont pas une flore intestinale strictement identique, c'est-à-dire, vous l'avez compris, qu'ils ne vont pas se défendre de la même façon et risquent de présenter des pathologies différentes. Des études récentes (voir chapitre « Allergie, asthme », p. 175) montrent que la variété de la flore intestinale à 3 mois – absence en particulier de certaines colonies de bactéries – nous informe sur un risque allergique plus élevé.

La géographie et les habitudes alimentaires interviennent également sur la constitution du microbiote.

- *Le bébé africain* est très tôt capable de digérer des fibres et une alimentation végétale...
- *Le bébé européen* est plus habitué aux bouillies avec un peu de viande...
- *Le petit japonais* est capable très tôt de scinder les sushis...

Chacun de ces bébés installe une flore intestinale spécifique, différente, adaptée à son mode de vie.

☞ De nombreux facteurs alimentaires, environnementaux, comportementaux interviennent pour modeler la composition définitive du microbiote et participer ainsi à son équilibre qui concourt à nous maintenir en bonne santé.

FLORE INTESTINALE ET IMMUNITÉ

Entre la naissance et l'âge de 2 ans, la flore intestinale est peu diversifiée – une dizaine de souches bactériennes contre plusieurs centaines chez l'adulte. Elle est donc fragile, facilement perturbée ou déséquilibrée avec pour conséquences des infections très fréquentes

☞ La prescription de **ferments lactiques** est recommandée chez le tout-petit dès le moindre épisode infectieux.

ÉVOLUTION DU MICROBIOTE

Le microbiote s'installe, nous l'avons dit, avec l'accouchement à partir des bactéries cutanées, fécales et vaginales de la maman, puis se constitue grâce et en fonction de l'alimentation et de l'environnement, pour se stabiliser qualitativement et quantitativement vers l'âge de 2 ans et être quasi définitif vers 3 ans. Les flores vers l'âge de 7 ans finissent par se ressembler quelles que soient les conditions de l'accouchement ; l'enfant en a d'ailleurs presque fini avec les infections ORL à répétition, son système immunitaire est en place et efficient. Sa flore est proche de celle de l'adulte, spécifique et personnelle comme une carte d'identité.

L'INTESTIN DU NOUVEAU-NÉ EST POREUX

Les jonctions intercellulaires (voir chapitre « Hyperperméabilité intestinale », p. 110) ne sont pas encore serrées hermétiquement, ce qui explique les intolérances et risques d'allergie.

☞ Une recommandation essentielle : **ne pas diversifier** l'alimentation de bébé avant l'âge de 4 mois.

Le microbiote varie ensuite à la marge, d'environ 10 à 20 %, modulé par des facteurs génétiques – interaction entre l'hôte et ses bactéries – et surtout environnementaux – alimentation++, lieu de naissance, endroit où il est élevé, mode de vie, hygiène, contact avec les autres – nous échangeons beaucoup nos bactéries en famille –, puis plus tard : prise de médicaments – antibiotiques, chimiothérapie, anti-inflammatoires, antisécrétoires (IPP)... –, tabac, café, alcool, maladies, stress+. Il faut noter ses capacités de résilience, rarement prises en défaut : lors d'une agression, comme un traitement antibiotique puissant ou prolongé, le microbiote tend généralement à se reconstituer à l'identique mais il lui faut parfois plusieurs mois... Il évolue peu à l'âge adulte sauf accident (traitement, maladie, voyage...) et jusqu'à la vieillesse où, là, il se modifie fréquemment – moins de bifidobactéries protectrices retrouvées – probablement en raison d'un changement habituel des habitudes alimentaires et parfois des événements de la vie.

☞ Certains vont même jusqu'à affirmer qu'on vivrait beaucoup plus longtemps si nous possédions à 70 ans la flore qui était la nôtre à 40 !

OBLIGATOIREMENT DES FERMENTS DANS LA VALISE

Lors d'un **voyage à l'étranger**, qui occasionne un changement des habitudes alimentaires, la **prise de probiotiques** est la bienvenue, avant même le premier symptôme anormal (ballonnement douleur, spasme, selle molle).

☞ Vous prenez une dose (comprimé, gélule, sachet) par jour en préventif ; vous pouvez passer à une dose toutes les 2-3 heures en curatif, la marge de manœuvre est grande.

Des modifications de la quantité et la diversité des souches bactériennes sont actuellement observées et listées dans de nombreuses maladies et pathologies. Nous devrions rapidement avoir à notre disposition des probiotiques ou des associations de bactéries spécifiques à chaque pathologie.

☞ Le microbiote, dont nous héritons à la naissance, présente une **composition relativement stable et constante chez l'adulte** avec en particulier de fortes capacités de résilience. Cela ne veut pas dire qu'il ne se modifie pas provisoirement de temps à autre pour s'adapter à un environnement différent ou lorsqu'il est victime d'une maladie ou d'une agression. Il est donc essentiel d'en prendre grand soin (voir plus bas) et de le protéger autant que faire se peut.

FAUT-IL ABSOLUMENT ASSOCIER DES FERMENTS LACTIQUES À UN TRAITEMENT ANTIBIOTIQUE ?

Nous voyons régulièrement des patient(e)s qui, pour des infections récurrentes – digestives, urinaires, gynécologiques... –, reçoivent des antibiotiques pendant de longues périodes sans que les médecins se préoccupent de leur flore intestinale. Maintenant que nous sommes certains du rôle délétère de ces médicaments sur cette dernière – il faut parfois plusieurs mois voire des années chez certains pour que le microbiote revienne à l'identique – et que nous connaissons son importance pour la santé, il nous paraît plus que nécessaire voire totalement indispensable de supplémenter préventivement en ferments lactiques. Cela s'est longtemps fait et se fait encore avec des levures (*Saccharomyces boulardii*), la préférence des scientifiques va actuellement aux *lactobacilles*.

FONCTIONS DU MICROBIOTE

En interaction étroite avec la muqueuse intestinale et le système immunitaire, il assure de multiples fonctions nutritionnelles, protectrices, métaboliques, immunologiques.

- Il constitue d'abord une barrière protectrice contre ses ennemis, les agents pathogènes – microbes infectants, substances toxiques ou allergisantes –, les empêchant de s'implanter et de passer dans le sang.
- Grâce à son action complémentaire sur les aliments non totalement digérés par l'intestin grêle, il est indispensable à la bonne marche du côlon et par conséquent à la santé. Son déséquilibre (= **dysbiose**) est, nous le savons à présent, à l'origine de symptômes, troubles, maladies et/ou pathologies diverses plus ou moins graves.

PRISE D'ANTIBIOTIQUES ET DÉSÉQUILIBRE DE LA FLORE INTESTINALE

Un traitement antibiotique est rarement anodin pour la flore intestinale. Alors qu'il ne devrait en principe ne s'attaquer qu'aux bactéries pathogènes, il fait parfois des dégâts collatéraux en touchant également les « bonnes » bactéries qui nous défendent. Les effets peuvent être immédiats :

– Survenue d'une diarrhée le plus souvent banale, cédant généralement à l'arrêt de l'antibiotique, mais parfois plus sévère. Due à l'émergence d'un germe hautement virulent, *Clostridium difficile*, elle requiert l'arrêt du traitement, le réensemencement intestinal par des ferments lactiques et, dans quelques rares cas graves, une transplantation fécale.

– Mais les effets à plus long terme doivent maintenant être pris en compte puisque nous savons que certains patients vont avoir énormément de mal à reconstituer leur microbiote... avec les conséquences avérées que nous étudions dans ce chapitre.

☞ Plus que jamais les antibiotiques ne doivent plus être automatiques.

ÇA EXISTE VRAIMENT LA TRANSPLANTATION FÉCALE (TF) ?

Cette solution déjà ancienne – proposée en 1958 –, tombée à l'abandon, a été remise récemment au goût du jour pour le traitement des **infections récidivantes à *Clostridium difficile*** chez des patients atteints d'une **rectocolite grave déclenchée par les antibiotiques**. Si de nombreuses publications dans des revues scientifiques prestigieuses impliquent le microbiote dans un large panel d'autres indications (diabète, Mici…), il s'agit là de la seule application reconnue, validée et bien étayée avec 80 à 95 % de guérison (contre 30 % au mieux pour d'autres antibiotiques) pour la **transplantation fécale** (le terme de **transfert de flore** serait plus judicieux).

Le microbiote fécal est considéré comme un médicament et obéit donc à des règles, en particulier de fournir des preuves de son efficacité et une balance bénéfices-risques positive. La transplantation fécale ne présente pas de contre-indications mais il existe un risque théorique allergique ou infectieux (risque de transmission d'une maladie), d'où un encadrement légal strict. Quelques centaines de TF ont été réalisées à ce jour en France. Aucun incident n'a été déploré mais elle reste pour le moment une **méthode expérimentale réservée aux situations rares et graves** d'échec du traitement conventionnel ou en l'absence d'alternative thérapeutique appropriée. Les modalités pratiques (voie d'administration, choix du donneur, produit choisi…) font actuellement l'objet d'études afin d'optimiser les résultats et d'élargir éventuellement les indications.

- Le microbiote joue un rôle central dans le développement, la maturation et la modulation de notre système immunitaire dont il constitue indiscutablement un des piliers, assumant les trois quarts de nos défenses. Les cellules de la paroi intestinale possèdent des récepteurs adaptés aux molécules sécrétées par les bactéries, elles les reconnaissent, dialoguent avec elles, mettent en œuvre une cascade de réactions immunitaires qui ont pour point de départ une régulation si la flore est variée ou une inflammation dans le cas contraire. Cette dernière, conséquence du déséquilibre bactérien, favorise l'hyperperméabilité intestinale.

☞ Ce trio malfaisant est responsable des nombreuses pathologies dont nous reparlerons dans la deuxième partie de notre ouvrage mais il ouvre, maintenant qu'il livre progressivement ses secrets, de belles et grandes perspectives thérapeutiques.

- Il régule le métabolisme des graisses et des sucres dont la fermentation libère des gaz d'échappement, de l'acide lactique et des acides gras à courte chaîne (acétate, butyrate, propionate) dont le rôle est méconnu et pourtant essentiel.

QUI SONT CES ACIDES GRAS À CHAÎNE COURTE ?

Principaux produits issus de la fermentation des fibres alimentaires par les bactéries coliques, ces acides gras constituent d'abord un important (autour de 70 %) substrat énergétique pour les cellules du côlon ; ils participent ensuite à la motricité intestinale et au maintien de l'intégrité (effet trophique) de la muqueuse en stimulant la croissance de l'épithélium, en empêchant la prolifération, la croissance et la fixation des bactéries pathogènes, en

→

freinant l'évolution des Mici ; et peut-être interviennent-ils dans la prévention et l'évolution des cancers colorectaux : une équipe de l'Inserm (Cougnoux et coll.) vient d'avancer l'hypothèse qu'une **toxine bactérienne** venue du ***colibacille***, la colibactine, freinerait le développement des **cellules cancéreuses coliques**.

☞ Il est fort possible que les traitements préventifs et curatifs de nombreuses maladies intègrent la production de ces **acides gras apparemment si précieux**.

- Le microbiote participe à la synthèse de certaines vitamines du groupe B (B1, B8) et de la vitamine K, importante pour la coagulation, en achevant la digestion des aliments.
- Il participe à l'élimination des acides biliaires, des hormones, des médicaments, des xénobiotiques divers... ce qui protège notre ADN et freine les processus d'inflammation et d'hyperperméabilité intestinale.

☞ La simple énumération de ces multiples actions explique les raisons pour lesquelles le microbiote aiguise autant la curiosité des chercheurs et l'impatience du corps soignant. Il constitue à la fois un marqueur de risque potentiel et une cible thérapeutique véritablement révolutionnaire. L'avenir lui appartient. Les bactéries, tout comme Marguerite, veulent notre bonheur.

JE PENSE DONC JE SUIS MON MICROBIOTE !

On sait depuis les années 1960 que des **rongeurs élevés sans flore intestinale** mangent plus, digèrent moins, sont hyperactifs dans leurs cages, se défendent mal contre l'infection, développent plus facilement des maladies auto-immunes. Et des expériences récentes nous apprennent qu'on pouvait **intervertir leurs comportements** et **modifier leur métabolisme** (prise de poids) en échangeant leurs microbiotes. De la même façon, la transplantation de la flore intestinale de souris diabétiques à des souris non malades les rend malades sans qu'on ait modifié leur régime alimentaire. Et le transfert de flore de souris maigres à des obèses entraîne les mêmes conséquences et résultats.

☞ Ces études aux conclusions troublantes, que nous développerons plus loin, ne peuvent qu'avoir des conséquences thérapeutiques prochaines.

PRINCIPAUX FACTEURS DE DÉSÉQUILIBRE DE LA FLORE INTESTINALE

Même si nous l'avons déjà dit, le microbiote est stable avec le temps, nous savons qu'il est assez fragile et se trouve vite au point de rupture ou en déséquilibre. Voyons les principales causes.

- **Mastication insuffisante :** nous ne répéterons jamais assez l'importance de ce geste simple et primordial, première étape d'une bonne digestion et de la santé de la flore intestinale.
- **Une alimentation déséquilibrée** (riche en mauvaises graisses et en sucres à index glycémique élevé), sans fibres ni fruits ni légumes (très alcalinisants et riches en polyphénols), a fortiori

si elle est contaminée par des toxiques (additifs, antibiotiques, métaux lourds, pesticides, perturbateurs endocriniens...). Elle a un rôle délétère sur les fonctions de défense intestinales car elle crée ou entretient la dysbiose. À l'inverse, une alimentation variée, riche en fibres et produits fermentés, aide à restaurer une microflore bénéfique.

RELIER LES FAITS À LEUR CAUSE,
PAS TOUJOURS SI SIMPLE QU'IL Y PARAÎT !

Des chercheurs américains ont remarqué que les **personnes obèses** avaient **peu de *Bacteroidetes*** dans leur flore intestinale. Cela n'implique pas automatiquement que leur apport sous forme de suppléments préviendrait ou traiterait leur surpoids. On peut également envisager que ces bactéries se trouvent mieux dans l'intestin de personnes maigres et qu'il ne s'agit donc pas de la **cause** mais de la **conséquence**.

☞ Et beaucoup des études rapportées dans l'ouvrage constatent des faits et posent cette même interrogation. Qui de l'œuf ou de la poule ?

- **Traitements antibiotiques répétés :** nous les avons évoqués plus haut. Rappelons simplement que lorsque leur prescription est justifiée (pyélonéphrite, Mici, splénectomie...), elle doit s'accompagner SYSTÉMATIQUEMENT d'un probiotique pour permettre à la flore de se reconstituer au plus vite, ce qui se produit habituellement en un à trois mois.

ATTENTION À CE CANDIDA

Celle levure, dont il existe 80 souches parmi lesquelles le célèbre *albicans*, squatte paisiblement l'organisme (bouche, intestin, peau, vagin). Un traitement antibiotique crée un déséquilibre de la flore intestinale qui profite aux champignons en général et à ce *Candida* en particulier. Il peut alors prospérer sans opposition et déclencher muguet, éruption cutanée, mycose… qu'il faut bien entendu traiter de façon spécifique (parfois des antibiotiques ciblés) tout en rétablissant la diversité du microbiote.

- Une **maladie de l'intestin** ou une **exérèse chirurgicale** étendue, ont bien entendu un retentissement sur la composition de notre faune intérieure.
- Le **stress**++ : il intervient, comme souvent, pour déclencher ou aggraver la situation. C'est la raison pour laquelle nous préconisons sa « gestion » lors de n'importe quel problème de santé, pas seulement intestinal.

☞ L'état de la flore intestinale dépend de multiples facteurs qui jouent en synergie pour défendre ou, au contraire, favoriser des symptômes ou une pathologie. Nous devons veiller à ce que notre microbiote reste riche et varié, prêt à nous défendre efficacement. De nombreuses études montrent toutefois qu'environ le quart de la population aurait perdu cette protection naturelle et se trouverait ainsi fragilisée et exposée à l'infection, aux maladies cardio-vasculaires, métaboliques (diabète), neurodégénératives (Parkinson), hépatiques (cirrhose) et même psychiatriques (déprime, dépression…).

LES 3 CONSÉQUENCES PRINCIPALES D'UN DÉSÉQUILIBRE DU MICROBIOTE

Il en est beaucoup d'autres, insistons sur celles-ci.

- De **mauvaises habitudes alimentaires** (trop de..., pas assez de...) avec pour effets une agression de la muqueuse intestinale : c'est par elle que le malheur arrive. Une des solutions choisies par beaucoup d'entre vous est de protéger l'intestin en adoptant un régime d'exclusion (gluten, lait et laitages...) qui malheureusement ne guérit pas mais semble toutefois améliorer les symptômes.
- Une **hyperperméabilité intestinale** : les symptômes divers, en particulier à distance (voir chapitre correspondant, p. 110), lui sont directement imputables. Elle demande IMPÉRATIVEMENT à être traitée car elle entraîne le passage dans le sang de substances allergisantes ou toxiques qui entretiennent ou aggravent les symptômes alors qu'elles devraient être éliminées dans les selles.
- **L'encrassage de l'organisme** : celui-ci essaie par tous les moyens d'éliminer les substances toxiques ou agressantes. Cela explique la symptomatologie d'élimination – infection, problèmes cutanés, diarrhée, douleurs diverses –, traitée par les homéopathes à l'aide du « drainage » ou d'une « détox ».

C'EST QUOI UNE CURE DÉTOX ?

Cette mode venue des États-Unis se propose de réaliser une **purification naturelle de l'organisme** par exemple aux changements de saison. Elle a pour indications principales, la fatigue ou une hypersensibilité aux infections hivernales ou aux allergies printanières. La cure consiste généralement à **favoriser** les fruits et légumes et **supprimer** de l'alimentation, les mauvaises graisses les sucres à index glycémique élevé (ex-sucres rapides), le café l'alcool, le tabac. La durée est variable, de 1 à 2 jours jusqu'à 3 semaines à 1 mois, en fonction des symptômes ressentis et des buts recherchés.

☞ L'élimination des toxines nous semble, à nous médecins, une **méthode surannée** (élimination des toxines !) mais certains patients y trouvent un bénéfice en se sentant mieux. Alors **pourquoi pas détoxer... sur une période courte** ?

☞ On comprend l'intérêt de **protéger la flore intestinale** et/ou de **la traiter** dès l'apparition du premier symptôme afin d'éviter la grande cascade de troubles et symptômes. Le sentiment qui prévaut actuellement est que l'intestin se trouve au point de départ de nombreuses pathologies et maladies, raison majeure d'y prêter attention et de nous en occuper avec un soin extrême.

NOUS NE SOMMES QUE BACTÉRIES...

La **ménopause** modifie le microbiote, ce qui pourrait expliquer les nombreuses infections urinaires et vaginales observées à cette période de la vie des femmes. On constate en effet une **raréfaction du microbiote vaginal** avec une concentration de bactéries très diminuée (divisée par 10 voire 100). Certains gynécologues commencent à remplacer les œstrogènes locaux jusque-là prescrits par une **supplémentation en *lactobacilles*** manquants.

De la même façon, le **microbiote nasal** joue un rôle dans la colonisation par un ***staphylocoque doré*** résistant aux antibiotiques. La solution thérapeutique pourrait donc venir de la **prescription des bactéries sous-représentées ou absentes**.

CONCLUSION

Nous comprenons ainsi mieux pourquoi le microbiote est devenu en moins d'une olympiade, le lumineux objet du désir et la **superstar incontestée de la recherche scientifique internationale**. Il est en tout cas un **organe à part entière**, un marqueur fiable de la santé, qui ne demande qu'à nous livrer ses mystères. Il est actuellement surtout un moyen de prévention, il pourrait devenir demain un outil diagnostique, prédictif et probablement thérapeutique. Nous ne sommes donc **qu'au début d'un chapitre** riche d'espoirs dont le champ des perspectives est prometteur et les retombées pour le moment imprévisibles. Mais nous pouvons imaginer, sans grand risque de nous tromper, la mise à disposition prochaine de probiotiques personnalisés, adaptés à chaque pathologie. Une étonnante histoire démarre, **la révolution microbiote**. AUX ARMES bataillons de bactéries...

SUIVRE SON RÉGIME À LA TRACE

Des start-up offrent dès à présent aux États-Unis la possibilité **d'explorer son microbiome** intestinal pour des sommes qui se situent entre 100 et 400 dollars. Il va devenir possible, pour celui qui le souhaite, de connaître la composition de sa flore, d'observer ses modifications en fonction d'un changement des habitudes alimentaires ou du mode de vie, de pouvoir ainsi comparer avec les flores d'individus sains, fumeurs, obèses, végétariens... afin d'en **apprécier les bienfaits éventuels**.

QUELQUES PREMIÈRES MESURES...

- Si vous venez d'accoucher, **prenez immédiatement des probiotiques** et **donnez-en à votre bébé**. Ne diversifiez pas trop tôt son alimentation.
- Si vous devez prendre des antibiotiques, n'oubliez pas d'y associer des probiotiques.
- Mangez dans le calme, **mastiquez** longuement.
- Apportez **des fibres à chaque repas** sans oublier l'antienne, 3 légumes-2 fruits chaque jour, que vous pouvez avantageusement remplacer par 4 légumes-1 fruit.
- Adoptez une **alimentation variée et équilibrée** en supprimant ou au moins en évitant au maximum les aliments industriels.
- Choisissez **du bio, plutôt de proximité**, ce qui évitera les polluants divers et les problèmes liés au stockage et aux mycotoxines.

DEUXIÈME PARTIE

LES PATHOLOGIES DIGESTIVES ET EXTRA-DIGESTIVES

La réalité dépasse la science-fiction

Les mécanismes en cause

- L'écosystème intestinal, la grande cascade de réactions
- Le déséquilibre bactérien
- L'inflammation
- L'hyperperméabilité intestinale

Les maladies digestives

- Maladie cœliaque
- Syndrome de l'intestin irritable (SII)
- Maladies inflammatoires chroniques de l'intestin (Mici)
- Cancer du côlon

Pathologies extra-digestives

- Infections récidivantes, candidose
- Allergie, asthme
- Diabète
- Surpoids, obésité
- Maladies cardio-vasculaires
- Troubles de l'humeur
- Maladies neurodégénératives

☞ Les progrès réalisés dans la connaissance de l'intestin depuis les années 2000 ont marqué le point de départ d'une relecture de la survenue, la pérennisation, l'aggravation de beaucoup voire probablement la plupart des maladies. Ces études scientifiques réalisées par de nombreuses équipes partout dans le monde constituent à l'évidence une **véritable révolution médicale** à laquelle nous assistons, croyons et participons à notre façon.

De la science-fiction ?
Non, juste la médecine de demain.

Les publications scientifiques de ces trois dernières années sur l'intestin ont joué un rôle déclenchant primordial et nous ont incités, nous dirons même poussés, à écrire cet ouvrage. Tout récemment, début novembre 2015, plusieurs études publiées dans la grande revue *Science* confirment notre prémonition. Nous ne résistons pas à l'envie de vous les livrer tout en étant conscients que les applications chez l'homme ne devraient pas être effectives dans l'immédiat.

Dans la première étude américaine, les auteurs nous expliquent qu'une souche particulière d'*Escherichia coli* (la bactérie qui occasionne la majorité des infections urinaires) permet d'éviter la fonte musculaire souvent rapide, observée chez des souris infectées. Nous n'entrerons pas dans le détail des mécanismes en jeu mais vous pouvez immédiatement imaginer les retombées que pourrait avoir cette constatation chez un malade grave (cancer) ou infecté sévèrement. Nous sommes en effet chez ces patients, fréquemment confrontés en réanimation ou en postopératoire, à ce phénomène de perte musculaire que nous tentons de combler par une supplémentation ou une alimentation intraveineuse hypercalorique, très riches en graisses, aux inconvénients avérés. Rêvons un instant et imaginons que cette perte de poids puisse être évitée ou minimisée par la simple prise orale de ferments lactiques choisis. Quel progrès cela ferait pour tous ces patients qui se dénutrissent et font volontiers une fonte musculaire préjudiciable à leur convalescence ou leur guérison et dont ils ont ensuite beaucoup de mal à récupérer !

Dans deux autres articles publiés dans la même revue prestigieuse, deux équipes, l'une française (Institut Gustave Roussy, Villejuif), l'autre américaine, rendent compte du rôle adjuvant de la flore intestinale sur l'immunothérapie de certains cancers et de l'importance de la concentration de certaines colonies de bactéries (*Bifidobactéries*) pour une meilleure efficacité des traitements. Si l'on rajoute que certaines d'entre elles auraient un effet antitumoral propre, vous pouvez réaliser la portée de ces faits et des espoirs qu'ils font naître chez les chercheurs et les patients.

DES BACTÉRIES À LA CARTE

Nous devrions probablement savoir rapidement le rôle exact joué par les diverses colonies de bactéries, connaître les substances sécrétées et par conséquent leurs cibles électives, et leurs indications privilégiées.

☞ Des **probiotiques personnalisés**, choisis pour des **indications précises** (psychobiotiques, immunobiotiques, dermatobiotiques...), devraient être à notre disposition prochainement.

☞ L'influence de l'intestin et du microbiote se dévoile progressivement et paraît presque sans limites imaginables actuellement. Voilà pourquoi nous évoquions dès l'introduction une **révolution en marche**, un probable changement de paradigme médical.

LES MÉCANISMES EN CAUSE

L'ÉCOSYSTÈME INTESTINAL, LA GRANDE CASCADE DE RÉACTIONS

Le côlon nouveau arrive

L'intestin grêle, le gros intestin et les bactéries qui s'y concentrent par milliards constituent un **écosystème** très sophistiqué et performant qui permet à l'organisme de se défendre contre les agressions extérieures, d'assimiler les nutriments qui proviennent des aliments, de fabriquer certaines substances vitales (vitamines) dont il a besoin pour fonctionner, éliminer les déchets, les débris, les produits et autres molécules toxiques. Beaucoup de maladies, qu'elles soient allergiques, infectieuses, métaboliques, neurologiques... seraient la conséquence d'une « **inflammation chronique de bas niveau** » qui s'installe dans l'organisme sur des années, diminue la vigilance et *in fine* épuise le système immunitaire. Cette inflammation est le plus souvent précédée d'un **déséquilibre des populations bactériennes** de notre flore intestinale (**dysbiose**), conséquence par exemple d'un traitement antibiotique, qui certes supprime les bactéries pathogènes mais attaque également certaines bonnes bactéries protectrices. Cette destruction libère des substances agressives contre lesquelles l'organisme réagit par une **inflammation locale**. Celle-ci peut également se produire lorsque des aliments mal tolérés (lait, gluten) sont ingérés quotidiennement à trop fortes doses, au lieu d'être simplement réduits ou exclus de nos assiettes. Si cette inflammation auto-entretenue persiste, elle endommage les cellules de la muqueuse intestinale et crée à la longue une **hyperperméabilité**, qui elle-même entretient l'**inflammation chronique de bas niveau** aux effets particulièrement délétères.

Prenons un exemple concret de cette grande cascade malfaisante : sous l'action d'un stress ou d'un traitement antibiotique, le microbiote est agressé par la destruction de certaines colonies bactériennes. S'il ne se rétablit pas immédiatement, ce qui demande parfois quelques longues semaines, la muqueuse intestinale souffre, ses jonctions serrées se distendent, créant ainsi une hyperporosité. Des substances diverses qui ne devraient pas sortir de l'intestin, s'engouffrent dans le lacis des villosités qui n'est plus aussi imperméable, passent dans le sang et peuvent déclencher les manifestations extra-digestives variées et si surprenantes de prime abord. D'autres substances essentielles ou vitales qui devraient être absorbées (acides aminés, minéraux, oligo-éléments, vitamines) ne le sont plus, ce qui entraîne une baisse des défenses immunitaires. Les conditions sont réunies pour que la maladie s'installe.

☞ Il est évidemment préférable et plus efficace de **traiter à un stade précoce**, celui du **déséquilibre de la flore**, qu'à ceux **plus tardifs** de **l'inflammation chronique de bas niveau** ou de **l'hyperperméabilité intestinale bien installée**, portes déjà grandes ouvertes aux pathologies et maladies chroniques et/ou graves. Mais il est également impératif **de ne négliger aucune de ces étapes** car chacune a la possibilité de stopper, freiner, entretenir ou aggraver la situation.

LE DÉSÉQUILIBRE DE LA FLORE INTESTINALE (= DYSBIOSE)

On a tous en nous quelque chose des bactéries !

Le microbiote intestinal est un écosystème stable dans les conditions normales. Mais il arrive parfois qu'un événement même banal (gros coup de stress, traitement antibiotique, turista...) se produise pour que cet équilibre bascule et entraîne ce qu'on appelle la **dysbiose intestinale**. Celle-ci sitôt constatée doit être combattue car elle constitue l'élément déclenchant de la malheureuse cascade de réactions dont nous venons de parler : **dysbiose → inflammation → hyperperméabilité intestinale**, à l'origine d'un cortège de symptômes, de troubles, de maladies ou de pathologies.

☞ C'est elle qu'il faut traiter prioritairement en se débarrassant des bactéries pathogènes et en renforçant les bonnes, qui nous protègent : l'intestin est un bouillon de culture qui nous veut du bien.

LES CAUSES PRINCIPALES DE LA DYSBIOSE INTESTINALE

- En premier lieu, la prise d'un traitement antibiotique : il faut prescrire ces médicaments à bon escient – contre les infections bactériennes, jamais les infections virales –, fournir simultanément à l'organisme de bonnes bactéries protectrices et tout mettre en œuvre pour favoriser leur réimplantation dans l'intestin.

POURQUOI LES ANTIBIOTIQUES DÉCLENCHENT-ILS DE LA DIARRHÉE ?

Les antibiotiques s'attaquent principalement aux bactéries pathogènes mais ils font des dégâts collatéraux en détruisant également des « bonnes bactéries ». La réduction globale de la flore intestinale affaiblit le processus de fermentation ce qui laisse des particules de sucres non digérées dans le côlon. Celles-ci attirent de l'eau par un phénomène purement osmotique, ce qui entraîne une diarrhée généralement liquide.

- Une infection virale, bactérienne, parasitaire, responsable d'une gastro-entérite.
- Un changement brutal d'environnement et, par conséquent, d'alimentation comme cela est le cas lors d'un voyage à l'étranger avec la tourista. Mais une hygiène de vie peu soignée, avec une alimentation de mauvaise qualité, peut également déséquilibrer le microbiote et sélectionner une flore peu abondante, peu variée donc moins protectrice.

LES VOYAGES FORMENT CERTES LA JEUNESSE MAIS DÉCLENCHENT SOUVENT LA DIARRHÉE

La tourista est une gastro-entérite aiguë qui survient plus volontiers dans des pays à hygiène relative mais pas toujours – des Américains qui visitent Paris peuvent en être victimes. Elle est le plus souvent d'origine bactérienne (*colibacille* principalement), parfois virale (rotavirus), rarement parasitaire (amibiase). Elle est d'évolution généralement bénigne cédant à une supplémentation en probiotiques accompagnée d'une bonne (ré)hydratation si nécessaire.

- Certaines maladies (HIV, leucémie…) ou des traitements (immunosuppresseurs, cortisone, chimiothérapie) modifient la flore intestinale et réduisent ainsi les réactions de défense de l'organisme.

☞ **Chacune de ces différentes causes nécessite la prise en compte de tous les facteurs responsables, ce qui revient à dire qu'une supplémentation par des probiotiques est une mesure utile mais le plus souvent insuffisante à elle seule.**

CONSÉQUENCES DE LA DYSBIOSE

Elle est à l'origine, nous l'avons dit au début de ce chapitre, d'une véritable maladie de l'écosystème intestinal, responsable d'abord de troubles fonctionnels digestifs et infectieux (candidose cutanée, digestive, vaginale…), mais aussi et surtout de **pathologies et maladies locales ou à distance**, conséquences de l'inflammation et de l'hyperperméabilité intestinale.

DYSBIOSE ET RHUMATOLOGIE

Des rats sélectionnés pour leur tendance à développer facilement une maladie inflammatoire (articulations, intestin, peau, ophtalmologique) restent asymptomatiques en milieu stérile. L'introduction de bactéries dans leur alimentation déclenche rapidement la pathologie. Et dans de nombreuses affections rhumatologiques (pelvispondylite…), on note cette dysbiose.

Une modification de la flore intestinale constitue un des axes de la recherche pour améliorer ces patients.

DYSBIOSE ET CANCERS DE L'ŒSOPHAGE

Des expériences réalisées en Angleterre insistent sur l'importance de la dysbiose. Celle-ci produit les fameuses cytokines, les protéines de l'inflammation. Ce qui a pour conséquence de sélectionner des bactéries résistantes à l'acidité et permettre l'installation du cancer. Le cancer de l'œsophage pourrait être dû à un **déséquilibre microbe-hôte** – ici la muqueuse œsophagienne.

La dysbiose est également responsable d'une diminution de la synthèse des vitamines du groupe B, de la vitamine K, de certaines enzymes digestives pourtant indispensables à l'immunité et la santé.

☞ **L'absence d'une flore variée et de qualité protectrice, la présence de trop nombreuses bactéries pathogènes dans l'intestin constituent des éléments péjoratifs de la santé. Elles demandent impérativement à être corrigées mais nécessitent, notons-le dès à présent, des traitements volontiers prolongés.**

FERMENTATION OU PUTRÉFACTION ?

Un sujet en bonne santé digère la plus grande partie de ses aliments dans l'intestin grêle et produit peu de gaz. Mais s'il existe une maladie digestive ou une alimentation déséquilibrée, trop de résidus arrivent dans le côlon où ils sont attaqués par les bactéries du microbiote.

Celles qui s'occupent des sucres produisent une **fermentation** dans la partie droite du côlon, celles qui préfèrent les protéines entraînent, elles, une **putréfaction** dans la partie gauche dite côlon descendant. La première est plutôt responsable de gaz et ballonnements, la seconde plus douloureuse, de spasmes de crampes et de gaz nauséabonds (à l'odeur d'œuf pourri). Les deux phénomènes ont la même finalité, la libération d'acides gras à chaînes courtes (voir chapitre « Microbiote », p. 39), dont le butyrate, la nourriture préférée des cellules du côlon (= colonocytes). En temps normal, chez une personne qui va bien, il existe un équilibre entre les deux flores de fermentation et de putréfaction. Mais dès qu'un incident survient, il se produit un développement excessif de bactéries nuisibles ou de levures (*Candida*) qui détruisent le mucus protecteur, agressent et endommagent la muqueuse intestinale en produisant des toxines, affaiblissent l'immunité, libèrent des molécules inflammatoires (cytokines) qui créent et entretiennent l'inflammation chronique de bas niveau avec ses conséquences à long terme.

☞ **L'alimentation doit être variée et de qualité afin de favoriser une absorption et une assimilation maxima au niveau du grêle et de conserver les flores de fermentation et de putréfaction en équilibre.**

POURQUOI CETTE ÉMERGENCE DE LA DYSBIOSE ?

Les causes en sont multiples, principalement médicales, environnementales et bien sûr nutritionnelles.

- Nous avons trop utilisé d'antibiotiques et en consommons encore trop malgré les recommandations et les slogans (« *Les antibiotiques, c'est pas automatique* ») des pouvoirs publics. Mais par manque de solutions alternatives pour la majorité du corps médical (haro sur l'homéopathie, méconnaissance des huiles essentielles, mépris pour les oligo-éléments...), ils continuent à être très largement prescrits en France malgré le risque avancé par les infectiologues de résistances dramatiques auxquelles nous sommes déjà et risquons d'être cruellement confrontés dans un avenir proche. Mais, pour nous, le risque se situe surtout dans l'intestin avec parfois les effets délétères (dysbiose → inflammation → hyperperméabilité intestinale → maladies et pathologies diverses) à court et également à long terme (absence de retour à la normale de la composition du microbiote) d'un traitement même de quelques jours. Le renforcement préventif de la flore intestinale par des probiotiques doit lui aussi être AUTOMATIQUE.

- Les sociétés occidentales vivent dans un monde aseptisé d'où doit être éliminé tout microbe. La stérilisation est partout dès la naissance. Elle empêche le nouveau-né, le nourrisson, le bébé, l'enfant de développer son immunité. Un manque d'hygiène est évidemment déplorable mais trop de propreté nuit également à la santé : nous voyons bien que les mesures d'hygiène les plus draconiennes n'empêchent pas les infections nosocomiales gravissimes dans les blocs opératoires les plus modernes et les plus propres.
- L'alimentation moderne, obsédée par le risque infectieux, a tout stérilisé. Vous avez maintenant énormément de mal à trouver un produit cru : les aliments fermentés ont quasiment tous disparu au profit des produits pasteurisés, il ne reste quasiment que la choucroute crue et quelques fromages comme le bleu ou le roquefort, pourtant si utiles à la santé de la flore intestinale.

AU SEL POUR ALLER À LA SELLE

Les cornichons à la russe (malossol) qu'on trouvait vendus au tonneau dans toute l'Europe de l'Est (Russie, Pologne) et dans quelques épiceries et charcuteries parisiennes, sont préparés à l'aide d'une saumure faiblement dosée additionnée d'ail, d'aneth d'épices. Ils ont subi une lactofermentation qui, en acidifiant le milieu supprime les bactéries pathogènes et permet ainsi leur conservation

Mais vendus en bocaux, ils n'ont plus ces propriétés car ils sont stérilisés.

☞ Comme rien ne devrait changer côté sécurité alimentaire (les États-Unis interdisent même l'importation de produits frais non pasteurisés), nous pouvons imaginer que ce déséquilibre de la flore intestinale a de beaux jours devant lui. À moins qu'une meilleure connaissance du microbiote ne vole à son secours. C'est ce qui semble fort heureusement s'amorcer.

PRENDRE EN CHARGE LA DYSBIOSE INTESTINALE

Elle se réalise en 4 phases, toutes indispensables à la restauration du microbiote et par conséquent de la santé.

1. Nettoyer l'intestin par des huiles essentielles, des plantes... parfois des antibiotiques spécifiques.
2. Rétablir très vite une flore intestinale correcte par l'alimentation et des probiotiques.
3. Traiter l'inflammation et l'hyperperméabilité intestinale quand elles existent (nous détaillerons les protocoles dans les chapitres correspondants).
4. Permettre et favoriser la cicatrisation de l'intestin.

Il faut parfois des médicaments classiques

Dans les cas rebelles ou très chroniques, il est parfois nécessaire de faire appel aux antimycosiques (fluconazole, métronidazole...). Vous devez, dans ces cas-là, consulter votre médecin traitant, nous sortons totalement du cadre de l'information et de l'automédication.

Nettoyer l'intestin « naturellement »

Les allopathes utilisent volontiers des antibiotiques pour traiter la prolifération des bactéries pathogènes. Nous, praticiens alternatifs (spécialistes des **M**édecines **A**lternatives ou **C**omplémentaires ou MAC) donnons la préférence aux plantes (*Aloe vera, Berberis, Échinacée, Hydrastis, Juglans nigra...*) et plus particulièrement aux **huiles essentielles** dont l'action puissante et fidèle n'est plus à démontrer.

BIEN-AIMÉES DU CÔLON

De nombreuses autres plantes sont **antiseptiques** et donc utiles pour éviter la pullulation bactérienne : citons-en quelques-unes auxquelles nous faisons appel régulièrement : cumin, lavande, mélisse, radis noir, romarin, sauge, thym...

- Plusieurs huiles essentielles possèdent des propriétés antiseptiques, bactéricides, fongicides. Citons : cannelle de Ceylan, *melaleuca* (arbre à thé ou tea tree), origan compact, thym à linalol...

☞ Vous pouvez les prendre isolées, 2 gouttes de 2 ou 3 d'entre elles, 2 à 3 fois par jour, dans un peu de miel ou vous faites préparer par votre pharmacien 60 gélules gastrorésistantes du mélange suivant :

HE d'écorce de *Cinnamomum verum* (cannelle)	25 mg
HE *Melaleuca alternifolia* (arbre à thé)	25 mg
HE *Origanum compactum* (origan compact)	25 mg

☞ Vous prenez 1 gélule trois fois par jour pendant dix jours ; vous faites une pause de 5 jours ; vous refaites la séquence de dix jours.

LA CANNELLE DE CEYLAN
(*CINNAMOMUM VERUM*)

C'est une des épices les plus anciennes, mentionnée par les Chinois bien avant notre ère et dans l'Ancien Testament. Elle possède des propriétés antioxydantes et anti-infectieuses en même temps qu'elle stimule le système digestif et l'immunité.

Elle constitue pour nous le pilier central du traitement de la dysbiose

- Vous pouvez rajouter **l'extrait de pépins de pamplemousse** (EPP), antibactérien, antiviral, antifongique, il a actuellement le vent en poupe. Nous n'avons pas un recul suffisant mais il semble apporter un plus aux résultats... à condition de choisir un produit de qualité.
La posologie, selon la concentration en principe actif, tourne autour de 10 à 15 gouttes, 2 à 3 fois par jour pendant quelques semaines.

Et renforcer la flore intestinale

Nous vous renvoyons au chapitre sur les probiotiques (p. 273). Notons qu'ils peuvent augmenter le processus de fermentation et occasionner ainsi des ballonnements ou des douleurs abdominales inconfortables mais sans conséquences.

Et traiter l'hyperperméabilité intestinale

Voir le chapitre correspondant plus loin (p. 110).

Et favoriser la cicatrisation de la muqueuse

Voir également plus loin (p. 123).

Tout en aidant la détoxification hépatique

La dysbiose produit un excès de toxines, pour l'essentiel éliminées par le foie. Celui-ci doit donc être aidé dans son travail d'épuration pour ne pas laisser se poursuivre « l'encrassage » de l'organisme par un trop grand nombre de déchets. Si le sang qui repart du foie n'est pas totalement détoxiné, les organes et tissus qu'il perfuse ne peuvent pas assurer la synthèse, la réparation, la régénération de leurs cellules et bien sûr leurs fonctions respectives. Les symptômes de surcharge à surveiller sont principalement digestifs et parfois généraux (douleurs musculaires ou tendineuses, fatigue, mal de tête) mais l'organisme peut également tenter d'éliminer les déchets par d'autres voies possibles (peau, poumons, reins).

☞ Il est indispensable d'aider le foie dans ses fonctions d'élimination, plusieurs plantes (artichaut, boldo, chardon-marie, romarin) sont à notre disposition. Beaucoup de spécialités ou de compléments de (para)pharmacie les contiennent ou les associent.

C'EST QUOI LA CRISE DE FOIE ?

Des ballonnements, des nausées ou des vomissements, des spasmes ou des douleurs abdominales qui surviennent après des ripailles sont des symptômes bien connus de ces bons vivants qui les mettent sur le compte d'une crise de foie. Celui-ci n'y est strictement pour rien : il s'agit d'une expression populaire qui traduit tout simplement une migraine digestive ou une indigestion. Le traitement en est bien entendu une diète ou une journée détox, pour certains.

CONCLUSION

Le traitement du déséquilibre bactérien constitue la première étape de la prise en charge de l'intestin. Il peut démarrer par une cure courte d'antibiotiques spécifiques puis des plantes ou le plus souvent les huiles essentielles qui font merveille ici. Il est important **d'agir vite, fort, suffisamment longtemps** pour éviter les stades ultérieurs hautement délétères de l'inflammation et de l'hyperperméabilité intestinale.

QUELQUES PREMIÈRES MESURES…

- Choisissez une alimentation variée, équilibrée et de qualité.
- Accompagnez toujours la prise d'antibiotiques de probiotiques.
- Laissez à vos enfants une petite marge de manœuvre dans leurs contacts avec les microbes : évitez les lingettes désinfectantes à tout bout de champ.
- Donnez à votre flore intestinale les moyens de se défendre en lui apportant la nourriture des bonnes bactéries (par exemple de la choucroute crue une fois par semaine) ou des probiotiques (voir chapitre plus loin, p. 273).

L'INFLAMMATION À PETIT FEU OU LA FLAMME FATALE

Éviter d'allumer le feu, éteindre rapidement l'incendie

L'inflammation est une réaction normale, un processus de défense utile pour un organisme agressé. Mais si elle se prolonge, elle déclenche une hyperperméabilité intestinale (voir chapitre suivant, p. 110). Ensemble, ces deux acolytes constituent, le lien est à présent établi, la porte grande ouverte à la plupart des maladies et pathologies chroniques qui peuvent nous atteindre.

UNE OU PLUSIEURS INFLAMMATIONS ?

Elle existe sous deux formes aux conséquences diamétralement opposées :

- **L'inflammation aiguë** est une réaction de défense de l'organisme à une agression variée : allergie, brûlure, infection. Elle est rapide, peu spécifique, sans mise en mémoire, tout à fait salutaire. Elle se traduit par quatre groupes de symptômes : chaleur, rougeur, gonflement, douleur. Elle a pour but de diriger la réponse de notre système immunitaire vers la zone lésée afin d'évacuer ou neutraliser les toxines, permettre le soulagement, stimuler la réparation des tissus lésés et hâter ou favoriser la guérison.

UN BON MARQUEUR DE L'INFLAMMATION

La C-réactive protéine (**CRP**), que l'on dose maintenant couramment est une protéine de la phase aiguë. Son augmentation traduit une infection ou une inflammation. Sa baisse, lors de prises de sang successives, permet d'affirmer une évolution favorable.

- Il en est tout autrement de **l'inflammation chronique** qui, au lieu de défendre l'organisme, installe un état propice au déclenchement, à l'entretien ou au développement de maladies et de pathologies diverses. C'est exactement ce qui se produit avec **l'inflammation intestinale** qui est, les preuves sont suffisamment nombreuses, responsable de maladies digestives chroniques (Crohn, rectocolite hémorragique, syndrome de l'intestin irritable) mais aussi allergiques (asthme), cardio-vasculaires (athérosclérose), dermatologiques (acné, eczéma...), infectieuses à répétition (cystite, herpès, mycose, sinusite...), métaboliques (diabète, obésité, ostéoporose...), neuropsychiatriques (de la fatigue à la déprime... en passant par la dépression) ou neurodégénératives (Alzheimer, Parkinson...), rhumatologiques (polyarthrite) et même graves (cancer du côlon, maladies auto-immunes).

☞ **Alors que l'inflammation aiguë demande juste à être soulagée, généralement par des médicaments ou des moyens physiques (froid, immobilisation...), l'inflammation chronique dite de bas grade doit absolument être supprimée par des mesures le plus souvent alimentaires.**

C'EST QUOI UNE INFLAMMATION DE BAS GRADE (OU DE BAS NIVEAU) ?

Alors que l'inflammation aiguë est plutôt un signal d'alarme bruyant qui réclame des mesures visant à la soulager, l'inflammation de bas niveau est sournoise et autrement plus dangereuse au long cours. Elle n'est responsable d'aucun des symptômes de l'état aigu mais va, en libérant sur de longues périodes de faibles doses de

→

molécules chimiques agressives (cytokines, interleukines, prostaglandines...) contre les cellules et leurs membranes, d'abord participer aux réactions de défense de l'organisme puis effectuer à l'occasion par exemple d'un simple déséquilibre bactérien (= dysbiose) un travail de sape quotidien qui, avec l'aide complaisante et involontaire du système immunitaire, laisse pénétrer s'installer et prospérer une maladie ou une pathologie.

MÉCANISME DE L'INFLAMMATION DITE DE BAS NIVEAU

Une toute petite inflammation, un bruit de fond équilibré, est nécessaire à l'organisme pour qu'il se tienne prêt à faire face à toute agression. **L'inflammation de bas niveau** se situe un cran au-dessus, elle est vite pathologique comme la réaction d'oxydation qui est également un processus bénéfique puis toxique. Elle résulte du contact prolongé de la muqueuse intestinale avec des substances d'origine nutritionnelle ou environnementale. Celles-ci endommagent à la longue la paroi, ce qui permet à des bactéries et/ou des particules alimentaires partiellement digérées d'entrer en contact régulier avec le système immunitaire dont le rôle est de les neutraliser. Il les attaque en sécrétant, hors de tout contrôle, des molécules spécifiques, les cytokines.

☞ **Cette production de substances pro-inflammatoires, la flamme fatale, conduit bien entendu à l'inflammation chronique. Celle-ci se maîtrise, non par des médicaments anti-inflammatoires mais par une meilleure hygiène de vie principalement alimentaire.**

C'EST QUOI LE PHÉNOMÈNE D'OXYDATION ?

Étudié pour la première fois aux États-Unis dans les années 1950, il a provoqué une révolution médicale en proposant à la fois une explication plausible de la plupart des maladies et une prise en charge la plus naturelle qui soit.

Le maillon faible de l'organisme est constitué par la membrane cellulaire, endroit stratégique où se produisent les échanges, pénètrent les nutriments, se mettent en place les réactions normales de défense et de régulation. Cette membrane, protégée habituellement par ses défenseurs naturels, les **antioxydants**, peut être dans certaines circonstances pathologiques, attaquée par des substances agressives, les **radicaux libres**. Si elle rompt, une brèche est ouverte, la maladie peut s'engouffrer.

Il s'avère en réalité que les mécanismes de déclenchement d'une maladie et de défense de l'organisme sont plus complexes, ce qui a provoqué et continue de provoquer de nombreuses polémiques sur l'intérêt ou le danger de la supplémentation en antioxydants, ses indications, les posologies requises.

☞ Pour nous, leur prescription ne doit pas être systématique mais fonction de chaque cas et pathologie, à moduler en fonction de l'état de santé et de l'hygiène de vie de chacun.

LES PRINCIPALES CAUSES DE L'INFLAMMATION CHRONIQUE DE BAS NIVEAU

Cette inflammation chronique est principalement nutritionnelle et environnementale.

- Mauvaise alimentation (sucre à index glycémique élevé, graisses saturées ou *trans*, rapport oméga 6/oméga 3 élevé).
- Intolérances alimentaires (laitages, gluten, sulfites...).
- Toxiques alimentaires (édulcorants et colorants artificiels, conservateurs) ou environnementaux (métaux lourds, perturbateurs endocriniens).

Elle peut également être déclenchée ou aggravée par le développement de mauvaises bactéries (= dysbiose intestinale après un traitement antibiotique...)... mais aussi par la sédentarité, le tabac et le stress.

LÂCHER LE MORCEAU

La viande, même de qualité, consommée trop fréquemment produit une flore de putréfaction. Si celle-ci n'est pas contrôlée par la flore de fermentation, elle favorise la pullulation de mauvaises bactéries qui s'attaquent alors à la muqueuse intestinale, déclenchent une stimulation immunitaire permanente qui produit ou entretient l'inflammation de bas niveau.

À l'inverse, la sous-alimentation, le jeûne, l'activité physique, la gestion du stress... réduisent l'inflammation.

☞ Nous comprenons d'emblée la nécessité de **déterminer** pour chacun des patients qui consultent le ou les facteur(s) déclenchant(s), d'entretien ou d'aggravation de cette inflammation, certes de bas niveau, mais aux conséquences catastrophiques pour la santé car elle se propage ensuite dans tout l'organisme (articulations, système cardio-vasculaire, cerveau...). Il nous incombe donc, dans la mesure du possible, de l'**éliminer** car elle constitue la **porte d'entrée de LA maladie**.

EST-CE QUE MANGER PIMENTÉ EST BON POUR LA SANTÉ ?

Les épices sont utilisées partout dans le monde, principalement dans les pays chauds, pour donner de la couleur aux plats, relever le goût des aliments et surtout faciliter leur conservation. Et il semble qu'elles auraient une action bienfaisante pour la santé, réduisant la mortalité générale de ceux qui en consomment plusieurs fois par semaine (le frais est même plus efficace que la forme sèche) par rapport à ceux qui ne mangent jamais épicé. Ce bénéfice-santé est attribué à leurs propriétés antioxydantes, anti-inflammatoires et anti-résistance à l'insuline et au fait qu'elles aident au contrôle du poids.

LES TRAITEMENTS NATURELS DE L'INFLAMMATION

Nous évoquerons ici les plantes, l'alimentation dont le précieux rapport oméga 6/oméga 3 et l'équilibre acido-basique sans oublier l'activité physique d'intensité modérée.

Les plantes de l'inflammation

Elles constituent une part importante mais pas exclusive du traitement. Elles sont nombreuses à posséder cette action, nous en avons choisi une, le ***Curcuma longa*** qui a actuellement les faveurs du public et des prescripteurs pour ses propriétés anti-inflammatoires, antioxydantes, hépato-protectrices.

☞ Vous pouvez déjà épicer vos plats avec ½ cuillère à café de poudre, 2 fois par jour. Mais vous trouvez en pharmacie des formes (extraits secs, extraits phyto-standardisés ou EPS) beaucoup plus dosées, à 300 mg par gélule. Vous en prenez entre 2 et 4 par jour, de préférence en dehors des repas ; vous vous basez sur la concentration en curcumine dont vous devez absorber autour de 1 gramme par jour pour espérer une action anti-inflammatoire.

Vous avez peut-être entendu parler d'une association avec le ***poivre noir*** car ces deux épices se potentialisent. C'est vrai, mais ce dernier augmentant également l'hyperperméabilité intestinale, nous vous le déconseillons ici. Choisissez un curcuma de bonne qualité et utilisez-le seul.

LA PLANTE DANS LE VENT

On a le sentiment de la découvrir ces dernières années mais le ***curcuma*** est une des plantes médicinales les plus anciennes et les plus puissantes, utilisée de longue date à la fois par la médecine traditionnelle chinoise et la médecine ayurvédique. C'est la **curcumine** qu'elle contient qui lui confère ses formidables propriétés en particulier anti-inflammatoires et antioxydantes. Il vous faut donc impérativement bien regarder l'étiquette afin de vérifier sa concentration dans le supplément alimentaire que vous comptez acheter. Elle doit être comprise entre 60 % et 95 % pour les meilleurs produits. Au-dessous, ce complément indispensable de l'inflammation risque de vous décevoir.

- Citons deux enzymes provenant de **fruits exotiques**, dont l'action anti-inflammatoire et digestive des protéines est connue de la médecine classique : la **papaïne**, extraite surtout du latex vert et des feuilles de la papaye, la **bromélaïne** qui provient, elle, de l'ananas. Elles sont surtout utilisées par l'agroalimentaire pour attendrir la viande.

LA PAPAÏNE

Elle a connu son heure de gloire lorsqu'elle était injectée dans la hernie discale (chimionucléolyse) des patients souffrant de sciatique. Des raisons purement économiques et non médicales ont mis fin à cette utilisation. Vous trouverez généralement en (para)pharmacie des mélanges d'enzymes protéolytiques qui contiennent, entre autres, la papaïne. Mais la référence à la digestion des nutriments est une allégation interdite depuis 2012.

Attention, l'extrait de papaye fermentée, sur lequel a travaillé le Professeur Montagnier pour ses propriétés antioxydantes, ne contient pas de papaïne. Ce produit est utilisé dans le cadre de la médecine anti-âge et en aucun cas pour une action digestive.

LA BROMÉLAÏNE

Elle est extraite de la tige de l'ananas. Ce fruit, originaire d'Amérique du Sud, a longtemps été utilisé par les habitants en application locale pour la désinfection et la cicatrisation des plaies. Depuis les années 1960-1970, les suppléments de bromélaïne servent à la réduction des contusions, des œdèmes et des hématomes en traumatologie ou en période postopératoire chirurgicale. Les allégations gastro-intestinales (amélioration de l'inconfort, digestion des aliments) sont elles aussi interdites depuis 2012.

Les posologies sont variables selon les symptômes et les effets recherchés : elles vont de 1 à 3 grammes par jour, réparties en 3 prises.

Un médicament classique à base de bromélaïne existe : Extranase®, destiné au traitement des œdèmes. Mais vous pouvez trouver dans le commerce des suppléments plus dosés.

Focus sur le rapport oméga 6/oméga 3

Il joue un rôle essentiel dans l'entretien de l'inflammation de bas niveau : plus il est élevé, plus l'inflammation est haute et les conséquences redoutables au long cours. Sans entrer dans le détail de réactions chimiques complexes que les initiés connaissent ou trouveront ailleurs (Internet), il nous semble plus important de vous faire comprendre les raisons de cet effet délétère d'un rapport élevé et surtout les moyens de l'abaisser.

UN MOT SUR LES DIFFÉRENTES GRAISSES ALIMENTAIRES

Elles sont réparties en 5 groupes :
- Les **acides gras saturés** : on les trouve surtout dans le beurre, la charcuterie, les glaces, certaines huiles végétales (arachide, coco, palme), la pâtisserie, les produits laitiers, la viande. Ils sont indispensables à l'organisme par leur fonction énergétique mais ils ne doivent pas représenter plus du quart des apports gras. Ils interviennent dans les phénomènes inflammatoires et favorisent donc les nombreuses maladies et pathologies dont nous parlons.
- Les **acides gras mono-insaturés**, autrefois appelés oméga 9, sont cardio-protecteurs. Retenez surtout l'huile d'olive, l'amande, la noix.
- Les **acides gras polyinsaturés** se décomposent en deux familles bien connues, les **oméga 6** (plutôt pro-inflammatoires) et les **oméga 3** (volontiers anti-inflammatoires). Leurs apports doivent être équilibrés mais l'agroalimentaire recourt plus volontiers aux premiers (moins chers, meilleure conservation...) qu'aux seconds (fragiles car oxydables, plus onéreux...), si bien que le rapport qui devrait être **le plus proche possible de 1 à 5** tend à grimper très haut avec de nombreuses conséquences délétères sur l'inflammation et donc la santé.
- Les **acides gras *trans***, d'origine principalement industrielle sont, eux, inutiles et même dangereux pour le système cardio-vasculaire. Ils apparaissent à la suite d'un processus d'hydrogénation destiné à rendre la graisse plus stable et de consistance plus solide. On les trouve dans les plats prêts à l'emploi, les barres de céréales, biscottes, biscuits, confiseries, pâtes à tartiner, viennoiseries...

→

☞ Comme pour les sucres et le cholestérol, il existe de façon très schématique de « mauvais » acides gras (le premier et le dernier groupe), responsables de nombreux problèmes de santé surtout cardio-vasculaires et de « bons » acides gras dits insaturés (ainsi nommés en raison de leurs caractéristiques chimiques) qui sont globalement protecteurs.

- Les **oméga 6**, très répandus dans l'alimentation prête à l'emploi (plats-traiteur, « street-food », surgelés...), les huiles (arachide, maïs, soja...), les graines de sésame et de tournesol... conduisent, s'ils sont apportés en quantités trop élevées, à la production de molécules pro-inflammatoires (acide arachidonique) qui favorisent la multiplication des cellules graisseuses (= adipocytes). Il s'installe alors une surproduction d'insuline et finalement une résistance à son action, responsable d'un cercle vicieux (voir chapitre « Diabète », p. 182) : la graisse augmente l'inflammation → qui augmente la résistance à l'insuline → qui pousse le pancréas à sécréter davantage d'insuline → montée en flèche qui produit plus de cellules graisseuses...
- Les **oméga 3** qu'on trouve dans les huiles (colza, lin, noix, périlla...), les poissons gras... mais aussi les graines de lin et de potiron, les fromages de brebis et de chèvre, certains légumes (chou, pourpier), les légumineuses (soja), les oléagineux (noisette, noix), jouent, eux, un rôle inverse en protégeant les cellules de l'inflammation et en fluidifiant les membranes.
  Vous trouverez les chaînes courtes dans les huiles – principalement le colza –, et les plus longues dans les poissons gras (hareng, maquereau, sardine, saumon, thon) dont vous devez consommer deux portions par semaine.

À défaut, vous pouvez vous supplémenter avec des capsules d'huiles que vous choisirez dans les filières écologique ou bio-responsable.

☞ La bonne santé passe par une diminution du rapport oméga 6/ oméga 3. Le moyen le plus efficace d'y arriver est de réduire les premiers, tout en augmentant les seconds.

- Les **sucres à index glycémique élevé** et les **mauvaises graisses** contribuent également à élever ce rapport oméga 6/oméga 3 :
  - Les sucres induisent un pic de glycémie brutal → sécrétion de toujours plus d'insuline → résistance qui tend à augmenter → production de toujours plus d'insuline... Vous trouverez sur Internet les index glycémiques des principaux aliments. Sachez que sirop, pomme de terre au four, purée de pommes de terre, miel arrivent en tête... et que de nombreux légumes (sauf carotte et fève), des fruits (abricot, avocat), les sushis et même les biscuits secs (petits-beurre) arrivent en bout de liste.
  - Les sucres à index glycémique élevé étant très pro-inflammatoires, mieux vaut réduire leurs apports et donner la préférence aux sucres classés plus bas dans la liste, tout en respectant bien entendu les quantités ingérées et les modes de cuisson.

C'EST QUOI L'INDEX GLYCÉMIQUE ?

Il s'agit de la mesure de la variation de la glycémie (sucre dans le sang), induite par un aliment sucré, la référence étant le glucose, sur une échelle qui va de 0 à 100. Un aliment à index élevé produit une augmentation brutale et délétère de la glycémie ; un aliment à index bas a, lui, une action moins brutale, plus étalée dans le temps.

☞ Ce critère de classement a remplacé la notion surannée de **sucres rapides** et **lents**.

- Les **fibres** contenues dans les céréales, les fruits et légumes, les graines, les légumineuses... réduisent l'absorption du sucre de l'intestin vers le sang. Elles contribuent en outre à la sensation de satiété et réduisent les chiffres du cholestérol. Elles font nécessairement partie de nos recommandations-santé.

QUELQUES ALIMENTS PRO-INFLAMMATOIRES

Les acides gras saturés et *trans*, l'alcool, les aliments raffinés (pain blanc, huile, sucre blanc), le piment, les sucres à index glycémique élevé (confiture, miel soda), la viande rouge grasse... On peut leur adjoindre les plats préparés, les pâtisseries, les laitages et le gluten, le sel.

QUELQUES ALIMENTS ANTI-INFLAMMATOIRES

Les céréales complètes, les fruits (avocat, cassis, framboise, grenade) surtout exotiques (goyave, mangue, papaye) et à baies rouges (airelle, canneberge, cassis, groseille) et bleues (cassis, figue, mûre, myrtille, prune), les légumes (riches en fibres), les huiles vierges (colza, lin, périlla...), les légumineuses, la noix, les poissons gras (hareng, maquereau, sardine, saumon, thon), le thé vert.

L'équilibre acido-basique

Son maintien (voir p. 102) constitue une composante intéressante et moins connue de la santé. Un excès d'acidité, principalement dû aux sucres et aux graisses, favorise l'inflammation de bas niveau. Les fruits et légumes ont, eux, au contraire, une action alcalinisante. Ils sont donc à privilégier ici.

L'activité physique

Outre son action de cardio-training bien connue, elle libère des substances anti-inflammatoires bénéfiques : les myokines. Elle est pour cette raison proposée dans la prévention et le traitement de la plupart des maladies et même du cancer.

☞ Vous devez bouger, bouger, bouger... régulièrement, de façon soutenue mais non excessive (trois fois 40 minutes par semaine sans puiser dans ses réserves).

CONCLUSION

L'augmentation des maladies chroniques dans les sociétés occidentales est une conséquence directe de ces états inflammatoires principalement déclenchés et entretenus par l'alimentation. Une majorité de la population, surtout les jeunes malheureusement, reste malgré les campagnes d'information et de sensibilisation dans la « junk-food » ou la malbouffe. C'est rageant car nous savons avec certitude qu'une nourriture simplement variée et plus équilibrée, pourtant facile à mettre en œuvre, pourrait au prix d'un effort minime, préserver d'une inflammation chronique, donc de bien des maux. Le « grand Johnny » a tort, il faut à tout prix **éteindre le feu.**

QUELQUES PREMIÈRES MESURES...

- Abaissez le **rapport oméga 6/oméga 3** en évitant au maximum les plats tout préparés, en utilisant deux cuillères à soupe d'huile de colza par jour pour l'ensemble de vos assaisonnements et en mangeant deux portions de poissons gras par semaine.
- Évitez **les sucres à index glycémique élevé**.
- Réduisez les **graisses saturées et trans**.
- Rajoutez du **curcuma** dans tous vos plats.
- Consommez des **fruits et légumes** riches en fibres, à activité antioxydante, alcalinisants.
- Pratiquez une **activité physique** raisonnable.

COMPRENDRE LA CANDIDOSE CHRONIQUE

Des tripes au champignon

La candidose est liée dans l'extrême majorité des cas à la prolifération d'un champignon microscopique, une levure dont vous connaissez tous le nom mais peut-être pas la symptomatologie, *Candida albicans*. Ce champignon saprophyte de la peau et des muqueuses (dont le tube digestif) se trouve habituellement sous forme de levures, cellules arrondies groupées en petits amas. Mais il se modifie en s'allongeant sous forme de moisissure mycélienne qui peut envahir la bouche, l'intestin, le vagin.

☞ Cette affection fréquente qui toucherait selon certaines sources un tiers des femmes, fait partie des dysbioses intestinales.

LA PRÉSENCE DU CANDIDA SIGNE-T-ELLE L'INFECTION ?

Le *candida* fait partie de la flore intestinale normale (c'est son réservoir), même chez des personnes en bonne santé. Il est présent dans la bouche du quart de la population et parfois dans le vagin de 40 % des femmes où il trouve des conditions d'humidité propices à son développement. Sa présence **ne suffit donc pas** toujours à elle seule à **affirmer le diagnostic** de candidose.

LES DEUX PRINCIPALES CAUSES DE LA CANDIDOSE CHRONIQUE

Elle est le plus souvent d'origine alimentaire ou médicamenteuse.

- Une alimentation peu variée trop riche en sucres raffinés favorise le développement de notre *candida* qui se plaît en milieu acide (voir plus bas).

- Des traitements antibiotiques itératifs sont souvent responsables d'un déséquilibre de la flore intestinale qui laisse alors se multiplier cette levure. Mais d'autres médicaments comme la cortisone, la chimiothérapie, la pilule, une trithérapie... sont également parfois responsables.

LES SIGNES ÉVOCATEURS

Le *candida* déclenche des symptômes locaux et généraux car il sécrète de multiples toxines qui perturbent le fonctionnement de nombreuses fonctions (sécrétion hormonale, système immunitaire) ou organes (articulations, cerveau, intestin, muscles). C'est ainsi qu'il est responsable de la triade que vous connaissez à présent bien : « déséquilibre bactérien → inflammation → hyperperméabilité intestinale » avec, pour conséquences, des intolérances alimentaires et une auto-intoxication par les toxines dont nous parlions plus haut.

Les symptômes déclenchés sont variés et relativement peu spécifiques : des troubles digestifs (nausées, inappétence, ballonnements, douleurs, diarrhée...), cutanés (bouche, grands plis, vagin), généraux (fièvre, mal de tête...), nerveux (fatigue intense), allergiques. Seule une mycose buccale ou vaginale est très évocatrice du diagnostic.

☞ L'association de plusieurs de ces signes et troubles doit faire évoquer ce diagnostic. Mais force est de constater que beaucoup de patient(e)s font du porte-à-porte médical sans qu'il ne soit même évoqué.

PEUT-ON AFFIRMER AVEC CERTITUDE LE DIAGNOSTIC DE CANDIDOSE ?

Le diagnostic est évoqué cliniquement dans les formes cutanéo-muqueuses. Mais la présence des spores et des filaments au niveau des lésions n'est pas nécessairement pathologique. Les réactions sérologiques sont discutées par la majorité des scientifiques. Certains proposent toutefois un test appelé Candia, qui affirmerait pour eux la présence du candida dans l'intestin ; pour d'autres, minoritaires, la présence d'indoxyl sulfate dans les urines signerait une dysbiose de putréfaction ce qui pourrait être un argument en faveur.

☞ **Mieux vaut faire confiance à la clinique pour suspecter** le **diagnostic si souvent discuté de candidose chronique.**

LE RÉGIME ALIMENTAIRE ANTI-CANDIDA

Il s'appuie sur deux types de mesures, les premières visant à **alcaliniser le terrain**, ce que le *candida* n'aime pas, et les secondes qui les complètent, consistant à **éviter de l'apporter ou le nourrir**.

Ce type d'alimentation, pas un véritable régime, constitue la base du traitement préventif et curatif. Il demande à être institué puis poursuivi suffisamment longtemps afin de rétablir durablement la flore intestinale et de l'empêcher de se re-déséquilibrer.

CONSEILS POUR ALCALINISER L'ALIMENTATION

De nombreuses erreurs sont commises, liées principalement au goût des aliments : les agrumes (citron, orange, pamplemousse...) sont, contrairement à ce qu'on entend souvent, de bons alcalinisants ; le sucre, le lait entier et les laitages, les graisses, sont, au contraire, bien acidifiants. →

Les aliments basiques ou peu acides sont à privilégier :
- Céréales : avoine, muesli, pain sans gluten, riz complet, tapioca..
- Fruits : **abricot**, amande, avocat, banane, **cerise,** châtaigne, citron frais, clémentine, datte, figue, fraise, framboise, melon, noix du Brésil, noix fraîche, **orange fraîche**, pamplemousse, pêche, **poire**, raisin...
- Fruits secs : amande, noisette, noix du Brésil, de coco...
- Fruits de mer.
- Légumes crus ou cuits : **ail**, aubergine, betterave, **carotte**, céleri, champignon, chou, courgette, **épinard**, fenouil, haricot vert, laitue, lentille, maïs, oignon, poireau, **pomme de terre**, salade, tomate... (les légumes-feuilles et verts sont plus générateurs de bases que les légumes-racines).
- Jaune d'œuf.
- Un verre de vin rouge par jour.
- Eau de Badoit ou Vichy Saint-Yorre après l'effort.
- **Lait demi-écrémé**, en poudre ; yaourt...

Ces aliments acidifiants sont à éviter :
- Boissons : alcool (sauf vin rouge), café, cacao, cola, thé...
- Céréales raffinées : (blé), orge, riz blanc, seigle...
- Pain blanc et produits contenant de l'amidon, gâteaux, pâtes, pâtisseries...
- Fritures, chips..., mayonnaise.
- Fromages (schématiquement d'autant plus acides qu'ils sont forts au goût) : édam, cheddar...
- Céréales, surtout sucrées ou caramélisées, seigle.
- Fruits secs apéritifs grillés, mais aussi et surtout cacahuètes.
- Légumineuses : arachide, fève, haricot blanc...
- Beurre, margarine
- Blanc d'œuf.
- Poissons fumés ou en conserves (hareng, maquereau...).

→

- **Sucre raffiné,** chocolat, confiture, sirop...
- Viandes grasses : agneau, bacon, mouton, porc, veau...
- Charcuteries.
- Huiles végétales.
- Alcools.

Pour les aliments acides, vous devez faire attention à la quantité :
- Épices ou aliments très épicés, moutarde.
- Fromage blanc peu égoutté, yaourt, lait caillé...
- Fruits acides (surtout lorsqu'ils ne sont pas mûrs) : abricot, ananas, brugnon, cassis, cerise acide, citron, clémentine, framboise, groseille, kiwi, mangue, myrtille, noix sèche, olive, orange, pamplemousse, pomme acide, prune, pruneau...
- Légumes acides : chou (fleur), cresson, épinard, oseille, rhubarbe...
- Légumes acidifiants : artichaut, asperge, chou de Bruxelles, tomate cuite...
- Choucroute.
- Jus de fruits (citron), boissons industrielles sucrées (limonade), cola, lait chocolaté...
- Miel.
- Vinaigre (seul le vinaigre de cidre de pomme aurait une action bénéfique : vous pouvez en prendre une petite cuillère à café diluée dans un peu d'eau, avant l'un des deux principaux repas).

Attention : certains fruits peuvent se trouver dans deux groupes. C'est le cas de l'abricot qui est acide lorsqu'il est dur, alcalin lorsqu'il est à point, acide lorsqu'il est très mûr ; c'est également le cas de la banane qui se comporte comme un sucre rapide lorsqu'elle est très mûre et lent lorsqu'elle est dure. **Une alimentation équilibrée doit contenir 1/5e d'acides pour 4/5e de bases.**

En dehors de l'alcalinisation, d'autres mesures alimentaires sont importantes et demandent à être mises en œuvre devant une candidose chronique :

- **Évitez** d'apporter des levures que vous trouvez dans :
  - dérivés laitiers non stérilisés (lait, beurre, **fromages fermentés**) ;
  - fruits et légumes abîmés, tomates trop mûres, melon, **fruits séchés** (raisin, figue, datte), bananes trop mûres ;
  - charcuterie ;
  - médicaments à base de levure, levure de bière ;
  - produit entamé stocké au frigo.

- **Évitez** de nourrir les levures en ingérant :
  - aliments riches en sucre et en farine de blé (pain, pâtes, pizza, pâtisserie) ;
  - **boissons sucrées et alcoolisées** ;
  - aspartame et glutamate ;
  - oléagineux (cacahuète).

LES TRAITEMENTS NATURELS ANTI-CANDIDA

Nous allons opérer un choix arbitraire et vous proposer un cocktail anti-infectieux alimentaire, et de plantes et d'huiles essentielles (HE).

- **L'ail frais** est formidablement efficace mais une gousse par jour peut gâcher les rapports sociaux.
- **L'oignon** est également intéressant, rajoutez-en à tous vos plats et salades.

Tous deux sont de grands anti-infectieux qui peuvent vous ballonner.

- Certains préconisent **l'acide caprylique** qu'on trouve dans le lait maternel, l'huile de noix de coco... et de palme. Surtout utilisé en parfumerie, cet acide gras saturé est reconnu et recommandé par certains médecins pour ses propriétés antifongiques et même antibactériennes (streptocoque, staphylocoque).
  Il se prescrit sous forme de gélules gastrorésistantes pour être actif dans l'intestin. Il est présent dans plusieurs spécialités du commerce. Les posologies efficaces se situent autour de 1 gramme par jour pendant quelques semaines.

- Sans oublier les **probiotiques** (*lactobacilles*) pour résensemencer la flore intestinale et rétablir l'équilibre, ce qui empêche le développement des champignons et autres levures.

LA plante de la candidose

Nous ne développerons que **l'échinacée** (*Echinacea purpurea*), la plante anti-infectieuse (bactéries, champignons, parasites, virus) par excellence, d'autant qu'elle est également immunostimulante. Nous dirons juste un mot de la chlorophylle que nous prescrivons comme adjuvant ici.

L'ÉCHINACÉE

Il existe plusieurs espèces d'échinacées mais la variété ***purpurea*** a notre préférence. Cette plante, longtemps utilisée par les Amérindiens pour ses propriétés multiples (des brûlures aux morsures de serpent en passant par le mal de gorge), en particulier anti-infectieuses, est tombée dans un oubli passager relatif avec la découverte des antibiotiques. Mais elle a été réhabilitée pour ses indiscutables vertus préventives et curatives.

☞ Vous pouvez la faire préparer en teinture-mère (TM), 50 à 100 gouttes par jour, ou en extraits phyto-standardisés (EPS), ½ cuillère à café 2 à 3 fois par jour pendant 2 à 3 semaines.

LA CHLOROPHYLLE

C'est l'arme utilisée par les plantes vertes pour se défendre contre les moisissures. C'est pour cette raison principale mais également parce qu'elle alcalinise le milieu que nous la prescrivons régulièrement dans la candidose chronique.

☞ La posologie habituelle de chlorophylle magnésienne est comprise entre 200 et 400 mg par jour à prendre impérativement le soir, comme tous les produits qui restaurent l'organisme.

Les huiles essentielles de la candidose

Dégageons-en trois qui ont une efficacité démontrée sur les aromatogrammes : *la cannelle de Ceylan, l'origan d'Espagne, l'arbre à thé (Melaleuca alternifolia).*

L'écorce de la cannelle de Ceylan, anti-infectieuse majeure à large spectre (bactéries, champignons, parasites, virus) fait systématiquement partie pour nous du traitement de la dysbiose et donc de la candidose. Attention car sa puissance fait aussi sa toxicité.

L'origan d'Espagne est une plante, hybride entre l'origan et la sarriette des montagnes. Elle est une des huiles essentielles les plus efficaces et les plus fidèles contre les problèmes infectieux. Elle a une odeur forte, entêtante, pas des plus agréables. Elle doit, elle aussi, être maniée avec précaution, pas plus de 3 à 4 gouttes par jour. On lui préfère souvent la marjolaine à coquilles.

L'arbre à thé australien est une huile essentielle majeure, très efficace sur le *Candida albicans*, les mycoses des pieds et des ongles et la plupart des problèmes infectieux (colibacille, staphylocoque...).

☞ Ces trois essences de plantes puissantes demandent à être utilisées dans un environnement médical. Attention à une automédication, surtout prolongée. Vous pouvez rajouter 2 gouttes de l'une d'elles dans 20 gouttes d'extrait de pépins de pamplemousse (voir chapitre « Déséquilibre bactérien » p. 81), vous mélangez le tout à ½ cuillère à café de miel. Vous avalez ce mélange 2 fois par jour pendant 2-3 semaines.

UNE IDÉE SUR LES ÉQUIVALENCES

1 ml d'HE = 15 gouttes
1 goutte d'HE = 45 mg

CONCLUSION

La candidose est une affection opportuniste qui profite d'un déséquilibre de la flore intestinale. Toute maladie qui affaiblit le système immunitaire ou s'attaque aux bactéries du microbiote, comme un traitement antibiotique, est susceptible de la déclencher.

Son élimination nécessite généralement des traitements longs.

QUELQUES PREMIÈRES MESURES...

- **Alcalinisez** votre alimentation... ce qui est de toute façon bénéfique qu'il y ait ou pas candidose.
- **Évitez** d'apporter des levures et les aliments dont elles se nourrissent.

COMPRENDRE ET SUPPRIMER L'HYPERPERMÉABILITÉ INTESTINALE (HPI)

Le côlon-passoire comme un mauvais gardien de but

L'hyperperméabilité intestinale désigne, par une appellation savante, une fonction simple mais aux conséquences funestes : la pénétration dans l'organisme de substances diverses qui devraient être éliminées dans les selles. L'intestin constitue une barrière mais également et surtout une zone d'échange et de contact essentielle à la bonne marche et la santé de l'organisme. De façon physiologique, il n'est pas totalement imperméable, bien au contraire. S'il ne laisse pas passer certains micro-organismes et de grosses molécules étrangères (germes ou parties de bactéries, parasites, virus pathogènes, composés toxiques, restes d'aliments mal digérés, déchets...) – cela deviendrait dangereux pour la santé –, il a besoin d'une certaine perméabilité pour assimiler les bonnes substances (nutriments, acides gras et acides aminés, oligo-éléments, vitamines...) apportées par l'alimentation, permettre et faciliter les échanges avec l'extérieur – synthèse, évacuation – et le milieu intérieur – absorption. Mais TOUT ne doit pas entrer comme dans une motte de beurre. À cet effet, la muqueuse intestinale possède des jonctions serrées qui servent de sas d'entrée pour ces molécules ou substances indésirables. Mais il arrive, pour des raisons diverses, nous les verrons plus loin, qu'elles se délient et ne jouent plus parfaitement ce rôle, réalisant le « *leaky gut syndrom* » des Anglo-Saxons qu'on peut traduire par « **syndrome de l'intestin-passoire** ». Celui-ci passe alors progressivement d'un **fonctionnement physiologique** (perméabilité) à un mécanisme pathologique (**hyperperméabilité**). La muqueuse intestinale fragilisée devient poreuse et laisse passer des substances contre lesquelles, bien entendu, le système de défense immunitaire réagit instantanément. Ce déferlement de composés antigéniques déclenche chez les personnes prédisposées génétiquement, une réaction immunitaire quasi continue avec libération d'anticorps, qui aggrave et entretient le processus – destruction des villosités dans le cas de la maladie cœliaque, apparition ailleurs d'un stress oxydatif avec libération de radicaux libres agressifs pour les membranes cellulaires -. Cette hyperperméabilité intestinale déclenche des troubles digestifs banals (gaz, douleurs, nausées...) qui peuvent faire évoquer une **intolérance**.

J'AIME BIEN ÇA MAIS J'EN VEUX PAS

L'intolérance alimentaire est une réaction disproportionnée du système immunitaire à la suite de l'ingestion d'un aliment. Elle est moins spectaculaire que **l'allergie**, entraînant plus volontiers des manifestations chroniques. C'est surtout d'elle que nous parlons tout au long de notre livre car elle touche actuellement plus du tiers de la population.

☞ Bien qu'elle soit parfois difficile à affirmer ou confirmer, de plus en plus de Français ont décidé d'adopter les **régimes d'éviction**, principalement du **lait et laitages** et du **gluten**.

Mais l'extrême porosité va surtout être responsable de manifestations plus ou moins graves à distance aussi bien infectieuses, allergiques, métaboliques, cutanées, rhumatologiques... que nerveuses (stress, déprime, dépression, troubles du sommeil) ou neurologiques. Et même si elle n'est pas directement la cause de ces nombreuses maladies, elle constitue indiscutablement une porte d'entrée puis un facteur d'entretien.

☞ Cela est aussi ennuyeux pour le moment que prometteur, car cette particularité constitue une cible potentielle qui nous laisse toutefois entrevoir de réelles possibilités d'action prochaines.

UNE PERMÉABILITÉ SOUS INFLUENCE

La perméabilité de l'intestin dépend de nombreux facteurs et en particulier d'une protéine, la **zonuline** – découverte dans les années 1990 –, qui se comporte véritablement comme une hormone. Fabriquée par la muqueuse intestinale, elle régule les mouvements d'eau, le passage des molécules, des globules blancs, des bactéries... en desserrant les jonctions serrées. Et comme elle nous protège d'une colonisation, elle est la cible privilégiée des toxines bactériennes.

☞ C'est surtout le **blé moderne** qui provoque la plus grosse production de zonuline avec la triade infernale : « déséquilibre bactérien → inflammation → hyperperméabilité intestinale. » Mais la caséine **du lait et les laitages**, la pomme de terre, le piment, le poivre, la tomate... ne sont pas en reste et aggravent également l'hyperperméabilité intestinale.

DES EXPLICATIONS SAVANTES...

C'est par la production de zonuline que la tomate est irritante chez certains et ainsi responsable de diarrhée. Alors que dire chez ceux-là d'une sauce tomate légèrement pimentée et poivrée ?

DE L'IMPORTANCE DE LA MUQUEUSE INTESTINALE

Avec une surface d'échange d'environ 300 à 400 m^2 – à titre de comparaison, la peau n'occupe que 1,5 à 2 m^2 –, la muqueuse intestinale constitue la principale interface de l'organisme entre l'intérieur et l'extérieur. Avec ses 300 millions de cellules (entérocytes) qui se renouvellent tous les 2 à 5 jours, elle participe à l'absorption des nutriments, oligo-éléments, vitamines..., joue un rôle de barrière pour les substances toxiques et les pathogènes (bactéries, parasites, virus...), intervient avec certitude sur l'immunité et probablement sur le déclenchement, l'entretien ou l'aggravation de nombreuses maladies, pas toutes digestives, dont certaines sont graves. Sa perméabilité est régulée, nous l'avons dit, par une protéine, la zonuline.

Le **butyrate**, produit par une alimentation variée et de qualité, est à la fois le substrat énergétique et le protecteur des cellules intestinales. Lorsque l'alimentation est pauvre et mal choisie, la muqueuse intestinale souffre de son absence, se fragilise et ouvre la porte à toutes les pathologies, même les plus sévères (cancer colique).

LES CAUSES PRINCIPALES DE L'HYPERPERMÉABILITÉ INTESTINALE

Notre muqueuse intestinale est constamment agressée par de multiples facteurs environnementaux et/ou comportementaux.

- Nous ne reviendrons pas sur ses deux comparses, largement développés dans les pages précédentes, le **déséquilibre bactérien** et l'**inflammation.**
- Les **antibiotiques** détruisent les bactéries pathogènes mais également une partie de la bonne flore intestinale. Ils entraînent

volontiers des troubles digestifs (diarrhée) et favorisent, nous l'avons vu, le développement des levures – candidoses à *Candida albicans*. Nous avions l'excellente habitude de prescrire préventivement *Saccharomyces boulardii* (Ultralevure®) en accompagnement, mais cette pratique est passée de mode chez les jeunes praticiens. Et même si « *Les antibiotiques, c'est pas automatique* », les probiotiques (plutôt des *lactobacilles* actuellement), devraient, eux, être **systématiques**.

- De **mauvaises habitudes alimentaires** peuvent intervenir : une mastication insuffisante, une alimentation déséquilibrée, des carences ou des intolérances.
- Une **mastication soigneuse** est indispensable pour découper en petits morceaux les fibres dures ingérées et favoriser plus facilement ensuite leur digestion par l'intestin. Elle imprègne en outre ces aliments de l'indispensable amylase salivaire qui, par sa richesse en bicarbonates, préserve l'œsophage d'un reflux d'acidité gastrique et réduit l'action délétère de la zonuline.
- La consommation **de trop de céréales (gluten) et de produits laitiers** constitue un des plus importants facteurs d'hyperperméabilité intestinale (voir plus loin les chapitres correspondants).
- Une **alimentation déséquilibrée**, trop riche en sucres ou en protéines, interagit sur la flore intestinale et favorise respectivement la fermentation des premiers dans la partie droite du côlon ou la putréfaction des secondes dans les parties gauche et terminale. Ce déséquilibre alimentaire, s'il se prolonge, est à l'origine d'une dysbiose et de l'inflammation, responsables de troubles digestifs variés (gaz, ballonnements, douleurs...) et surtout de l'hyperperméabilité.

LE CHANGEMENT, C'EST PAS POUR MAINTENANT !

Même si les intentions des parents sont louables, les enfants ne doivent pas bénéficier trop précocement d'une alimentation diversifiée, qu'ils ne sont pas capables de digérer et tolérer facilement. Et certaines pathologies (allergie) pourraient trouver leur cause ainsi.

- Et, à l'inverse, malgré une offre pléthorique, des **carences** alimentaires peuvent se produire en raison de régimes amaigrissants répétés ou prolongés, de repas déstructurés, d'un rejet total de la viande ou du poisson... Elles ont pour conséquences, jusque-là inconnues, d'empêcher le renouvellement indispensable des cellules intestinales.
- Le **café** et surtout l'**alcool** sont également irritants pour la muqueuse intestinale. Et que penser de l'usage intensif des antisécrétoires (IPP) si largement utilisés contre les brûlures œsophagiennes (liées au reflux gastro-œsophagien) et les douleurs gastriques ? Ils suppriment la prédigestion chimique acide des protéines et modifient ainsi l'équilibre de la flore intestinale, première étape du processus d'inflammation chronique puis d'hyperperméabilité intestinale.
- La **mondialisation** nous fait absorber des aliments pour lesquels nous ne sommes pas génétiquement programmés. Nous sommes devenus des mangeurs de maïs, de soja et de fruits exotiques... que nous tolérons plus ou moins bien et qui peuvent déclencher ou favoriser une hyperperméabilité intestinale.

☞ **Il ne faut pas nécessairement revenir à l'alimentation ancestrale que prônent certains mais veiller simplement à ce qu'elle soit hypotoxique.**

💡 COMMENT FAIRE POUR ÉVITER TOUS CES PRODUITS TOXIQUES ?

L'agroalimentaire recourt volontiers :
- aux OGM... dont on ne connaît pas exactement les conséquences pour la santé ;
- aux médicaments (antibiotiques, facteurs de croissance, hormones...) :
- aux additifs (acidifiants, colorants, conservateurs...) ;
- aux herbicides, pesticides, et autres engrais divers...
- à l'irradiation (technique de plus en plus utilisée pour détruire les bactéries et autres levures, retarder le mûrissement des fruits et légumes, stopper la germination afin d'obtenir une conservation plus longue)...

☞ À moins de passer sa vie le nez sur les étiquettes – et encore elles n'existent pas pour les fruits et légumes –, il est illusoire d'envisager tout contrôler : il vous faut donc juste **faire attention** sans devenir obsessionnels.

- La **détérioration de l'environnement** nous expose quotidiennement à un nombre croissant de substances toxiques – engrais, métaux lourds, pesticides, phtalates, polluants divers – qui agressent la muqueuse intestinale... et le système endocrinien – les fameux perturbateurs qu'on trouve partout. C'est également le cas avec les **produits manufacturés bas de gamme** où peuvent être concentrées des substances toxiques ou allergisantes, volontiers agressives pour la muqueuse intestinale.

LE DIABLE SE GLISSE DIT-ON DANS LES DÉTAILS

L'organisation non gouvernementale (ONG) Foodwatch vient de nous apprendre que les emballages cartonnés de 42 produits de consommation courante – biscuits, céréales, pâtes, riz... – pouvaient contaminer ces aliments par des huiles dérivées d'hydrocarbures volontiers cancérigènes et mutagènes. Et que la contamination se produisait surtout avec les emballages recyclés !

☞ Cela démontre qu'il est à présent impossible d'éviter totalement polluants et toxiques qui font partie de notre environnement. Alors tâchez simplement de les limiter au maximum.

- N'oublions pas l'**anxiété** et le **stress** qui prennent volontiers pour cible le ventre – grande zone de somatisation – et la muqueuse intestinale, en produisant des cytokines inflammatoires.
- L'**exercice physique**, avec son activité anti-inflammatoire sur la muqueuse intestinale, fait partie des indispensables mesures d'hygiène de vie. Le sport intensif a, en revanche, une action strictement inverse, car il est responsable d'une sous-perfusion intestinale au profit des organes (cœur, muscles) qui permettent la performance. Et d'ailleurs beaucoup de grands sportifs souffrent d'intolérances alimentaires !
- Et de nombreuses **maladies ou pathologies** s'accompagnent d'une hyperperméabilité intestinale... qui bien entendu les entretient et/ou les aggrave.
- La **chimiothérapie** et la **radiothérapie** (centrée sur l'intestin) perturbent la production de zonuline.
- Des **médicaments**, dont par exemple l'aspirine, même à faibles doses, déclenchent l'hyperperméabilité intestinale, tout comme les biphosphonates (produits utilisés contre l'ostéoporose), la

cortisone, la lévothyroxine sodique (de l'insuffisance thyroïdienne), les œstrogènes (du traitement hormonal), les statines (contre le cholestérol)... Et c'est parfois l'absence ou le déficit de la vitamine D, du zinc, des substances nutritives de l'intestin comme la **L-glutamine**, nous en reparlerons longuement, ou des butyrates, qui en sont les causes.

☞ La présence d'une hyperperméabilité intestinale est un élément dont il faut absolument tenir compte et qu'il convient impérativement de traiter. Elle permet à des substances diverses – gluten, lactose... – ou à des pathogènes (bactéries, virus...) de pénétrer l'organisme pour déclencher, aggraver et pérenniser maladies ou pathologies.

POINT TROP N'EN FAUT

Lors d'un **effort sportif intense**, l'irrigation intestinale chute de 20 %, l'organisme donnant la priorité aux muscles qui permettent cette activité. Il se produit une ischémie (diminution de l'apport sanguin) locale, responsable de douleurs abdominales et de diarrhée, surtout chez les marathoniens amateurs. À l'arrêt de l'effort, l'augmentation brutale du débit sanguin intestinal provoque un afflux massif de radicaux libres qui peuvent endommager les cellules et les jonctions serrées et entraîner, s'ils se répètent, une **hyperperméabilité intestinale**.

LES CONSÉQUENCES DE L'HYPERPERMÉABILITÉ INTESTINALE

Elle est responsable d'un grand nombre de réactions allergiques et/ou inflammatoires. Des substances insuffisamment dégradées ou digérées, des germes, l'entrée massive d'antigènes qui passent la barrière vasculaire, déclenchent une réaction immunitaire et sont à l'origine des **pathologies d'encrassage** dont parlait le docteur Seignalet, des intoxications aux métaux lourds (cadmium, mercure, plomb), des allergies, des **intolérances alimentaires**, des **maladies inflammatoires de l'intestin et du côlon**, des infections chroniques, des maladies auto-immunes... et probablement des maladies graves et neurodégénératives.

L'hyperperméabilité intestinale s'exprime sous la forme de troubles fonctionnels gênants et parfois de symptômes plus sérieux. L'atteinte est en effet uniquement digestive ou à distance touchant la peau, le système articulaire, endocrinien, pulmonaire, nerveux... C'est ainsi qu'elle intervient dans la survenue ou le déroulement de nombreuses maladies ou pathologies variées :

- Le syndrome de l'intestin irritable, les aphtes à répétition, les Mici.
- Les allergies (cutanées, ORL, respiratoires) et les intolérances alimentaires (fruits exotiques, gluten, lait et laitages, œufs...).
- Toutes les inflammations qui se déclinent en « ite » (arthrite, colite, conjonctivite, cystite, rhinite, sinusite, tendinite, thyroïdite...).
- Les maladies inflammatoires (polyarthrite rhumatoïde, pelvispondylite rhumatismale – SAA...).
- Le syndrome de fatigue chronique (SFC), la fibromyalgie, la migraine...
- Les maladies auto-immunes (Basedow, diabète, Gougerot-Sjögren, lupus, sclérose en plaques...).

- Et probablement, peu ou prou, les maladies neurodégénératives (autisme, Alzheimer, Parkinson...).

☞ **Ce catalogue passablement inquiétant nous laisse paradoxalement énormément d'espoir car nous disposerons peut-être bientôt de moyens simples pour empêcher les pathologies du vieillissement qui nous font tellement peur.**

CONFIRMER LE DIAGNOSTIC D'HYPERPERMÉABILITÉ INTESTINALE

Il repose essentiellement sur l'interrogatoire et en particulier le mode de survenue des symptômes et le ressenti des patients. Cela est précisé par quelques questions simples très éclairantes :
– Où ? – Quand ? – Comment ? – Qui ? – À quelle fréquence ?...
Certains médecins et patients veulent se rassurer, en confirmant ce diagnostic simplement évoqué par la clinique, par des examens biologiques en particulier la recherche d'immunoglobulines (**IgG**) spécifiques, qui traduiraient en cas de positivité l'intolérance à tel ou tel aliment.

COMPRENDRE LES EXAMENS QU'ON DEMANDE PARFOIS

Les anticorps, composants majeurs du système immunitaire, sont sécrétés lors du contact avec une substance étrangère (**antigène**) à l'organisme. Ces protéines sont réparties en cinq groupes d'**immunoglobulines** (A, E, D, G, M). Les plus abondantes (80 % environ) sont les **IgG** qui nous protègent contre les **pathogènes** (bactéries, virus) et les **toxines diverses**. Les **IgM** sont, elles, sécrétées lors du premier contact avec une molécule étrangère. Quant aux **IgE**, elles sont libérées lors d'une réaction allergique.

→

☞ Lorsque nous demandons une sérologie pour confirmer un diagnostic de maladie infectieuse, la présence d'**IgM** traduit un **épisode récent**, la présence d'**IgG** un événement **plus ancien**.

Ces tests, longtemps pratiqués uniquement en Belgique ou au Luxembourg – technique Imupro –, le sont depuis quelques années en France. Nous pensons, avec de nombreux scientifiques, que la présence de ces immunoglobulines de type G témoigne seulement du contact avec un aliment et pas d'une allergie ou d'une intolérance spécifique comme on pourrait l'imaginer. Nous les avons beaucoup prescrits avant de les abandonner car ils ne nous ont pas procuré le bénéfice attendu. Ils ont inutilement compliqué la vie des patients en élargissant leur régime d'exclusion à d'autres aliments qu'ils mangeaient habituellement sans problème, mais auxquels ils pensaient être également intolérants... compte tenu des résultats biologiques. Et comme ils coûtent relativement cher, même si les prix ont baissé – autour de 185 euros au moment où nous écrivons –, et ne sont pas pris en charge par la Sécurité sociale, nous ne les préconisons plus.

☞ C'est finalement le patient et pas le laboratoire qui confirme l'intolérance et décide de l'exclusion de tel ou tel aliment sur des arguments purement cliniques. Sinon existe le risque de rajouter des interdits inutiles qui complexifient le traitement et affectent la qualité de vie sans procurer un bénéfice notable.

LES ALIMENTS LE PLUS SOUVENT INCRIMINÉS PAR LES TESTS ALLERGIQUES

Ananas, **arachide**, banane, blanc d'**œuf**, **blé**, calamar, céréales, fruits exotiques (kiwi, litchi, pamplemousse) et **à coques** (noix du Brésil et de cajou), huître**, lait de vache**, levure de bière et de boulanger, moutarde, noix de cola, paprika, pois chiche, **poisson**, poivre noir, poivron, sésame, soja.

Attention également aux **isolats de blé**, apparus dans les années 2000, par traitement chimique du gluten. Ils servent d'émulsifiants, de gélifiants, de liants, pour les charcuteries industrielles, les pâtes, les viandes reconstituées...

☞ Enfants et adultes sont inégaux devant l'allergie, les premiers (10 %) sont trois fois plus touchés que les seconds (3,5 %).

TRAITER L'HYPERPERMÉABILITÉ INTESTINALE

Elle nécessite un ensemble de mesures (développées dans différents chapitres de cet ouvrage), toutes indispensables, qui agissent en synergie. Il faut :

- éviter la pérennisation de la situation en **éliminant les facteurs d'agression** de la muqueuse par le **régime d'exclusion** (lait et laitages, gluten...) : mais celui-ci n'a qu'un rôle symptomatique et en aucun cas curatif... ;
- dans le même esprit, il est bon de lister **l'ensemble des médicaments ingérés** quotidiennement afin de vérifier que tous sont VRAIMENT indispensables ;

- mettre en place un **régime hypotoxique** qui tend à se rapprocher de ce que proposait Jean Seignalet : nous optons pour une version plus « soft » afin d'obtenir une meilleure observance... ;
- **restaurer** ou **rééquilibrer le microbiote** par l'apport de bonnes bactéries (voir chapitre « Probiotiques », p. 273) qui participent également à la cicatrisation de la muqueuse intestinale... ;
- **aider le foie** (voir p. 82) qui peut se trouver surchargé par l'hyperabsorption de substances et nutriments nombreux et divers, quelques plantes (artichaut, chardon-marie...) sont utiles... ;
- **protéger les membranes** par des **oméga 3** (voir p. 95) et des **antioxydants** (vitamines A, C, E, sélénium, zinc) et/ou **aider à la cicatrisation** de la muqueuse intestinale grâce à la **L-glutamine**, éventuellement de l'argile ;

COUP DOUBLE

Les oméga 3, dont on connaît l'action de prévention cardio-vasculaire, sont également intéressants dans l'hyperperméabilité intestinale : ils jouent directement sur la souplesse des membranes cellulaires et, surtout, favorisent l'adhésion des probiotiques à la surface de la muqueuse intestinale.

- **renforcer le système immunitaire** grâce au régime d'exclusion et sans oublier **la vitamine D**... ;
- **gérer le stress** qui réduit la sécrétion en quantité et en qualité des sucs digestifs et consomme le peu de réserves de magnésium, ce qui aggrave encore et entretient les symptômes.

☞ **L'hyperperméabilité intestinale ne se règle pas d'un coup de baguette magique, elle nécessite une stratégie précise et**

complète, souvent difficile à suivre car source de nombreuses privations. Il faut en outre donner du temps au temps car le traitement peut demander de « fort » longues semaines.

TROIS BONNES RAISONS D'EN PRENDRE

Le zinc, réputé pour ses propriétés antioxydantes et immunostimulantes, est apprécié par la muqueuse intestinale qui en est très friande.

☞ Utilisez un sel bien absorbé (chélaté, gluconate, orotate) à la dose de 15 mg/jour, pendant quelques semaines. En effet, comme pour les autres métaux (cuivre, fer), nous déconseillons sa prise au long cours.

FOCUS SUR L'ACIDE AMINÉ INCONTOURNABLE DE L'HYPERPERMÉABILITÉ INTESTINALE : *LA L-GLUTAMINE*

Fabriquée en petites quantités à partir de l'acide glutamique, elle constitue le nutriment essentiel des cellules intestinales (entérocytes). Elle est principalement concentrée dans le sang – sa production diminue avec l'âge – et les muscles dont elle constitue un des carburants privilégiés : les culturistes en sont d'ailleurs très friands car elle gonfle(rait) leurs biscotos et aide(rait) à la récupération après de grosses séances de fonte. Cet **acide aminé** participe à la synthèse des protéines, maintient l'équilibre acido-basique, protège l'immunité intestinale, favorise le développement de la flore... et d'ailleurs du transit, joue un rôle nettoyant bien utile – fonction « serpillière » comme l'argile. La glutamine participe également à la fabrication de la glucosamine, utile pour la réparation des cartilages et tendons : elle est d'ailleurs, avec la chondroïtine, un des grands compléments nutritionnels de l'arthrose. Elle réduit l'inflammation, nourrit et assure la réparation et la cicatrisation des tissus endommagés et en particulier l'entretien des muqueuses. C'est ainsi qu'elle maintient l'intégrité de la paroi intestinale et restaure son imperméabilité en **resserrant les mailles du filet**, devenues trop lâches à force d'agressions : moins ou peu de substances ou pathogènes indésirables passent ainsi au travers.

☞ **La *L-glutamine* est LE produit de base à prescrire absolument dans l'hyperperméabilité intestinale.**

UNE AUTRE RAISON D'ÉVITER L'ACTIVITÉ SPORTIVE INTENSIVE

L'exercice physique modéré augmente la L-glutamine dans le sang mais un stress important ou le **surentraînement** sont, eux, **responsables de sa déplétion**, ce qui favorise les épisodes infectieux dont sont régulièrement victimes les athlètes en pleine forme : une angine, une rhino-pharyngite sont banales la veille d'une grande compétition.

Sources alimentaires

On la trouve **surtout** dans les produits animaux (œuf, poisson+, viande+) ; elle est présente en quantités bien moindres dans les légumineuses (haricot, lentille, pois), les oléagineux (amande, noisette, noix)...

La carence en L-glutamine

Elle est responsable d'agitation, de difficultés de concentration, de troubles du sommeil. Elle a d'ailleurs été proposée et utilisée dans ces indications nerveuses... mais sans résultats convaincants.

En supplémentation

Elle est utile pour tous, puisque l'âge réduit sa production. Mais elle est totalement indispensable dans l'hyperperméabilité intestinale : les doses préconisées se situent entre 1 et 3 grammes par jour, parfois plus, en une ou deux prises avant les deux principaux repas. On commence à ces doses-là pendant 2 à 3 mois puis on diminue jusqu'à atteindre une dose d'entretien située autour de 1 gramme par jour, poursuivie 2 à 3 mois, puis réduite ou stoppée en fonction de l'amélioration clinique – réintroduction progressive d'aliments jusque-là exclus et qui sont à présent tolérés.

FAUTE DE PREUVES

Peu (ou pas) d'études ayant été réalisées chez la femme enceinte ou allaitante, la prudence s'impose.

TROIS PLANTES SONT INTÉRESSANTES

L'*aloe vera* qui assainit la flore intestinale, le *ginkgo biloba* pour ses propriétés antiradicalaires, le *thé vert* qui stabilise les membranes peuvent constituer de bons traitements de complément.

POUR LA PEAU ET L'INTESTIN

L'**aloe vera** est surtout utilisé en cosmétique (brûlures, coups de soleil, vieillissement de la peau...), mais devrait trouver sa place dans d'autres indications. Il protège en effet des infections, renforce le système immunitaire, participe à la détoxication de l'organisme.

☞ Vous pouvez l'utiliser sous forme de jus dont vous prenez 2 cuillères à soupe par jour pendant une quinzaine de jours.

Attention, cette plante est déconseillée aux enfants et aux femmes enceintes.

CONCLUSION

Une barrière vasculaire intestinale contrôle le passage des substances antigéniques et empêche normalement l'entrée des bactéries dans le sang. Il importe qu'elle soit en bon état et fonctionne parfaitement, c'est dire l'importance de la **protéger, l'entretenir, aider à la réparer**. Dès lors, le patient peut revenir progressivement à une alimentation normale – qui élimine toutefois les facteurs causaux – et, surtout, il se met probablement à l'abri de maladies et pathologies chroniques pour lesquelles n'existent à ce jour ni de prévention ni parfois de traitement efficace.

QUELQUES PREMIÈRES MESURES...

- Adoptez une **alimentation hypotoxique**, qui peut comprendre l'exclusion ou la réduction des laitages et du gluten...
- Resserrez le maillage des cellules intestinales avec la **L-glutamine**.
- Réensemencez votre intestin avec des **probiotiques**.
- Pratiquez une **activité physique... modérée**.

MALADIES, PATHOLOGIES DIGESTIVES ET DYSFONCTIONNEMENT INTESTINAL

Quand le côlon va, tout va

Les maladies digestives et les troubles fonctionnels intestinaux représentent un important problème de santé par leur fréquence et les difficultés que nous pouvons avoir, nous médecins, pour les prévenir, les améliorer ou les guérir. Les patients touchés par le syndrome de l'intestin irritable sont d'ailleurs à l'origine des **régimes d'éviction** qui traduisent en filigrane l'idée que l'alimentation jouerait un rôle majeur dans leur pathologie.

– Maladie cœliaque
– Syndrome de l'intestin irritable
– Maladies inflammatoires chroniques de l'intestin (Mici)
– Cancer du côlon

☞ Tout le monde ou presque a souffert, souffre ou souffrira du ventre. Les progrès récents réalisés dans la connaissance de **l'écosystème intestinal** (déséquilibre bactérien → inflammation → hyperperméabilité intestinale) et la réhabilitation du côlon ont modifié récemment leur **compréhension** et vont très prochainement bouleverser leur **prise en charge thérapeutique**.

ALORS MALADIE OU PATHOLOGIE ?

Une maladie se caractérise par une cause, des facteurs déclenchants ou aggravants, des symptômes, une évolution, un traitement, un pronostic.

La pathologie désigne une famille de maladies qui partagent le même mécanisme ou touchent la même fonction : c'est ainsi qu'on parle de pathologies cardio-vasculaires, **gastro-intestinales**, infectieuses, rhumatologiques...

☞ Nous utiliserons indifféremment l'un ou l'autre terme.

COMPRENDRE ET MIEUX SOIGNER LA MALADIE CŒLIAQUE

Gluten éliminé, santé assurée

Cette maladie auto-immune intestinale n'est pas une simple (hyper)sensibilité mais une véritable **intolérance au gluten**, qui doit IMPÉRATIVEMENT être supprimé de l'alimentation des sujets génétiquement prédisposés (groupe HLA DQ2/8).

QU'EST-CE QU'UNE MALADIE AUTO-IMMUNE ?

Le diabète insulinodépendant, l'insuffisance thyroïdienne de Hashimoto, la polyarthrite rhumatoïde... sont des maladies auto-immunes. Celles-ci sont la conséquence d'un dysfonctionnement du système immunitaire qui devient pathogène pour les constituants normaux de l'organisme. Ces maladies en augmentation constante, touchent préférentiellement les femmes, évoluent de façon chronique, tout au long de la vie, mais avec le plus souvent une alternance de phases de poussées et de rémissions.

RÉPARTITION ET FRÉQUENCE (= PRÉVALENCE) DE LA MALADIE CŒLIAQUE

Cette maladie à nette prédominance féminine – 2 à 3 fois plus répandue que chez les hommes – touche entre 1 % et 3 % de la population caucasienne (la maladie est beaucoup moins fréquente en Asie et en Afrique). Elle a, comme de nombreuses maladies, une composante génétique héréditaire... qui ne suffit pas toujours à déclencher une symptomatologie gênante, ce qui explique la majorité des cas non diagnostiqués dans l'enfance. Des facteurs comportementaux (alimentation contenant d'autres substances pro-inflammatoires que le seul gluten) et environnementaux (infection, déséquilibre de la flore intestinale, stress...), en favorisant l'inflammation et l'hyperperméabilité intestinale entraînent une réaction immunitaire anormale qui évoque et permet d'affirmer le diagnostic... mais tardivement.

La maladie cœliaque reste le plus souvent méconnue, pour preuves :
- elle est diagnostiquée plus tard chez l'enfant ;
- neuf personnes sur dix, peu gênées en réalité, ne consultent pas de médecin ;
- un nouveau patient sur cinq est sexa ou septuagénaire !

☞ **Cette maladie est plus fréquente dans la population depuis les années 1980-1990, mais avec un âge moyen de survenue plus tardif (6 à 9 ans chez l'enfant au lieu de 2 ans), une sévérité clinique et histologique moins grande, et un grand nombre de cas non diagnostiqués à l'âge adulte.** Mais la vogue du « sans-gluten » a fait parler d'elle et incité plus de gens à demander une confirmation biologique.

COMMENT EXPLIQUER LE NOMBRE DE CAS DIAGNOSTIQUÉS AUSSI TARD ?

Deux raisons principales :
1. chez la majorité des patient(e)s, la symptomatologie est suffisamment peu bruyante pour ne pas les inciter à consulter ;
2. les modifications habituelles de la flore intestinale avec l'âge, peut-être en rapport avec une alimentation différente (moins de viande, plus de sucres) et/ou la prise de médicaments, démasquent tardivement les maladies cœliaques frustes.

LA MALADIE CŒLIAQUE

Elle est due à une réponse immunitaire inadaptée à la gliadine du gluten alimentaire ingéré (voir p. 245). Lorsqu'une personne est génétiquement **intolérante** à cette protéine, son organisme, en présence de quantités même infimes de cette substance, réagit d'abord par une réaction inflammatoire puis immunologique. Elle produit alors des anticorps qui attaquent ses propres cellules, ce qui déclenche des symptômes locaux (troubles digestifs divers...) et généraux (malaise, fatigue, éruption cutanée, douleurs variées...). Cet emballement du système immunitaire endommage les replis de la muqueuse intestinale – villosités –, ce qui réduit la surface d'absorption et de digestion des aliments et élargit les jonctions cellulaires habituellement serrées. Cette hyperperméabilité intestinale (voir p. 110) de la maladie cœliaque est responsable de l'absorption excessive de nombreux résidus d'aliments, débris ou substances qui devraient rester dans l'intestin et elle empêche l'assimilation de nombreuses substances indispensables (acides aminés, minéraux, oligo-éléments, vitamines). Ces deux facteurs conjugués sont responsables de l'amaigrissement, la malnutrition voire la dénutrition parfois observés si rien n'est mis en place pour freiner ce processus « d'automutilation » digestive.

☞ Il n'existe pas actuellement de preuve évidente qu'une introduction précoce du gluten chez le nourrisson augmente le risque de maladie cœliaque, l'introduction tardive semble, elle, accroître le risque. L'ingestion de gluten entretient ensuite le processus et aggrave la situation, son **éviction totale est indispensable**.

HERMÉTIQUES
MAIS PAS IMPERMÉABLES

Les **jonctions serrées**, comme leur nom l'indique, étanchéisent l'espace intercellulaire et filtrent les entrées de toute substance se trouvant dans l'intestin. Elles jouent un rôle fondamental dans les échanges intestin-milieu intérieur. Qu'elles viennent à se **desserrer**, se produit alors l'hyperperméabilité intestinale à l'origine des signes locaux et extra-digestifs... et de la plupart des maladies et pathologies chroniques.

LES SYMPTÔMES DE LA MALADIE CŒLIAQUE

Ils sont très variables dans leur expression et leur intensité d'une personne à l'autre.

La maladie cœliaque est facile à diagnostiquer lorsqu'existe une association de signes digestifs (ballonnements, douleurs abdominales, diarrhée...) et généraux (amaigrissement, fatigue, douleurs articulaires, retard de croissance, troubles de l'humeur...). C'est évidemment plus difficile de l'évoquer devant de simples carences minérales (calcium, magnésium, fer) ou vitaminiques (A, B9, B12, D, E, K) dues à la malabsorption. Et le diagnostic devient encore plus aléatoire lorsque la symptomatologie est discrète et aspécifique ou prend le masque d'une affection gynécologique, endocrinologique, rhumatologique, neuropsychiatrique...

☞ **Cette symptomatologie extra-digestive explique le nombre élevé de cas non diagnostiqués, d'autant que l'examen clinique et**

l'imagerie ne montrent rien. Le patient a toutes les chances d'être considéré comme « fonctionnel », ce qui risque de le conduire au porte-à-porte médical, à la noria de traitements divers inefficaces et, parfois, à l'automédication. C'est fâcheux ici où la cause est en réalité une substance, qu'il convient juste de supprimer.

DIAGNOSTIC DE LA MALADIE CŒLIAQUE

À moins d'y penser en se rasant, le diagnostic est souvent difficile à établir en raison de la grande variabilité des symptômes… pas toujours digestifs. Il est suspecté par l'interrogatoire qui peut évoquer d'autres maladies digestives plus fréquentes (Mici, syndrome de l'intestin irritable – SII –, intolérance alimentaire) ou retrouver des antécédents familiaux suggestifs. Il est étayé par une prise de sang qui confirme la présence d'anticorps anti-villosités intestinales (voir encadré ci-après) et affirmé histologiquement par une biopsie pratiquée lors d'une coloscopie. Elle constate que les villosités ont été partiellement ou totalement détruites par la réaction immunitaire.

☞ **La consommation de gluten déclenche la production d'anticorps responsables de l'inflammation intestinale chronique et des lésions de la paroi du grêle. La présence et le dosage des anticorps antitransglutaminase permettent de poser le diagnostic et de suivre l'évolution de la maladie. Leur normalisation sous régime sans gluten confirme l'intérêt de cette mesure et l'observance du patient.**

DES ANTICORPS AUX NOMS IMPOSSIBLES MAIS INDISPENSABLES AU DIAGNOSTIC

La gliadine du gluten traverse la paroi intestinale où elle est transformée par une enzyme intracellulaire, la **transglutaminase**. Celle-ci joue le rôle d'un antigène sur lequel vont se précipiter les anticorps anti-cellules intestinales. Certains sont spécifiques et peuvent être dosés, ce sont les **anticorps anti-endomysium**. Mais la présence **d'anticorps antitransglutamine** suffit au diagnostic de maladie cœliaque.

COMPLICATIONS DE LA MALADIE CŒLIAQUE

Elles sont locales, extra-digestives ou générales (anémie, faiblesse musculaire, fatigue, amaigrissement...), liées surtout à la malabsorption des nutriments dans l'intestin. Elles doivent à présent être évitées par le régime d'exclusion définitive et totale du gluten.

☞ **Les lésions, lorsqu'elles existent, se réparent au bout d'un an de régime sans gluten.**

PRÉVENTION DE LA MALADIE CŒLIAQUE

Deux pistes ont été soulevées sans être confirmées : l'allaitement maternel, le moment de la diversification alimentaire du nourrisson.

Sont interdits :

- Tous les produits à base de céréales : biscottes, biscuits, pain, pâtes...
- Tous les plats cuisinés en dehors de la maison : plats industriels et traiteur, repas pris au restaurant...

- Toutes les sauces et accompagnements : mayonnaise, moutarde, sauce tomate...
- Toutes les préparations industrielles : crèmes glacées, desserts, flans...
- Toutes les confiseries.
- Les alcools : bière, vodka, whisky...

Vous trouverez très facilement la **liste complète sur Internet**.

PRISE EN CHARGE DE LA MALADIE CŒLIAQUE

Aucun médicament n'est capable de la guérir, c'est pourquoi nous avons préféré le terme « soigner » dans le titre de ce chapitre. La prise en charge consiste donc à **éliminer** définitivement et radicalement, **le gluten de l'alimentation : attention car il se cache partout** (voir p. 252). Il faut parallèlement s'occuper de l'hyperperméabilité intestinale, conséquence du contact avec la protéine, mais elle s'améliore dans la majorité des cas en quelques semaines d'une exclusion parfaite.

☞ La maladie cœliaque impose un **régime très strict**, difficile à suivre, interdisant quasiment tout repas pris à l'extérieur, sauf dans les officines « sans gluten », qui, effet de mode, ont commencé à essaimer largement. La diffusion du régime sans gluten a été une bénédiction pour les vrais cœliaques qui, autrefois cantonnés à 2 ou 3 boutiques où ils s'approvisionnaient, peuvent à présent trouver du « sans-gluten » presque partout... et beaucoup plus abordable financièrement. Cela leur a vraiment facilité la vie.

QUELQUES PREMIÈRES MESURES...

- Supprimez **strictement** et **totalement le gluten** de votre alimentation, même si cela nécessite un effort et un certain renoncement social.
- Faites également **attention aux aliments pro-inflammatoires** (voir chapitre « Inflammation », p. 97).
- Recourez aux **probiotiques** qui sont probablement utiles.

COMPRENDRE ET AMÉLIORER LE SYNDROME DE L'INTESTIN IRRITABLE

En finir avec les mauvaises querelles intestines

Les troubles fonctionnels intestinaux chroniques, dus à l'altération de la flore puis de la muqueuse intestinale, sont dans l'ensemble bénins, bien gênants et très fréquents puisqu'ils touchent près de 15 % de la population mondiale, un peu plus en France : une personne sur cinq – une femme dans les deux tiers des cas –, souffrirait chez nous du **syndrome de l'intestin irritable** (ex-colopathie fonctionnelle) qui représenterait entre le tiers et la moitié des consultations des gastro-entérologues.

QU'APPELLE-T-ON COLOPATHIE FONCTIONNELLE ?

Ce terme désigne un trouble du fonctionnement de l'intestin sans que les examens cliniques, biologiques ou radiographiques ne mettent en évidence une anomalie spécifique ou particulière. Les symptômes sont uniquement **subjectifs** mais altèrent plus ou moins la qualité de vie… tout en étant dédaignés par le corps médical.

☞ Les pathologies fonctionnelles entraînent souvent « la **double peine** » : une souffrance handicapante du patient et une relative indifférence du médecin qui a tendance à minimiser la symptomatologie et penser que son patient n'a pas grand-chose et en tout cas rien de bien grave.

LES SIGNES D'APPEL DU SYNDROME DE L'INTESTIN IRRITABLE

Des ballonnements, des gaz, quelques douleurs, des borborygmes, des difficultés de digestion transitoires sont d'une grande banalité après un bon repas. Des douleurs plus intenses à type de spasmes, des rots ou des pets incessants qui améliorent mais entraînent un inconfort social, des nausées ou des vomissements qui perdurent jusqu'au repas suivant voire le lendemain, parfois de la diarrhée qui oblige à passer une partie de l'après-midi ou la nuit aux toilettes sont déjà plus ennuyeux... surtout s'ils se chronicisent.

☞ C'est la récurrence ou l'installation dans le temps de ces symptômes, au moins trois jours par mois depuis plus d'un trimestre, alors que l'alimentation est bien choisie en quantité et en qualité, qui est évocatrice d'un **syndrome de l'intestin irritable**.

C'EST PAS DU BIDON !

La **flore intestinale** des enfants qui souffrent de **douleurs abdominales** fréquentes est **différente** de celle des bien portants avec en particulier une composition anormalement élevée de certaines espèces bactériennes.

☞ Nous pouvons imaginer que des **ajustements nutritionnels** et la prescription de **probiotiques bien choisis,** vont, dans un avenir finalement proche, améliorer ces enfants.

QUE SE PASSE-T-IL ENSUITE ?

Devant la répétition et l'inéluctabilité des symptômes, la décision est prise par le patient de consulter. L'examen clinique se révèle normal, à l'exception d'un ventre ballonné qui résonne comme un tambour à la percussion de l'abdomen. Les examens complémentaires (prise de sang, imagerie – échographie, scanner éventuellement –) sont peu contributifs. Les traitements symptomatiques, destinés à soulager mais malheureusement pas à guérir, sont décevants, tout comme les conseils généraux, eux aussi d'une efficacité relative.

C'EST DÉJÀ ÇA !

Les **conseils alimentaires généraux**, que nous prodiguons nous médecins, soulagent parfois les symptômes mais sont néanmoins insuffisants pour améliorer réellement la qualité de vie des patients : certes manger moins vite, moins gras, dans le calme, en évitant les eaux gazeuses... sont des conseils de bon aloi. Nous avons vu (mastication+++) et verrons qu'il est possible de faire beaucoup mieux en termes de recommandations.

☞ Des patients de plus en plus nombreux tentent alors l'automédication. Ils commencent souvent par des probiotiques, qui peuvent d'ailleurs parfois les aggraver (ballonnements, douleurs abdominales) ou partent dans « l'aventure » des régimes d'exclusion (principalement lait, laitages et gluten).

QUELQUES FACTEURS FAVORISANTS DU SYNDROME DE L'INTESTIN IRRITABLE

Le stress++ arrive bien entendu en tête suivi par un changement de vie, qu'il soit provisoire (voyage) ou définitif (déménagement). Des repas déséquilibrés (sandwich, street ou junk-food) ou trop copieux, avalés rapidement, sans mastiquer ni savourer, dans une atmosphère bruyante ou sans « débrancher » (devant son ordinateur), peuvent entraîner ou aggraver les symptômes. À l'inverse, les week-ends ou les vacances les améliorent le plus souvent.

☞ **Le syndrome de l'intestin irritable dépend certes du contenu de l'assiette mais aussi et surtout de l'environnement des repas.**

C'EST MAUVAIS LA « STREET-FOOD » POUR L'INTESTIN ?

Ce mot franglais n'a rien de révolutionnaire, il traduit simplement la pérennité du changement des habitudes alimentaires qu'a initié McDo. Il s'agit d'une cuisine préparée pour être dégustée – plutôt ingérée ou avalée d'ailleurs – dans la rue. On y vend des bagels, des burgers, des pizzas, des sandwichs, des kebabs... ou des plats préparés, dans les camions (food-trucks) qui stationnent devant les cinémas, dans les centres commerciaux ou des allées piétonnes.

Et même si, à la différence de la « **junk-food** », la qualité tend de plus en plus à être au rendez-vous, c'est exactement le contraire de ce que nous préconisons : **un repas équilibré, pris tranquillement, bien installé, dans le calme, en mastiquant, en prenant son temps**, en savourant...

POURQUOI CES SYMPTÔMES ET LEUR DEVENIR ?

L'inflammation est responsable de la sécrétion de cytokines (voir p. 185) qui entraînent un dysfonctionnement de la motricité intestinale – contractions trop intenses ou, au contraire, très faibles – qu'il convient de corriger, et une hypersensibilité viscérale – un message d'intensité normale est perçu ici comme douloureux. On parle donc de sensibilité accrue des intestins d'où l'appellation bien vague de **syndrome de l'intestin irritable**. Mais il n'y a pas d'inflammation de la muqueuse intestinale comme dans la maladie de Crohn, pas de parasitose retrouvée, pas de gros déséquilibre bactérien de la flore intestinale. Les deux tiers des patients établissent en revanche un lien entre l'alimentation – surtout la présence de Fodmaps (voir chapitre correspondant, p. 267) – et l'exacerbation de leurs symptômes.

☞ **Le pronostic du syndrome de l'intestin irritable est globalement bon, même si le confort et la qualité de vie sont altérés. Et, pour le moment, aucun des traitements classiques proposés ne guérit les patients, il les soulage... et encore imparfaitement.**

QUELS SONT LES ALIMENTS « USINES À GAZ » ?

Nous pouvons les classer en 3 catégories :

1. Ceux qui donnent **beaucoup** de gaz : abricot, ail, banane, beignet, blé (grains et germes de), carotte, céleri, **chou**++ et chou de Bruxelles, fèves, haricot blanc, haricots sec et rouge, lait et laitages, lentille, navet, **pois** chiche, jus de pruneaux, **oignon,** raisin sec... le chewing-gum et, bien sûr, les boissons gazeuses.
2. Ceux qui ballonnent **modérément** : agrumes, aubergine, brocoli, pain (mie de), pomme de terre, pâtes, pâtisseries, pomme...

→

3. Ceux qui donnent **peu** de gaz : asperge, avocat, cerise, chocolat, chou-fleur, fromages à pâte cuite (gruyère, tomme...), laitue, maïs, noisette, œuf, poisson, pop-corn, raisin, riz, tomate, viande (volaille)...

☞ **Le volume des gaz** émis par l'anus varie entre **400 et 1 500 ml par jour** avec une **moyenne de 700 ml**. Mais certains peuvent éliminer jusqu'à 4 ou 5 litres.

LES APPROCHES THÉRAPEUTIQUES DU SYNDROME DE L'INTESTIN IRRITABLE

Les mesures sont principalement **nutritionnelles** :

- Diminuer la fermentation soulage certains patients qui sont volontiers intolérants aux **fibres insolubles**. Certains autres aliments sont incriminés très régulièrement, citons crème et lait, chou, oignon, pois, fayot, les épices fortes, les aliments frits, l'alcool et le café.

☞ **C'est la raison pour laquelle des patients de plus en plus nombreux adoptent un régime d'exclusion des Fodmaps (voir p. 267) qui semble aider les trois quarts d'entre eux.**

FOCUS SUR LES FIBRES

Le microbiote le plus stable et le plus riche – donc la **bonne santé intestinale** – se trouve(rait) chez **les gros mangeurs de fibres**. Mais, en raison d'une modification des habitudes alimentaires (moins de pain complet, moins de céréales, plus de laitages et

→

de viande), **leur consommation** a chuté de moitié en un siècle, se situant actuellement autour de 15 à 20 grammes par jour, ce qui est notoirement insuffisant pour un bon transit intestinal.
- Quelques aliments **riches en fibres solubles** (celles qui assurent l'entretien de la paroi intestinale) : pain de seigle, son d'avoine, sarrasin ; légumes cuits (asperge, carotte, courgette, pomme de terre) ; fruits (banane naine, orange, pamplemousse, pêche, poire, pomme).
- Quelques aliments **riches en fibres insolubles** (elles jouent le rôle d'une voiture-balai pour les déchets qui vont être éliminés par les selles) : blé entier, **son de blé**, pain aux graines ; pâtes complètes ; maïs entier ; des légumes : asperge, chou de Bruxelles, brocoli, pois... ; les fruits séchés : datte, figue, pruneau.

La cuisson est à éviter pour les fibres solubles, à conseiller par contre pour les insolubles qui sont dures et possiblement irritantes.

Richesse en fibres de quelques aliments (pour 100 grammes)
- *Céréales :* son (47 g), pain complet (8,5 g), riz complet (4,5 g).
- *Légumes frais :* soja haricot mungo (25 g), petit pois cuit (12 g), épinard cuit (6,5 g), artichaut (5 g), mâche (5 g).
- *Légumes secs :* flageolet, haricot sec (25 g), pois cassé (23 g), lentille (12 g).
- *Fruits frais :* framboise (7,5 g), groseille (7 g), figue fraîche (5 g), poire et pomme avec peau (3 g).
- *Fruits secs :* noix de coco sèche (24 g), pruneaux (17 g), figue sèche, amande (14 g).

☞ Vous commencez par de **petites quantités** et vous faites cuire les légumes pour faciliter la tolérance et donc l'observance.

- D'autres mesures dont la **gestion du stress** (acupuncture, coaching, sophro-relaxation, hypnose...), la prise en compte **d'un trouble de l'humeur** par médicaments classiques ou compléments nutritionnels (tyrosine, millepertuis, safran...), la **désinfection de l'intestin** (principalement par des huiles essentielles), sont souvent nécessaires et relativement efficaces.
- Bien qu'on ait constaté l'absence quasi totale de *lactobacilles* dans le microbiote des patients atteints du syndrome de l'intestin irritable, la prescription de probiotiques ne procure malheureusement pour le moment qu'un modeste soulagement. Attendons des mélanges plus ciblés.

☞ **Le syndrome de l'intestin irritable étant plurifactoriel, il n'existe pas de régime simple qui améliore l'ensemble des patients. Les autres solutions thérapeutiques ne sont, elles non plus, pas toutes efficaces chez tous les patients mais étant donné leur innocuité, méritent néanmoins d'être proposées et essayées. Le soulagement d'un patient souffrant de cette colopathie nécessite de la patience, de l'écoute et une grande adaptabilité avec un changement rapide de stratégie si le traitement n'entraîne pas presto les résultats escomptés.**

QUELS SONT LES RÉSULTATS OBTENUS PAR LES MÉDECINES ALTERNATIVES ET COMPLÉMENTAIRES (OU MAC) SUR LE SYNDROME DE L'INTESTIN IRRITABLE ?

Le traitement du syndrome de l'intestin irritable étant difficile, nombre de patients viennent aux **MAC**. D'après une enquête récente menée auprès des patients souffrant de cette pathologie, les traitements classiques sont utilisés par la moitié d'entre eux mais un tiers environ recourt aux MAC :
- méthodes orales (homéopathie, phytothérapie, micronutrition...),
- énergétiques (acupuncture, ostéopathie),
- mentales (hypnose, relaxation, méditation...),
- psychocorporelles (tai-chi, yoga...).

QUELQUES PREMIÈRES MESURES...

- Évitez de manger **trop vite**.
- Évitez les repas **trop copieux**.
- Évitez une trop grande quantité de **fibres, surtout insolubles**.
- Supprimez le lait tout en conservant les fromages de chèvre et de brebis.
- Réduisez les graisses surtout **saturées**.
- Réduisez voire supprimez les **Fodmaps** (voir p. 267).
- Supprimez les **aliments « usines à gaz »**.
- Évitez de **boire à la paille**.

☞ **Vous pouvez constater qu'on est beaucoup dans les interdits** (éviter, réduire, supprimer), **mais ces mesures sont profitables pour une majorité de patients.**

COMPRENDRE ET MIEUX PRENDRE EN CHARGE LA MALADIE DE CROHN ET LA RECTOCOLITE HÉMORRAGIQUE

Intestin vaut mieux que deux tu l'auras

Les maladies inflammatoires chroniques intestinales (**Mici**), dont font partie la maladie de Crohn et la rectocolite hémorragique (RCH), sont en augmentation constante dans tous les pays occidentaux. Leur fréquence a en effet été multipliée par dix entre la fin de la Seconde Guerre mondiale et les années 1980. Ces maladies n'ont pas d'incidence majeure sur l'espérance de vie mais elles en altèrent indiscutablement la qualité. Elles n'ont pas UNE cause véritablement connue, s'appuient toutes les deux sur une prédisposition héréditaire bien établie, des facteurs environnementaux et comportementaux. Elles pourraient être, elles aussi, en rapport avec des modifications du microbiote, à l'origine d'une inflammation puis d'un phénomène d'emballement immunitaire inapproprié. Et, pour preuve, certaines colonies de bactéries, connues pour être associées à l'inflammation, sont surreprésentées et des colonies à vocation anti-inflammatoire ne sont plus là.

QUAND CERTAINES BACTÉRIES FONT LA POLICE

Des chercheurs de l'Inra et de l'Inserm ont identifié des protéines anti-inflammatoires sécrétées par certaines colonies de bactéries. Cette découverte pourrait se révéler décisive quand on connaît **l'importance de l'inflammation** dans les **Mici**... mais aussi la survenue et l'entretien de nombreuses autres maladies et pathologies chroniques ou neurodégénératives.

→

☞ Certaines **bactéries intestinales** pourraient ainsi **remplacer les antibiotiques** dont nous pouvons déplorer les effets indésirables avérés sur le microbiote.

Et l'importance du déséquilibre semble corrélée à la sévérité de la maladie ce qui amène à une question essentielle : la dysbiose est-elle la cause ou la conséquence de la maladie ? Nous n'avons pas encore formellement la réponse mais sommes nourris d'espoirs pour l'avenir, car cette constatation peut ouvrir de nouvelles possibilités **diagnostiques** – présence ou absence de certaines bactéries dans les biopsies – et **thérapeutiques** – administration des souches de bactéries manquantes...–, en association bien sûr avec les mesures visant à réduire l'inflammation et l'hyperperméabilité intestinale (voir p. 85 et 110).

L'observance des traitements médicaux est globalement très moyenne puisqu'environ le tiers de ces patients viennent en consultation de Médecines alternatives et complémentaires (MAC) pour solliciter une approche différente et complémentaire.

Les médicaments allopathiques contrôlent la plupart des situations mais un recours à la chirurgie, avec résection de la zone responsable d'un épisode aigu, n'est pas exceptionnel : il est même deux fois plus fréquent dans le Crohn (40 à 50 % des cas) que dans la rectocolite hémorragique (18 à 20 %).

MALADIE DE CROHN

Cette maladie chronique inflammatoire de l'intestin touche n'importe quelle partie du tube digestif, de la bouche (rarement) à l'anus, mais plus particulièrement **le côlon et la partie terminale**

de l'intestin grêle. Elle se manifeste par une alternance de poussées inflammatoires entrecoupées de phases de rémission plus ou moins complètes.

☞ Des études scientifiques récentes distinguent la maladie en deux groupes en fonction de la localisation et des complications éventuelles : les atteintes de l'intestin grêle seraient plus souvent chirurgicales que les formes coliques.

Épidémiologie

Elle débute généralement entre 20 et 30 ans ; et plus la maladie se déclare tôt, plus elle semble évolutive et donc grevée de complications.

La maladie de Crohn est plus fréquente que la rectocolite hémorragique. On dénombre 120 000 cas en France dont 5 000 à 6 000 nouvelles personnes atteintes chaque année. Le sex-ratio est de 1, c'est-à-dire qu'elle touche autant d'hommes que de femmes.

Facteurs de risque de la maladie

Une susceptibilité **génétique** favorise son apparition et multiplie grandement le risque d'être touché. Mais cet héritage héréditaire n'explique pas à lui seul l'augmentation de l'incidence actuelle. Un déséquilibre du **microbiote** jouerait un rôle déterminant en favorisant l'inflammation et l'hyperperméabilité intestinale (voir p. 85 et 110). Certaines mauvaises habitudes comme le **tabac** aggravent indiscutablement la maladie : son arrêt s'impose impérativement.

LE GÈNE NE FAIT PAS TOUT !

L'épigénétique, qui étudie l'interaction entre l'hérédité (modulation des gènes), l'environnement, les comportements, pourrait nous permettre de mieux comprendre de nombreuses maladies dont les Mici... et d'y envisager de nouvelles pistes thérapeutiques attendues et espérées.

Signes cliniques de la maladie de Crohn

Les principaux **symptômes** sont digestifs (douleurs, troubles du transit, gaz, sang dans les selles...), parfois généraux (fatigue, manque d'appétit, amaigrissement, fièvre...). Mais de nombreuses autres affections, dermatologiques, ophtalmologiques, pneumologiques, rhumatologiques... peuvent être révélées ou associées à cette maladie et entraîner un mode de début extra-digestif, non évocateur. Et la maladie de Crohn peut se révéler par une complication infectieuse (abcès, péritonite) ou chirurgicale (occlusion intestinale).

Diagnostic

Il est clinique, endoscopique (fibro et coloscopie), histologique (la biopsie confirme l'inflammation chronique), parfois radiologique (scanner ou IRM abdominale).

VOYAGE EN TERRE DE MOINS EN MOINS INCONNUE

La fibroscopie gastrique permet de visualiser l'estomac, **la coloscopie** explore l'ensemble du côlon. Il est fréquent de profiter de l'anesthésie générale proposée pour réaliser confortablement la seconde, pour pratiquer la première. Cela est d'autant plus justifié dans ces maladies inflammatoires que des troubles de la motilité digestive sont fréquents et entraînent volontiers des symptômes œsophagiens ou gastriques qu'il est utile de préciser **puis de traiter.**

Traitement

Il est purement symptomatique, ne permettant pas de guérir de la maladie, juste de réduire la fréquence des poussées et de limiter la progression des lésions.

Médical (oral ou local), il recourt principalement aux anti-inflammatoires (dérivés salicylés, cortisone), aux immunomodulateurs ou suppresseurs et aux biothérapies. L'observance est plutôt moyenne avec 40 % d'abandon du traitement. Nous l'avons dit plus haut, aucun prébiotique ou probiotique n'a démontré pour le moment son efficacité dans l'obtention et le maintien d'une rémission mais les prévisions sont à l'optimisme.

La chirurgie, consistant en une résection de la zone malade, est parfois nécessaire en cas d'échec des médicaments ou de complication infectieuse.

Évolution

La maladie évolue par poussées entrecoupées de périodes de rémission, mais la qualité de vie reste à peu près conservée. Il existe toutefois un surrisque de cancer du côlon, certes moins élevé que dans la rectocolite hémorragique, mais réel.

☞ Cette maladie nécessite donc une **surveillance attentive**.

Perspectives prochaines

Grâce au séquençage du génome intestinal, les chercheurs ont constaté des différences significatives entre le microbiote de sujets sains et celui de patients atteints de la maladie de Crohn. Chez ces derniers, a été notée la diminution d'une colonie de bactéries (*Faecalibacterium prausnitzii*), normalement abondantes chez des sujets en bonne santé. Cela n'est pas anecdotique car cette réduction semble corrélée à un surrisque de récidives postopératoires. On entrevoit immédiatement les applications futures éventuelles :

- un apport de la bactérie déficitaire ;
- l'isolement du principe actif de cette bactérie pour éventuellement préparer de nouveaux médicaments ;
- l'identification des prébiotiques qui aideraient à la croissance de cette bactérie ;
- et, plus généralement, la mise en place de mesures principalement nutritionnelles pour permettre le développement d'une flore variée et de qualité.

☞ **Et ce type de raisonnement devrait s'appliquer à un grand nombre de pathologies, ce qui nous laisse fort confiants pour l'avenir.**

PEUT-ON ENVISAGER DE GUÉRIR LA MALADIE DE CROHN OU LA RECTOCOLITE HÉMORRAGIQUE PAR LES SEULS PROBIOTIQUES ?

Nous avons pu un temps l'imaginer mais avons dû constater que les **probiotiques** ne s'implantaient pas durablement dans l'intestin et qu'il fallait donc, par des mesures principalement nutritionnelles, créer les conditions d'une **greffe au long cours**. De nouveaux probiotiques à visée anti-inflammatoire feront prochainement partie de la prise en charge des Mici mais **en association** avec un rééquilibre de l'écosystème intestinal.

LA RECTOCOLITE HÉMORRAGIQUE (RCH)

Maladie chronique inflammatoire et hémorragique de la muqueuse colique. Elle démarre toujours dans le **rectum** et sur la **partie terminale du côlon** et s'étend généralement à une partie ou l'ensemble de celui-ci.

Épidémiologie

L'âge moyen de début de la maladie se situe entre 30 et 40 ans. On compte autour de 80 000 cas en France avec entre 5 000 et 6 000 nouveaux patients déclarés chaque année.

Facteurs de risque de la maladie

Les **antécédents familiaux** constituent le principal facteur prédisposant de cette maladie. Les Juifs ashkénazes ont classiquement trois fois plus de risques d'être atteints que les autres groupes ethniques. Mais comme dans de nombreuses pathologies, les facteurs environnementaux (profession, conditions et lieux de vie, pollution – air, eau, sols...) et comportementaux (mode de vie, alimentation, tabac, alcool, sédentarité...) prennent le pas sur la génétique et les statistiques se modifient çà et là. C'est ainsi que **l'hygiène de vie** des pays industrialisés jouerait un rôle important : en réduisant dans l'enfance la promiscuité avec les germes, elle limiterait la maturation du système immunitaire et favoriserait certaines maladies observées à l'âge adulte comme ici la RCH. Le **tabac**, c'est probablement la seule circonstance atténuante qu'on puisse lui attribuer, aurait un effet protecteur : les fumeurs font des formes moins graves que ceux qui ne fument pas. Et un fumeur atteint de RCH qui reprend après un sevrage raté fait une forme moins évolutive !

☞ **Mais une mauvaise hygiène de vie et le tabagisme n'en présentent pas moins une balance bénéfices-risques très basse : ils doivent tous deux être fermement combattus.**

LE TABAC, UN PROBLÈME DRAMATIQUE DE SANTÉ PUBLIQUE

En parlant de lui, certains évoquent à juste titre, **le plus gros scandale sanitaire du XXe siècle**. Il est responsable actuellement en France, dans l'indifférence générale, de 200 morts chaque jour : c'est-à-dire qu'il tue autant que « alcool + sida + accidents de voitures + suicides » réunis.

☞ Toutes les études récentes confirment **l'effet délétère du tabac sur la maladie de Crohn** et son **absence de bénéfice dans la RCH** : les patients porteurs d'une maladie inflammatoire de l'intestin ont finalement TOUS **intérêt à stopper**, aucun argument spécieux ne doit les inciter à poursuivre cette « intoxication-addiction » mortifère.

Mécanisme de la rectocolite hémorragique

Vous connaissez à présent parfaitement la spirale infernale « déséquilibre bactérien → inflammation → hyperperméabilité intestinale ».

☞ Elle est à l'œuvre ici pour déclencher les symptômes cliniques et les lésions digestives caractéristiques. Toute substance capable de freiner ou d'amplifier une des étapes de ce processus a donc une action bénéfique ou délétère sur la survenue ou l'aggravation de cette maladie qui peut vraiment servir de modèle pour nos explications.

Les principaux signes cliniques

L'inconfort rectal (faux besoins, glaires, impériosités) et des douleurs coliques amènent le plus souvent à consulter, même si la maladie peut également être révélée par des signes généraux peu spécifiques (fatigue, fièvre). Mais LE symptôme caractéristique est constitué par une **diarrhée sanglante**.

☞ Celle-ci doit **toujours être explorée**.

LE SAIGNEMENT, ÇA NE PEUT PAS ÊTRE DES HÉMORROÏDES ?

Bien sûr que si, et c'est même le diagnostic le plus vraisemblable et le plus fréquent. Mais en médecine, la **présence de sang** dans les crachats, les urines, les selles impose toujours d'en préciser la cause. Et cet examen obligatoire permet de confirmer l'origine hémorroïdaire du saignement… ou d'envisager une autre hypothèse.

Diagnostic

Il est suspecté par la clinique et confirmé par la coloscopie qui montre une **inflammation locale** (ulcères, paroi fragilisée sanguinolente ou hémorragique). Les biopsies permettent de l'affirmer avec certitude.

Traitement

UNE solution curative n'existant pas, l'objectif consiste d'abord à **contrôler les symptômes** avant de s'attacher à la **surveillance et la prévention du risque**. La médecine sait juste diminuer la fréquence des poussées et traiter l'inflammation locale par des topiques locaux, la cortisone, des immunosuppresseurs. Le recours à un acte chirurgical (colectomie ou coloproctectomie) est parfois nécessaire dans les formes étendues et résistantes aux traitements.

Évolution

Elle est variable, marquée par une alternance imprévisible de poussées plus ou moins intenses et de rémissions complètes. La sévérité se juge sur le nombre de selles quotidiennes, la présence et l'importance des signes généraux. Un risque existe, celui de cancérisation : attention donc aux formes sévères et à l'existence d'antécédents familiaux qui doivent amener à une surveillance plus qu'attentive. La **prévention du cancer du côlon** est un temps essentiel du suivi de ces patients, le risque étant plus que doublé en particulier chez les hommes.

☞ **Le recours à la coloscopie doit être généreux**... surtout après 10 ans d'évolution de la maladie.

Conclusion

Les études les plus récentes indiquent que le microbiote constitue une piste de recherche et de réflexion pour aider à surveiller ou prédire l'évolution de ces deux maladies. Alors, à défaut pour le moment de les guérir, acceptons **de les soigner et les soulager**, à l'aide de médicaments pas toujours parfaitement tolérés ou d'ajustements alimentaires plus faciles, eux, à mettre en œuvre.

QUELQUES PREMIÈRES MESURES...

- La **réduction des laitages et du gluten**, sans aller jusqu'au régime Seignalet, est utile.
- L'arrêt du **tabac**.
- Une **surveillance rigoureuse.**

COMPRENDRE ET PRÉVENIR LE CANCER DU CÔLON

Bactéries contre crabe, un combat à mort

C'est du ventre que part la vie, c'est par le ventre ou le bas-ventre que nous trouvons deux des grands plaisirs de l'existence, c'est grâce au ventre que notre organisme trouve l'énergie nécessaire pour fonctionner mais c'est aussi par LUI que beaucoup de nos compatriotes trépassent puisque le **cancer colorectal** arrive juste derrière la prostate et le sein en termes de fréquence et qu'il se classe deuxième en gravité avec 17 500 décès par an. Les connaissances acquises ces dernières années sur le microbiote nous laissent entrevoir un avenir moins sombre avec des possibilités étendues de prévention et une efficacité supérieure des traitements.

DE L'IMPORTANCE DU DÉPISTAGE EN MATIÈRE DE CANCER

Depuis 2009, un test de dépistage du cancer du côlon est proposé gratuitement tous les deux ans aux personnes âgées de 50 à 74 ans. Un test immunologique appelé OC Sensor, facile à réaliser chez soi, deux à quatre fois plus sensible, vient de remplacer l'ancien test « Hemoccult » dont la fiabilité était loin de faire l'unanimité dans le corps médical et parmi les spécialistes (cancérologues, gastro-entérologues).

☞ Le nouveau test repose toujours sur la **détection de sang dans les selles**, qui positive dans 2 à 3 % des cas, oblige à une coloscopie pour éliminer ou **confirmer** et biopsier une lésion cancéreuse éventuelle. La simple recherche de sang est certes aisée et inoffensive... mais elle est bien moins performante qu'une endoscopie... qui peut en outre permettre l'ablation d'un polype.

C'EST DANGEREUX LA COLOSCOPIE ?

D'après une étude britannique récente portant sur plus de 250 000 endoscopies, elle constitue un acte médical **relativement anodin** puisque le risque d'une **perforation**, la complication principale, est seulement de 0,06 %. Cet examen se pratiquant sous anesthésie générale, le moment le plus pénible se situe en réalité la veille au soir avec **l'ingestion de grandes quantités (2-3 litres) d'un liquide plutôt écœurant** et fortement **laxatif**.

LES SIGNES CLINIQUES D'ALERTE

Le cancer colorectal se développe le plus souvent en silence, raison de plus pour être très attentif au moindre symptôme d'alerte... qui doit inciter à consulter.

Une **constipation**, surtout si elle est d'apparition récente, une sensation de tension dans l'ampoule rectale, le sentiment que le côlon ne se vide pas, des douleurs abdominales récentes... doivent alarmer en particulier chez quelqu'un qui a dépassé les 50 ans ou qui présente des antécédents familiaux de cancer colique.

Un **saignement,** quant à lui, doit OBLIGATOIREMENT être exploré sans s'arrêter au diagnostic de « crise d'hémorroïdes » même si cette probabilité est plus grande statistiquement : la prudence commande de confirmer ou d'éliminer le diagnostic de cancer.

☞ **Il est irresponsable d'attendre un stade avancé ou une complication, la consultation et les explorations s'imposent même si la plupart des patients n'apprécient pas particulièrement**

le toucher rectal, l'anuscopie, la rectoscopie ou la coloscopie, l'anesthésie générale… et la préparation de la veille de l'examen.

CANCER ET MICROBIOTE, UNE ASSOCIATION A PRIORI INATTENDUE

Les progrès sur la connaissance du microbiote (voir chapitre correspondant, p. 39) ont également profité au cancer colique. Des souris génétiquement sélectionnées sans flore intestinale ne développent ni polypes ni cancers. Et ce sont certaines colonies bactériennes qui créent la dysbiose dont nous connaissons à présent le rôle prééminent dans la triade malfaisante (déséquilibre bactérien → inflammation → hyperperméabilité intestinale). Les chercheurs ont d'ailleurs commencé à établir des liens entre l'absence de certaines colonies – des trous dans la flore intestinale habituelle – et le développement d'un cancer du côlon. Aucune corrélation directe n'a pour le moment été établie entre le développement de la maladie et une espèce bactérienne spécifique mais il a été constaté chez les patients atteints :

- une diversité bactérienne réduite ;
- la surabondance de certaines espèces (*Clostridium*) ;
- la sous-représentation d'autres colonies (*Bifibobactéries*). Et l'adjonction de ces dernières diminuerait l'incidence des tumeurs coliques induites chez l'animal par certaines substances toxiques.

☞ **Nous sommes donc au tout début d'une révolution qui devrait rapidement profiter à la prévention et aux soins curatifs.**

💡 Y A-T-IL DES INTERFÉRENCES ENTRE UN TRAITEMENT ANTIBIOTIQUE ET LE CANCER COLORECTAL ?

C'est vraisemblable puisque les antibiotiques, en traitant l'infection bactérienne, détruisent également certaines bonnes bactéries. Ils appauvrissent au moins provisoirement – et parfois à plus long terme – le microbiote, ce qui réduit l'efficacité des traitements proposés.

☞ **La protection de la flore intestinale constitue un IMPÉRATIF.**

IMMUNOTHÉRAPIE ET MICROBIOTE, UN DUO ENCORE PLUS IMPROBABLE

La stimulation du système immunitaire (= immunothérapie) a d'abord été utilisée depuis les années 2000 dans la lutte contre les cancers les plus graves (foie, mélanome, poumon, vessie). Elle a constitué un progrès considérable pour ceux qui y répondaient bien et une grosse déception pour les autres. Les oncologues et les chercheurs ont imaginé que l'(in)efficacité de ces nouveaux traitements trouvait son explication dans le microbiote. Et, en effet, chez des souris dépourvues génétiquement de flore intestinale ou après une « bonne » cure d'antibiotiques – qui supprime certaines colonies bactériennes (*Bacteroides*) –, ils ont constaté que l'immunothérapie ne donnait plus les mêmes bons résultats. Et que ceux-ci réapparaissaient après une supplémentation par les bactéries manquantes.

☞ **La conclusion s'impose d'elle-même : la richesse et la variété de la flore intestinale modulent l'efficacité de l'immunothérapie. Ce qui revient à penser qu'un simple examen des selles pourrait permettre de prévoir l'intérêt de l'immunothérapie. Les**

probiotiques devraient ainsi, à court terme, intégrer comme adjuvants les traitements du cancer et probablement améliorer le pronostic des formes les plus graves. Nos ferments lactiques seraient ainsi passés en peu de temps du traitement de la vulgaire « tourista » **aux cancers les plus graves ! Belle promotion !**

SUS AU CODE GÉNÉTIQUE

Certaines souches de bactéries – colibacille – sécrètent des **substances génotoxiques** qui cassent l'ADN des cellules de la muqueuse intestinale et induisent ainsi des mutations à l'origine du cancer. **La présence de ces bactéries** dans le microbiote intestinal constituerait donc un **facteur prédisposant** au développement de cancers colorectaux. À l'inverse, certains probiotiques (bifidobactéries) pourraient avoir un effet bénéfique en inhibant la production d'enzymes procarcinogènes ou en détruisant des substances toxiques comme les nitrosamines.

☞ Il s'agira, dans un avenir proche, de **lister les souches à aider et celles à contrôler**.

ALIMENTATION ET CANCER COLIQUE

Beaucoup d'informations contradictoires ont circulé et circulent sur ce point précis.

- On peut penser que la consommation de **viande rouge** ou de **graisses animales** le favoriserait. C'est ce qui semble ressortir d'études comparatives avec des pays, qui comme le Japon, en consomment peu.

- Les **fibres végétales** des fruits et légumes joueraient un rôle protecteur... discuté. Nous continuons toutefois à les préconiser, ne serait-ce que pour leur richesse en minéraux, oligo-éléments, vitamines et leur action favorisante sur le transit intestinal.
- Nous verrons plus loin que **le lait** fait mauvais ménage – rôle nocif sur une tumeur débutante ou chez un patient en chimiothérapie – avec les patients atteints sans qu'on puisse lui attribuer un rôle déclenchant.

☞ **Le microbiote étant apparemment impliqué dans la survenue du cancer colique et la nutrition modifiant sa composition, nous considérons que l'hygiène de vie, dont bien sûr l'alimentation, représente un des facteurs de risque les plus importants de cancer colique. Mais ce qu'on peut affirmer avec certitude, c'est qu'aucun aliment n'est à lui seul responsable de son apparition, les causes de tout cancer étant plurifactorielles.**

DIS-MOI CE QUE TU MANGES, JE TE DIRAI COMMENT TU VAS ALLER... À LA SELLE

Certains pensent que les fibres, en accélérant le transit intestinal, réduisent le temps de contact avec certaines substances toxiques, ce qui les rend bénéfiques dans la prévention de certaines pathologies coliques dont le cancer.

Nous vous conseillons donc d'incorporer dans votre alimentation des céréales au son (pas toujours parfaitement tolérées) ou aux grains entiers, des fruits frais (framboise, mûre, poire, pomme... avec la peau) ou secs (abricot, pruneau), des légumes (carotte, épinard, chou, citrouille, courge, haricot vert, patate douce, petit

→

pois, pomme de terre, salade de soja), des légumineuses (haricot blanc, lentille, pois sec), des oléagineux (amande noix).

☞ Vous commencez par de petites quantités (en particulier pour le son) et vous faites cuire les légumes en cas d'intolérance.

JEÛNE ET CANCER

Certains thérapeutes expliquent que le jeûne pourrait être utile pour réduire la plupart des maladies dites de « civilisation » (surpoids, obésité, diabète). D'autres en ont fait une démarche d'appoint dans le cancer pour deux raisons bien distinctes, l'une controversée, l'autre à peine mieux acceptée par les oncologues :

- Le jeûne « affamerait » les cellules cancéreuses, plus fragiles que les cellules normales ; cette affirmation ne fait pas l'unanimité, mais des patients décident néanmoins une journée de jeûne de temps à autre. Pourquoi pas, à condition qu'ils n'aggravent pas l'amaigrissement ou la fonte musculaire fréquents ici ?
- Le jeûne permettrait à d'autres de mieux tolérer les effets indésirables de la chimiothérapie ; des patients à présent de plus en plus nombreux jeûnent – partiellement ou totalement – la veille de leurs séances et s'en trouvent améliorés. Nous ne remettons pas en cause ce point de vue qui relève probablement autant voire plus de la quête personnelle et du dépassement de soi que d'une nécessité physiologique puisqu'il ne présente pas de véritable danger.

☞ Qu'il représente une mise au repos du métabolisme ou une démarche spirituelle, **le jeûne, à condition d'être raisonnable et suivi médicalement, ne doit pas être rejeté a priori** chez des patients qui s'apprêtent à affronter ou qui traversent la dure épreuve du cancer et de ses traitements.

RÉGIME D'EXCLUSION ET CHIMIOTHÉRAPIE

Tous ceux qui l'ont subie savent que la chimiothérapie n'est pas un long fleuve tranquille mais une épreuve douloureuse et épuisante. Les produits agressifs pour les cellules cancéreuses – c'est le but –, le sont également pour les cellules intestinales. Celles-ci, qui ont spontanément une durée de vie brève, souffrent et meurent encore plus rapidement, ce qui peut entraîner leur abrasion avec la répétition des cures. Les conséquences en sont une malabsorption des nutriments indispensables, ce qui entretient ou aggrave l'amaigrissement et la dénutrition, la fatigue, la diarrhée.

☞ **Nous pensons donc que l'élimination des aliments pro-inflammatoires** (voir p. 97) **s'impose avec en tête de liste le lait et les laitages, le gluten bien sûr mais également les graisses saturées et les sucres rapides (à index glycémique élevé).**

CONCLUSION

Il est fort possible que l'on puisse proposer très prochainement un dépistage qui s'appuierait non plus sur la coloscopie ou la présence de sang dans les selles mais sur **l'analyse qualitative et quantitative du microbiote**. Et qu'on puisse envisager un **traitement préventif** en équilibrant l'écosystème au moyen de **mesures principalement nutritionnelles** et d'une **supplémentation en certaines espèces bactériennes choisies**. Et que ces probiotiques fassent rapidement partie des traitements adjuvants de ce cancer grave. Qui aurait pu imaginer qu'ils allaient en aussi peu de temps acquérir leurs lettres de noblesse et intégrer la médecine de pointe et l'arsenal de pathologies aussi graves ? Pas grand monde assurément.

QUELQUES PREMIÈRES MESURES...

- N'oubliez pas le **dépistage**.
- Consommez régulièrement **des fibres végétales**.
- Évitez les **viandes** et les **charcuteries grasses**.
- Évitez le **lait de vache**.
- Freinez sur le **gluten**.

PATHOLOGIES EXTRA-DIGESTIVES LIÉES À UN DYSFONCTIONNEMENT INTESTINAL

Ne pas se laisser passer sur le ventre

– Infections récidivantes (gynécologiques, ORL, urinaires)
– Allergie, asthme
– Diabète
– Surpoids et obésité
– Maladies cardio-vasculaires
– Troubles de l'humeur
– Maladies neurodégénératives

☞ Cette liste étonnante à bien des égards n'est probablement **pas exhaustive**. C'est à se demander si l'ensemble des maladies et pathologies ne trouvent pas leur point de départ dans **l'intestin**.

COMPRENDRE ET MIEUX SE DÉFENDRE CONTRE LES INFECTIONS RÉCIDIVANTES

Un cloaque paradoxalement protecteur

Le tube digestif constitue, nous l'avons dit, la plus grande surface corporelle – 200 fois celle de la peau – exposée à l'environnement. Il doit être capable sans se tromper **d'identifier et accepter** les substances vitales apportées par l'alimentation, **reconnaître et tolérer** les bactéries amies, **neutraliser et éliminer** les pathogènes (bactéries, champignons, parasites, virus).

☞ Il joue ce rôle essentiel pour la santé par l'intermédiaire de sa **flore intestinale, pivot central de la résistance à l'infection**, et d'un **système immunitaire** très développé et performant.

DEUX TEMPS ET PAS TROIS MOUVEMENTS !

La réponse immunitaire se déclenche en deux phases :
- une première réaction **immédiate** lui permet de mettre la main sur l'hôte en le phagocytant (adhésion, ingestion, digestion) ;
- une seconde, **plus tardive**, est mémorisée afin d'intervenir plus rapidement lors d'un contact ultérieur.

☞ La réponse immunitaire est un **processus sophistiqué et précis** qui ne supporte aucune approximation, erreur ou emballement.

LA PHAGOCYTOSE

Processus essentiel de l'immunité, la phagocytose a valu à ses découvreurs, Elie Metchnikov – que nous retrouverons dans le chapitre « Probiotiques » (p. 275) – et Paul Ehrlich, le prix Nobel de médecine et de physiologie en 1908.

FLORE INTESTINALE ET IMMUNITÉ

À côté de son rôle purement digestif, l'intestin est le premier organe immunitaire de l'organisme, ce qui lui permet de cohabiter avec un bouillon de culture composé de 100 000 milliards de bactéries, réparties en un millier d'espèces différentes. Ce sont elles qui lui permettent de se défendre : des souris sélectionnées sans flore intestinale sont très vulnérables à l'infection et meurent plus rapidement.

Dès la naissance, la flore intestinale (voir chapitre « Microbiote », p. 39) joue son rôle protecteur, la moindre perturbation de son équilibre (conditions de l'accouchement, prise ou non d'antibiotiques, mauvaise alimentation, stress...) a des conséquences sur les réactions de défense de l'organisme. Chez l'enfant entre sa naissance et l'âge de 2 ans, cette flore est peu diversifiée, comprend quelques petites dizaines de souches bactériennes. Elle est facilement perturbée ou déséquilibrée, l'enfant est souvent infecté. Cette période de vulnérabilité dure jusqu'à l'âge de 7 ans, moment où son immunité est acquise et efficiente, il cesse de faire de multiples épisodes infectieux chaque hiver.

☞ **Une flore intestinale nombreuse et variée constitue un élément essentiel au maintien d'un fonctionnement optimal du**

système immunitaire. La moindre perturbation a un retentissement immédiat sur les réactions de défense et demande à être corrigée sans délais. La prescription de ferments lactiques est donc recommandée très tôt même chez le nouveau-né puis plus tard chez le nourrisson, le bébé, l'enfant. Les mois qui viennent nous préciseront certainement les souches à privilégier.

COMMENT EST APPRÉCIÉ LE RÔLE DE L'INTESTIN SUR L'IMMUNITÉ ?

On sélectionne des rats ou des souris – animaux dont les réactions sont proches de celles de l'homme et les résultats des expériences par conséquent extrapolables. On les élève dans un environnement totalement stérile afin qu'elles ne contiennent aucun germe intestinal. Des colonies de bactéries différentes sont ensuite introduites successivement et les chercheurs observent le rôle spécifique joué par chacune et en particulier **l'effet flore obtenu**.

PROBLÈMES INFECTIEUX ET MICROBIOTE

Nous avons longtemps imaginé que les modifications du microbiote étaient uniquement à l'origine de troubles locaux comme les diarrhées infectieuses. Mais la progression des connaissances sur le système immunitaire et ses liens évidents avec l'intestin a montré que nombre d'infections chroniques et peut-être même la plupart d'entre elles (digestives, ORL, urinaires, vaginales) étaient en rapport avec un dysfonctionnement intestinal donc immunitaire. On pense même que le déséquilibre du microbiote pourrait favoriser les septicémies.

☞ **Le rôle de la flore intestinale sur l'immunité est à présent avéré et tout épisode infectieux doit nous interpeller sur son état et nous inciter à en tenir compte dans nos prescriptions.**

CERTAINES BACTÉRIES NOUS VEULENT DU BIEN

Une souche particulière de colibacille permettrait d'éviter la cachexie et la fonte musculaire qu'on observe souvent en réanimation chez les patients infectés.

☞ **On traitera peut-être demain les problèmes infectieux par des bactéries !**

LA PREUVE PAR (UN MICROBIOTE TOUT) NEUF

La **transplantation fécale**, qui consiste en un remplacement complet du microbiote, sert actuellement à traiter à l'hôpital les infections récidivantes et parfois mortelles à *Clostridium difficile* qui peuvent survenir après un traitement antibiotique.

☞ Elle est pour le moment réservée en France à ces situations infectieuses graves, après échec des traitements classiques, ce qui prouve à l'évidence **l'importance du microbiote sur les défenses immunitaires**. Et il n'est pas interdit de penser que d'autres indications vont prochainement se dégager.

☞ **Les probiotiques représentent une approche séduisante et prometteuse des problèmes infectieux récidivants. Gageons**

que nous disposerons sous peu de suppléments, concentrés en colonies spécifiques pour chaque appareil et/ou fonction, et qu'ils feront peut-être partie d'une nouvelle sous-classe thérapeutique, les « immunobiotiques ».

CONCLUSION

L'équilibre bactérien intestinal est indispensable à l'activation et la régulation du système immunitaire, c'est dire l'importance de l'hygiène de vie dont bien sûr l'alimentation pour optimiser son fonctionnement. Certaines bactéries intestinales sont capables d'activer le système immunitaire, d'autres de le réguler, d'autres encore de le moduler. Les études présentes et à venir nous préciseront lesquelles, et nous apporteront des recommandations et des protocoles pour **réduire l'incidence et la récurrence de ces infections** qui empoisonnent et altèrent la qualité de vie de nombreux patients.

QUELQUES PREMIÈRES MESURES...

- Veillez à la santé de votre flore intestinale en adoptant une **alimentation variée et équilibrée**.
- Prenez des **probiotiques** pour prévenir ou traiter un épisode infectieux, quel qu'il soit.

COMPRENDRE ET MIEUX TRAITER L'ALLERGIE

Pour une fois, mieux vaut freiner sur l'hygiène !

L'allergie est un phénomène préoccupant, en augmentation constante partout dans le monde – quatrième pathologie la plus répandue pour l'Organisation mondiale de la santé (OMS) –, qui touche actuellement entre 20 % et 30 % de la population française. Les spécialistes constatent sans comprendre cette flambée régulière, tirent la sonnette d'alarme en incriminant certes le rôle de l'hérédité mais celui également non seulement probable mais vraisemblablement primordial des facteurs environnementaux.

QUELS SONT LES PRINCIPAUX FACTEURS ENVIRONNEMENTAUX DE L'ALLERGIE ?

Ils sont :
- **Intérieurs :** acariens, animaux, moisissures, polluants chimiques, poussières…
- **Extérieurs :** insuffisance d'espaces verts, pollens, pollution atmosphérique, tabac…

Nous pouvons aussi nous interroger sur le rôle de certains facteurs métaboliques comme une alimentation diversifiée trop précocement chez le nourrisson, ou les contacts répétés chez l'adulte avec trop de substances chimiques ou aliments exotiques pour lesquels nous ne possédons pas le système enzymatique adapté, le darwinisme détient sa propre horloge.

FAUT-IL OU NON DIVERSIFIER SON ALIMENTATION ET CELLE DE BÉBÉ ?

Toutes les études incitent chez l'enfant et l'adulte à recourir à une **alimentation variée**, gage de bonne santé. Évitez par conséquent de vous obnubiler sur la noria d'articles qui fleurissent dans les magazines et font les procès successifs de la viande, du poisson, la charcuterie, le fromage, l'œuf..., leurs conclusions demandent le plus souvent à être nuancées.

Ce qu'on sait avec certitude, c'est que l'aliment de base de bébé doit être le **lait** et qu'il ne faut pas diversifier son alimentation avant la maturation complète de son système immunitaire. Sinon, existe le risque de favoriser une mauvaise tolérance et surtout des manifestations allergiques ultérieures dans l'enfance et à l'âge adulte.

POURQUOI À CET ÂGE-LÀ ? PARCE QUE LE SYSTÈME IMMUNITAIRE !

Un microbiote déficitaire en quatre espèces bactériennes à l'âge **de 3 mois** (moment où le système immunitaire se met en place) pourrait, d'après une étude suédoise récente, **permettre de prédire** le risque d'asthme chez l'enfant. Cette constatation est valable à l'âge de 3 mois mais pas à 1 an (moment où le système immunitaire est quasi définitif).

☞ **La restauration des bactéries manquantes** bénéficierait d'une courte fenêtre thérapeutique pour l'obtention d'un effet protecteur de l'asthme... et probablement d'autres pathologies.

☞ **Les progrès récents dans la connaissance du microbiote semblent en passe de révolutionner la compréhension de l'allergie, cette réaction de protection anormale et parfois excessive de l'organisme.**

LES SYMPTÔMES DE L'ALLERGIE

Ils sont variés, plus ou moins graves – allant parfois jusqu'à l'œdème de Quincke ou l'accident anaphylactique –, touchent essentiellement les yeux (conjonctivite), la sphère ORL (éternuements, rhinite), le système respiratoire (asthme ou seulement oppression), la peau (démangeaisons, eczéma, œdèmes, urticaire).

À UNE SUBSTANCE PLUTÔT QU'À QUELQU'UN !

L'allergie est une manifestation brutale, immédiate, visible, touchant volontiers la peau et les muqueuses, parfois bruyante puisqu'elle peut aboutir à un œdème de Quincke qui nécessite des soins médicaux d'urgence. Ça peut être en particulier le cas avec les **protéines du lait**, mais cet accident sort du cadre de notre ouvrage.

Dus à une libération d'histamine, ils se traitent habituellement par des antihistaminiques, parfois de la cortisone. Nous donnons, nous, la priorité aux traitements plus doux (homéopathie, acupuncture, phytothérapie) en attendant les probiotiques qui devraient trouver également leur place ici. Nous disposerons et vous proposerons des ferments spécifiques, les études en cours montrant par exemple l'efficacité du *Lactobacille rhamnosus* dans la prévention de l'eczéma.

ÉVITER OU ALLER AU CONTACT ?

On ne sait pas pour le moment avec certitude s'il faut pratiquer une **éviction** ou, au contraire, **une introduction précoce** des substances allergiques, afin d'induire une tolérance.

☞ La réponse devrait nous être apportée très vite.

UN LIEN EFFECTIF ENTRE FLORE INTESTINALE ET ALLERGIE

Nous avons vu dans le chapitre « Infections récidivantes » (p. 170) que plus des trois quarts de notre système immunitaire avaient élu domicile dans l'intestin où il s'y comportait de façon précieuse et performante. Notre microbiote est en contact étroit avec l'alimentation et, par conséquent, de nombreuses substances qu'il est chargé de reconnaître – sont-elles inoffensives ou pas ? –, adsorber – en mettant la main dessus –, tolérer – sont-elles utiles ? – ou éliminer – si elles sont dangereuses. Et il accomplit généralement cette tâche avec rapidité et discernement grâce à un processus extrêmement sophistiqué et complexe que nous ne détaillerons pas. Ce système est globalement fiable, même s'il se retourne parfois mystérieusement contre les propres cellules de l'organisme pour créer ce qu'on appelle une maladie auto-immune.

☞ **Retenons que le microbiote se révèle un interlocuteur privilégié du système immunitaire. Et que la santé résulte de cette aimable coopération.**

C'EST QUOI AU JUSTE UNE MALADIE AUTO-IMMUNE ?

Cette maladie résulte d'une **hyperactivité du système immunitaire** contre des substances ou des tissus très divers présents dans l'organisme, assimilés à tort à des corps étrangers. La thyroïdite de Hashimoto, le diabète de type 1 (insulinodépendant), la polyarthrite rhumatoïde, la maladie de Crohn, la sclérose en plaques... sont des maladies auto-immunes. Leur cause est probablement plurifactorielle (génétique, environnementale, hormonale, infectieuse...). Elles touchent environ 8 % de la population, majoritairement des femmes. Les symptômes sont variables, fonction de l'organe atteint. Le diagnostic repose sur la présence d'autoanticorps spécifiques.

QUELS SONT LES ALIMENTS LES PLUS ALLERGISANTS ?

Il en existe une vingtaine dont les allergiques doivent se méfier : ananas, arachide, avocat, banane, blé (gluten chez les cœliaques), céleri, crustacés, fruits à coque (amande, noisette, noix...), kiwi, lait et laitages, levure de bière, lupin, moutarde, œuf (surtout chez l'enfant), pois chiche, poisson (saumon, sole, thon...), poivron, sésame (graines de), soja.

☞ **L'allergie alimentaire** touche entre **3 et 4 % de la population française**. Elle est plus fréquente chez l'enfant qui réagit plutôt aux produits d'origine animale que chez l'adulte, plus sensible, lui, aux fruits et légumes.

FAIRE AMI-AMI AVEC LES BACTÉRIES

La flore intestinale (voir chapitre « Microbiote », p. 39) est acquise progressivement, en fonction de nombreux facteurs… dont principalement l'hygiène, les habitudes culturelles et sociales et, bien sûr, l'alimentation. Certains chercheurs évoquent en effet la thèse hygiéniste et suggèrent que la maturation du système immunitaire nécessite l'exposition répétée à de nombreux antigènes bactériens… ce qui est de moins en moins le cas dans les pays occidentaux où le microbe est vraiment l'ennemi. Et que, à l'inverse, l'appauvrissement microbien favorise le développement de réponses immunes inadaptées contre des antigènes normalement inoffensifs voire qu'il réduit l'immunité.

UN PROGRÈS INDISCUTABLE MAIS AVEC SES LIMITES

Le discours hygiéniste, qui a bouleversé la médecine, l'architecture, l'urbanisme… est fortement ancré dans la pensée religieuse (purification de l'âme…), il constitue d'ailleurs un marqueur de reconnaissance sociale – progressiste et élitiste.

☞ **Nous avons aseptisé le monde** qui nous entoure mais sans réussir à supprimer totalement les infections graves (voir les maladies nosocomiales) et avec peut-être pour conséquence la montée en puissance de l'allergie : les Amish qui refusent le confort, la modernité, les antibiotiques… font dix fois moins d'asthmes et d'allergies que le reste de la population. Nous les citons en illustration… sans en faire un exemple.

Des modèles expérimentaux semblent confirmer ces hypothèses : des souris sélectionnées sans flore intestinale, d'autres largement traitées par des antibiotiques, d'autres encore élevées dans un environnement stérile développent toutes des réponses allergiques accrues et parfois exagérées. Et en extrapolant à l'homme, on ne peut s'empêcher d'imaginer que certaines pathologies récurrentes de la petite enfance pourraient être corrélées à un microbiote différent, lui-même très dépendant de l'hygiène de l'environnement et de l'alimentation.

☞ **Il est paradoxal de penser que le petit enfant a besoin de vivre entouré de quelques microbes pour pouvoir ultérieurement se défendre correctement contre l'infection. Et que la qualité de son alimentation, en modifiant la composition de son microbiote, intervient activement sur ses défenses immunitaires.**

CONCLUSION

L'allergie peut à présent être rapportée sans équivoque à une modification de la flore intestinale : hygiène trop rigoureuse, prise d'antibiotiques chez le nouveau-né et dans la petite enfance, alimentation diversifiée trop tôt... **Le déséquilibre de la flore intestinale constitue un facteur-clé de l'allergie et de l'asthme.** Il demande à être corrigé sans délais et semble-t-il à des périodes déterminées. Les prochains mois devraient préciser les choses et nous apporter des pistes nouvelles pour tenter d'infléchir la courbe de cette pathologie croissante.

QUELQUES PREMIÈRES MESURES...

- **Ne diversifiez pas** trop tôt l'alimentation de Bébé.
- Ne recourez pas à l'excès aux gels désinfectants et aux lingettes antiseptiques, **acceptez quelques germes de l'environnement**.

COMPRENDRE LE RÔLE DE L'INTESTIN DANS LA SURVENUE DU DIABÈTE

Nos bactéries raffolent elles aussi du sucre

Nous sommes ici de plain-pied dans un des chapitres les plus surprenants de la recherche moderne puisqu'il suggère qu'une maladie complexe comme le diabète, qu'on pouvait imaginer génétique, alimentaire, métabolique... pouvait en réalité être en rapport avec des phénomènes qui se déroulent dans l'intestin. Et que le passage redoutable et redouté du prédiabète – glycémie légèrement élevée, asymptomatique, réversible – au diabète de type 2 – maladie grave, irréversible, nécessitant un traitement à vie – pouvait être évité par la mise en œuvre la plus précoce possible de mesures hygiéno-diététiques destinées à réduire ou supprimer l'inflammation intestinale et ses conséquences.

Quand on connaît la fréquence de cette « épidémie » (près de quatre millions de personnes sont touchées en France, dont un million l'ignore) et sa gravité puisqu'elle s'attaque aux vaisseaux (cœur, œil, rein, artères périphériques), nous ne pouvons qu'attendre avec impatience la confirmation des résultats prometteurs obtenus par différentes unités Inserm pour éviter cette bascule.

Pourra-t-on empêcher le développement du diabète de type 2 par des mesures hygiéno-diététiques et une supplémentation en probiotiques ? L'avenir nous répondra mais l'intestin est d'ores et déjà devenu une cible prioritaire pour les chercheurs et les diabétologues.

C'EST QUOI LA RÉSISTANCE À L'INSULINE ?

Le pancréas sécrète cette hormone dont le rôle principal est de faire pénétrer le sucre ingéré dans nos cellules afin de procurer à l'organisme l'énergie dont il a besoin pour fonctionner. Mais s'il y a un afflux trop fréquent et trop abondant de sucre dans le sang (= glycémie élevée), le pancréas s'épuise à vouloir sécréter toujours plus d'insuline pour tenter d'équilibrer la situation. Il se produit progressivement ce qu'on appelle une **résistance à l'insuline**. Les cellules graisseuses (= adipocytes) s'installent alors en bouée autour de la taille et libèrent des molécules pro-inflammatoires (= cytokines) qui aggravent encore cette résistance et provoquent le surpoids, l'obésité, le diabète.

☞ La résistance à l'insuline constitue un élément péjoratif pour la santé, une des premières étapes de nombreuses maladies et pathologies chroniques et graves.

DE LA GLYCÉMIE ÉLEVÉE AU DIABÈTE, UNE CASCADE DE RÉACTIONS

Une alimentation mal choisie, trop riche en sucres à index glycémique élevé et en mauvaises graisses entraîne un processus que vous connaissez bien à présent :

- la prolifération de beaucoup d'éléments bactériens ou de champignons qui traversent la muqueuse intestinale et libèrent de nombreuses substances agressives ou toxiques qui créent une **inflammation locale** ;
- ce qui déclenche une **stimulation du système immunitaire** ;

- elle-même responsable d'une **hyperperméabilité intestinale** qui entretient et aggrave le processus ;
- et finalement l'apparition d'une résistance à l'insuline et donc du **diabète**.

ATTENTION À LA BOUFFE LES SOURIS !

Les chercheurs ont observé les conséquences d'une **alimentation grasse** pendant 3 mois sur la flore intestinale de souris génétiquement voisines. La plupart des rongeurs sont devenus diabétiques tout en restant maigres, certains sont devenus obèses. Les flores montrent des différences que nous ne détaillerons pas mais qui devraient avoir des implications pratiques ultérieurement.

☞ Les symbiotiques (association de prébiotiques et probiotiques), en rééquilibrant la flore, pourraient empêcher la survenue de cette maladie métabolique.

UNE DOUCEUR CERTES MAIS L'ENNEMI N° 1 DE LA SANTÉ

En diabolisant pendant des dizaines d'années les graisses et en conseillant leur réduction drastique, nous avons ouvert une voie royale à un ennemi autrement plus sournois et dangereux pour la santé, **le sucre**. Celui-ci enflamme directement la paroi des vaisseaux, ce qui est déjà préjudiciable. Mais en faisant également grossir les cellules graisseuses, il les pousse à fabriquer les cytokines inflammatoires.

LES CYTOQUI ?

Les **cytokines** – plus de 50 répertoriées actuellement – sont des protéines sécrétées par les cellules infectées ou lésées. Elles permettent la communication entre les cellules immunitaires et dictent la nature de la réponse adaptée. Une **inflammation aiguë**, de courte durée est bénéfique ; **chronique**, elle devient nocive, ce qui se produit sous certaines circonstances dans l'intestin.

Les conditions sont alors réunies pour qu'une inflammation délétère s'installe durablement et crée la maladie locale puis générale : ces molécules sont en effet capables de franchir la membrane protectrice du cerveau et de l'attaquer.

ET LES INTERQUOI ?

Les interleukines sont des protéines naturelles produites par le système immunitaire pour communiquer et transmettre ses ordres aux globules blancs. La flore intestinale envoie des messages au cerveau par l'intermédiaire d'une substance, **l'interleukine 6**. Celle-ci est **bénéfique**, anti-inflammatoire en **petites quantités**, **toxique** car pro-inflammatoire à **plus fortes doses**. Et cette limite est parfois étroite.

☞ Les sucres constituent la moitié des apports caloriques quotidiens. Demander globalement leur suppression est donc ridicule car ils fournissent l'énergie nécessaire au bon fonctionnement de l'organisme. Il faut seulement veiller à ne pas dépasser ce pourcentage et en particulier limiter au maximum l'ajout de sucres rapides dans la journée. Il n'y a aucune justification à prendre 5 à 6 cafés par jour avec autant de morceaux de sucre ou laisser les enfants boire autant de sodas : la soif s'épanche par de l'eau, pas par une boisson aussi sucrée. Mais il ne faut pas interdire un bonbon, un biscuit ou une sucrerie de temps à autre : les mesures punitives ne fonctionnent pas et l'alimentation comporte **une composante-plaisir… à respecter**.

**BONNET BLANC,
PRESQUE BLANC BONNET !**

Une canette de 33 cl de Coca, d'Orangina ou de Fanta contient l'équivalent de **7 morceaux de sucre**, ce qui est considérable. Si vous extrapolez, 1 litre de Coca contient donc 21 morceaux ! Le Coca light est certes sans sucre mais il est très acide et caféiné. Et son goût sucré entretient l'attirance pour ce nutriment.

☞ Ces boissons doivent rester exceptionnelles. Mais les chiffres sont là : chaque Français en consomme autour de 60 litres par an soit 2 fois moins que les Allemands et 3 fois moins que les Américains. Ce qui est encore TROP.

MAIS IL NE FAUT PAS POUR AUTANT DISCULPER LES GRAISSES

Les mauvaises graisses – hydrogénées, saturées – sont également pro-inflammatoires.

☞ On imagine aisément qu'une **alimentation trop riche en sucres et en mauvaises graisses fasse le lit du diabète** et peut-être de maladies plus graves comme les maladies neurodégénératives.

NI CERTAINS MÉDICAMENTS

Certaines études récentes insistent sur le rôle favorisant joué par la **prise d'antibiotiques** les années précédant l'apparition d'un diabète de type 2. Ceux qui ont pris le plus d'antibiotiques ont davantage de risques de développer un diabète de type 2, et certaines de ces molécules (Pénicilline V) seraient plus inductrices que d'autres.

☞ L'association entre la prise d'antibiotiques, le diabète et le microbiote intestinal pourrait permettre de comprendre l'épidémie actuelle et surtout de freiner son ascension vertigineuse.

CONCLUSION

Le rôle du microbiote dans le développement du diabète est **fortement suspecté**, il demande à être confirmé et précisé. Reste maintenant à savoir si la prise de ferments lactiques suffira à éviter le passage du prédiabète à la maladie ou ne sera qu'un traitement adjuvant. En attendant, les **mesures hygiéno-diététiques** restent d'actualité ici plus qu'ailleurs.

QUELQUES PREMIÈRES MESURES...

- Évitez autant que possible la noria d'**antibiotiques** dans l'enfance.
- Variez votre alimentation.
- Évitez les **sodas**.
- Faites attention aux **sucres** parfois bien **cachés** par les industriels.

COMPRENDRE ET AIDER AUX PROBLÈMES DE SURPOIDS ET D'OBÉSITÉ

Les bactéries intestinales font pencher la balance

Nous pensions jusqu'à ces dernières années que la surcharge pondérale et l'obésité avaient pour causes une prédisposition génétique, un excès d'apport calorique, une mauvaise hygiène de vie, des dépenses énergétiques trop faibles, des troubles du comportement alimentaire... Nous savons aujourd'hui que les personnes en surpoids ou obèses ne mangent **pas nécessairement trop mais mal** – par exemple une surconsommation de sucres – et qu'elles ont dans 80 % des cas un **microbiote** particulier, pauvre et peu varié, qui favorise l'inflammation chronique, à l'origine, nous l'avons vu, de maladies et pathologies diverses dont probablement cette **stagnation ou cet excès pondéral**.

☞ **Rééquilibrer** et vraisemblablement **enrichir la flore intestinale** en **certaines bactéries** sous-représentées et voraces en calories pourrait donc constituer le chaînon manquant des candidats malheureux à l'amaigrissement. Mais attention, cela ne **remplacera pas mais accompagnera le régime.**

DOUBLE JEU

Les **antibiotiques** puis les **probiotiques** utilisés par les éleveurs pourraient avoir leur part dans l'épidémie d'obésité humaine actuelle, par un appauvrissement du microbiote pour les premiers et un apport imprévu de bactéries pro-inflammatoires pour les seconds. →

☞ Certains probiotiques sont utiles pour perdre du poids, d'autres ont l'effet inverse, il est donc **urgent d'attendre** avant de les intégrer dans la prise en charge de l'obésité, ce que pourtant beaucoup de patients impatients espèrent.

REVENONS À NOS SOURIS

Des expériences troublantes ont été menées récemment sur l'animal et sont vraisemblablement extrapolables à l'homme.

- Des souris, maigres génétiquement, élevées dans un environnement stérile, donc sans microbiote, sont ensuite colonisées par la flore intestinale de souris obèses : elles grossissent rapidement et deviennent plus grasses. À l'inverse, des souris ensemencées avec le microbiote de rongeurs minces le restent... même si leur nourriture comporte quelques excès.

☞ Le microbiote se comporte donc comme un véritable organe capable de modifier son métabolisme avec perte ou prise de poids. Le déséquilibre de la flore intestinale, responsable d'une inflammation chronique puis d'une hyperperméabilité intestinale, constitue apparemment la cause et pas la conséquence de l'obésité.

LE POINT SUR ALIMENTATION ET MICROBIOTE

Les interactions entre alimentation, microbiote et métabolisme sont complexes et font actuellement l'objet de nombreux travaux. Nous avons au moins deux certitudes.

- Une alimentation peu variée appauvrit le microbiote ce qui augmente les risques d'obésité.

PEU DE BACTÉRIES FONT LE SURPOIDS

Une **faible diversité bactérienne** caractérise les personnes à risque de **syndrome métabolique** – ensemble des troubles glycémiques, lipidiques, physiques (embonpoint abdominal), vasculaires (hypertension artérielle) liés à l'obésité –, qui fait le lit du diabète et des complications cardio-vasculaires.

- À l'inverse, une alimentation variée et de qualité, **riche en fibres**, améliore le profil de la flore intestinale en six semaines avec pour conséquences principales une perte de poids et une amélioration des paramètres métaboliques (glycémie, cholestérol, triglycérides).

DES BACTÉRIES COUPE-FAIM

Les fibres alimentaires ont toujours eu la réputation d'être bénéfiques sur l'obésité, le diabète, les problèmes cardio-vasculaires, c'est à présent prouvé. Elles favorisent en effet le développement des **« bonnes » bactéries** – celles qui réduisent l'appétit par production d'une substance proche chimiquement de la leptine, l'hormone de la satiété – et elles limitent l'inflammation.

☞ **Les fibres doivent indiscutablement faire partie des régimes amaigrissants... et de l'alimentation courante d'ailleurs.**

☞ Nous ne pouvons qu'insister sur l'importance de l'hygiène de vie et principalement de la **qualité et la variété de l'alimentation**.

CONCLUSION

Grandes préoccupations nationales puisqu'elles concernent presque la moitié de la population française, **la surcharge pondérale** – qui touche un Français sur trois – et **l'obésité** – un sur sept –, qu'on pensait liées à des troubles génétiques, psychosomatiques, métaboliques..., sont probablement **en rapport avec un déséquilibre du microbiote.** Mais la prescription de probiotiques, que certains ont pourtant déjà instituée, est prématurée car nous ne savons pas encore avec certitude les souches qui font maigrir et celles qui font grossir, ce qui est tout de même fâcheux. Des études très prometteuses viennent d'être réalisées avec les bactéries *Christensenellaceae* et *Akkermansia municiphila* qui vont probablement intégrer dans les prochains mois des **protocoles nutritionnels personnalisés, adaptés au microbiote... et aux problèmes de surpoids.**

QUELQUES PREMIÈRES MESURES...

- **L'alimentation doit être variée et de qualité**, apporter des fibres, des fruits et légumes.
- La prise de **probiotiques** est pour quelque temps encore **prématurée,** attendons de savoir quelles souches vont se montrer (les plus) efficaces.

COMPRENDRE LE RÔLE DE L'INTESTIN SUR LES MALADIES CARDIO-VASCULAIRES

Des bactéries qui protègent des maux de cœur

Il y a quelques années, avait déjà été évoquée une piste qui menait de l'inflammation aux problèmes cardio-vasculaires. Certains chercheurs visionnaires, passant à l'époque pour de doux dingues, avaient même parlé d'une cause infectieuse de l'athérosclérose et de l'infarctus du myocarde. Mais la priorité était alors donnée au cholestérol et son traitement par les statines. Or voici que resurgit cette **piste inflammatoire** avec des arguments différents et particulièrement troublants. Une étude américaine de 2015 démontre en effet qu'il est possible chez les rongeurs de freiner la progression de l'athérosclérose – les plaques de graisses qui bouchent les artères – par une modification de la flore intestinale donc de l'alimentation.

Les bactéries intestinales produisent un gaz, la triméthylamine (TMA), lorsqu'elles dévorent de la choline alimentaire, un nutriment très présent dans la **viande** et les **œufs**. Ce gaz, ensuite métabolisé dans le foie, produit l'inflammation et l'athérosclérose. Certains aliments, capables de réduire sa formation, diminuent le risque cardio-vasculaire.

UNE BOULE PUANTE PROTECTRICE

La **triméthylamine** est une substance dérivée de l'ammoniac, mise en évidence dans l'haleine, la sueur, l'urine, le vagin... auxquels elle procure une odeur de poisson caractéristique. Elle est produite en quantités trop importantes dans une maladie rare mais bien désocialisante, la triméthylaminurie. Elle proviendrait du métabolisme de la lécithine, qu'on trouve principalement dans l'œuf et la viande.

→

☞ **La concentration de la TMA semble corrélée au risque de survenue de maladies cardio-vasculaires.**

Une autre étude, réalisée en Italie, s'attache également au TMA. Elle nous montre qu'une alimentation de mauvaise qualité – vous en connaissez à présent les grandes lignes, nous les (re)détaillerons en fin d'ouvrage – dégage de grosses quantités de ce gaz méphitique avec pour conséquences un risque accru de développer des maladies métaboliques (diabète, cardio-vasculaires, obésité, hépatique...). En revanche, ceux qui suivent la diète méditerranéenne ont, nous le savons depuis les années 1970, un risque réduit de maladies cardio-vasculaires. Et nous constatons sans étonnement dans cette étude que leur production de TMA est plus faible.

LA SANTÉ CARDIO-VASCULAIRE SE JOUE BIEN SÛR DANS L'ASSIETTE

C'est à un chercheur américain, **Ancel Keys**, que nous devons l'étude internationale, dite des 7 pays, qui a démontré **l'influence de l'alimentation sur la santé** et en particulier la **prééminence du régime crétois**. Il décida de comparer l'alimentation de 7 pays (États-Unis, Finlande, Grèce, Italie, Japon, Pays-Bas, Yougoslavie) choisis pour avoir des habitudes fort différentes, et il en conclut que les Crétois – le régime méditerranéen y ressemble d'ailleurs beaucoup – étaient ceux qui vivaient les plus vieux et en bonne santé.

☞ A. Keys a dû tenir compte de ses constatations puisqu'il a vécu jusqu'à 101 ans.

EN QUOI CONSISTENT LES RÉGIMES CRÉTOIS ET MÉDITERRANÉEN ?

Cette façon de vivre et de se nourrir repose sur des **habitudes alimentaires traditionnelles saines, variées, équilibrées. Le crétois** est composé de céréales, de fruits et légumes (ail, oignon, pourpier, tomate), d'huile d'olive, d'oléagineux (amande, noix), de pâtes, de fromage de brebis (feta). La viande rouge est exceptionnelle, réservée aux grandes occasions (fêtes, mariages), les protéines sont fournies par l'œuf, le poisson, la volaille. Il n'y a ni beurre, ni lait et laitages (**c'est la différence avec la diète méditerranéenne**), pas de sucreries. Le vin est présent mais sa consommation est modérée.

☞ **Les régimes crétois et méditerranéen protègent des maladies cardio-vasculaires, du cancer, de l'ostéoporose.**

☞ Un dosage du TMA (gaz dont nous parlons plus haut), pas tout à fait au point pour le moment, ou d'autres marqueurs métaboliques, pourrait nous informer prochainement sur le risque cardio-vasculaire. Mais nous avons d'ores et déjà la confirmation qu'une alimentation variée et de qualité permet le développement de bonnes et nombreuses bactéries intestinales qui nous permettent d'avoir du (bon) cœur.

UNE PREMIÈRE MESURE...

– Pas de discussion, mettez-vous au régime **crétois** ou **méditerranéen**, ou inspirez-vous-en.

COMPRENDRE LE RÔLE DE L'INTESTIN DANS LA SURVENUE DES TROUBLES DE L'HUMEUR

Flore sentimentale !

Nous sommes là dans un des domaines les plus étonnants de la médecine moderne, car les questions soulevées sont certes d'abord scientifiques mais très vite quasi philosophiques.

UN DIALOGUE PERMANENT

L'intestin possède son propre système nerveux dit entérique. Il contrôle de nombreuses fonctions principalement digestives grâce à plusieurs centaines de millions de neurones et quelques dizaines de neurotransmetteurs... dont la **sérotonine**, impliquée également et surtout dans la dépression, mais pas exclusivement.

LES NEUROQUOI ?

Les **neurotransmetteurs** (autrefois neuromédiateurs) sont des substances chimiques libérées par les cellules nerveuses – ou neurones – pour agir sur d'autres cellules. On trouve parmi ces neurotransmetteurs, **les catécholamines** (adrénaline, dopamine, noradrénaline) impliquées dans le stress, **la sérotonine** des états dépressifs, **l'histamine** de l'allergie, **les endorphines** de l'acupuncture, **l'acide glutamique**, le précurseur de la L-glutamine...

LE NEUROTRANSMETTEUR QUI DICTE NOS HUMEURS

La **sérotonine** est issue d'un acide aminé, le tryptophane. Elle est **produite à 95 % par les cellules intestinales**, une toute petite partie provient du cerveau. Elle est impliquée dans de multiples fonctions physiologiques : comportements alimentaires et sexuels, douleur, sommeil, synchronisation des rythmes biologiques, thermorégulation... et surtout **l'humeur**. Les antidépresseurs les plus utilisés actuellement, les IRS (**i**nhibiteurs de la **r**ecapture de la **s**érotonine) dont le chef de file est la fluoxétine (Prozac®), agissent en augmentant sa concentration. Un de leurs principaux effets indésirables est la survenue de nausées surtout en début de traitement.

☞ **L'intestin**, principal fabricant de la sérotonine est à coup sûr impliqué dans les troubles de l'humeur.

Il est connecté au cerveau par le nerf vague qui permet à ces deux organes de communiquer en permanence, l'un interagissant d'ailleurs avec et/ou sur l'autre, les échanges semblant plus importants de bas en haut, dans le **sens intestin-cerveau**, que de haut en bas, dans le sens cerveau-intestin.

Nous savons tous que le cerveau intervient sur les activités motrices, sensitives, sécrétoires de l'intestin et que les douleurs abdominales pouvaient avoir une origine nerveuse, le ventre étant, avec le dos, une de nos deux grandes zones de somatisation. Nous avons tous déjà constaté que des soucis, un chagrin, des ennuis divers, un deuil... déclenchent volontiers un cortège de symptômes digestifs déplaisants ou pénibles comme des ballonnements, des nausées, un mal de ventre : qui n'a jamais éprouvé le matin d'un examen ou d'une audition le besoin de s'isoler pour assouvir des besoins pressants et répétés ou encore vomir ?

De la même façon, nous savons que les colopathes sont volontiers préoccupés, anxieux et déprimés... et d'ailleurs parfois améliorés par les antidépresseurs qui leur sont régulièrement proposés. Il a fallu des études très récentes pour admettre que la flore intestinale était capable d'agir sur les fonctions cérébrales, les comportements et nos humeurs : les bactéries intestinales, en modulant les quantités de sérotonine, agissent avec et sur le système nerveux central (SNC) et peuvent régulariser la chimie du cerveau, donc les comportements et l'humeur. Une confirmation est donnée par une équipe californienne qui constate sur l'IRM que les zones impliquées dans l'anxiété – région amygdalienne – réagissent moins devant des images tristes lorsque le patient a reçu au préalable une cure de probiotiques.

NE PAS CONFONDRE LES AMYGDALES

Nous connaissons tous les amygdales situées au fond de la gorge, qui s'enflamment facilement et dont on pratiquait volontiers l'ablation en les jugeant inutiles et finalement nuisibles alors qu'elles participent activement à l'immunité surtout chez le petit enfant. Mais il existe aussi **l'amygdale cérébrale**, formation de matière grise située dans le lobe temporal, impliquée dans les phénomènes émotionnels, la peur, l'anxiété. Elle est chargée d'évaluer les dangers éventuels de l'environnement :

- sa stimulation électrique provoque de la peur et une attitude de riposte,
- sa destruction entraîne une indifférence et l'incapacité à exprimer ses émotions.

☞ **L'intestin se substitue régulièrement au cerveau :**
- les dépressifs ont souvent des symptômes digestifs, le stress abaissant leur seuil de sensibilité abdominale ;
- des symptômes digestifs chroniques entraînent volontiers des troubles de l'humeur : déprime, dépression.

LE STRESS EST DÉCIDÉMENT PARTOUT

Vous connaissez bien à présent la succession des événements telle que la déclenche notre trio de choc « déséquilibre bactérien → inflammation → hyperperméabilité intestinale ». Sachez qu'un stress continu, même de faible intensité, est capable de perturber l'équilibre du microbiote et donc de déclencher, d'entretenir ou d'aggraver ce processus qui conduit aux maladies et pathologies diverses.

☞ **La gestion du stress**, à défaut de sa suppression complète souvent illusoire, fait donc partie des mesures évidentes mais indispensables à prendre pour réguler l'intestin et participer ainsi indirectement à l'amélioration plus rapide des troubles de l'humeur. Nous vous renvoyons à notre précédent ouvrage publié aux éditions Marabout : *Vaincre le stress avec les méthodes douces.*

DE QUELLE FAÇON PEUT-ON GÉRER SON STRESS ?

Le stress aigu est une réaction de défense **bénéfique** qui permet de faire face, de subir ou de s'enfuir. **Le stress chronique** demande, lui, à être réduit, contrôlé voire supprimé. Il existe de multiples moyens d'y parvenir, citons : l'activité physique, la danse, le lien social, le massage, la méditation, la prière, la relaxation, la respiration contrôlée, la sophrologie, le yoga…

DES EXPÉRIENCES AMUSANTES, ÉTONNANTES ET FORT INSTRUCTIVES

Deux études fort différentes pratiquées sur des souris confirment l'importance du microbiote sur les comportements.

DES SOURIS ET DES HOMMES

Vous avez le droit d'être surpris, mais la plupart des études pharmacologiques portant sur l'efficacité et la toxicité d'un produit ou d'un futur médicament, sont d'abord pratiquées sur la **souris ou le rat**, les deux animaux dont les réactions et les comportements se rapprochent le plus de l'homme.

Pour mesurer l'efficacité d'un médicament sur l'anxiété, on place un petit morceau de fromage au centre d'un rond blanc éclairé par un spot lumineux. L'animal a spontanément peur de la lumière et ne va pas le chercher. Le médicament efficace lui permet de surmonter cette crainte atavique, il va donc s'emparer du fromage.

☞ On peut ainsi **comparer plusieurs produits** qui lèvent plus ou moins cette inhibition : les améliorations obtenues permettent de préjuger de leurs efficacités respectives.

- *Un premier groupe de souris* subit une cure prolongée d'antibiotiques qui, nous l'avons dit et répété, modifie leur flore intestinale. Les chercheurs constatent médusés un changement de comportement avec, en particulier, l'apparition d'anxiété, de troubles de la mémoire et de l'apprentissage. L'arrêt des antibiotiques et la restauration de la flore intestinale rétablissent les capacités et comportements antérieurs.

- *Deux autres groupes de souris* sont sélectionnés : les unes plutôt timides, anxieuses, restent repliées sur elles-mêmes ; les autres beaucoup plus vaillantes, hardies, explorent facilement leur environnement. Les deux groupes de souris subissent une interversion de leurs bactéries intestinales lors d'un transfert de flore (voir encadré, chapitre « Microbiote », p. 56). Eh bien leurs comportements s'inversent rapidement, les timides s'enhardissent, les vaillantes se replient.

☞ Peut-on faire de plus belles expériences pour démontrer l'existence d'un axe microbiome-intestin/cerveau et **l'influence de la flore intestinale sur les comportements** ?

COMPORTEMENT DE L'ENFANT ET FLORE INTESTINALE

Deux études instructives complètent les constatations précédentes.

- Chez des enfants qui se plaignent fréquemment du ventre, les chercheurs constatent une **flore intestinale différente** des enfants sains avec une concentration anormalement élevée de certaines espèces bactériennes.
- Des enfants qui ont une *plus grande diversité bactérienne* ont des comportements plus **sociables** et extravertis. Cette différence est toutefois moins nette chez les filles que chez les garçons sans que l'on sache vraiment pourquoi. On suppose que les enfants très sociables produisent moins d'hormones du stress avec, par conséquent, moins de répercussions sur l'intestin.

☞ Il existe indiscutablement une corrélation entre le comportement de l'enfant et son microbiote, donc son alimentation : **nous sommes en partie ce que nous mangeons.**

L'AMOUR CHEZ LES DROSOPHILES

Ces mouches se choisissent en fonction de la bactérie prédominante dans leur intestin en l'occurrence *Lactobacillum plantarum*. L'expérience est simple : on prend deux lots d'insectes que l'on nourrit différemment, ce qui a pour effet de modifier leur flore intestinale. On s'aperçoit qu'elles s'accouplent alors, non par hasard, mais en fonction de leur alimentation qui a modifié leurs phéromones. C'est ainsi que la fécule rajoutée à la ration alimentaire favorise l'attrait sexuel de la mouche qui en a ingéré !

☞ On savait l'ail ou l'oignon, aussi remarquables aliments-santé que parfaits repoussoirs de la vie sociale et amoureuse, voici **qu'entre dans les critères inconscients de séduction, la variété des bactéries intestinales**, et parmi les aphrodisiaques (des mouches), l'amidon !

MAGNÉSIUM ET TROUBLES DE L'HUMEUR ET DU COMPORTEMENT

Les liens entre l'alimentation, le microbiote et les troubles de l'humeur et du comportement sont à présent établis chez le rongeur (rat, souris). Des études complémentaires montrent qu'un régime carencé en magnésium, avec ses conséquences sur la flore intestinale (inflammation, hyperperméabilité intestinale, libération de substances opioïdes), induisait plus fréquemment des manifestations de stress et des symptômes dépressifs

☞ La déduction s'impose d'elle-même, le **magnésium est INDISPENSABLE** à la santé de la flore intestinale et de l'état nerveux

FI DES POLÉMIQUES, LE MAGNÉSIUM DOIT ÊTRE DE PRESCRIPTION OBLIGATOIRE

Il est l'élément central de **la contraction musculaire** et du **neurone**, la superstar des antistress. Sa carence a immédiatement des répercussions sur leur fonctionnement, responsable de fatigue, fourmillements des extrémités, battements de la paupière, palpitations, nervosité ou anxiété, déprime...

Le magnésium est un oligo-élément **controversé** par de nombreux médecins qui ne croient pas en son efficacité. Cela tient à une mauvaise connaissance de son métabolisme et sa pharmacologie, par conséquent une **utilisation incorrecte**.
- Il n'y a pas de réserves de magnésium dans l'organisme – 25 grammes au total –, ce qui implique qu'il doit être **apporté régulièrement**, quasi quotidiennement, à tous ceux qui en manquent et en souffrent.
- Il s'élimine très rapidement dans les urines ce qui nécessite des prises **fractionnées et répétées** dans la journée.
- Vous le trouvez surtout concentré dans le cacao... et en quantités plus faibles dans les légumes verts (épinard, haricot...), les agrumes, les oléagineux (amande, noix...), le pain complet.
- Le **magnésium-médicament** se présente sous de nombreux sels aux propriétés et à l'efficacité différentes. En cas d'intolérance, vous devez et pouvez facilement en changer, vous n'avez que l'embarras du choix.

CONCLUSION

L'alimentation ne sert plus seulement à nous nourrir, elle façonne également nos humeurs et nos comportements. Les études sur des souris dont on a modifié le caractère ou les attitudes par un changement de flore amènent un flot d'interrogations et de réflexions proprement philosophiques :

- Quand je suis énervé, est-ce ma tête qui souffre ou mes bactéries intestinales qui parlent et protestent ?
- Suis-je finalement un être pensant disposant de son libre arbitre ou bien mon activité mentale dépend-elle en réalité de cet écosystème qui grouille dans mes entrailles ?

À l'évidence, les bactéries produisent des substances actives sur le cerveau. Nous devrions d'ici peu être capables d'analyser l'activité métabolique du microbiote et préciser quelle bactérie produit telle ou telle substance, si elle le fait seule ou en synergie avec une autre colonie de bactéries, pour quelle cible ou quel type d'affection ?

Nous sommes depuis des années les plus gros consommateurs de psychotropes en Europe et attendons impatiemment d'autres pistes thérapeutiques. Elles vont peut-être s'ouvrir à nous prochainement sous la forme de « **psychobiotiques** ». **Ce serait vraiment une révolution dans la révolution, un changement d'ère dans la compréhension et la prise en charge de nombreuses maladies.**

QUELQUES PREMIÈRES MESURES...

– **Attention à votre alimentation** qui intervient sur votre humeur.
– Évitez une **carence en magnésium,** elle joue volontiers un rôle de facteur aggravant.
– Apprenez à **gérer votre stress**.

COMPRENDRE LE RÔLE DE L'INTESTIN SUR LES MALADIES NEURODÉGÉNÉRATIVES

Cajoler sa flore, c'est protéger son cerveau

Qui aurait pu imaginer il y a quelques années qu'on évoquerait sans même sourciller un lien éventuel entre des pathologies neuropsychiatriques, neurologiques et neurodégénératives et nos bactéries intestinales. C'est pourtant à cet événement renversant que nous assistons avec une crédulité évidente et une curiosité avérée. Le terme de second cerveau, appliqué à l'intestin en 1999, préfigurait déjà son importance mais il était tout de même difficile d'envisager, surtout dans un laps de temps aussi court, que des études scientifiques viendraient nous expliquer **l'influence probable de la flore intestinale** sur nos comportements et nos humeurs, et son rôle possible dans la survenue de maladies qu'on pensait dégénératives, auto-immunes, environnementales, purement psychologiques... ou liées à l'âge et au vieillissement de nos neurones – ceci n'est pas faux mais seulement vrai en partie car c'est faire fi des médicaments et toxiques ingérés, de l'alimentation...

MALADIES NEURODÉGÉNÉRATIVES ET FLORE INTESTINALE

Certains pensent que notre fameux trio de pyromanes intestinaux (déséquilibre bactérien → inflammation → hyperperméabilité intestinale) pourrait être à l'origine ou agir comme facteur aggravant des maladies d'**Alzheimer** et de **Parkinson**. Il est certes prématuré voire abusif d'imaginer que la seule modification du microbiote est suffisante pour empêcher ou modifier l'évolution de ces maladies dégénératives, mais nous présumons qu'elle joue un rôle non négligeable... que les prochains mois vont nous préciser.

Certains praticiens, la plupart issus des MAC, évoquaient depuis des années, dans le scepticisme général et le dénigrement habituel, l'influence du microbiote et de l'alimentation sur une maladie aussi mystérieuse et terrible que l'autisme. Et des auteurs canadiens avaient constaté que le microbiote des enfants atteints était différent de celui de gosses sains. Les chercheurs se sont alors intéressés aux effets de l'alimentation sur cette maladie particulière et d'autres troubles du comportement de l'enfant (déficit d'attention, hyperactivité…). Plusieurs d'entre eux ont bien sûr évoqué le rôle de la caséine et du gluten, qui favorisent la pénétration vers le cerveau de peptides opioïdes (de formule chimique voisine de l'opium), lesquels seraient responsables de ces troubles en affectant le fonctionnement du système nerveux.

☞ Des régimes sans gluten ont certes parfois amélioré ces patients mais cela demande à être confirmé et reproduit à plus grande échelle et de façon statistiquement probante.

CONCLUSION

L'étude des liens éventuels ou effectifs entre des anomalies du microbiote et des troubles neuropsychiques et comportementaux comme l'autisme, la dépression, la schizophrénie et les maladies neurodégénératives constitue un **territoire de recherche immense** qui s'ouvre à nous et va probablement exploser dans les mois qui viennent. Une question se pose d'ores et déjà : les anomalies cérébrales de ces pathologies induisent-elles les modifications du microbiote ou celles-ci sont-elles, au moins en partie, responsables des troubles ? Réponses très prochaines à ces interrogations tout à la fois simples, complexes mais capitales.

Nous voyons en tout cas poindre des espoirs de traitement là où, il n'y a pas si longtemps, régnaient la résignation et la désolation chez les patients, ajoutées à la culpabilisation des parents dans le cas de l'autisme. Que de chemin parcouru... dans le bon sens.

UNE PREMIÈRE MESURE À METTRE EN ŒUVRE SANS TARDER APRÈS LECTURE DE CE CHAPITRE

– Une **alimentation variée et équilibrée**, éventuellement supplémentée en probiotiques... que nous devrions préciser bientôt.

TROISIÈME PARTIE

LES TRAITEMENTS NOTRE PLAN INTERVENTIONNEL

Remettre le côlon en selle

Les régimes dits d'éviction :
lait, gluten, Seignalet, Fodmaps
Le réensemencement de l'intestin par les probiotiques
Check-list des habitudes alimentaires actuelles
Check-list des douze points cruciaux d'intervention
À propos de l'hygiène de vie
(activité physique, tabac, stress, sommeil)

☞ **La prise en charge thérapeutique de l'intestin**, qu'on a pu il y a quelque temps penser pouvoir être confiée aux seuls probiotiques, obéit en réalité à une stratégie plus élaborée et complète :

- **Exclusion** de la substance mal tolérée ;
- **Réensemencement et rééquilibre** de la flore intestinale ;
- **Traitement de l'inflammation** et de **l'hyperperméabilité intestinale** ;
- **Aide à la cicatrisation** de la muqueuse intestinale ;
- Sans oublier les **indispensables conseils d'hygiène de vie.**

LES QUATRE PRINCIPAUX RÉGIMES D'ÉVICTION

J'aime bien ça, mais j'suis mieux quand j'en mange pas

- La polémique autour du lait et des laitages.
- L'hypersensibilité au gluten.
- Le régime Seignalet.
- Le régime pauvre en sucres qui fermentent ou Fodmaps.

☞ Alors que la médecine actuelle s'appuie fermement sur le paradigme des preuves, une partie croissante de la population a supprimé plusieurs catégories d'aliments sans justification scientifique formelle, mettant le plus souvent en avant une « **prétendue** » **intolérance au lactose et/ou au gluten.** Ces régimes d'éviction font d'ailleurs à présent partie intégrante, pour de nombreux patients, des mesures prises afin de se réapproprier leur santé, face à une médecine trop technique et impersonnelle à leurs yeux, mais aussi pour soulager ou guérir des **maux divers** (fatigue, mal-être, douleurs diffuses, troubles digestifs...) ou des **pathologies désespérément chroniques** dont ils souffrent et que la médecine a du mal à étiqueter, prendre en considération et *in fine* améliorer.

COMPRENDRE LA POLÉMIQUE AUTOUR DU LAIT ET DES LAITAGES

De vraies vacheries, comme disent certains

Oh ! qu'il est difficile de démarrer un chapitre qui traîne dans la boue quelques idées reçues solidement ancrées et écorne nos jolis souvenirs d'enfance. Nous avons été la première génération d'écoliers à recevoir au goûter une mini-bouteille de lait accompagnée d'un paquet de petits-beurre... qui figurent à présent tous deux en tête de liste des aliments à éviter. Comment en sommes-nous arrivés à nous méfier terriblement de cette boisson et ses dérivés (crèmes, fromages, yaourts...) que des dizaines d'années « d'info-pub-propagande » avaient pourtant sacralisée ?

QUE DE LAIT, QUE DE LAIT !

L'industrie laitière représente 20 % de l'agroalimentaire, c'est dire sa puissance de feu financière et médiatique. Elle assène quotidiennement son message nous assurant que **le lait est absolument indispensable à la santé**, qu'il est L'ALIMENT dont ne peuvent se passer les enfants et les femmes sous peine de compromettre leur croissance, ruiner leurs dents et leur squelette, fracturer leurs vertèbres et leurs fémurs...

Les trois quarts des Français âgés de 3 à 75 ans consomment du lait et des produits laitiers tous les jours mais **1 sur 10**, chiffre en augmentation constante, **n'en prend plus** ou **très rarement**. Pourtant, chaque Français a consommé en 2014, **53 litres de lait**, 28 kg de produits ultra-frais dérivés (dessert lacté, fromage blanc, yaourt), 24 kg de fromage, 3,7 kg de crème, 3,1 kg de beurre... ce qui ne va pas sans bouleversements sur les moyens de production

→

transformant la bête (3,7 millions de vaches, 1,2 million de brebis, 900 000 chèvres) en véritable usine chimique polluée par son alimentation et son environnement axé rentabilité. Notons que seulement autour de 2 % du lait collecté est bio.

☞ **Les grandes étables industrielles, fournissent de plus en plus de lait de moins en moins bonne qualité... avec un retentissement inévitable sur la consommation et la santé des populations.**

En effet, une frange de plus en plus importante de la population, autour de 10 % actuellement, malgré les recommandations réitérées des pouvoirs publics de consommer au moins trois laitages par jour, s'est progressivement détournée de cette boisson qui promettait de faire « des enfants forts, studieux et vigoureux » et l'a même éliminée de son alimentation courante pour lutter contre les moyens de production bestiaux et des symptômes chroniques (principalement fatigue, troubles fonctionnels, douleurs diverses) résistant aux médicaments classiques.

☞ Pesons les arguments qui nourrissent le débat, tâchons de comprendre à la fois les raisons de ce désamour et la légitimité de cette démarche qui transparaissent au travers des nombreuses questions qui nous sont posées en consultation.

LE LAIT, UN ALIMENT SANTÉ OU UNE BELLE VACHERIE POUR L'HOMME ?

Ce jeu de mot facile comporte malheureusement sa part de vérité. Le lait est à présent produit de plus en plus souvent dans de grosses fermes industrielles où les vaches sont entassées dans des conditions exécrables, sans espace pour bouger, avec un éclairage artificiel, une nourriture uniquement choisie pour les garder vivantes, tout en les faisant grossir le plus rapidement possible (antibiotiques, facteurs de croissance, vaccins, vitamines, métaux lourds, pesticides…). C'est ainsi que depuis 1994, le lait contient des facteurs de croissance hormonaux – IGF, EGF, TGF – qu'il est inutile de détailler mais qui présentent un danger potentiel pour tous et avéré pour un patient touché par une lésion précancéreuse ou déjà en chimiothérapie. Par définition, un facteur de croissance multiplie les cellules, TOUTES les cellules, sans discrimination : il peut parfaitement donner un coup de pouce au cancer.

UNE PRISE DE POIDS VERTIGINEUSE

Les antibiotiques et les facteurs de croissance ont pour objectif principal de faire prendre rapidement beaucoup de poids au petit veau. À la naissance, il pèse entre 20 et 60 kg. Il prend 400 grammes par jour les premiers jours de sa vie puis 1 kg par jour à partir du troisième mois. Au total, il a pris en moyenne **150 kg la première année**.

☞ Notre veau replet a **multiplié son poids par 8**, ce que fait également l'enfant… mais en 8 ans !

Adieu veau, vache, côlon… de qualité, place aux bêtes gonflées de substances chimiques, toutes plus dangereuses les unes que les autres pour la santé des consommateurs. Terminons ce tableau cauchemardesque en signalant que les vaches sont à présent traites 24 heures sur 24, même pendant leur gestation, ce qui n'était pas le cas autrefois ; leur lait contient alors de bonnes quantités d'œstrogènes, ce qui ne va pas sans un risque accru de cancer pour les organes hormono-dépendants – ovaires, prostate, seins. Notre

« aliment-santé » de référence contient en moyenne cinq fois plus de pesticides que les végétaux. Et il peut en outre subir la pollution de l'environnement pour son transport (avion, camion, containers...) et récupérer encore des métaux lourds et d'autres substances probablement cancérigènes.

☞ **Le lait actuel n'a vraiment plus rien à voir avec la boisson pure que l'on consommait autrefois. Il est devenu un produit « toxique », nocif... et plus du tout le symbole de l'aliment-santé à la robe virginale célébré par la pub. En dehors de son goût agréable, il n'a pas d'intérêt nutritionnel pour la plupart des adultes, suivons l'exemple de Jean Gabin qui disait avec humour : « Je boirai du lait le jour où les vaches mangeront du raisin. » Et si vous ne pouvez pas vous en passer :**

- **choisissez-le au moins bio, c'est déjà une petite garantie sans être un facteur absolu de qualité ;**
- **et évitez les mélanges de laits de provenances incertaines, ce qui est de plus en plus souvent le cas.**

AH LA VACHE, DES CONDITIONS TERRIFIANTES

Au début du xxe siècle, une vache vivait en moyenne **25 à 30 ans**, donnait 3 à 4 litres de lait par jour, puis 6 à 7 litres dans les années 1950. La vache actuelle, génétiquement modifiée, bodybuildée et callipyge, bourrée de facteurs de croissance et d'antibiotiques généreusement distribués, pèse autour de 600 kg, fournit **30 à 50 litres par jour** et ne (sur)vit que **7 à 8 ans** dans son environnement hostile.

C'est la raison pour laquelle nous nous tournons à présent vers le lait de chèvre, celle-ci subissant moins ces cures « hypervitaminées ».

LE LAIT, BOISSON-SANTÉ OU VÉRITABLE POISON ?

De nombreuses études, semblant incriminer le lait dans la survenue de perturbations endocriniennes (puberté précoce, baisse de la testostérone chez les messieurs, augmentation de la taille des ovaires chez les bébés alimentés au lait de vache), de maladies métaboliques (diabète de type 2...) ou auto-immunes (lupus, sclérose en plaques), de cancers hormono-dépendants (ovaire, prostate, sein) ou de pathologies neurodégénératives (Alzheimer, Parkinson...) ont été régulièrement publiées et vite contestées et balayées par la communauté scientifique et ses relais dans l'agroalimentaire.

☞ **Le lait de vache pourrait être dangereux par les substances qu'il contient et bien sûr leur rôle sur l'inflammation** (voir p. 85) **et l'hyperperméabilité intestinale** (voir p. 110).

ÇA CASSE ENCORE PLUS AVEC LE LAIT !

Une étude réalisée à Uppsala montre que le **risque fracturaire** et la **mortalité augmentent avec la consommation de lait**, en particulier chez les femmes. Cette dernière est presque doublée chez celles qui boivent trois grands verres par jour en comparaison de celles qui n'en boivent qu'un seul ! Mais **cela n'est pas vrai pour les produits fermentés comme les yaourts et les fromages** qui ne contiennent pas de lactose et de D-galactose.

☞ Cette étude inquiétante strictement observationnelle, réalisée sur plus de 100 000 personnes, a été critiquée par certains experts qui ont demandé de se garder de conclusions hâtives ! Elle nous interpelle néanmoins.

DE L'ÉLEVAGE À LA MÉDECINE

Les laitages sont introduits dans l'alimentation humaine, il y a environ 10 000 ans avec l'élevage. Jusqu'à la fin du XIXe siècle, le lait n'est pas très populaire car, faute de moyens de conservation, il tourne trop facilement : on s'en sert donc essentiellement pour fabriquer beurre et fromage mais pas comme boisson nutritive.

CHAMPIONS DU MONDE !

Nous sommes **les premiers consommateurs de beurre (un peu plus de 8 kg) et les seconds de fromage** (derrière la Grèce) par habitant sur la planète.

☞ Il faut 20 litres de lait pour obtenir une motte de beurre de 1 kg et plus de 2 litres pour fabriquer un camembert !

Il prend son essor avec la pasteurisation et le chemin de fer qui permettent son transport et son acheminement partout. Il est dans les années 1950 au sommet de sa popularité, proclamé l'aliment idéal de la croissance des enfants. Dans les années 1960, quand l'engouement s'émousse, le marketing appelle en renfort la médecine qui insiste sur un de ses points forts, sa richesse en calcium. À partir de là, la promotion du lait est assurée par un trio efficace, l'agroalimentaire chargé de produire et de vendre, les professionnels de la santé qui s'occupent de la crédibilité, les médias qui diffusent et amplifient les recommandations, ce qui les nourrit économiquement. Le lait devient **LE symbole de l'aliment-santé** de 7 à 77 ans. Et commence une campagne de culpabilisation où ne pas en absorber quotidiennement revient à exposer l'enfant à des troubles de la croissance (rachitisme), sa maman aux fractures parfois graves (col du fémur) de l'ostéoporose, sa grand-mère à la dénutrition.

☞ **C'est ainsi qu'une alimentation riche en produits laitiers est recommandée depuis plusieurs années par le PNNS (Programme national de nutrition santé), l'instance de référence en matière de nutrition. Les Français(es) suivaient dans l'ensemble sagement ces conseils – consommant entre 2,1 à 2,8 produits laitiers par jour –, jusqu'à ce que le ver s'installe dans les étables, le doute dans les esprits, et la défiance sur les tables et dans les cœurs.**

COMMENT CHOISIR UN LAIT POUR ENFANT ?

Le **lait entier** contient de nombreux nutriments utiles voire indispensables à la croissance du tout-petit. C'est seulement après 2 ans qu'on peut éventuellement lui proposer un lait partiellement, mais pas totalement, écrémé, car on supprimerait alors des nutriments nécessaires à cette période de croissance. Un enfant **intolérant au lactose** (jamais avant 3 ou 4 ans) peut néanmoins ingérer 250 ml de lait par jour. Vous pouvez l'aider avec de la **lactase** ou compléter avec un **lait délactosé**. Vous devez savoir que les **laits végétaux** – amande, avoine, riz – sont moins protéinés donc **moins nourrissants**. Et qu'ils sont rejetés par la Société francophone de nutrition clinique et métabolisme qui met en garde contre leurs répercussions sur la croissance et le développement cérébral et évoque leur danger potentiel. Le lait de soja, que certains adoptent, nous semble une solution à rejeter... pour les petites filles comme les petits mecs en raison des phyto-œstrogènes (substances contenues dans les plantes qui agissent comme les hormones féminines) qu'il contient. Notons
→

enfin que les laitages contribuent chez l'enfant pour près de 80 % aux apports en **acides gras trans** particulièrement **toxiques pour le système cardio-vasculaire**.

☞ Et si votre enfant est vraiment allergique aux protéines du lait, nous vous conseillons de consulter.

FAUT-IL VRAIMENT CONSOMMER TROIS LAITAGES PAR JOUR ?

C'est un journaliste, Thierry Souccar, qui lance un pavé dans la mare avec son livre réquisitoire *Lait, mensonges et propagande*. Il y explique que l'ostéoporose a pris l'allure d'une épidémie dans tous les pays où les laitages sont largement consommés ! Et que cette situation est à la fois paradoxale et inquiétante car, plus l'ostéoporose progresse, plus la population féminine est incitée à augmenter ses apports calciques, principalement par une surconsommation de laitages. Il n'y a pourtant, nous dit-il, aucune preuve scientifique indiscutable que ces derniers favorisent la minéralisation des os des enfants et des adolescents, et surtout des adultes. Les médecins continuent néanmoins à insister sur ces recommandations que nous estimons déraisonnables, inefficaces et peut-être malvenues même si les publicitaires scandent comme une rengaine : « Les produits laitiers sont vos amis pour la vie. » Pas si sûr !

LA VITAMINE D OUI, LE CALCIUM ET L'ACIDE NON !

Il y a suffisamment de calcium dans l'alimentation variée d'un pays qui produit plusieurs centaines de fromages.

Il manque en revanche, très souvent, en raison d'un ensoleillement insuffisant, la **précieuse vitamine D** qui permet sa fixation. Nous, médecins, la prescrivons systématiquement au moins six mois de l'année.

☞ Notons qu'un **régime acide** (voir chapitre « Candidose », p. 100) qui apporte trop de graisses et de sucres rapides **augmente la fuite calcique**.

Et en regardant hors de nos frontières, nous constatons que les pays beaucoup moins incités par la pub à en consommer ne vont pas plus mal, bien au contraire. C'est ainsi qu'il n'y a pas de lait dans le régime crétois ni dans celui d'Okinawa alors qu'ils servent pourtant de références santé au monde entier. Le Japon, qui dans les études comparatives arrive en tête pour sa mortalité cardio-vasculaire très basse et la longévité remarquable de sa population, ne consomme d'ailleurs aucun produit laitier. Et rajoutons que les Japonaises font peu de cancers du sein et ne connaissent pas l'ostéoporose qui passe chez nous pour un fléau à prévenir impérativement... par 2 à 3 portions de laitages par jour.

Terminons notre argumentation par les résultats de deux études suédoises publiées en 2014 – dans le *British Medical Journal*, prestigieuse revue britannique –, réalisées sur plus de 100 000 personnes, suivies pendant 10 à 20 ans. Nous y constatons que la mortalité double avec la consommation de lait et qu'elle est plus importante chez les femmes qui boivent plus de 3 verres par jour que chez celles qui n'en boivent pas du tout. Et que chaque verre de lait supplémentaire augmente la mortalité de 15 % chez les femmes et 3 % chez les hommes. Qu'en outre, chez les femmes, le risque fracturaire ne diminue sur aucun site – y compris la hanche – mais qu'il augmente, au contraire, lui aussi, avec la quantité absorbée !

LES BACTÉRIES FONT ENCORE LA DIFFÉRENCE ?

Les produits laitiers fermentés, riches en probiotiques que ne contient pas le lait, ne sont associés à aucune surmortalité, ni risque fracturaire.

☞ Réintroduisez-les dans votre alimentation.

☞ Nous pouvons finalement nous interroger sur la pertinence de l'injonction « 3 laitages par jour », qui a inspiré la célèbre antienne « 5 fruits et légumes par jour ». Elle relève plus de l'incantation économique que d'une réalité scientifique absolue. Et, malgré ces incitations répétées, un nombre croissant de patient(e)s et consommateurs ont fortement réduit voire éliminé lait et laitages… au grand dam des scientifiques… et des producteurs.

QUELQUES AUTRES SOURCES DE CALCIUM

« L'argument médical calcium » ne tient pas car cet oligo-élément se trouve dans beaucoup d'autres aliments que le lait et ses dérivés :
- *les protéines :* crevettes, jaune d'œuf, poisson (sardines avec les arêtes), viande ;
- *les légumes* : chou chinois, cresson, haricot, persil, pissenlit... ;
- *les oléagineux :* amande, noisette et noix, olive, pistache ;
- *les fruits :* baie d'açaï, cynorrhodon, figue, orange... ;
- *les condiments* : basilic, cannelle, thym ;
- *le cacao* ;
- *la menthe...*

Et l'assimilation du calcium laitier, contrairement à ce qui est affirmé partout, n'est guère supérieure à celle du végétal. C'est même souvent le contraire car le calcium y est très biodisponible, son absorption pouvant aller jusqu'à 75 % alors qu'elle n'est que de 40 % pour le calcium animal.

💡 LE YAOURT, C'EST BON POUR LA SANTÉ ?

Nous en sommes les plus gros consommateurs du monde avec 33 kg par an (contre 4 kg seulement pour les États-Unis). C'est dire l'impact de la pub distillée quotidiennement dans les médias par l'agroalimentaire.

Un **yaourt**, c'est du lait prédigéré par deux souches de bactéries :

– *Lactobacillus bulgaricus* décompose le lactose en molécules de sucres plus petites et en acide lactique qui l'acidifie ;

– *Streptococcus thermophilus* l'aromatise et lui confère ses propriétés gustatives.

L'ajout de ferments différents comme les bifidobactéries, ou d'autres *lactobacilles* (*acidophilus*, *casei*, *rhamnosus*) le sortent de la stricte définition du yaourt et le font entrer dans la catégorie des laits fermentés.

Un yaourt n'est finalement pas très concentré en bactéries vivantes, dix fois moins en moyenne qu'un complément alimentaire de (para)pharmacie, soit autour d'un milliard… dont peu finalement arrivent jusqu'au côlon ; elles y fabriquent toutefois suffisamment de lactase pour en faire un aliment facile à digérer.

☞ **Le yaourt est un besoin culturel pour beaucoup de Français(es) qui organisent souvent leur repas autour. Nous pouvons toutefois suggérer deux propositions :**

– Le choisir nature pour éviter les sucres des industriels et y rajouter ses propres ingrédients (fruits, graines, miel, oléagineux…) ;

– Donner la préférence à un yaourt préparé à partir de lait de chèvre ou de brebis plutôt que de vache. La consistance et le goût sont différents mais on s'y habitue rapidement.

LES INTOLÉRANCES AU LAIT ET LAITAGES

Comment expliquer l'ascension fulgurante du nombre des patients, autour de 10 % de la population, qui ne supportent pas le lait ? Uniquement par une lubie ou un effet de mode complaisamment avancé par les scientifiques pour discréditer cette démarche « d'écolos-bobos », nostalgiques des confitures maison et de la cuisine de grand-mère ? Nous ne le pensons pas. Les raisons sont pour nous simples et évidentes :

- le lait est devenu **le symbole des dérives de l'agroalimentaire**, qui continue à vouloir nous faire passer une véritable tambouille chimique (facteurs de croissance, antibiotiques, métaux lourds – cadmium, mercure, plomb –, pesticides, polluants, résidus de vaccins...) pour **l'aliment-santé** par excellence ;
- il est en outre **difficile à digérer** parce qu'il contient une protéine et un sucre, que l'adulte a du mal à métaboliser. Et c'est d'ailleurs la première, **la caséine**, beaucoup plus que la seconde, **le lactose**, qui est à l'origine des intolérances.

LA CASÉINE, UNE PROTÉINE QUI A DU MAL À PASSER

Cette intolérance à la caséine du lait est une des intolérances alimentaires les plus fréquentes (autour de 10 %) chez le nourrisson. Elle est également présente, bien que plus rare, chez de nombreux adultes qui peuvent ne pas avoir fait le lien avec leurs troubles variés (digestifs, cutanés, généraux, respiratoires...) et pourrait être responsable de près de la moitié des reflux gastro-œsophagiens de l'adulte. Quand on pense au nombre considérable de patients qui prennent quotidiennement des antisécrétoires (IPP, chef de file l'oméprazole) sans qu'ait été évoqué le rôle de cette protéine !

💡 QUELLE DIFFÉRENCE ENTRE L'ALLERGIE AU LAIT ET L'INTOLÉRANCE AU LACTOSE ?

L'allergie est une réaction immunitaire face à une protéine alimentaire (caséine, alpha-lactalbumine, bêta-lactoglobuline). Le lait constitue d'ailleurs la quatrième allergie chez l'enfant derrière l'œuf, l'arachide, le poisson. Elle guérit dans 80 à 90 % des cas avant l'âge de 10 ans. Elle est rarissime chez l'adulte. Elle est bien plus grave que l'intolérance.

☞ **Il est important de ne pas confondre une allergie potentiellement grave et une intolérance qui est surtout inconfortable.**

💡 C'EST QUOI AU JUSTE CE FAMEUX REFLUX GASTRO-ŒSOPHAGIEN (RGO) ?

Cette pathologie est due à la remontée acide d'une partie du contenu de l'estomac dans l'œsophage. Lié à une défaillance du cardia – le muscle qui ferme de façon étanche l'extrémité supérieure de l'estomac –, le RGO est responsable de brûlures, de régurgitations acides, parfois d'un enrouement, de toux ou de crises d'asthme. Il est aggravé par certains aliments et en position penchée en avant ou allongée après un repas. Il peut à la longue provoquer une œsophagite – inflammation caustique de l'œsophage. Il se traite très bien par **les anti-sécrétoires acides** au nom compliqué d'**i**nhibiteurs de la **p**ompe à **p**rotons (IPP), dont le plus connu est l'oméprazole.

La mauvaise dégradation de la caséine

Les protéines du lait sont divisées en deux groupes d'inégale importance : la **caséine**, majoritaire à 80 %, le **whey**, les 20 % restants. L'organisme a besoin d'enzymes pour la digérer en vue de l'absorber. Différents facteurs (chauffage, cuisson, âge) concourent à réduire sa dégradation puis son assimilation ce qui explique à la fois sa mauvaise tolérance et les pathologies qu'elle est susceptible de déclencher.

Certains médecins objectivent et quantifient la fabrication de résidus opioïdes provenant du gluten et de la malabsorption de la caséine par un examen discuté par la grande majorité des spécialistes, la peptidurie : il leur fournirait des informations qu'eux jugent utiles dans l'autisme.

☞ Il est difficile pour un médecin, bercé depuis ses études par les bienfaits du lait et des laitages, d'imaginer qu'ils puissent être responsables d'une noria de symptômes aussi divers, digestifs ou à distance de l'intestin. **Mais dès l'âge de 3 ou 4 ans et surtout chez l'adulte, le lait peut déjà être indigeste car l'estomac ne produit plus la présure qui permet sa digestion. Le lait est et aurait dû rester un aliment de la petite enfance.**

COMMENT EN FAIRE UN FROMAGE !

Pour la fabrication d'un fromage, on prend du lait dont on fait précipiter la caséine en petits caillots blancs par addition de présure acide. On obtient une matière gélatineuse concentrée en caséine (fromage se dit d'ailleurs *caseus* en latin) et du petit-lait (lactosérum), considéré autrefois comme un sous-produit inutile. →

L'égouttage se fait ensuite mécaniquement ou naturellement pour évacuer le trop-plein d'eau ; suivent ensuite le salage, le moulage, le pressage et l'affinage.

☞ Il faut **4 litres de lait entier** pour obtenir un reblochon de 500 grammes.

LAIT DE VACHE OU LAIT MATERNEL ?

Le lait de vache contient 80 % de caséine contre la moitié seulement pour le lait maternel. Celui-ci ne précipite donc pas en caillots, sauf si le nourrisson rejette du suc gastrique, très acide. Il ne contient pas non plus une substance (bêta-lactoglobuline), hautement allergisante et très présente dans le lait de vache. Il est concentré en facteurs de protection contre les pathogènes. Il est très riche enfin en lactose... parfaitement absorbé et toléré par le nourrisson.

☞ Notre préférence va donc au **lait maternel** pour les nourrissons. Lorsque, pour diverses raisons, cela n'est pas possible, il existe presque toujours un lait maternisé qui convient à Bébé. Nous déconseillons, nous l'avons déjà dit et le réaffirmons, le lait de soja, trop concentré en phyto-œstrogènes, préjudiciables pour les petits garçons mais également les petites filles.

UTILISATION ET SOURCES DE LA CASÉINE

Grâce à son rôle de liant, la caséine était autrefois utilisée pour fabriquer des colles, améliorer l'adhérence des enduits, préparer des peintures. Elle sert encore à coller les étiquettes qu'on appose sur les bouteilles de vin, à « rafraîchir » les vins blancs et éliminer les polyphénols oxydés qu'ils peuvent contenir.

Beaucoup **d'aliments** en renferment, principalement **les produits laitiers** (beurre, crème, fromage et fromage blanc, glaces, yaourt). Vous en trouvez également dans de nombreux **compléments nutritionnels** : aliments pour bébés, biscuits, chocolat, pain de mie ou brioché, pâtes à tartes, plats prêts à l'emploi, sauces... où elle joue un rôle de liant, et même la viande. Et elle est très présente dans les **suppléments protéinés** des sportifs. Les culturistes en particulier l'aiment beaucoup car elle augmente la force et la masse musculaire, se libère lentement dans l'organisme, lui fournissant des protéines pendant les cinq heures qui suivent l'ingestion – on parle d'une protéine à libération prolongée (LP). Elle « cale » bien et évite la déperdition énergétique nocturne.

LAIT DE BREBIS OU LAIT DE VACHE ?

Bien qu'ils contiennent tous deux de la caséine, **le premier** a de nombreux avantages par rapport **au second** : il est plus riche en protéines, en calcium, en vitamine C. Il est certes aussi plus gras mais avec des graisses plus faciles à digérer. Et comme les brebis broutent de l'herbe, leur lait contient des oméga 3 bénéfiques pour la santé.

☞ Notre préférence va définitivement aux **ovins** plutôt qu'aux bovins.

PEUT-ON CHAUFFER LE LAIT ?

Cela pouvait être utile autrefois quand il n'était pas ultra-stérilisé (procédé UHT). Mais le lait est un aliment instable dont la caséine coagule facilement et caramélise sous l'action de la chaleur. Ne disait-on pas « Lait bouillu, lait foutu » ?

☞ Alors mieux vaut **éviter de le faire bouillir**, ce que font encore certains, **et peut-être même d'en consommer**.

Impact négatif de la caséine sur l'organisme

Vous connaissez à présent parfaitement ce processus pathologique : les protéines mal absorbées du lait irritent la paroi intestinale, créent un déséquilibre bactérien et déclenchent une inflammation. Celle-ci entraîne une hyperperméabilité intestinale qui permet le passage de molécules plus grosses (peptides, débris bactériens), agressives ou allergisantes. L'organisme se défend en fabriquant des anticorps... qui attaquent l'intestin, des structures voisines ou situées à distance. L'hyperperméabilité interfère également avec l'absorption des minéraux, oligo-éléments et vitamines protecteurs, ce qui a pour conséquences une baisse de l'immunité – responsable d'infections récurrentes – et l'entretien de l'inflammation chronique – propice au développement de maladies et pathologies diverses.

TROP, L'ENNEMI DU BIEN

Un excès de laitages pourrait, contrairement à ce qui est souvent avancé, aggraver et non pas protéger **de l'ostéoporose** en raison de l'inflammation créée par les facteurs de croissance et la caséine mal tolérée.

☞ **Un aliment qu'on pense sain est donc non seulement mal toléré par l'adulte, mais il constitue en outre un facteur de risque potentiel ou réel, peut-être grave, par la caséine qu'il contient. Nous comprenons et approuvons les réticences du public et des patients à écouter et suivre les encouragements rassurants de l'agroalimentaire et d'un certain nombre de scientifiques thuriféraires.**

L'INTOLÉRANCE ALIMENTAIRE AU LACTOSE (IAL), LE SUCRE DU LAIT

Cette **intolérance au sucre du lait** concerne au bas mot cinq millions de personnes en France, mais le nombre exact est difficile à préciser car la majorité d'entre eux ne consultent pas. Certaines études avancent qu'elle pourrait toucher 10 à 40 % de la population.

Lactose et lactase

Il s'agit d'un sucre double – les scientifiques parlent de disaccharide – qui se trouve uniquement dans le lait et ses dérivés. Son absorption a lieu dans le grêle grâce à une enzyme digestive, la **lactase** – fabriquée par les villosités intestinales – qui le scinde en deux sucres digestibles : le glucose (substrat énergétique de l'organisme) et le galactose (sucre essentiel au développement du système nerveux central et à la fabrication de la myéline, la gaine protectrice des nerfs).

- **Le lactose** favorise l'assimilation de nombreux minéraux (calcium, fer, magnésium, phosphore...), l'absorption de plusieurs vitamines (A, B3, C, E). Il contribue également à la production des *lactobacilles* qui, en acidifiant l'intestin grêle, empêchent ainsi l'implantation des pathogènes (bactéries, champignons, virus...).
- **La lactase** est maximale chez le nourrisson, ce qui explique le rôle nutritif primordial du lait à cette période de la vie. Elle diminue physiologiquement avec la croissance, puis progressivement ensuite, à tel point qu'il n'en reste plus que 5 à 10 % chez l'adulte. Chez les personnes qui souffrent d'une intolérance au lactose, le sucre non dégradé passe dans le gros intestin où il est attaqué et fermenté par les bactéries coliques en produisant des acides gras volatils (acétique, lactique...), des gaz (hydrogène, méthane...), une acidification et un appel d'eau, ce qui occasionne chez une minorité de ces consommateurs de laitages des symptômes purement digestifs, voisins de ceux déclenchés par le gluten (voir chapitre suivant, p. 237).

☞ Il existe divers degrés d'intolérance au lactose selon les périodes de la vie, les quantités de lait ingéré quotidiennement, la production de lactase de chacun, et les susceptibilités individuelles qui sont finalement très variables. Les trois-quarts des quinquas et sexagénaires puis les seniors sont physiologiquement intolérants au lait mais s'en accommodent… sans présenter trop de troubles… à condition d'en ingérer de faibles quantités. Mais ces signes étant banals et discrets, une inflammation chronique de bas niveau peut s'installer et créer une maladie ou une pathologie. C'est la raison pour laquelle certains s'interrogent et préconisent la suppression du lait même chez les bien portants. **Le lait est et doit rester la boisson des tout-petits, pas celle de l'adulte : aucune espèce animale, passé la période du sevrage, ne continue à boire du lait… sauf NOUS les humains.**

Le diagnostic de l'intolérance au lactose

Il est généralement évoqué par le patient qui constate l'apparition des divers symptômes ci-dessous après l'ingestion d'un ou deux verres de lait ou portions de laitages, et a contrario par une amélioration clinique après leur éviction ultérieure.

Les signes apparaissent entre 20 minutes et 2 heures après l'ingestion, peuvent durer jusqu'à plusieurs jours. Ils sont de deux types :

- *purement digestifs :* douleurs abdominales, spasmes, ballonnements, diarrhée et vomissements (surtout chez le nourrisson et l'enfant) ;
- *généraux :* fatigue++ aiguë ou chronique, déprime ou dépression, troubles de la concentration, vertiges, mal de tête, douleurs articulaires ou musculaires, eczéma…

Fort heureusement, les personnes intolérantes souffrent seulement d'un ou deux de ces symptômes car elles font généralement le rapport et mettent en place un régime d'exclusion.

☞ Si le diagnostic est facile dans les intolérances à expression digestive, il est moins évident d'y penser devant des signes généraux qui n'incriminent pas avec certitude le lactose. Et, pour compliquer les choses, la tolérance au lactose dépend également de l'état physique et psychologique, de la flore intestinale et du fait qu'il est ingéré seul ou en association avec d'autres aliments. L'interrogatoire doit donc être complet, irréprochable et évoquer la (in)tolérance aux laitages. Des examens complémentaires – mesure de l'hydrogène expiré, test de tolérance au lactose – peuvent également nous aider pour affirmer le diagnostic… mais ça n'est pas toujours facile, reconnaissons-le.

Causes de l'intolérance au lactose

Elles sont nombreuses, voyons les principales :

- Le **déficit congénital en lactase** est une maladie rare qui sort du cadre de notre ouvrage.
- La **diminution physiologique génétiquement programmée** et progressive de l'activité de la lactase après le sevrage varie selon l'origine ethnique. Mais souvenons-nous que chez la majorité des adultes, elle n'entraîne aucun symptôme si les apports de lait et laitages restent « raisonnables » ; et que seule sa consommation excessive chez des personnes « hyper » sensibles génère des troubles.
- La **maladie de Crohn** et la **maladie cœliaque** peuvent entraîner une intolérance au lactose d'ailleurs plus ou moins passagère. Cela est valable aussi pour une **gastro-entérite** sévère, une **chimiothérapie**, une **radiothérapie abdominale**.

☞ Les causes sont variables et n'informent pas sur la sévérité du trouble.

RÉPARTITION GÉOGRAPHIQUE
DE L'INTOLÉRANCE AU LACTOSE

Tous les hommes ne naissent pas non plus égaux… devant le lait. C'est le constat que nous faisons en regardant les chiffres. La Scandinavie est très peu concernée par cette intolérance mais reste une exception probablement d'origine génétique. À l'inverse, l'Afrique (80 % d'IAL) et surtout l'Asie (90 % d'IAL) affichent une intolérance presque totale de leur population.

☞ **Nous pouvons donc considérer que ce trouble, qui étonne les scientifiques français et irrite les producteurs de lait européens, concerne en réalité la presque totalité, on parle des trois-quarts, de la planète.**

Les autres laitages et l'intolérance au lactose

- Le **petit-lait** est le produit laitier le plus riche en lactose, il en contient 75 grammes pour 100 grammes.
- Le **lait en poudre** contient entre 40 et 50 grammes de lactose pour 100 grammes, ce qui est énorme. Toute intolérance supposée au lait doit inciter à fuir la forme poudre.
- Le **lait concentré sucré** en contient 16 grammes pour 100 grammes.

LE LAIT TROP CONCENTRÉ EN SUCRE ?

Ce lait de vache déshydraté puis largement sucré (40 à 60 %) nous vient de la guerre de Sécession, adopté par les soldats nordistes de l'Union pour sa saveur unique, ses qualités nutritives, ses facilités de conservation et de transport. Adoré des enfants dans son tube ou autrefois ses berlingots de couleurs, il ne peut **en aucun cas être considéré comme un aliment-santé**, sa consommation doit rester un plaisir exceptionnel.

- **Le yaourt** (voir encadré p. 221) est un produit fermenté, c'est-à-dire qu'il contient des bactéries qui digèrent le lactose (environ 4 grammes pour un pot entier, 7 grammes s'il est écrémé) et produisent de la lactase, ce qui évite ces inconvénients.
- L'affinage du **fromage**, grâce à la présence des *lactobacilles*, réduit singulièrement sa teneur en lactose ce qui améliore grandement sa tolérance.
- Les **pâtes pour enfants** (Boursin, Caprice, Kiri, Tartare) sont très riches en lactose (4 % comme le lait qui sort du pis), car on ne laisse pas aux bactéries le temps d'agir. Ce ne sont donc pas de vrais fromages mais de simples spécialités laitières très rentables pour l'industrie car elles sont faciles à préparer et ne nécessitent pas d'affinage. C'est également le cas de la mozzarella ou la ricotta. La Vache qui rit est légèrement affinée, elle a ainsi plus de goût et contient moins de lactose.
- Le **beurre** en revanche ne contient pas du tout de lactose… mais il ne fait pas partie de nos recommandations-santé malgré sa richesse en vitamine A.

☞ **Donnez la préférence aux fromages plutôt qu'au lait et choisissez les yaourts de chèvre, nous l'avons dit et le réitérons.**

Vous pouvez également trouver dans le commerce des aliments « délactosés » (lait, fromage, yaourt...) ou des compléments de lactase utiles lors d'un repas – chez des amis, au restaurant – dont vous ne pouvez pas contrôler soigneusement la composition.

Les autres aliments et le lactose

Le lactose est omniprésent dans le lait et les laitages, les crèmes et crèmes glacées. Mais on le trouve aussi ailleurs : les industriels l'utilisent pour son pouvoir sucrant modéré et parce qu'il favorise le brunissement du pain et des pâtisseries. Il est en outre présent dans nombre d'aliments variés : bière, céréales du petit-déjeuner, charcuterie (jambon de volaille, saucisses), chips, hamburgers, jus de fruits, pâtes, sodas, substituts de repas, surimis... et même de nombreux médicaments où il est utilisé comme excipient, sans être mentionné sur l'emballage !

☞ **Il est donc difficile de l'éliminer totalement et il faut examiner attentivement les étiquettes. Puis expérimenter sa propre tolérance en consommant ces produits seuls ou associés lors d'un repas, en quantités plus ou moins importantes.**

Que faire en pratique ?

Ce que beaucoup d'entre vous ont déjà fait : **réduire de façon drastique** ou exclure lait et laitages.

- Si vous souffrez d'une simple **intolérance alimentaire**, vous supprimez le lait et les laitages ; vous pouvez garder le fromage, de préférence de chèvre ou de brebis, au lait cru. Au bout de quelques mois, vous faites un test de provocation avec deux yaourts nature. La réapparition du moindre symptôme impose la poursuite de l'éviction.

- Si vous êtes atteint d'une **pathologie inflammatoire** ou d'une **maladie grave**, si vous êtes en chimiothérapie, nous vous conseillons de supprimer totalement le lait de vache et les laitages de votre alimentation.
- Et vous devez, bien entendu, traiter notre redoutable trio « **dysbiose, inflammation, hyperperméabilité intestinale** », responsable du déclenchement et de la pérennisation de ces symptômes ou maladies.

À votre disposition

Puisque la tolérance est individuelle, vous devez vous **mettre à tables** : vous trouverez facilement sur Internet la teneur en lactose des aliments courants.

CONCLUSION

Vous avez compris à la lecture de ce chapitre, qui ne se voulait pourtant pas un réquisitoire, que le lait ne trouve pas grâce à nos yeux sauf pour les tout-petits. Il n'est en aucun cas l'aliment-santé autoproclamé totalement INDISPENSABLE à la santé. Vous pouvez tout à fait vous en passer et trouver sans conséquences dommageables, bien au contraire, vos apports de calcium dans de nombreux autres aliments et boissons. Même l'eau n'est pas uniquement « ferruruginеuse » comme le disait un André Bourvil bien éméché, elle est également calcique (entre 25 et 125 mg par litre selon les robinets).

QUELQUES PREMIÈRES MESURES...

- Évitez absolument le lait de vache... le lait en poudre, le tube de lait concentré. Le lait de chèvre bio est une bonne solution de remplacement, facile à trouver à présent, peu cher, facilement digeste.

- Ne **faites jamais bouillir** votre lait.
- Donnez **la préférence aux fromages vieux**, de préférence **de chèvre et de brebis**, en quantités modérées.
- Regardez bien les **étiquettes**.
- Faites votre propre expérience **d'exclusion-réintroduction**, éventuellement **réexclusion**. Consultez si elle n'est pas concluante.

COMPRENDRE L'HYPERSENSIBILITÉ AU GLUTEN

On nous roule dans trop de farine

Pour une grande minorité (1 %) de personnes qui souffrent réellement d'une **allergie au gluten** (voir « Maladie cœliaque », p. 131) et doivent IMPÉRATIVEMENT l'éviter, beaucoup d'autres ont fait du **régime sans gluten** leur quotidien dans des indications tantôt justifiées, souvent discutables, parfois fantaisistes... mais avec des résultats qu'ils jugent **bénéfiques** sur leur **qualité de vie** et pour leur **santé**. La médecine et la communauté scientifique sont longtemps restées ironiques, dédaigneuses ou violemment critiques envers ce régime qu'elles considéraient comme une toquade portée et boostée par le souffle médiatique. Il a en effet fallu beaucoup de temps et de nombreux articles dans les médias et la presse professionnelle pour qu'elles consentent à s'intéresser aux problèmes soulevés par cette hypersensibilité au gluten et reconnaître du bout des lèvres **l'intolérance** à cette substance protéique contenue dans la plupart des céréales, tout particulièrement le **blé**. Et pendant cette longue période, probablement nécessaire à une si douloureuse et pénible prise de conscience, une fraction croissante de la population (**entre 5 et 15 %** selon les sources) s'est mise progressivement au **sans-gluten**, au point d'en faire, en association (le plus souvent) ou non avec le **lait et les laitages**, un des **phénomènes de société** incontournables de ce début de millénaire. Cette démarche du sans-gluten s'est d'ailleurs étendue rapidement comme la vague d'un tsunami, envahissant rapidement les linéaires des épiceries, supérettes, moyennes et grandes surfaces... de façon probablement irréversible.

☞ Alors existe-t-il des moyens d'affirmer un diagnostic parfois délicat à établir ? Cette façon de s'alimenter est-elle vraiment utile pour la santé ? Et intéressante pour tout le monde, même les personnes bien portantes ? Ou faut-il vraiment limiter voire abandonner ce blé qui fait partie de l'ADN alimentaire des sociétés occidentales ? Sortons des invectives ou des haussements d'épaules ou de sourcils, regardons objectivement les faits et tâchons d'y voir plus clair afin de comprendre s'il s'agit là d'un simple engouement passager ou de la réponse à un problème embarrassant qui se pose effectivement.

POUR QUELS SYMPTÔMES PRINCIPALEMENT AUTANT DE FRANÇAIS ADOPTENT-ILS UN RÉGIME SANS GLUTEN ?

L'**hypersensibilité au gluten** est une entité vague qui ne produit, mal ou fort heureusement pour elle, pas de réaction immunologique (production d'anticorps) et ne crée aucun dommage aux cellules (villosités) intestinales. Les motivations et les maux des patients pour adopter ce régime d'exclusion du blé sont divers et variés. Ce sont généralement des symptômes ou des tableaux cliniques mal définis où prédominent des **troubles digestifs**, des **douleurs chroniques**, de la **fatigue**, et la **recherche d'un mieux-être** – notion que n'apprécient guère les scientifiques.

HISTOIRE DE BLÉ

L'homme des cavernes consomme surtout de la viande, des racines, des graines, accessoirement des plantes – de la verdure – et frappe le sol avec des os, comme le décrit si bien le prologue du film *2001, l'Odyssée de l'espace* de Stanley Kubrick. Les céréales (blé en Occident, maïs en Amérique du Sud, mil et manioc en Afrique, riz en Asie) entrent dans l'alimentation avec le développement de la sédentarisation et de l'agriculture il y a entre 5 000 et 10 000 ans

– alors que nous sommes sur Terre depuis des millions d'années. L'homme doit faire preuve de grandes facultés d'adaptation pour quitter sa vie nomade, s'installer et cultiver son jardin, comme le conseillera des siècles plus tard Voltaire. Son système digestif doit également faire des efforts pour passer de l'alimentation carnée et frugivore du chasseur-cueilleur à la nourriture d'un cultivateur, plus riche en légumes et céréales, qu'il découvre et apprend ensuite à faire cuire. Ces dernières constituent en effet pour lui une alimentation nouvelle à laquelle son organisme doit génétiquement s'habituer.

Le blé est longtemps mélangé à de l'eau et du sel pour produire des galettes qui gonflent peu ou pas, comme le pain azyme. Mais les Égyptiens se rendent vite compte que certaines variétés fermentent, lèvent plus facilement, et peuvent donc être panifiées... à condition que la farine contienne des protéines capables de se lier avec l'amidon, ce que permet justement le **gluten**. Le pain, plus agréable à manger que les bouillies et autres galettes, s'invite alors massivement et irrémédiablement à table. Il représente encore au XVIIIe siècle la presque intégralité (90 %) de l'alimentation de la population française. Les cultivateurs sélectionnent progressivement les espèces les plus résistantes, les plus appétissantes, les plus agréables à regarder et surtout à consommer.

☞ **Le blé actuel croisé, hybridé**, en fait **modifié génétiquement** – le nombre des chromosomes qui servent à le coder a triplé ces dernières années –, n'a plus rien à voir avec les variétés d'autrefois. Le pain obtenu avec ces farines nouvelles contient des quantités croissantes de gluten – **40 fois plus actuellement** qu'en 1960 –, de protéines et de sucres... qui flattent l'œil et le goût mais que nos intestins ont de plus en plus de mal à accepter, tolérer ou assimiler. Et même si la boulangerie fait de réels efforts pour diversifier son offre, le pain, qu'il soit au levain, complet ou semi-complet, recouvert de multicéréales (graines de sarrasin, de sésame ou de pavot) n'en reste pas moins fabriqué avec des farines bien trop riches en gluten pour une grande partie du public. Beaucoup de spécialistes de l'agroalimentaire pensent qu'entre le quart et le tiers de la population pourrait être touchée par une intolérance à ce blé ultramoderne à haut rendement sorti des labos des chimistes-agronomes. Cela explique non pas la vogue mais **la nécessité du sans-gluten** pour un nombre grandissant de nos concitoyens.

DE LA MICHE À LA BAGUETTE

C'est seulement à partir de 1920 que la **fameuse baguette** – qui, avec le béret sur la tête et son journal sous le bras caricature pour les Anglo-Saxons le Français –, détrône la miche de pain. Outre qu'elle peut se placer sous l'autre bras, la **baguette** permet de manger un beau pain chaud et croquant, à la mie légère et moelleuse, et nous oblige en outre à aller la chercher quotidiennement chez le boulanger. Ce qui n'était pas le cas avec la miche de pain dur qu'on achetait une fois par semaine et dont on découpait et trempait de petits morceaux dans la soupe.

☞ Chacun d'entre nous consomme actuellement en moyenne **150 grammes de pain** – majoritairement blanc malheureusement – **tous les jours**.

LE POURQUOI DE CETTE DÉFERLANTE

Lorsqu'un patient se plaint en consultation d'une somnolence, d'une sensation de malaise, d'une douleur de ventre, d'une difficulté de digestion, de gaz++ survenus après l'ingestion d'une simple collation (croissant, pain au chocolat, biscuits, verre de lait...) ou d'un repas frugal (sandwich, morceau de pizza, plat de pâtes...), le médecin évoque volontiers un banal problème de digestion chez quelqu'un de stressé, lui prodigue quelques conseils et lui prescrit un ou deux médicaments symptomatiques. Mais de nombreux patients, non améliorés par ces recommandations souvent de bon sens et ce traitement eupeptique, restent dubitatifs et suspectent, probablement influencés par le bruit de fond ambiant, une **intolérance alimentaire**. Surtout ils désignent un coupable, le **gluten du blé** et adoptent de plus en plus souvent, même si c'est généralement à titre d'essai temporaire, un **régime d'exclusion**. Le corps médical, les chercheurs, les scientifiques, la presse professionnelle, les communicants de l'agroalimentaire, les céréaliers, les boulangers... sont longtemps restés perplexes face à cette démarche qu'ils réprouvaient, critiquaient ou condamnaient. Il fallut le témoignage convaincant d'un champion de tennis pour déclencher un électrochoc, entraîner la foule des scientifiques incrédules, conforter les « consommateurs-patients » dans leurs soupçons, irriter et secouer la filière agroalimentaire, inquiéter et faire cauchemarder les céréaliers et les boulangers... et finalement faire accepter du bout des lèvres, cette entité nouvelle non estampillée scientifique, **l'hypersensibilité au gluten**. Une tempête se levait comme de la pâte à pain, s'amplifiait et finissait par installer de façon pérenne, avec l'aide de certains industriels qui y voyaient finalement un nouveau marché prometteur, la mode du « **régime sans gluten** ».

UN MARCHÉ EN PLEIN BOOM

La production de gluten en France a été multipliée par 12 de 1980 à 1990, se stabilisant ensuite autour de 200 000 tonnes... avec les conséquences que nous développons dans ce chapitre.

☞ Le gluten et le sans-gluten se vendent actuellement **comme des petits pains**.

L'HYPERSENSIBILITÉ AU GLUTEN, DE LA RAQUETTE À L'ASSIETTE

Lorsque Novak Djokovic, longtemps barré sportivement par les deux monstres sacrés de l'histoire contemporaine du tennis que sont Roger Federer et Rafaël Nadal, gagne l'Open d'Australie en 2008 puis devient à son tour numéro 1 mondial en 2011, expliquant qu'il doit cette performance au régime sans gluten que lui a conseillé son staff médical, la communauté scientifique ne peut s'empêcher de ricaner et de cacher son scepticisme. **L'hypersensibilité au gluten**, décrite à partir des années 1980, mais restée confidentielle jusque-là, explose brutalement au grand jour et connaît alors une progression fulgurante dans les pays occidentaux. Et dans le sillage de Djoko, soutenu par les industriels – dont Gerblé, l'un de ses principaux partenaires –, de nombreux patients incommodés par des troubles divers, pas seulement digestifs, peu améliorés par les traitements classiques, décident de modéliser le champion et adoptent eux aussi son régime, en même temps qu'ils se détournent du lait et des laitages. Un mouvement dicté par le public s'enclenche, les scientifiques traînent la semelle mais emboîtent finalement le pas. Des équipes de chercheurs partout dans le monde consacrent de nombreux travaux à ces régimes d'éviction afin d'en cerner les limites ou d'en confirmer l'intérêt éventuel.

☞ **La révolution du sans-gluten, le « free-glu », boostée par Internet et les réseaux sociaux est en marche, et, tel un rouleau compresseur, emporte tout sur son passage, d'autant que son porte-parole devient l'un des plus grands champions de l'histoire de son sport.**

POURQUOI TANT DE GLUTEN DANS LA FARINE ET LE PAIN ?

C'est lui qui rend la farine panifiable, lui permettant de lever et gonfler, lui conférant son élasticité, sa résistance, son liant – dont témoigne d'ailleurs, le préfixe « glu ». Ces raisons expliquent qu'il ait été de plus en plus utilisé à la fois par les céréaliers soucieux de nous offrir le pain ou la brioche volumineuse, dorée et moelleuse que nous recherchons, et par l'agroalimentaire enthousiasmé par les qualités physiques – le croquant entre autres – qu'il procure aux biscuits, gâteaux, pâtes, et divers autres produits...

☞ Il n'y a donc aucun complot ourdi par l'industrie agroalimentaire, seulement des **impératifs commerciaux**.

LES RAISONS D'UNE POLÉMIQUE, L'OMBRE D'UN GROS DOUTE

La médecine classique vit actuellement sous le diktat des preuves scientifiques irréfutables, ce que les Anglo-Saxons appellent « *l'Evidence-Based Medicine* ». La maladie cœliaque ne souffre d'aucune discussion puisque le diagnostic est affirmé par la biologie – présence d'anticorps antitransglutaminase – et l'histologie – biopsies réalisées lors d'une coloscopie.

La sensibilité au gluten non cœliaque (SGNC) paraît, elle, bien subjective, reposant avant tout sur les déclarations d'un exceptionnel champion de tennis (!). La symptomatologie est extrêmement vague, et elle n'est surtout validée par aucun biomarqueur fiable et indiscutable – absence d'anticorps spécifiques et de lésions histologiques de la muqueuse intestinale –, ce qui la discrédite totalement aux yeux de la plupart des scientifiques purs et durs.

Mais malgré ces réticences compréhensibles, le concept du « sans-gluten » a fini par s'imposer... appuyé non par l'institution médicale mais par l'agroalimentaire qui a vu s'ouvrir le marché prometteur et inespéré d'une clientèle très demandeuse et prête à payer plus cher ses produits – en moyenne 20 %. Vous avez d'ailleurs tous pu constater le développement rapide des linéaires de « sans-gluten » dans tous les points de vente alimentaires et plus seulement dans les chaînes de produits bio ou naturels.

☞ **Tout le monde (public, médias, agroalimentaire) a trouvé son compte avec le régime sans gluten, sauf quelques scientifiques grincheux, accros à la seule médecine par les preuves et hostiles aux témoignages, pour eux anecdotiques, des sportifs... et des patients. Si certains ont la science infuse, d'autres peuvent l'avoir plus confuse !**

L'EVIDENCE-BASED MEDICINE

Inventée en 1980 au Canada, la **médecine fondée sur des preuves** (traduction française) permettait initialement d'évaluer la **qualité scientifique** des nombreux articles publiés dans la presse médicale puis de juger de **l'efficacité d'un traitement** (médicament le plus souvent). Mais prise vraiment au pied de la lettre, elle a progressivement étendu une **forme de radicalité** à la médecine et nous semble mal adaptée au contenu d'une consultation où intervient beaucoup l'humain... Le public se détourne d'ailleurs de plus en plus souvent des avis d'experts et privilégie sa propre expérience insuffisamment écoutée et surtout entendue. C'est exactement ce qui s'est passé avec l'homéopathie, les médecines alternatives puis maintenant avec les régimes d'éviction.

☞ Quant à envisager des études cliniques sur les conséquences éventuelles, preuves à l'appui, de la suppression de tel ou tel aliment, il est bien sûr impossible d'envisager le moindre soutien financier de l'agroalimentaire car les conflits d'intérêts sont par trop divergents, les retombées économiques finalement faibles... et que le doute leur profite.

C'EST QUOI AU JUSTE LE GLUTEN ?

Une céréale est composée de sucre, l'amidon, qui rend sa digestion souvent difficile, et de protéines dont fait partie le **gluten**. Ce dernier est lui-même constitué de deux familles de protéines, les **prolamines** dont la **gliadine** – les plus belliqueuses pour le système immunitaire et la paroi intestinale – et les **gluténines** – beaucoup moins agressives. Il met l'intestin à rude épreuve en stimulant l'inflammation et en favorisant l'hyperperméabilité qui desserre les liens entre les cellules intestinales. Le gluten est impliqué dans la plupart des intolérances alimentaires : il est non seulement responsable des nombreux symptômes désagréables et gênants dont se plaignent beaucoup de patients, mais constitue probablement un facteur de déclenchement, d'entretien ou d'aggravation de nombreuses maladies et pathologies chroniques plus ou moins graves.

☞ **Sommes-nous capables d'ingérer des quantités aussi importantes d'une protéine aussi réactive sans conséquences pour notre santé ? Il semblerait que non.**

NE VOUS FIEZ PAS À LA (PRO)LAMINE

La gliadine du blé (= 70 % des protéines de la céréale), de l'épeautre, du kamut, l'hordénine de l'orge, la sécaline du seigle… sont toxiques pour les patients atteints d'une maladie cœliaque. L'orzénine du riz, la panicine du millet et l'avénine de l'avoine sont moins ou peu agressives.

☞ Plus une céréale contient de prolamines, **plus elle fait réagir** le système immunitaire et endommage la paroi intestinale. Et une céréale qui lève peu contient peu de prolamines : c'est le cas de l'amarante, du millet, du quinoa, du sarrasin, du sorgho.

LE GLUTEN, UNE DROGUE DANGEREUSE ?

Lors de la digestion, des enzymes découpent les protéines en petits morceaux d'acides aminés. Dans le cas du gluten, cette découpe est incomplète : des fragments non digérés se retrouvent dans l'intestin grêle, passent au travers des jonctions serrées de l'intestin, déclenchent une inflammation, une hyperperméabilité (voir chapitre correspondant, p. 71) et une réaction immunitaire. Des morceaux de protéines filent vers le cerveau où ils stimulent la production de molécules chimiquement proches de l'opium, des peptides opioïdes. Cela déclenche la sensation de plaisir et de plénitude que vous éprouvez lorsque vous croquez le croûton chaud de la baguette que vous venez d'acheter. Et cette production de « substances-plaisir » explique également les troubles du comportement, l'agitation, les grosses difficultés qu'éprouvent les gros amateurs de pain lorsqu'ils tentent de limiter ou stopper leur aliment préféré.

☞ Autant les patients qui présentent une maladie cœliaque doivent ÉLIMINER RADICALEMENT toute trace de gluten, autant les patients seulement **sensibles ou intolérants**, peuvent se contenter de sa DIMINUTION, qui déjà améliore leurs symptômes physiques et psychiques. Et l'on pourrait, pourquoi pas, rêver d'une réduction prochaine des quantités de gluten dans la farine ou plus vraisemblablement de la mise à disposition de ferments lactiques digérant la gliadine. Cela permettrait à tous les hypersensibles actuels de se faire à nouveau plaisir avec une belle tranche de bon pain.

FAUT-IL SUPPRIMER LE GLUTEN SI ON EST EN BONNE SANTÉ ?

Le gluten est une substance **réactive voire nocive** aux doses où elle se trouve actuellement dans l'alimentation. **Réduire sensiblement ses apports** nous semble donc un conseil simple, efficace, de bon sens pour éviter de stimuler le trio infernal « dysbiose-inflammation-hyperperméabilité intestinale » à l'origine de l'apparition et l'aggravation de maladies et pathologies plus ou moins graves.

☞ Seuls les malades cœliaques ont pour obligation de le **supprimer totalement**. Une grande partie de la population gagnerait probablement à en diminuer les apports.

LES SYMPTÔMES DE L'HYPERSENSIBILITÉ AU GLUTEN

Ils sont divers et variés, apparaissent dans les six heures qui suivent l'absorption de la protéine, chez des personnes indemnes par définition d'une maladie cœliaque. Ils consistent principalement en **troubles fonctionnels digestifs**, plus ou moins intenses, allant du simple inconfort à la gêne véritable : ballonnements, douleurs abdominales, troubles du transit (diarrhée plutôt que constipation)... Mais les signes peuvent être **généraux** et se situer **à distance** : perte d'appétit, malaise, mal de tête et/ou migraine, fatigue, fourmillements des membres, amaigrissement, comportementaux (agressivité, nervosité, déprime ou trouble de l'humeur...), cognitifs (difficultés de concentration ou de mémorisation, dyslexie, dysphasie...), ou physiques (douleurs articulaires et/ou musculaires ou troubles cutanés...).

☞ Mais il est essentiel de savoir qu'ils n'entraînent **pas de complication grave** (œdème de Quincke), qu'ils disparaissent rapidement avec l'arrêt de l'ingestion du gluten.

ATTENTION DANGER EXTRÊME

Le **choc anaphylactique** et **l'œdème de Quincke** sont des accidents **allergiques** redoutables qui nécessitent des soins urgents (appel des secours, parfois massage cardiaque externe) et souvent une hospitalisation car ils peuvent engager le pronostic vital.

FRÉQUENCE DE L'HYPERSENSIBILITÉ AU GLUTEN

Elle est apparue avec la modification de la composition des farines, bien **plus concentrées en gluten** qu'autrefois, et le changement des habitudes alimentaires moins riches en fibres, malgré les recommandations réitérées du Programme national nutrition santé (PNNS).

LA MEILLEURE FAÇON DE SE NOURRIR

Le Programme national nutrition santé (PNNS), lancé en 2001, décidé par les pouvoirs publics, est destiné à l'amélioration de l'état de santé de la population. Il s'appuie sur **l'alimentation** en prodiguant des **recommandations** simples et validées scientifiquement. Ce sont elles que vous trouvez répercutées dans les médias.

Les patients absorbent actuellement trop de gluten, qu'ils ont donc plus de mal à assimiler et à éliminer d'autant que notre alimentation contient moins de fibres qui servent habituellement de ballast pour se débarrasser des résidus non digérés.

La fréquence de l'hypersensibilité au gluten n'est pas connue avec précision – entre 5 et 15 % de la population – car beaucoup de patients s'automédiquent et la majorité des patients, plutôt des dames que des messieurs, ne consultent pas. Certains de ces patients seraient en fait intolérants aux fibres courtes des Fodmaps (voir chapitre correspondant, p. 267).

☞ L'hypersensibilité au gluten ne semble pas une simple lubie de consommateur, un feu de paille saisonnier. Elle traduit un malaise beaucoup plus profond qui touche à l'alimentation, c'est-à-dire à notre culture, notre identité, notre rapport au monde actuel. Cette intolérance concerne une population qui souhaite revenir à une alimentation naturelle, riche en fruits et légumes, débarrassée de produits trafiqués, trop raffinés, bourrée de substances allergisantes ou toxiques (acidifiants, colorants, conservateurs, perturbateurs endocriniens, pesticides…). Elle n'est pas, contrairement à ce que d'aucuns laissent penser et qu'on perçoit parfois dans les articles et reportages qui lui sont consacrés, uniquement l'apanage d'éco-los-bobos, extrémistes du manger-sain. Ils en font certes partie mais nous ne devons pas sous-estimer ou nier une réalité patente, il y a **trop de gluten dans notre blé, et donc les farines**.

Le diagnostic bien flou de l'hypersensibilité au gluten

Elle serait responsable d'une myriade de symptômes mal définis et variés, non seulement digestifs mais également allergiques, cutanés, articulaires, neuropsychiatriques qui résistent à un diagnostic tel qu'il est actuellement affirmé par la médecine classique. Les examens biologiques et histologiques – peu pratiqués ici – de la maladie cœliaque sont négatifs : il n'existe donc pas d'argument rationnel scientifique clairement établi pour affirmer le diagnostic. Pour quelques rares médecins, la recherche d'une peptidurie serait évocatrice en renseignant sur l'existence et l'importance quantitative de la fuite dans les urines de résidus de gluten ni digérés ni absorbés. Mais cet examen, non remboursé par la Sécurité sociale, n'est pas validé par l'ensemble de la communauté scientifique.

CONTROVERSE URINAIRE

La peptidurie traduirait un déficit d'activité de l'enzyme chargée de découper ces morceaux de protéines (= peptides). Comme leur digestion est partielle, une partie passerait dans les urines, des molécules de type opioïdes seraient produites et iraient activer certaines zones du cerveau. Cette peptidurie est surtout demandée par des médecins qui voient une composante inflammatoire dans l'autisme ou les tableaux cliniques apparentés (hyperactivité, troubles de l'attention...).

Il reste alors au patient la solution du **traitement d'épreuve** : réduire le gluten ingéré afin de constater la diminution éventuelle des symptômes... et leur réapparition à sa réintroduction.

☞ Les spécialistes restent dans leur extrême majorité perplexes et critiques et émettent de sérieux doutes sur la responsabilité avérée du gluten dans ces tableaux cliniques peu spécifiques. **Mais les témoignages de patients aussi nombreux ne peuvent être écartés d'un simple revers de la main, l'inconfort et le mal-être ne se mesurent ni se quantifient, nous l'avons dit et le ressassons.**

💡 PEUT-ON MANGER DU PAIN DE PETIT ÉPEAUTRE LORSQU'ON EST HYPERSENSIBLE AU GLUTEN ?

L'épeautre fait un retour remarqué en boulangerie et dans l'agroalimentaire où il sert à confectionner les pâtes et les biscuits. C'est une céréale dure, proche du blé mais au rendement bien moindre, ce qui a expliqué son abandon progressif. Mais il fait un retour remarqué dans l'agriculture biologique. Certains qui se pensent intolérants au gluten se tournent vers le **petit épeautre**, ce qui est une erreur car il en contient tout de même autour de 7 %. Mais ce gluten serait mieux toléré car moins riche en gliadine.

☞ Alors faites-vous votre propre idée en commençant par de toutes petites quantités et en augmentant progressivement. Il vous est en revanche interdit comme le blé si vous souffrez d'une maladie cœliaque.

REPÉRER LE GLUTEN SUR L'ÉTIQUETAGE DES ALIMENTS

- Un **produit sans gluten** doit en contenir **moins de 2 mg/100 grammes.** Pour être qualifié de **pauvre en gluten**, il doit en contenir moins de 10 mg.
- Le moyen mnémotechnique « SABOT » regroupe en un mot les initiales des cinq céréales qui contiennent du gluten : **seigle, avoine, blé, orge, triticale**.
- Le gluten est présent dans de nombreux aliments ou produits du commerce, sous différentes appellations qui peuvent vous tromper : malt et extrait de malt, amidon (des céréales SABOT) et amidon modifié (sans précision), matières amylacées, protéines végétales hydrolysées, agents antiagglomérants, épaississants, liant protéinique végétal...

☞ **Soyez très attentifs aux étiquettes.**

LE SARRASIN, UNE PSEUDO-CÉRÉALE

Malgré son appellation fréquente de **blé (ou froment) noir,** le sarrasin n'est pas une céréale mais une **plante**… originaire de Chine. Dépourvu de gluten, il n'est évidemment pas utilisé pour la panification ou les pâtes mais seulement pour la confection de galettes, de crêpes ou de blinis. Le sarrasin est hautement nutritif, riche en protéines, en fibres solubles et en antioxydants.

☞ Bien que préconisé par le régime Seignalet, il fait partie des **néoallergènes alimentaires**, capables de déclencher des intolérances ou des accidents allergiques.

LE RÉGIME SANS GLUTEN EN PRATIQUE

Les céréales étaient autrefois réservées à l'alimentation des animaux. Elles représentent maintenant les deux tiers des calories ingérées et la moitié des protéines consommées par les hommes. Le **blé** est chez nous la céréale de référence, loin devant le riz et le maïs. C'est la raison pour laquelle beaucoup de personnes ont du mal avec le gluten qui s'y trouve actuellement en trop grandes quantités. Mais il est également présent dans la plupart des autres céréales, l'**avoine**, le boulgour, l'épeautre, le froment, le **kamut**, l'**orge et ses dérivés (mondée, perlée, malt)**, le **seigle (et le pain d'épice de Reims)**, le **triticale (mélange de blé et seigle). Seuls le riz et le sarrasin n'en contiennent pas.**

L'alimentation doit donc d'abord **bannir le blé et ses dérivés** (biscottes, céréales, chapelure, couscous, crêpes, gâteaux secs, pain azyme, pains divers, pâtes alimentaires, pizza, raviolis, semoule, viennoiseries). Attention également à des **aliments plus surprenants** comme le beignet, la bière, la charcuterie (jambon, saucisses...), les chips, la confiserie industrielle, le concentré de bouillon, les crèmes glacées, les flans, les frites industrielles, les fromages à tartiner, la moutarde, les pâtes à tartes, les pâtés, les sauces (au fromage, industrielles, tomate...), les viandes et poissons cuisinés (panés, conserves), les yaourts aux fruits... Près de trois quarts des **produits transformés** – plats préparés – contiennent du gluten qui leur confère liant et élasticité.

- La mise en œuvre du régime sans gluten demande trois à six mois, les premiers résultats devant se faire sentir au bout de trois semaines, un mois. Il existe une logique d'exclusion, vous devez éliminer dans l'ordre : blé, seigle, orge, avoine... et les plats industriels tout préparés.
  - Ne consommez pas d'aliment dont la composition vous est inconnue.
  - Faites attention aux ustensiles de cuisine qui ont contenu du gluten – les quantités persistantes peuvent être suffisantes pour déclencher des symptômes – et à l'huile qui a déjà servi à la cuisson de beignets ou de produits panés.
- Au bout de quelques semaines, vous devez constater une amélioration de vos symptômes... et leur réapparition si vous opérez une réintroduction trop rapide. Prenez votre temps, rien ne presse pour celle-ci.

☞ **Le régime sans gluten est absolument sans risque**, contrairement à ce que peuvent affirmer certains, à court d'arguments, il oblige à manger plus sain (fruits et légumes, aliments non transformés) et à éliminer les produits trop raffinés, les plats-traiteur généralement bourrés d'excipients divers (acidifiants, colorants, conservateurs...) et de sel. Il est **relativement facile** sauf pour les amateurs de pain, de pâtes, de gâteaux. Et n'oublions pas le **surcoût** (autour de 20 %) imposé pour le moment par les produits sans gluten.

CES ALIMENTS SONT NATURELLEMENT SANS GLUTEN

Confit, foie gras, fruits, jambon blanc cru, lait et produits laitiers, légumes frais et secs (graines, haricot, noix), maïs, œuf (mais pas les omelettes industrielles), œufs de poisson, poisson, pomme de terre (fécule de), quinoa, riz, sarrasin, sésame, soja, tapioca, viandes fraîches (volaille) grillées et non cuisinées (non panées), steak haché pur...

☞ Vous pouvez consulter **le site** de l'Association française des intolérants au gluten (Afdiag) qui fournit des **informations pratiques et très complètes** sur l'alimentation autorisée et interdite : www.afdiag.fr

SANS GLUTEN SIGNIFIE JUSTE SANS GLUTEN !

Sans gluten n'est pas plus synonyme de bon pour la santé que bio. Certains aliments sans gluten peuvent en effet contenir des quantités notables de sucres à index glycémique élevé, d'oméga 6 pro-inflammatoires, d'additifs, de conservateurs, de colorants...

☞ **Conservez votre sens critique** et lisez bien les étiquettes.

CONCLUSION

Il est finalement difficile voire impossible d'affirmer avec certitude qu'un patient est hypersensible au gluten. Le diagnostic est le plus souvent évoqué ou suspecté et les résultats subjectifs obtenus par une séquence « éviction-réintroduction-(ré) éviction ». Mais nous devons écouter son expérience et surtout entendre sa plainte et considérer, jusqu'à preuve du contraire, qu'il souffre d'une nouvelle pathologie au carrefour du syndrome de l'intestin irritable et de la maladie cœliaque, que nous apprenons progressivement à comprendre et dont nous ne devons plus nier la réalité. Ce que nous savons en revanche avec certitude, c'est que pour faire face à l'augmentation inexorable de la population mondiale, l'agroalimentaire a modifié les gènes de nombreuses céréales – dont le blé –, ce qui a donné naissance à des variétés pour lesquelles nos intestins n'étaient génétiquement pas préparés. Et ce blé, qui n'a plus grand-chose à voir avec ce qu'on mangeait il y a seulement une cinquantaine d'années, est INDISCUTABLEMENT responsable d'une kyrielle de symptômes bénins, possiblement graves à plus long terme, la question se pose en tout cas. Une part croissante de nos concitoyens a donc décidé, quasiment de son propre chef, sans l'appui ferme de la communauté scientifique, encouragée par Internet et les industriels, de réduire de façon draconienne ses apports de gluten, sans que nous puissions les blâmer, bien au contraire : non seulement **l'argent ne fait pas le bonheur mais trop de blé nuit certainement à la santé.**

QUELQUES PREMIÈRES MESURES...

- **Réduisez ou éliminez les céréales** dans l'ordre suivant : blé, seigle, orge, avoine et triticale.
- **Freinez sur le pain, les pâtisseries, les biscuits.**
- Évitez **la nourriture industrielle** – plats tout préparés.
- Privilégiez les **céréales sans gluten**, riz et sarrasin, ou pauvres en prolamines (millet, maïs, pomme de terre, quinoa, riz, sarrasin, soja, sorgho).
- Veillez à un apport suffisant **en fibres alimentaires**.
- Et si vous vous sentez mieux avec des produits sans gluten, poursuivez votre démarche, vous ne courez **aucun risque** autre que financier.

COMPRENDRE LE RÉGIME SEIGNALET

Revenir aux steaks de dinosaure ou de mammouth !

Alors que la médecine avait et a plutôt envie de nous proposer « *Retour vers le futur* », le Docteur Jean Seignalet – décédé en 2003, hématologue, immunologiste, biologiste, spécialiste de l'histo-compatibilité des greffes – à Montpellier, se fait connaître dans les années 1980 par ses travaux sur les maladies chroniques et surtout son approche qui prône le retour de l'alimentation vers l'ancestrale **époque des chasseurs-cueilleurs.** Il développe cette thèse dans un ouvrage à succès, maintes fois réédité, qui fait figure de Bible pour les candidats de plus en plus nombreux aux régimes d'exclusion, et qui s'intitule *L'alimentation ou la troisième médecine.* Pour lui, en effet, la première médecine est celle que nous, médecins, avons apprise et exerçons ; la deuxième est constituée par les **M**édecines **a**lternatives et **c**omplémentaires (MAC) dont il extrait principalement la naturopathie et l'homéopathie ; la troisième est **l'alimentation d'autrefois**, à 180° de la malbouffe actuelle, totalement dénaturée par l'élevage, la culture, l'agroalimentaire, la pollution, les modes de préparation et de cuisson des aliments...

C'EST QUOI LES MÉDECINES ALTERNATIVES ET COMPLÉMENTAIRES ?

Les **MAC**, autrefois appelées médecines parallèles, douces, naturelles, constituent un ensemble de méthodes, techniques, thérapeutiques non agressives qui viennent, dans des indications précises, parfois **à la place** ou le plus souvent **en complément** de la médecine classique. On trouve principalement ici l'homéopathie, l'acupuncture, les médecines manuelles (ostéopathie), la phytothérapie (dont les huiles essentielles), l'oligothérapie et sa branche micronutrition.

LE DOCTEUR SEIGNALET, UN PIONNIER ?

Victime d'une dépression, il a l'intuition que santé et nutrition sont intimement dépendantes. Il fait le lien entre la nourriture actuelle qu'il dénonce et l'explosion des cancers, des maladies inflammatoires (affections rhumatismes, pelvispondylite, Crohn...), auto-immunes (lupus érythémateux, sclérose en plaques, insuffisance thyroïdienne...), métaboliques (diabète...), d'élimination (asthme, urticaire, infections récidivantes...). Il préconise de revenir à **l'alimentation paléolithique** pour laquelle nous sommes génétiquement programmés et propose sa **diète hypotoxique** en remplacement de l'alimentation moderne totalement dénaturée, inadaptée et finalement agressive pour nos intestins. Nous avons au fil des siècles, dit-il, sélectionné des individus capables de résister à la famine ou au peu-manger, vivant du produit de leur chasse ou survivant à d'interminables périodes de disette. Et nous vivons, poursuit-il, au moins dans les pays occidentaux, une période d'abondance alimentaire, de trop-plein voire de pléthore – on chasse avec son Caddie dans les grandes surfaces – où ont explosé les **pathologies de surcharge** et d'**encrassage**. Il devient ainsi l'un des plus ardents opposants de **l'alimentation moderne** et un des précurseurs des **régimes d'exclusion**.

☞ Mais beaucoup de questions subsistent sur sa démarche de réhabilitation du cru et de l'alimentation paléolithique. D'abord, cette période s'est étendue sur deux millions d'années avec des habitudes fort disparates çà et là : on y trouvait des carnivores (Néandertal) et des herbivores (*Homo sapiens*) donc plusieurs modèles hétérogènes et successifs d'alimentation et pas un seul et unique sur lequel on plaquerait UNE théorie. Et il est difficilement concevable que nos gènes ne se soient pas modifiés par des mutations progressives selon les lois de Lamarck, l'épigénétique en est la preuve la plus récente. Et de considérer que le néolithique, marqué par l'apparition de l'agriculture et de l'élevage, constitue **le début de la fin**, nous semble une vision réductrice de l'évolution des espèces et de la médecine humaine.

☞ **L'espérance de vie n'est-elle pas passée de 25 ans au début du XIXe siècle à près de 85 ans maintenant, malgré les « dérives alimentaires » dénoncées ? Ce qui tend à prouver que tout ne va pas si mal sous nos climats et dans nos assiettes.**

LA DISPARITION PROGRESSIVE DU BON ET BIEN-MANGER À LA FRANÇAISE

Toutes les enquêtes confirment la dérive de notre alimentation, surtout celle des jeunes, devenus adeptes des sandwichs (plus de 5 millions en sont consommés chaque jour, le sacro-saint jambon-beurre arrivant toujours en tête) et de la « street-food », peu attirés par les fruits et légumes. Et ils ont, les chiffres sont implacables, un **régime moins équilibré** que leurs homologues américains que nous dénonçons pourtant régulièrement !

LA MÉTHODE SEIGNALET POUR UNE ALIMENTATION NATURELLE

Seignalet constate que les hommes du paléolithique ne buvaient pas de lait, ne consommaient ni produits laitiers ni céréales. Or, l'alimentation moderne a fait de ces deux groupes d'aliments la base de notre table. Elle a de plus introduit le sel et le sucre raffiné, transformé des aliments en y rajoutant sucre et graisses, proposé des modes de cuisson agressifs dénaturants. La méthode Seignalet tient donc compte de la qualité des aliments et pas seulement de leur quantité et leur répartition respective comme le font habituellement les nutritionnistes. Elle prend également en compte les transformations moléculaires qu'ils ont subies. Certains aliments sont explique-t-il devenus totalement indigestes, raison pour laquelle il **exclut gluten et caséine**, et préconise **du frais, du cru ou des cuissons douces**. Le patient doit supprimer la plupart des céréales et les laitages, se méfier des protéines, modifier la préparation des repas en insistant sur les cuissons qui doivent être les plus modérées possibles – à l'opposé du gril ou du micro-ondes.

LES GRANDES LIGNES DE L'ALIMENTATION DE TYPE SEIGNALET

- **Exclusion des céréales** à l'exception du **riz** et du **sarrasin**, du **quinoa**, du **sésame** : élimination de biscottes, biscuits, pain, pâtes, pâtisseries, semoule, viennoiseries...

☞ Les céréales ont toutes, dit-il, été obtenues par sélection, hybridation, modifications génétiques... Elles ont donc muté et sont difficiles à digérer pour des intestins modernes, d'autant qu'elles contiennent beaucoup plus de gluten qu'autrefois (et c'est encore bien plus actuellement qu'au moment où Seignalet émet ses recommandations).

- **Exclusion du lait et laitages, du fromage** : pas de beurre, crème, glaces et surtout poudre de lait... Notons que les laits de brebis et de chèvre ne trouvent pas grâce à ses yeux alors que nous sommes, nous, beaucoup plus indulgents (voir chapitre « Lait et laitages », p. 210).
- **Très peu cuire les viandes** voire les consommer **crues** (carpaccio, tartare) ; les choisir de qualité irréprochable et maigres.

☞ La cuisson ne doit jamais dépasser les 110° afin de cuire sans dénaturer et sans perdre minéraux et vitamines. La préférence est donnée à la cuisson à l'étouffée ou vapeur, le micro-ondes est banni.

- Les **charcuteries crues** sont autorisées : **jambon, saucisson maigre**.
- Le **jaune d'œuf** peut être consommé à condition d'être coque, mollet ou très peu cuit.
- Les **poissons crus** sont permis (**carpaccio, sushis**) lorsqu'ils sont très frais, tout comme les **coquillages et crustacés**. Les **poissons gras** (sauf thon et saumon fumé) sont conseillés, 2 à 3 fois par semaine.
- Les **crudités** sont recommandées, tous les **légumes** et **légumineuses** sont autorisés, de préférence à la vapeur.
- Tous les **fruits** peuvent être consommés, de préférence frais et crus ; les fruits secs sont autorisés.
- Les **confitures** sont à éviter, **miel** et **pollen** peuvent être consommés en petites quantités.
- Une cuillère à soupe d'**huiles d'olive** et de **colza** en association est recommandée chaque jour, pour l'ensemble des assaisonnements.

☞ Mais pas de beurre, de margarine, d'huiles raffinées.

- Les **condiments** sont autorisés, les apports de **sel** doivent être limités.
- **Thé** et **vin** sont autorisés.
- **Boire** chaque jour en plus des boissons habituelles, **un verre d'eau par 10 kg** de poids.
- Choisir de préférence une **alimentation bio** pour éviter pesticides et autres polluants.
- Ne pas hésiter à se supplémenter en minéraux, vitamines et ferments lactiques.

LE RÉGIME SEIGNALET EN BREF

Aliments **interdits** : blé et dérivés (pâtes, pain, biscottes, gâteaux...), la plupart des céréales, lait et laitages, sucre raffiné et sucreries, confitures, chocolat au lait, boissons alcoolisées et bière, conserves. .

Aliments **déconseillés** : cuits au-dessus de 110°, abats, charcuteries et viandes cuites, œufs durs, poissons très cuits, huiles chauffées...

Aliments **autorisés** : charcuteries crues, chocolat noir (en petites quantités), fruits, crustacés, fruits de mer, huiles d'olive et de colza, légumes verts et secs, œufs peu cuits ou crus, poissons crus (sushis), riz, sarrasin, sésame, thé, viandes plus ou moins crues, vin (modérément), pollen.

LE RÉGIME SEIGNALET EST-IL DANGEREUX ?

Il n'y a **aucun risque** à entamer et à poursuivre un certain temps ce type de régime, en particulier aucune carence à redouter. Il existe **un risque potentiel** d'intoxication alimentaire car la suppression des cuissons peut laisser des germes présents dans les aliments. Mais les mesures générales d'hygiène sont telles actuellement que cette éventualité est vraiment théorique et peu probable.

☞ Le régime Seignalet est parfois **difficile moralement et socialement** pour certains bons vivants mais sans danger réel, d'autant qu'il s'adresse à des personnes malades ou soucieuses de leur santé et donc attentives à leur hygiène de vie. Quelqu'un qui va bien décide rarement de suivre la diète Seignalet alors qu'il peut être tenté par un sans-laitages ou sans-gluten.

HYPOTHÈSES DU DOCTEUR SEIGNALET

Il est un grand précurseur car il a, un des premiers avec le Docteur Kousmine, imaginé – sans avoir à sa disposition les connaissances que nous avons depuis 2011 sur la composition du microbiote – que certaines pathologies graves pouvaient avoir pour point de départ un mauvais état de la flore intestinale. Et que l'hyperperméabilité intestinale, en laissant passer des substances toxiques ou polluantes, des débris allergisants provenant d'aliments insuffisamment digérés, créait les intolérances alimentaires et perturbait le système immunitaire. Celui-ci réagissait par une inflammation chronique puis un « encrassage » qui, conjugués, aboutissaient aux maladies auto-immunes, aux pathologies plus ou moins chroniques et graves.

☞ L'intestin constitue pour le Docteur Seignalet **le** facteur déclenchant, d'entretien, d'aggravation de la plupart des maladies. Son régime, sans preuves scientifiques probantes et indiscutables, grâce au bouche-à-oreille, est devenu **la référence, le camp de base** pour beaucoup de patients chroniques.

LE RÉGIME KOUSMINE, C'EST TRÈS DIFFÉRENT DU SEIGNALET ?

Catherine Kousmine, née en Russie en 1904, s'établit en Suisse avant la Révolution d'octobre. Pédiatre, elle s'intéresse à l'impact de l'alimentation sur la santé et pense que celle-ci, saine, bien choisie, cuite doucement, supplémentée, joue un rôle essentiel dans la **prévention** et la **guérison de maladies même graves**. Elle est une des premières à insister sur **l'hygiène intestinale** – proposant des lavements réguliers et préconisant **l'huile de lin** – dont on a démontré depuis l'intérêt.

→

☞ Il existe de grandes similitudes dans ces approches controversées qui établissent toutes deux un lien étroit entre **le contenu de l'assiette et de l'intestin et finalement la santé tout court**.

LES DIFFICULTÉS DU RÉGIME SEIGNALET

La diète Seignalet supprime céréales et laitages, les deux piliers de l'alimentation occidentale. Il est assez facile pour les messieurs de supprimer les seconds, cela semble plus compliqué pour les dames ; il est à l'inverse souvent plus aisé pour elles de supprimer les céréales mais les laitages et yaourts font tellement partie de leurs habitudes culturelles que les solutions de remplacement (une viennoiserie ou des biscuits à la place d'un yaourt par exemple) risquent d'être pires alors qu'elles demandent justement à être bénéfiques.

☞ Et même si la plupart des patients qui suivent la diète Seignalet sont atteints d'une pathologie chronique désespérante – ce qui constitue un important facteur de motivation – nous nous apercevons qu'il leur est souvent relativement **difficile de le poursuivre longtemps**.

CONCLUSION

Certains de nos patients, une minorité, sont prêts aux nombreux sacrifices qu'impose le régime Seignalet. Les résultats positifs se font généralement sentir au bout de quelques semaines. Malgré tout, le taux d'observance reste faible, ce qui n'a d'ailleurs rien d'étonnant, car il est compliqué voire impossible de bouleverser de plus d'un tiers ses habitudes alimentaires sans risque grand d'abandon sur le moyen et le long terme. C'est la raison pour laquelle nous, médecins, réservons la diète Seignalet à quelques patients motivés et soigneusement triés sur le volet et avons assoupli les mesures que beaucoup d'entre vous jugent drastiques en les limitant au **régime d'éviction** (principalement lait, laitages, céréales) qui est le pivot central de notre ouvrage.

QUELQUES PREMIÈRES MESURES...

- Commencez par **l'exclusion du lait de vache** et des laitages.
- Rajoutez ensuite celle **des céréales à gluten** en enlevant le SABOT.

COMPRENDRE LE RÉGIME PAUVRE EN SUCRES QUI FERMENTENT

En finir avec les aliments gonflants

Ce régime dit sans Fodmaps, mis au point il y a une dizaine d'années en Australie, n'est pas une lubie de plus mais une méthode consistant à éliminer certains sucres alimentaires, faiblement absorbés, donc plus facilement fermentés par les bactéries intestinales. Très populaire, largement conseillé et suivi partout dans le monde, mais relativement inconnu chez nous en France, il est pourtant merveilleusement efficace contre les ballonnements et autres flatulences. Mais nous répugnons culturellement à évoquer cette chasse aux pets même si le succès planétaire de Giulia Enders, auteure de *Le charme discret de l'intestin,* a semblé lever partiellement ce tabou.

SYMPTÔMES VISÉS PAR CE RÉGIME

Des gaz encore des gaz... avec leurs conséquences : **flatulences**, **ballonnements**, douleurs abdominales dans un ventre gonflé comme une baudruche, pets malodorants... qui accompagnent parfois de la **diarrhée**.

☞ C'est donc un problème pénible pour la personne sensible et son entourage, mais sans danger et curable la plupart du temps : ce tableau est amélioré par la réduction ou la suppression des Fodmaps.

QUI SONT CES FODMAPS ?

Il s'agit d'une famille de **sucres à chaînes courtes** qu'on trouve principalement dans les fruits et légumes – mais pas exclusivement – que certains ont du mal à absorber dans leur intestin grêle, ne possédant pas les enzymes nécessaires à cette action. Ces sucres arrivent donc tels quels ou peu digérés dans le côlon où ils sont attaqués massivement par les bactéries intestinales qui en raffolent : les conséquences, pour les personnes concernées, sont une **fermentation** avec formation et dégagement de beaucoup de gaz d'où les signes cliniques décrits ci-dessus.

☞ **Fodmaps** est l'acronyme désignant un ensemble de symptômes d'une grande banalité. Cette intolérance est en effet répandue puisqu'elle toucherait à des degrés divers entre le tiers et la moitié de la population.

QUELLES SONT LES CAUSES DE L'AÉROPHAGIE ?

Ça n'est pas une maladie mais une **gêne banale** qui reconnaît quelques causes faciles à corriger. Elles tiennent principalement aux **conditions du repas** : il faut manger dans le calme, par petites quantités, en prenant son temps, en mastiquant longuement, en évitant de boire à table des eaux gazeuses et des sodas. Le stress entraîne en effet une boule à l'estomac et empêche l'air formé lors de la digestion de s'éliminer vers le bas. Et évitez bien sûr en dehors des repas les boissons très gazeuses (type Perrier) qui apportent beaucoup d'air et les chewing-gums qui en font avaler de grosses quantités.

☞ Mais que vous le vouliez ou pas, **le volume des gaz émis par l'anus varie entre 400 et 1 500 ml par jour** – avec une moyenne de 700 ml. Et certains grands pétomanes peuvent éliminer jusqu'à 4 à 5 litres !

D'OÙ VIENT CE MOT DIFFICILE À RETENIR ?

Il s'agit d'un acronyme anglais :

- **F** comme **fermentable** pour expliquer que ces sucres aboutissent à la production de trop de gaz.
- **O** comme **oligosaccharides** pour désigner les sucres – *fructanes* et *galacto-saccharides* –, qui fermentent le plus. Nous les trouvons essentiellement dans les céréales – blé, orge, seigle, préparations à base de farine – mais aussi dans certains légumes – ail, artichaut, asperge, betterave, chicorée, chou, échalote, fenouil, oignon, poireau –, des légumineuses – haricot, lentille, petit pois, pois chiche –, des oléagineux – pistache...
- **D** comme **disaccharides**, c'est-à-dire un double sucre comme le *lactose* (voir chapitre « Lait et laitages », p. 210) du lait, des fromages à pâte molle non affinés (mascarpone, ricotta...), des fromages fondus, des yaourts.
- **M** comme **monosaccharides**, terme chimique compliqué pour un sucre extrêmement simple, *le fructose*. Nous le trouvons dans le **miel**, le sirop où il est mélangé au glucose, le sucre de table, les boissons gazeuses, les bonbons et autres sucreries, mais aussi dans quelques fruits frais – cerise, mangue pastèque, pêche, **poire**, **pomme** – ou secs et les **jus** correspondants...
- **A** pour **and**, qui veut dire « et » en anglais.
- **P** comme **polyols**, les alcools des sucres : *maltitol, mannitol, sorbitol, xylitol*. Ils servent d'édulcorants pour remplacer le saccharose dans de nombreux aliments industriels dits sans sucre – bonbons, chewing-gums. On les trouve également dans des fruits – abricot, avocat, cerise, litchi, nectarine, pastèque, pêche, poire, pomme, prune –, des légumes – champignon, chou-fleur, poivron...

☞ **Les Fodmaps sont donc largement répandus dans l'alimentation**, les céréales, les fruits et légumes, les fruits à coque (noix), le lait et les laitages, les légumineuses. Fort heureusement, tout le monde n'est pas intolérant à tous les sucres. Mais la malabsorption d'un seul d'entre eux peut malheureusement déclencher des troubles.

> Vous trouverez facilement sur **Internet** la liste complète **des aliments riches en Fodmaps**.

ALIMENTS PAUVRES EN FODMAPS

Principalement yaourts et laits fermentés, fromage affiné – camembert, brie... – plutôt que frais, agrumes, banane, carotte, céleri, fraise, kiwi, noix, œuf, raisin, viande.

DES TROUBLES QUI PEUVENT SIMULER L'HYPERSENSIBILITÉ AU GLUTEN

De nombreux patients qui se pensaient hypersensibles au gluten le sont en réalité aux Fodmaps car les symptômes des deux tableaux cliniques se ressemblent étrangement. Certains démarrent d'ailleurs un régime sans gluten puisque le blé, l'orge, le seigle sont mal tolérés. En fait, ils n'ont aucun problème avec cette protéine (voir p. 237) mais avec les fructanes – oligosaccharides – qui fermentent très facilement.

CONCLUSION

Il est toujours indispensable en médecine d'avoir un diagnostic le plus précis possible et ne pas obéir à une pulsion imposée par la mode ou les médias. La diète sans Fodmaps permet, après avoir désigné et éliminé provisoirement les sucres coupables, de retrouver progressivement et relativement rapidement une alimentation quasi normale en **supprimant simplement les aliments fortement gazogènes.** Beaucoup de colopathes – dont les patients touchés par le syndrome de l'intestin irritable – sont améliorés par ces mesures alimentaires finalement moins frustrantes et contraignantes que le régime Seignalet. **Et c'est d'ailleurs une des raisons de son succès… hors de nos frontières.**

QUELQUES PREMIÈRES MESURES…

- **Déterminez les sucres responsables** de la fermentation puis **réduisez ou supprimez-les** pendant environ 2 mois, temps moyen pour rééquilibrer l'intestin.
- **Commencez par les laitages**, le lactose étant souvent en cause.
- Puis par certains **oligosaccharides** (ail, blé, oignon) qui fermentent volontiers.
- Puis le **fructose**…

LE RÉENSEMENCEMENT DE L'INTESTIN PAR LES PROBIOTIQUES

Soigner son bouillon de culture

☞ Pour beaucoup d'entre vous, la **prise en charge thérapeutique de l'intestin** se fait déjà par ces produits qui sont pour le moment probablement trop et mal utilisés. Les prochains mois devraient mettre à notre disposition de nouveaux mélanges plus ciblés et des protocoles plus précis et donc plus efficaces.

COMPRENDRE LES PROBIOTIQUES, DITS AUSSI FERMENTS LACTIQUES
Les bactéries, nos amies, nos alliés, nos emmerdes

Vous avez toutes et tous déjà entendu parler des probiotiques qui sont devenus ces dernières années LA véritable panacée des troubles intestinaux. Et nous avons malheureusement le sentiment qu'ils ont été prescrits (un peu) à tort et à travers alors qu'ils constituent probablement **une des classes thérapeutiques les plus prometteuses**, une fois intégrés les résultats des travaux scientifiques réalisés actuellement partout dans le monde. Nous devrions probablement avoir à notre disposition prochainement des produits à la composition et la concentration sensiblement différentes de ceux que nous connaissons pour le moment et les utiliserons dans des indications plus ciblées avec des protocoles plus personnalisés. Nous sommes fous d'impatience, l'eau à la bouche et des rêves plein la tête.

Alors voyons d'abord qui sont et d'où viennent ces séduisants composants naturels vivants, protecteurs de la flore buccale, digestive, intestinale, vaginale, avant de dégager leurs autres fonctions essentielles, leurs prescriptions privilégiées et leurs quelques inconvénients ou effets indésirables.

ENCORE UN COUP DE L'EUROPE !

Les **probiotiques**, pour se conformer à la législation, ont changé d'appellation en juin 2014 et sont devenus des **ferments lactiques**. Les laboratoires n'ont en effet plus le droit d'indiquer sur la boîte de ces compléments alimentaires – et de beaucoup d'autres d'ailleurs –, un terme qui désignerait une action alléguée en l'occurrence « bénéfique sur la santé ».

☞ Pour ne pas créer de confusion supplémentaire, nous continuerons à les nommer ainsi car ils vous sont familiers sous ce nom. Mais en (para)pharmacie, vous achèterez dorénavant des « **ferments lactiques** ».

UN TOUT PETIT PEU D'HISTOIRE POUR MIEUX COMPRENDRE D'OÙ ILS VIENNENT

Sous des formes voisines mais spécifiques à chaque culture, l'usage de produits fermentés – indispensables pour la conservation de certains aliments avant l'invention du réfrigérateur en 1851 – est fort ancien, largement empirique dans de nombreux pays de l'Est de l'Europe, d'Orient, d'Afrique du Nord... Que ce soit le buttermilk allemand, le kéfir caucasien, le lassi indien, l'elben marocain ou notre ribot breton, tous ces laits fermentés ressemblent à du yaourt à boire, en plus acidulé. Mais leurs vertus et leurs propriétés ne sont réellement comprises qu'au début du XXe siècle avec l'attribution du prix Nobel de médecine à E. Metchnikoff pour ses travaux sur les bactéries intestinales. Cette récompense suscite une vogue éphémère de ces boissons fermentées, apparemment bienfaisantes pour la santé. Les **probiotiques** (ré)apparaissent, eux, dans les années 1960 avec le boom des antibiotiques – la pénicilline est découverte par Fleming en 1940 –, dont ils préviennent certains effets indésirables digestifs. Un champignon microscopique (*Saccharomyces boulardii*), l'ancêtre de nos probiotiques actuels, commercialisé sous le nom d'Ultralevure®, accompagne un certain temps, précaution utile, la prescription des antibiotiques, pour en prévenir ou réduire les effets secondaires digestifs. Les probiotiques subissent ensuite une longue éclipse avant de resurgir sur la scène médicale au début des années 2000 et de prendre l'envol irrésistible auquel nous assistons, admiratifs et débordant d'espoirs.

LES PÈRES DU YAOURT

Elie Metchnikoff, zoologiste et biologiste russe, prix Nobel de médecine en 1908 pour ses travaux sur l'immunité. Pour lui, la vieillesse est due à un « empoisonnement » par les « microbes » de l'intestin. Et il évoque l'intérêt du **lait caillé** qui, en apportant de bonnes bactéries, renforce l'intestin et augmente la longévité des populations qui en consomment. Et c'est un **yaourt bulgare**, riche en *Streptococcus thermophilus* et en *Lactobacillus bulgaricum* – découvert par un certain **Stamen Grigorov** –, qui explique selon lui la longévité des paysans des Balkans qui en sont très friands. Cet immunologiste, sous-directeur de l'Institut Pasteur de Paris, est en quelque sorte à l'origine du concept **d'aliment-santé** et indirectement au départ de l'envol des **probiotiques** (ce terme apparaît en 1965 par opposition aux antibiotiques).

UNE IRRUPTION RÉCENTE DANS LE PAYSAGE MÉDICAL

L'intérêt porté à ces micro-organismes s'est considérablement accru ces dernières années avec les progrès réalisés dans la connaissance et la composition du microbiote intestinal (voir chapitre correspondant, p. 39). Les études ont en effet longtemps été limitées par l'impossibilité de cultiver ces bactéries anaérobies qui mouraient dès qu'elles étaient sorties de leur milieu naturel. Mais des méthodes nouvellement apparues – la taxonomie moléculaire –, utilisées pour le séquençage de l'ADN et les tests génétiques, ont pu s'affranchir de cet obstacle et ont permis de **lister les centaines d'espèces bactériennes** présentes dans l'intestin – beaucoup sont encore à ce jour inconnues –, de faire le lien entre leur présence ou leur absence et certains symptômes, pathologies ou maladies variées présentées par les patients, et d'envisager leur impact sur la santé, c'est-à-dire l'amélioration ou la guérison par l'apport des bactéries manquantes.

☞ **Prébiotiques, probiotiques, symbiotiques... vous avez le droit de vous perdre**. Voyons ce que cachent ces mots étranges auxquels vous allez devoir vous habituer. Nous verrons ensuite comment les utiliser.

DÉFINITION DES PROBIOTIQUES

Leur appellation rend compte de l'importance de leur fonction : étymologiquement, *pro-bios* veut dire « **favorable à la vie** ».

- Il s'agit de bactéries ou de levures non pathogènes, non toxiques qui, une fois ingérées, doivent demeurer vivantes dans l'intestin et produire des effets bénéfiques confirmés sur la santé au-delà de leurs fonctions purement nutritionnelles. Les *bifidobactéries* intestinales – 10 espèces chez l'homme – et les *lactobacilles* – 21 espèces – sont actuellement les groupes de bactéries les plus étudiés et donc les plus utilisés. Mais n'oublions pas les levures dont les plus anciens d'entre vous connaissent au moins un de ses éminents représentants, *Saccaromyces boulardii,* dont nous venons de parler.

- Les effets des probiotiques sont **souche** – les effets ne peuvent s'extrapoler à l'ensemble des bactéries – **et dose-dépendants**, ce qui explique les balbutiements actuels dans leur utilisation. Nous sommes persuadés que nous allons rapidement disposer de produits spécifiques à chaque pathologie et beaucoup plus concentrés. C'est incontestablement la tendance qui se dessine.

☞ Beaucoup de chercheurs et de laboratoires sont penchés actuellement sur le choix de ces bactéries amies, leurs spécificités, leurs associations, leurs concentrations dans les produits qui seront bientôt à notre disposition pour des **traitements personnalisés.** Nous n'en sommes qu'aux **prémisses d'un avenir thérapeutique** que nous pressentons prometteur et éclatant.

UN COMPLÉMENT ALIMENTAIRE DE LUXE

Les probiotiques, issus d'organismes vivants ou d'aliments fermentés, ont pour but **de restaurer ou d'optimiser le fonctionnement de l'écosystème intestinal**.
Ils doivent :
- résister à l'hyperacidité gastrique et à la bile ;
- adhérer à l'intestin pour ne pas être évacués immédiatement dans les selles ;
- s'y implanter et chasser les bactéries pathogènes ;
- stimuler l'immunité ;
- être d'une totale innocuité pour la santé et même bénéfiques ;

→

- conserver leurs propriétés avec le temps ;
- être suffisamment concentrés dans un petit volume.

☞ Ceci exige une **technologie de pointe** qui justifie leur prix relativement élevé.

LES PRÉBIOTIQUES, LES FACTEURS DE CROISSANCE DES PROBIOTIQUES

À la différence des probiotiques qui sont, nous venons de le voir, des micro-organismes vivants, les prébiotiques – terme apparu en 1995 – sont des fibres non digérées dont raffole cette faune amie et qui lui permettent de croître et d'être ainsi plus influente et salutaire pour la santé. Notre flore intestinale a en effet besoin d'être nourrie, entretenue, choyée, fortifiée... par des **sucres lents fermentescibles** – ils dégagent des acides gras (butyrates) qui réduisent l'inflammation et améliorent l'hyperperméabilité intestinale – et **non digestibles** qui **potentialisent les effets des probiotiques**.

Pour être qualifiées de prébiotiques, ces fibres doivent obéir à des critères précis :

- ne pas être assimilées par l'organisme ;
- être peu digérées dans la partie supérieure de l'intestin ;
- être la cible privilégiée des bonnes bactéries intestinales ;
- modifier la composition du microbiote en augmentant les *bifidobactéries* et les *lactobacilles*.

Les prébiotiques sont fort utiles au microbiote car ils augmentent le nombre de bactéries protectrices, possèdent une action anti-inflammatoire et cicatrisante, réduisent l'hyperperméabilité intestinale, stimulent les enzymes bactériennes détoxifiantes, favorisent l'absorption des minéraux (calcium, magnésium), régulent la glycémie, les graisses du sang (cholestérol, triglycérides), la constipation, calment l'appétit (effet satiétogène)...

Ils ont quelques petits **inconvénients** qui obligent parfois à les écarter chez des personnes au côlon sensible : ils déclenchent volontiers ballonnements et gaz malodorants ; en favorisant le transit, ils sont parfois responsables de diarrhée.

Ils reconnaissent quelques **contre-indications** :
- intolérance au lactose ;
- syndrome de l'intestin irritable ;
- existence de calculs biliaires.

Les plus utilisés sont l'**inuline** (extraite de la racine de chicorée), les **fructo-oligosaccharides** (FOS) ou **bifidofibres**, les **galacto-oligosaccharides** (présents dans le lait maternel) et le **lactulose** (médicament souvent utilisé dans la constipation).

On trouve ces substances dans de nombreux légumes : ail, artichaut, asperge, endive, haricot, lentille, oignon, pois chiche, poireau, pomme de terre, salsifis... ; mais aussi dans la banane peu mûre et plantain, la chicorée, l'orge, le pain de seigle, le riz froid...

Les **FOS** se présentent sous forme de poudre ou de granulés dont la posologie se situe entre 5 et 10 grammes par jour.

PRÉ, PRO, SYM

Les **symbiotiques** sont l'association d'un **pré** et d'un **probiotique**. Ils ont une action plus complète que chacun des produits pris séparément mais peuvent être moins bien tolérés, responsables parfois de **douleurs abdominales** et surtout de **gaz**. Dans ces cas-là, il peut être judicieux de repasser aux pré ou aux probiotiques non associés et de diminuer la concentration des produits choisis.

☞ Les pré-pro-symbiotiques amélioreraient le transit intestinal, stimuleraient l'immunité, préviendraient le cancer du côlon. Mais la législation leur interdit de revendiquer ces propriétés alléguées mais non prouvées scientifiquement.

SOURCES NATURELLES DES PROBIOTIQUES

Nous considérons par définition qu'un complément nutritionnel ne vient qu'en complément de l'alimentation. C'est le cas des antioxydants comme des probiotiques qui, avant d'être achetés en (para)pharmacie, doivent d'abord être apportés par les aliments qui en contiennent.

- Le **yaourt** contient des lactobactéries mais leur concentration n'est pas suffisante pour qu'on puisse envisager un usage thérapeutique. Choisissez-le plutôt de chèvre ou de brebis compte tenu de ce que nous pensons du lait de vache.
- La **choucroute** est en principe riche en lactobactéries comme le yaourt. Mais la stérilisation imposée pour un usage industriel tue beaucoup de ces bactéries bénéfiques. Vous pouvez toutefois la consommer crue, elle est facile à trouver sur les marchés et chez les artisans charcutiers. Mais attention aux quantités, elle est bénéfique pour le côlon à petites doses et vite laxative si

vous en abusez. La choucroute est un bon aliment, très digeste... contrairement à la charcuterie qui l'accompagne.

- Le **miso** japonais, fabriqué à partir d'orge ou de riz, de graines de soja, est un condiment fermenté, riche en bonnes bactéries intestinales.
- Le **tempeh** indonésien, à base de soja fermenté par un champignon, est lui aussi concentré en probiotiques naturels.
- Le **bortsch** polonais, originaire en réalité d'Ukraine, est préparé à partir de légumes bénéfiques pour l'intestin (betterave, chou, haricots, oignon, pomme de terre).

LE KOMBUCHA, UNE RÉPUTATION SURESTIMÉE

Cette boisson traditionnelle acidulée désaltérante, chinoise et russe mais d'origine mongole, est obtenue par une culture de bactéries et de levures dans du thé ou une tisane bien sucrée ou additionnée de miel. Sa composition est d'ailleurs variable selon son mode de préparation. Elle est réputée bénéfique pour de nombreux problèmes de santé même les plus graves (SEP, cancer...). Elle nous semble surtout faciliter la digestion. Et il arrive qu'elle soit contaminée par des champignons ou des moisissures, ce qui est fâcheux pour un produit destiné ou plus exactement censé renforcer l'immunité.

☞ Cette boisson, souvent citée dans des articles ou des revues santé, ne nous semble **pas devoir être conseillée** avec insistance pour nos fragiles intestins occidentaux.

- Les **cornichons**, navets, olives..., autrefois consommés fermentés, sont à présent, pour des raisons de sécurité alimentaire, stérilisés ou conservés dans le vinaigre. Cela leur ôte une grande partie de leur intérêt intestinal.

> **UNE CONSERVATION LONGUE DURÉE**
>
> Comme pourrait le suggérer son nom, la **lactofermentation** n'a rien à voir avec le lait. Elle dépend de l'action des bactéries lactiques, des moisissures, des levures. Cette acidification permet une bonne et longue conservation de certains produits alimentaires : choucroute, cornichons, légumes divers (pickles), kéfir, miso... Ni chauffés, ni surgelés, ces aliments vivants conservent leurs **propriétés nutritionnelles et leur richesse en probiotiques**.

- Et même la **bière**, le produit fermenté par excellence, subit à présent une pasteurisation qui détruit la plupart des bonnes bactéries : les gros consommateurs ne peuvent plus justifier la santé de leur intestin pour continuer à en boire.

☞ La modernité a de bons côtés, ne serait-ce que la sécurité alimentaire. Mais beaucoup d'aliments ainsi aseptisés ont **perdu** certaines de leurs **propriétés attractives ou bienfaisantes**.

C'est la raison pour laquelle vous pouvez vous aider des **amidons résistants** qui créent un environnement favorable à la bonne pullulation bactérienne en se comportant **comme des fibres** : vous les trouvez dans les pâtes et le riz froids mais aussi dans la banane « verte », les grains entiers, des légumes – maïs, manioc, pomme de terre en salade –, des légumineuses – haricot, lentille, pois, soja.

QUAND DONNER DES PROBIOTIQUES ?

Nos collègues gastro-entérologues ont tardé à voir en eux de vrais médicaments aux actions multiples et AUTREMENT plus ambitieuses. Certains probiotiques ont fait la démonstration de leur intérêt mais leur prescription ne fait pas encore partie des recommandations courantes de bonne pratique. Nous pouvons les classer en quatre groupes d'indications selon que leurs preuves d'efficacité sont certaines, probables, possibles, prochaines ou espérées. Ce classement didactique est provisoire car les travaux scientifiques se multiplient extrêmement vite et apportent chaque jour des informations nouvelles sur leur champ d'action et leur mode d'utilisation.

1. Indications (quasi) certaines

- **Tourista :** elle a longtemps représenté pour la majorité des spécialistes LA seule indication légitime des probiotiques. Due généralement à un simple changement des habitudes alimentaires ou parfois à une souche pathogène de colibacille, il est inutile de lui opposer des antibiotiques d'emblée sauf si le tableau clinique paraît inquiétant ou grave.

☞ Il nous paraît plus judicieux de renforcer la flore intestinale même préventivement par une prise quotidienne de probiotiques moyennement dosés dès le départ en voyage ou à l'apparition du moindre symptôme anormal dans le ventre (gaz, vague douleur) et à les poursuivre dans les 10 jours qui suivent le retour.

- **Diarrhée infectieuse** ou gastro-entérite : les probiotiques avec leur rôle préventif et curatif méritent d'être prescrits précocement seuls ou en association avec d'autres produits classiques – frénateur du transit (lopéramide...), antiseptique intestinal (nifuroxazide...), nettoyant et pansement intestinal (diosmectite).

DES FERMENTS ET BEAUCOUP D'EAU

En cas de **diarrhée**, vous pouvez bien sûr faire confiance aux probiotiques... sans oublier de vous mettre à une semi-diète en privilégiant **les aliments suivants** (classés par ordre alphabétique) : banane, coing, patate, pâtes, pomme, riz (surtout l'eau de cuisson d'ailleurs), tapioca... et sans oublier de vous **hydrater** correctement (autour de 1,5 litre par jour).

- **Diarrhée des antibiotiques** : nous avions coutume « autrefois » d'associer *Saccaromyces boulardii* à la prise d'antibiotiques. Cette pratique largement tombée en désuétude gagnerait à être réhabilitée avec cette levure ou les *lactobacilles* qui ont actuellement les faveurs des chercheurs. Mais dans les cas graves de colites à *Clostridium difficile*, une bactérie particulièrement virulente, il est parfois nécessaire de pratiquer une transplantation fécale (voir chapitre « Microbiote », p. 39).
- Et puisque **l'élimination d'*Helicobacter pylori***, la bactérie responsable de l'ulcère de l'estomac, est réalisée actuellement au moyen de bismuth, d'antisécrétoires (inhibiteurs de la pompe à protons – ou IPP – dont le plus connu est l'oméprazole) et d'une triple association d'antibiotiques, nous sommes revenus au cas précédent où la prescription de probiotiques s'impose.

BIENTÔT DES BACTÉRIES ANTIBACTÉRIES

L'ulcère gastrique, dont on a longtemps pensé qu'il était lié au stress et d'origine psychosomatique, est dû à la présence d'une bactérie, **Helicobacter pylori**, difficile finalement à éradiquer malgré les antisécrétoires, le bismuth et les antibiotiques.

☞ De gros espoirs sont mis sur d'autres bactéries qui, dans un épisode inédit de la guerre des flores, l'attaqueraient pour nous protéger de l'ulcère et du cancer de l'estomac.

2. Indications probables

- Les **infections diverses** (gynécologiques, ORL, urinaires...), pour de multiples raisons : les probiotiques jouent, nous l'avons dit, un rôle important de barrière pour les hôtes pathogènes indésirables. Ils restaurent le microbiote, empêchent la prolifération des bactéries et virus ennemis en libérant de l'acide lactique, imperméabilisent la muqueuse intestinale et bloquent ainsi l'adhésion des bactéries... Ils renforcent donc les réactions de défense locales et générales, ce qui les rend quasiment incontournables dans les **problèmes infectieux récurrents** des personnes fragiles et des enfants l'hiver. Ils y sont généralement utilisés en association avec l'homéopathie, les plantes (dont les huiles essentielles), la vitamine D.
- **L'allergie**, puisqu'ils réduisent semble-t-il l'hyperréactivité du système immunitaire intestinal.

3. Indications possibles

- Les **intolérances alimentaires** : nous associons volontiers les probiotiques aux régimes d'éviction (laitages, gluten...).
- **Eczéma atopique** ou de contact : les probiotiques pourraient réduire leur incidence chez des femmes enceintes à risques et la symptomatologie chez l'enfant atteint... mais il n'y a pour le moment aucune certitude absolue. Vous faites apparemment plus confiance à l'exclusion des laitages... puis des céréales. Et probablement avez-vous raison.
- **Troubles de l'humeur** (déprime, dépression) : ils pourraient devenir un terrain de choix pour les probiotiques puisque la quasi-totalité de la sérotonine, le neurotransmetteur sur lequel agit la classe la plus utilisée des antidépresseurs (fluoxétine), est sécrétée dans l'intestin.
- **Syndrome de l'intestin irritable** : plusieurs essais cliniques semblent confirmer l'intérêt des probiotiques pour améliorer les symptômes, réduire voire éviter les rechutes.
- **Les maladies inflammatoires chroniques intestinales (Mici)** : on les a bien entendu beaucoup prescrits mais il n'y a pour le moment pas de preuve formelle de leur efficacité.

4. Indications prochaines ou espérées

- Probablement la **surcharge pondérale** et l'**obésité** : les expériences sur les souris sont plus que prometteuses, elles sont alléchantes. Nous pourrions disposer bientôt de souches de probiotiques qui favoriseraient la perte de poids chez toutes celles qui, malgré un régime basses calories, n'arrivent pas à décoller du plateau sur lequel elles sont installées. La « révolution probiotiques » se trouve en partie ici, même si les résultats des études pratiquées à ce jour ne sont pas bouleversants.

- Puisque l'intestin est à l'origine de l'inflammation, de très **nombreuses pathologies** métaboliques (diabète), rhumatologiques (pelvispondylite, pseudo-polyarthrite rhizomélique), neurodégénératives (Parkinson, Alzheimer...) pourraient bénéficier d'un traitement comprenant des probiotiques en association avec d'autres produits naturels anti-inflammatoires (oméga 3, curcuma, antioxydants...) et les indispensables mesures d'hygiène de vie.
- Et pourquoi pas la prévention du cancer – côlon –, de l'ostéoporose, des maladies cardio-vasculaires... ? Ces indications qui demandent confirmation sont de plus en plus souvent évoquées.

FUSOBACTERIUM NUCLEATUM, LE RESPONSABLE DU CANCER DU CÔLON ?

Cette bactérie anaérobie, qui se trouve dans tout le tube digestif, surtout la bouche où elle enflamme les gencives, pourrait être à l'origine du cancer du côlon. Elle est en effet présente à de fortes concentrations dans les tissus des malades touchés. Elle pourrait jouer le rôle d'*Helicobacter pylori* dans le cancer gastrique ou des *papillomavirus humains* (HPV) dans le cancer du col de l'utérus. Sa présence est-elle la cause – via l'inflammation – ou la conséquence du cancer ? Réponse très prochaine avec de prometteuses perspectives de prévention ou de traitement différents pour le cancer colorectal qui est un des plus gros tueurs dans le monde. **Les probiotiques pourraient y jouer un rôle important... mais non défini** pour le moment.

☞ **Ce classement est un instantané.** Gageons que les prochains mois nous permettront de faire le tri et le choix des « bons » probiotiques adaptés spécifiquement à chaque situation clinique.

CHOIX ET POSOLOGIE DES PROBIOTIQUES

Ils ont de nombreux effets-souches et doses-dépendants, ce qui complique le choix, la posologie, la durée de la supplémentation. Certains sont plus actifs sur la constipation, d'autres sur la diarrhée, d'autres encore sur l'inflammation ou le système immunitaire. Les travaux scientifiques battent actuellement leur plein pour tenter de définir quelles souches ou quelles associations choisir et la meilleure façon de les prescrire dans telle ou telle indication : nous pourrions peut-être disposer dans les mois qui viennent de probiotiques personnalisés, adaptés à chaque pathologie : psychobiotiques, immunobiotiques, allergobiotiques... Acceptons-en l'augure et faisons preuve de patience.

VOUS POUVEZ NOUS INDIQUER DES PROTOCOLES PRATIQUES ?

Voici quelques règles simples que nous appliquons... pour le moment :
- Une banale **« tourista »** se règle habituellement avec 2 prises de probiotiques par jour pendant 2 à 3 jours. En cas de diarrhée importante, vous pouvez prendre 1 dose (comprimé, gélule, sachet de poudre) toutes les 2 heures et espacer dès l'amélioration, tout en poursuivant 1 à 2 semaines après la guérison.
- Une **diarrhée infectieuse** nécessite des produits concentrés et pris sur une période plus longue. Rappelons que la flore intestinale peut mettre quelques semaines (voire des mois) pour revenir

→

à la normale après un traitement antibiotique (voir chapitre « Microbiote », p. 39).

– Un **traitement préventif des infections hivernales** ne requiert pas de traitement intensif ni de produits très concentrés : 1 gélule 3 à 4 fois par semaine peut suffire. Mais vous passez en cas de problème aigu à 1 ou 2 prises par jour.

– Une maladie inflammatoire locale ou extra-digestive (cutanée, métabolique, rhumatologique) peut justifier d'une prescription poursuivie longtemps.

☞ Rappelons que les probiotiques sont des **produits sûrs, bien tolérés** et qu'il n'est décrit **aucun effet délétère** lors de traitements prolongés. On estime qu'il faut apporter entre **5 et 10 milliards de bactéries lactiques vivantes** ou entre 10 et 20 milliards de levures par prise pour envisager ou obtenir un effet bénéfique. Et faites attention aux conditions de conservation et à la **date de péremption** puisque ce sont des bactéries vivantes qui peuvent souffrir d'un temps trop long de conservation et perdre alors de leur efficacité.

LES DIFFÉRENTS GROUPES DE PROBIOTIQUES DU COMMERCE

La majorité des produits que vous trouvez actuellement en pharmacie proviennent de quatre groupes principaux :

- les plus utilisés contiennent des bactéries lactiques ou *lactobacilles* (*Lactobacillus*) ;
- vous trouvez également des *bifidobactéries* (yaourt au bifidus actif !) ;
- certains streptocoques (*Streptococcus*) ;
- la levure de bière active qui survit à sa gloire passée (*Saccharomyces cerevisiae* ou *boulardii* de l'Ultralevure®).

☞ Il y a fort à parier que cette famille va s'agrandir très rapidement et que nous aurons prochainement des produits plus concentrés et d'action plus spécifique.

LES HOMÉOPATHES À L'AVANT-GARDE

Nous avons longtemps été les rares à prescrire des *lactobacilles* alors qu'ils ne bénéficiaient pas de la vogue d'aujourd'hui. **Lactéol**® est un produit que beaucoup de mamans avaient ou ont encore dans leur armoire à pharmacie pour leur nourrisson, leur bébé, leur enfant ou pour elles.

ACTION DES PROBIOTIQUES SELON LES SOUCHES

Cette énumération fastidieuse peut néanmoins vous être utile car nous devrions voir apparaître, dans les prochains mois, sur les étagères des (para)pharmacies des mélanges de produits dont les espèces bactériennes retenues fourniront une idée des indications.

Les probiotiques, selon les souches, agissent en jouant sur les symptômes, en détruisant directement les espèces pathogènes ou en stimulant le système immunitaire.

💡 VOUS POUVEZ NOUS AIDER À CHOISIR UN PROBIOTIQUE ?

Vous les trouvez dans trois types de produits : des médicaments, des aliments (produits laitiers fermentés), des compléments nutritionnels (laits infantiles enrichis). Trois souches sont très utilisées et se retrouvent dans beaucoup de probiotiques vendus en (para)pharmacie.
- *Lactobacillus acidophilus* : il combat l'infection grâce à la production d'antibiotiques naturels ; il est par exemple efficace contre le colibacille – responsable de la plupart des infections urinaires – et la salmonelle – principale cause des intoxications alimentaires ; il fabrique de la lactase, permettant la digestion du lactose du lait.
- *Lactobacillus casei* : il est efficace contre la constipation et la diarrhée ; il serait anti-inflammatoire sur l'intestin et renforcerait le système immunitaire – ces deux allégations sont à présent réservées aux seuls médicaments ; c'est lui qu'on trouve dans le lait fermenté Actimel® et dans de nombreux fromages affinés.
- *Streptococcus thermophilus* : c'est lui qui sert à la fabrication du yaourt et qu'on trouve dans de nombreux fromages car il contient beaucoup de lactase et produit ainsi une acidification rapide du lait ; il améliore la digestion, renforce la muqueuse intestinale et la protège des bactéries pathogènes.

☞ Les probiotiques sont des **produits vivants** qui meurent avec le temps – il reste en moyenne 40 % de bactéries après 24 mois à 25 °C, beaucoup moins pour des produits de mauvaise qualité. Les produits doivent contenir en moyenne 10 milliards de bactéries voire plus. Vous devez bien respecter les **dates de péremption** et les **conditions de conservation** indiquées par le laboratoire.

C'est ainsi qu'on retrouve dans les produits contre :

- Ballonnements, douleurs : *Lactobacillus acidophilus, L. plantarum, rhamnosus, Bifidobacterium infantis* et *longum.*
- Constipation : *L. plantarum, B. longum.*
- Diarrhée : *L. rhamnosus, L. casei, B. longum, S. Boulardii.*
- Immunité : *L. rhamnosus, L. fermentum, B. infantis.*
- Allergie : *L. rhamnosus, L. acidophilus, L. fermentum.*
- Hyperperméabilité intestinale : *L. rhamnosus.*
- Intolérance lactose : *L. acidophilus, Lactococcus lactis, L. paracasei, B. infantis.*
- ...

☞ Ceci reste une information contractuelle qui subira obligatoirement des modifications ou des ajouts dans les prochaines éditions, car la tendance que nous pressentons est la mise à disposition de souches de probiotiques de plus en plus spécifiques ou d'associations en vue d'obtenir une synergie d'action.

ACTION DES PROBIOTIQUES SELON LA TENEUR EN BACTÉRIES

Il n'y a **pas d'action au-dessous de 1 milliard de bactéries.** Mais la teneur indiquée par le fabricant est différente de la teneur du produit que vous gardez quelque temps dans votre armoire à pharmacie. Les probiotiques sont en effet des produits fragiles qui subissent une dégradation naturelle avec le temps. Ils doivent être **conservés dans un endroit sec et parfois frais,** les modalités sont indiquées par le fabricant et doivent être respectées.

☞ Vous choisissez la concentration des produits et la durée du traitement en fonction des indications : autour de **10 milliards en prévention,** probablement **beaucoup plus concentrés** en cas de maladie digestive ou de pathologie chronique.

MODE D'ADMINISTRATION DES PROBIOTIQUES

Ils sont détruits à 90 % par l'acidité gastrique alors qu'ils doivent arriver vivants dans l'intestin pour être actifs : ce critère de survie est presque plus important que leur souche d'origine ou la concentration en bactéries, indiquée sur la boîte.

- Ils doivent IMPÉRATIVEMENT être administrés à jeun avec très peu d'eau ou sur un estomac vide (3 heures après un repas).
- La forme gélule est préférable pour qu'ils agissent là où ils sont utiles, c'est-à-dire dans l'intestin et pas dans l'estomac.
- Vous ne devez pas hésiter à les prendre suffisamment longtemps (environ 4 à 6 semaines)... en fonction des pathologies. Et vous ne risquez rien à prendre un probiotique pendant 2 à 3 semaines en automédication. Vous le stoppez ou vous en changez en l'absence d'amélioration. Et n'hésitez pas à consulter un médecin... qui connaît ces produits.

ATTENTION, JAMAIS EN MÊME TEMPS

Lorsque vous souhaitez protéger ou reconstituer votre flore intestinale pendant un traitement antibiotique, vous prenez d'abord ce dernier et **vous attendez trois heures** avant d'ingérer le probiotique. Sinon votre antibiotique risque bien sûr de s'attaquer prioritairement aux bactéries du probiotique.

EFFETS INDÉSIRABLES ET CONTRE-INDICATIONS DES PROBIOTIQUES

Les effets secondaires consistent essentiellement en des gaz, le plus souvent temporaires. Mais certains patients à l'intestin particulièrement sensible sont parfois obligés de changer de produit et d'en choisir un moins dosé ou d'une souche différente.

Puisque ce sont des **bactéries vivantes**, il faut tout de même se montrer prudent dans les cas d'une **infection grave** (septicémie...) ou d'une **immunodépression** (lymphome, HIV).

INTERPELLÉS MAIS LUCIDES

Nous sommes **ambivalents** car les probiotiques renforcent indiscutablement l'immunité et pourraient être bénéfiques à des patients immunodéficitaires. Nous les utilisons d'ailleurs volontiers en accompagnement des chimiothérapies.

☞ Mais un accident grave ayant été décrit dans le Connecticut chez un enfant immunodéprimé, nous devons nous montrer **raisonnables et prudents**.

L'accouchement, a fortiori sous **césarienne**, et **l'allaitement** qui pourraient passer pour de vraies contre-indications sont en réalité de bonnes indications puisque les probiotiques renforcent l'immunité de la maman et du nouveau-né et les mettent probablement à l'abri de problèmes infectieux et/ou allergiques chroniques.

☞ Ce sont finalement des produits faciles d'utilisation et d'une **grande innocuité**. Mais ne donnons pas de bâton pour nous faire battre et respectons les contre-indications classiques.

LIMITES DES PROBIOTIQUES

Ceux dont nous disposons actuellement ont du mal à s'implanter durablement dans l'intestin (autour de 48 heures en moyenne) et n'ont pas d'action retard comme certains médicaments à libération prolongée (LP) : leur prescription doit donc se faire en continu, sur des périodes relativement longues, en fonction des indications, en accompagnement d'une nécessaire modification ou d'un ajustement des habitudes alimentaires.

☞ Dans l'attente d'innovations – probiotiques adaptés à chaque pathologie – qui ne devraient pas tarder, les protocoles thérapeutiques restent variables selon les praticiens et doivent **s'adapter attentivement** à l'amélioration clinique.

CONCLUSION

Préserver ou restaurer le microbiote est séduisant et prometteur. Et d'ailleurs les probiotiques améliorent déjà la qualité de vie de nombreux patients, mais pas la totalité. C'est vrai qu'ils sont prescrits actuellement de façon disons empirique voire « artisanale », avec des protocoles incertains, dans des indications variées et disparates, avec des résultats hétérogènes. Mais nous pensons que les probiotiques de deuxième génération, vont, dans un avenir très proche, effectuer leur **grand bond en avant, leur révolution** et se révéler non seulement parfois utiles mais certainement indispensables dans la prise en charge des affections digestives et de nombreuses pathologies dont nous ne soupçonnions pas, hier encore, le lien avec l'intestin. Cela va, nous l'espérons, bouleverser l'approche de maladies inquiétantes par leur nombre (diabète), leur gravité (infectieuses) ou leurs conséquences (Alzheimer, Parkinson...).

Les probiotiques sont donc loin d'avoir livré tous leurs secrets, nous sommes **au tout début d'une aventure à l'évidence excitante**.

QUELQUES PREMIÈRES MESURES...

- **Renforcez votre flore intestinale** avec des aliments fermentés ou des amidons résistants.
- Choisissez des **probiotiques concentrés**.
- Veillez aux **dates de péremption** et aux **conditions de leur conservation**.
- Prenez-les **toujours** avec peu d'eau à **distance d'un repas**.

CONSTAT
ET OBJECTIFS

– Check-list des habitudes alimentaires actuelles
– Check-list des douze points cruciaux d'intervention

☞ Pour tous ceux qui souhaitent surtout des **conseils pratiques**, nous avons regroupé ici le **constat** tel qu'il peut être fait de **l'alimentation actuellement** et les **douze points les plus importants** pour continuer **à aller bien** ou essayer d'**aller mieux.**

CHECK-LIST DES HABITUDES ALIMENTAIRES ACTUELLES
Trop de ci, pas assez de ça

Malgré des campagnes d'information pourtant permanentes, le message « **Alimentation-prévention** » a du mal à toucher l'ensemble de la population qui continue actuellement à consommer :

TROP de lait de vache, TROP de laitages entiers et/ou sucrés, de fromages de vache.
TROP de farines blanches, **TROP de gluten**.
TROP de graisses saturées (charcuterie, viandes grasses...).
TROP de graisses polyinsaturées de type oméga 6.
TROP de sucres à index glycémique élevé.
TROP de substances toxiques (additifs, colorants, conservateurs, médicaments, perturbateurs endocriniens, pesticides...).
TROP de sodas et autres boissons sucrées industrielles.

Et

PAS ASSEZ de fruits et de légumes.
PAS ASSEZ de graisses polyinsaturées de type oméga 3 (huile de colza, poissons gras).
PAS ASSEZ de fibres (céréales complètes, légumineuses...).
PAS ASSEZ de sucres à index glycémique bas.
PAS ASSEZ d'aliments fermentés.
PAS ASSEZ de certaines vitamines (C et E naturelles, D).
PAS ASSEZ de certains oligo-éléments (calcium, magnésium++).

Ce constat désolant **devrait imposer un changement radical des habitudes alimentaires**. Mais certains comportements, pourtant reconnus comme nécessaires et profitables, sont difficiles à adopter car interviennent de façon déterminante dans le contenu de l'assiette, l'éducation, les idées reçues, la tradition, la pub... qui ne vont pas toujours de pair avec la raison, le bon sens, les habitudes saines, les recommandations médicales. Nous, médecins, sommes d'ailleurs nombreux à estimer qu'une modification durable des attitudes à table ne peut être proposée puis acceptée qu'à la condition expresse de ne pas bousculer de plus de 30 % lesdites habitudes qui participent à notre identité sociale et culturelle.

L'alimentation-santé de l'intestin, indispensable au bien-être, à la forme, à la santé et à la prévention probable de nombreuses maladies plus ou moins graves, commence à entrer dans les mœurs mais TROP lentement à notre gré.

Fort heureusement, les études scientifiques réalisées et publiées ces dernières années sont tellement renversantes et prometteuses qu'elles devraient constituer un électrochoc et décider **l'ensemble des consommateurs, patients, malades ou bien portants** à s'intéresser de plus près à leur alimentation puisque **leur santé présente mais aussi future en dépend**.

CHECK-LIST DES DOUZE POINTS CRUCIAUX D'INTERVENTION

Pour obtenir la reconnaissance du ventre

Si nous devions **résumer nos conseils** et vous proposer une modification de certaines habitudes alimentaires et comportementales, nous insisterions sur les **douze points suivants**.

1. **Mastication++** : c'est l'un des éléments les plus importants pour le (r)établissement d'une flore intestinale de qualité.

2. **Alimentation variée, dans le calme**, en se concentrant sur le contenu de l'assiette, en prenant son temps, en se faisant plaisir, en savourant...

3. **Suppression des aliments** non ou mal tolérés, ce qui légitime les régimes d'éviction adoptés par une fraction de plus en plus imposante de la population. Et on peut se demander si ces régimes ne pourraient pas être profitables à des bien-portants... leur évitant la triade péjorative « déséquilibre bactérien-inflammation-hyperperméabilité intestinale », à l'origine de la plupart et peut-être la totalité des maladies.

4. **Nettoyage de l'intestin** de ses toxines et ses pathogènes (bactéries, virus, champignons, levures) au moyen de plantes (surtout les huiles essentielles) ou parfois d'antibiotiques spécifiques (métronidazole, fluconazole...).

5. **Réensemencement** de la flore intestinale grâce à une alimentation variée bien choisie et la prescription de **probiotiques**, qui seront de plus en plus ciblés.

6. **Réduction de l'inflammation** : l'éviction des aliments mal tolérés y participe fortement.

7. **Rétablissement** de l'intégrité de la muqueuse intestinale en traitant l'**hyperperméabilité** et en favorisant sa **cicatrisation**.

8. **Correction et rééquilibre alimentaire** en évitant les excès, en aidant la digestion, en veillant à l'équilibre acido-basique, au rapport oméga 6/oméga 3, en protégeant le foie, en apportant ce qu'il faut d'antioxydants...

9. Le **tabac** constitue, est-il besoin de le rappeler, un ennemi affirmé de la santé et de l'intestin. Son arrêt, quelles qu'en soient les modalités, fait partie de tout protocole santé.

10. Sans oublier **l'activité physique régulière non intensive** : 150 minutes par semaine, réparties en 3 à 4 séances – qui oxygène les cellules, libère des molécules anti-inflammatoires et participe activement au bien-être.

11. Et la **gestion du stress** qui est essentielle car il aggrave la plupart des symptômes, troubles, maladies ou pathologies. Il interfère également, vous l'avez tous constaté, sur la bonne marche du tube digestif et donc de l'organisme, en favorisant le grignotage.

12. Le **sommeil** est la fonction qui permet la recharge énergétique et l'entretien des cellules de l'organisme. Tout doit être fait pour préserver sa qualité.

☞ Nous nous acheminons donc dans les prochains mois ou années vers un **modèle alimentaire prédictif individualisé**, fonction des pathologies de chacun et des buts recherchés. Ces recommandations seront d'autant plus utiles et efficaces qu'elles s'intégreront à une nécessaire **hygiène de vie** (activité physique, gestion du stress, arrêt du tabac, préservation du sommeil). Chacune de ces étapes est essentielle au bon fonctionnement de **l'écosystème intestinal** et de l'organisme et participe de façon précieuse et cruciale à ce qu'on appelle communément la **bonne santé**.

À PROPOS DE L'HYGIÈNE DE VIE

Le côlon, c'est cool

☞ Consacrant notre ouvrage à **l'alimentation et à l'intestin**, nous ne ferons que mentionner **l'activité physique**, **l'arrêt du tabac**, **la gestion du stress**, **la préservation du sommeil**, sans les développer. Ces quatre items, dont chacun mériterait un long chapitre, font à l'évidence partie des **recommandations santé fondamentales**. Ils interviennent **seuls** et encore plus lorsqu'ils sont **associés** de façon indiscutable sur **la santé de l'intestin** et, par conséquent, vous l'avez à présent compris, celle de **tout individu**.

CONCLUSION (PROVISOIRE)

Le fin mot d'une histoire... le début d'une autre aventure

L'intestin, vous l'avez bien compris, ne peut plus être considéré comme un vulgaire boyau qui aurait pour seules fonctions de se remplir de nourriture et d'évacuer des déchets. Il est, au contraire, un organe fort complexe, le bijou technologique du tube digestif et certainement un des **chefs d'orchestre de l'organisme** – ne l'a-t-on pas qualifié de second cerveau –, intervenant sur la faim, le poids, le métabolisme, l'immunité, la peau, l'humeur, les comportements...

Son étude approfondie et principalement celle de son **microbiote** ont pris ces dernières années une telle ampleur qu'elles permettent dès à présent de **prévoir, prévenir, contrôler, améliorer, soulager, soigner et probablement bientôt guérir** un nombre toujours plus étonnant et considérable de maladies et pathologies aiguës, chroniques ou graves dont il était difficile d'imaginer il y a peu le lien éventuel de causalité.

- Qui aurait pu croire à une interaction entre intestin et diabète ? Et entre intestin et infections récurrentes ou allergie ? Et entre intestin, surpoids et obésité ? Et entre intestin et maladies neuro-dégénératives (Alzheimer, Parkinson) ? Personne.
- Et qui aurait pu envisager il y a seulement cinq ans la mise en œuvre imminente des transferts de flore ? Vraiment personne.
- Et quand on nous posait la question du bien-fondé des régimes d'éviction, qui aurait pu prévoir que réduire les apports du lait de vache et du gluten était peut-être une piste intéressante... pour tout le monde... patients, malades mais aussi bien portants ? Vraiment vraiment personne.

Et pourtant les preuves se sont accumulées jour après jour : notre **flore intestinale**, ces milliards de bactéries qui nous ont pris pour hôtes, constitue indiscutablement **le pivot central de la santé**. Nous devons par conséquent être très attentifs aux multiples facteurs (antibiotiques trop automatiques, alimentation pro-inflammatoire car toxique, polluante ou allergisante...) qui peuvent déstabiliser ou endommager cet écosystème, cette belle machinerie, pour **éviter** ou **compenser** rapidement leurs effets néfastes (meilleure hygiène de vie, supplémentation en probiotiques et pourquoi pas, demain, des « immunobiotiques, psychobiotiques, neurobiotiques... »). L'intestin constitue **un des principaux alliés de la santé,** nous devons en prendre grand soin, des perspectives probablement magiques se profilent.

☞ Nous terminons à peine notre travail de synthèse que nous avons déjà conscience **d'être non pas à la fin mais au tout début d'une aventure exaltante** dont personne n'est pour le moment capable d'affirmer avec certitude où elle peut, où elle va nous mener. **Même si la curiosité est un vilain défaut, nous avons hâte d'y être.**

BIBLIOGRAPHIE

J'ai lu pour vous

- *En bonne santé grâce à la micronutrition,* L. Agullo, D. Chos, Albin Michel.
- *La méthode anti-diabète,* R. Allouche, Flammarion.
- *Le charme discret de l'intestin,* G. Enders, Actes Sud.
- *Tout vient du ventre,* D. Festy, Leduc.s Éditions.
- *L'intestin, notre deuxième cerveau,* Pr F. Joly Gomez, Marabout.
- *Mon guide des médecines douces pour une santé au quotidien,* S. Rafal, Marabout.
- *Le guide des vitamines et des oligo-éléments,* S. Rafal, Marabout.
- *L'alimentation antioxydante,* S. Rafal, Marabout.
- *L'alimentation ou la troisième médecine,* J. Seignalet, F.-X. de Guibert.
- *Lait, mensonges et propagande,* T. Souccar, Thierry Souccar Éditions.
- *Plus mal au ventre,* M. Tétau, D. Scimeca, Alpen.
- *Les intolérances alimentaires,* J.-P. Willem, Guy Trédaniel.
- Et la lecture régulière de la **presse professionnelle papier et Internet**.

TABLE DES MATIÈRES

MALADIES, PATHOLOGIES DIGESTIVES ET DYSFONCTIONNEMENT INTESTINAL

Achevé d'imprimer en France
par CPI Bussière
à Saint-Amand-Montrond (18)
Dépôt légal : mai 2016
N° d'impression : 2022330